国外中国学研究丛书
何培忠 ◎ 主 编

Dang Dai Eluosi ZhongGuo XueJiaFang TanLu

当代俄罗斯中国学家访谈录（一）

何培忠 石之瑜
[俄] 季塔连科 戈尔布诺娃 甘 申 ◎ 编

中国社会科学出版社

图书在版编目（CIP）数据

当代俄罗斯中国学家访谈录．1/何培忠等编．—北京：中国社会科学出版社，2015.4

（国外中国学研究丛书）

ISBN 978-7-5161-5745-9

Ⅰ.①当…　Ⅱ.①何…　Ⅲ.①中国—研究　Ⅳ.①D6

中国版本图书馆CIP数据核字（2015）第053210号

出 版 人　赵剑英
责任编辑　郭晓鸿
特约编辑　王　彬
责任校对　李　楠
责任印制　戴　宽

出　　版　中国社会科学出版社
社　　址　北京鼓楼西大街甲158号（邮编100720）
网　　址　http://www.csspw.cn
　　　　　中文域名：中国社科网　010-64070619
发 行 部　010-84083685
门 市 部　010-84029450
经　　销　新华书店及其他书店

印　　刷　北京君升印刷有限公司
装　　订　廊坊市广阳区广增装订厂
版　　次　2015年4月第1版
印　　次　2015年4月第1次印刷

开　　本　710×1000　1/16
印　　张　22.25
插　　页　2
字　　数　353千字
定　　价　69.00元

凡购买中国社会科学出版社图书，如有质量问题请与本社联系调换
电话：010-84083683

总　序

国外中国学研究是中国社会科学院开创和长期坚持的学科。

1977年，在已故著名学者孙越生先生的倡议下，中国社会科学院文献信息中心的前身——情报研究所设立了国外中国学研究室，这是我国第一个专门研究国外中国学的机构。该研究室成立后编辑出版了一系列研究成果，如《国外中国研究》丛书（1977）、《美国的中国学家》（1977）、《外国研究中国》丛书（1978—1980）等，带动了我国学术界20世纪80至90年代国外中国学（海外汉学）研究的发展。直至今天，这些出版物仍是我国学术界开展国外中国学研究的重要参考文献。

面对20世纪80年代后国外出现的中国研究热潮，2001年，中国社会科学院文献信息中心研究部开展了“改革开放以来国外的中国研究”（院A类重大课题，课题负责人何培忠研究员），对20世纪80年代后的各国中国研究进行了全面梳理，并出版了专著《当代国外中国学研究》（2006），使中国社会科学院的国外中国学研究又上一个台阶。

随着中国经济的快速发展和中国国力的不断增强，“中国学”在国外越来越受到重视，成为一门引人注目的“显学”。为了加强对国外中国学的研究，2004年，中国社会科学院成立了院级非实体研究机构“国外中国学研究中心”，由汝信副院长、黄长著学部委员挂帅。此事引起国内外学术界和媒体的广泛关注。这是因为，国外中国学研究在中国社会科学院创立之后，虽然一直受到学术界的关注，但后来国外中国学研究室被撤销，成为学术界的憾事。而国外中国学研究中心的成立，则被学术界看做是中国社会科学院重启这一领域研究的标志性事件，就连国外学者也因他们的研究开始受到中国社会科学院的重视而深受鼓舞，许多学者借来华的机会到研究中心访问，做学术报告，进行学术交流。

中国社会科学院的国外中国学研究以资料积累丰富和对前沿研究状况反应迅速见长，现已初步建成了“国外中国学家数据库”、“国外中国学机构团体数据库”、“国外中国学期刊数据库”和“国外中国学论著题录库”等数据库。2009年，“国外中国学研究网站”（http：//www.gwzgx.org.cn）上线，开始为学术界提供丰富的资料和最新研究动态。而更令人感到鼓舞的是，就在这一年，当中国社会科学院启动新一轮重点学科资助计划时，在院领导的关注下，“国外中国学研究”被列入“特殊学科”（负责人何培忠研究员），使这一学科的发展有了一定的保障。为继续积累有利于国外中国学研究的基础性资料，深化有关领域的研究，回应国外学术界的种种观点，国外中国学研究中心决定推出“国外中国学研究丛书”。该丛书涵盖面广泛，有对国外中国学家治学历程的描述，有对国外中国焦点问题研究的辨析，有关于国外中国研究学科发展历史的记述，也有国外学者研究成果的直接译介等。我们衷心希望从事这一领域研究的学者和广大读者关注本丛书的出版，献计献策献力，使其成为我国学界研究国外中国学的一个园地。

何培忠

2011年7月28日

出版说明

本书是以俄罗斯科学院远东研究所资深中国问题专家为主的访谈录，从2009年起连续四年在俄罗斯科学院远东研究所的协助下完成。本书的面世源自中国台湾大学政治学系中国大陆暨两岸关系教学研究中心开展的“中国学的知识社群研究”计划，该计划已在日本、韩国、印度等国展开，并扩展到欧亚各国。其中当代日本中国学家的访谈录《当代日本中国学家治学历程——中国学家采访录（一）》于2011年10月出版，收录了当代十位日本著名中国学家的访谈录。印度中国学家的访谈已完成，并结集出版（英文）。其他访探录及相关研究日后会陆续推出。

有关俄罗斯中国学家的访谈，缘起于中国社会科学院国外中国学研究中心对俄罗斯的访问。2008年9月，何培忠主任率团赴俄罗斯科学院履行年度交流，中国台湾大学石之瑜教授参加了访问活动，在访问中向俄罗斯科学院远东研究所通报了计划内容，后几经交涉，得到俄罗斯科学院有关研究机构的支持。最初负责俄罗斯科学院远东研究所中国学家访谈计划的是甘申教授，他在2011年过世后，由戈尔布诺娃（Gorbunova）教授接续。除远东所之外，东方学研究所在何培忠主任的接洽下，由东方学所教授刘宇卫（Golovachev）负责。东方学所迄今已完成16项访谈，并在继续扩大范围。访谈稿的翻译由海峡两岸的学人完成。本书收录了13位当代俄罗斯中国学家的访谈录，这些访谈录仅是俄罗斯中国问题专家访谈录的一部分，其余还在翻译校对中。访谈稿的翻译很辛苦，在翻译完成后，何培忠教授通读了全书，统一了译文，纠正了因不熟悉本学科的专业而出现的一些问题。高媛将访谈对象的中文译名进行了核实和统一。

本书是根据访谈录音整理出来的，由于访谈对象有些人年事已高，对历史事件、历史人物和时间的追述，难免有叙述不准确的地方。翻译过程中，在尊重本人叙述的基础上，对一些明显错误进行了纠正，对访谈者谈话中涉及的人物，能核实的核实，无法核实的采用音译。因而，文内难免存有不准确的地方，望读者发现后指出。编者在此表示衷心感谢。

何培忠、石之瑜、季塔连科、戈尔布诺娃、甘申

2014 年 1 月

目　录

中国研究专家口述治学史的知识意义

当代中国研究面临的知识挑战

当代的中国研究中，曾出现过几个涉及知识论的争议，虽然没有掀起惊涛骇浪，但却对中国研究的意义，提出了许多发人深省的挑战。这些争议，涉及中国研究的方法论问题、中国研究学界与主流社会科学的关系问题，研究课题的问题意识是否正当以及意识形态如何影响并介入学术研究等。这些发自中国研究界内部的反省，只是零零星星地出现，在过去几十年周期往返般地若隐若现，并没有真正对从事研究的人造成重大冲击。不过，近年来由于学术环境的变迁，中国作为研究对象本身也经历了堪称剧烈的变动，适逢新兴的文化研究将身份研究从人文学界输出到社会科学界，除大量具有中国身份的研究者加入学术界的对话，动摇了原本欧美学者观察中国时为自己所预设的客观基础，更有四面八方关于社会科学知识论的研究正随着全球化的进程逐渐浮现。换言之，研究对象与研究者都发生了自我认识上的困惑。原本各有其所的知识主体与知识客体之间，关系出现混淆。在这样的背景中，中国研究遭到的挑战，其巨大的潜能与严肃的程度都是不言而喻的。

第一个挑战是如何面对过去已经完成的学术成果。

倘若过去的研究建立在一个今天已经受到质疑的问题意识上，或已经动摇的知识主客体关系上，是不是或该不该将这些已有的研究一笔抹消？在中国研究学界，这一类问题并不是第一次碰到。包括战前日本中国学界受到的质疑，也包括战后当社会科学研究方法引介到欧美的中国研究学界时，学术殿堂中充斥着这样义无反顾的姿态，认为既有的人文研究，对建立跨越时空的普世理论没有贡献，甚至应予抛弃。社会科学家这种居高临下的先进地位，固然曾经引起辩论，其实并没有完全排斥既有学术成果继续受到重视与参考。不过，当前关于知识主客体关系的怀疑，却因为针对了中国是什么的根本问题，几乎与过去多数不曾有过这种质疑的研究之间无法对话，不但是因为本体论的迥异而无法对话，也因为态度上的相互疑虑而无法对话。

第二个挑战是今后要如何设定研究课题的问题。

既然知识主体与知识客体之间存在相互影响与相互构成的关系，谁在研究谁的循环现象使问题意识与研究课题的设定都不能避免出现武断，这种认识，使研究工作不能在一个心安理得的基础上进行。尤其当研究者意识到自己观察位置的相对性之后，研究工作的意义就显得漂浮不定。既然任何研究课题都难免对研究对象产生操弄与宰制，研究者如何自持？是不是只要有意识地承认，自己研究工作中隐含了意识形态主张、身份主张或关系主张，就可以大言不惭地继续下去？而能永远不怀疑自己的主张因为是来自片面的历史经验，不能成就知识的普遍性，因此也没有超乎自我的知识意义？于是乎，本来中国研究是在研究所谓的中国，但当前却变成是自我揭露的马脚。旁人透过自己对中国研究作品字里行间的蛛丝马迹，而取得对自己早有立场的证据。

上述两大挑战共同影响中国研究的知识伦理。如何面对这些挑战，是中国研究作为学科领域的生存关键，也是中国研究者与作为研究对象的中国，如何或是否能继续相互构成的关键。处理这个关键的方法，是探究不同性质的知识彼此间的关系，姑且称之为“知识体系的伦理关系”。对此伦理关系的反省与掌握，是让不同知识假设及其生产过程取得本体论与知识论层次上的联系，从而容许每一位研究者，根据这个伦理关系，界定自己的位置，也判断旁人的位置。再根据旁人对我与对他做出的判断，相互比较，作为决定自己下一波研究课题移动方向的参考。简言之，知识伦理体系的勾勒，以及未来此体系的开展，与个别研究者在其中位置的界定与迁移，共同赋予研究者一种赖以自我定位的空间意识，使研究者对自己所同意或不同意的知识立场，对之掌握到某种伦理上的相对关系。这个知识伦理体系中的位置，足以使研究者产生好奇心，能依循伦理关系中的相关位置，前往自己不熟悉或所曾抗拒的知识立场，也邀请其他研究者，进入到自己的研究位置，彼此相访，但不会彼此威胁。伦理关系随着时代而变迁，因而不能有固定的方面，应当依照当事人的体验来开展或关闭某些新的或旧的方面。所以，关于知识伦理系统应有的方面，在探讨时只能采用归纳的方式，而不宜采用推论的方式，亦即应当根据中国研究学界已经提出的、意识到的、关心的且尚未被遗忘的那些方面，来处理不同知识论与本体论之间的关系。

根据这样一个原则，可以讨论三个方面，第一是涉及欧洲中心与中国中心两种知识之间的关系，第二是涉及普世研究与历史研究之间的关系，第三是涉及结构性知识与诠释性知识之间的关系。这三个方面，各自将中国研究既有的知识分解，若不加以疏通，势必继续造成理论之间无法相互沟通，甚至试图沟通时，还会引起否定自己研究课题的解构效果，毕竟不同知识立场所采取的语言与推论过程，没有共通的本体论作为依据，一旦相互碰撞，就产生抹杀掉彼此知识本体的尴尬。

早在“文革”时期，欧美学界就曾针对中国研究中的帝国主义观点进行批判，认为欧美的中国研究，过多地从现代化史观出发，在现代化史观之下，认为中国的近代化，必须依赖来自于欧美的刺激，俨然帝国主义是拯救中国的良方。批判者从而期许一种中国中心的知识，鼓励今后研究者能在中国发现历史。所谓从中国发现历史，就是在中国找寻促成近代化的因素，从明清以降的历史发展中，整理中国自身变迁的动力，以推翻中国必须依赖帝国主义的说法。这些因素包括国家汲取能力的衰退、人口的增长、公共领域的出现等等，也包括对中国作为一个地区大国，其内生的解放力量何在的探究。新近犹有更深层的反思，甚至开始质疑这些所谓中国中心的研究，其实依旧停留在欧美中心研究课题上回答问题，因为他们想要找寻的，还是中国迈向欧美现代化模式的动力，只不过认为中国自己有其动力而已。从质疑欧美中心到主张中国中心，再到质疑中国中心，不同研究者对于自己与研究对象处于什么关系，各有假设。不同的假设之间，似乎有一个看似不可逾越的鸿沟，在妨碍他们相互阅读各自所发表的中国研究成果。

中国研究学界另外一个自我反省的角度，在于中国研究有多大程度能被主流社会科学接纳为一种科学知识。科学知识的要求，是能够将适用于中国的行为规律的理论，与人类普遍性的行为规律理论衔接。如果一项关于中国社会现象的发现，不能对普遍性规律有所启示，则这个发现似乎只能是一种伪知识。衔接之道，最初是将社会科学主流的理论应用到中国，将中国作为例子，之后有学者大胆主张，可以在中国的经验中，发现新的、过去未曾发现过的普遍性行为规律。社会科学对普遍性知识的要求，以及引导研究者脱离中国的历史环境，改用抽象概念表达的理论，并不为中国学界完全接纳，反而认为从中国的历史演变中，所汲取的特定知识，对于了解中国更有帮助。这个科学与历史的分歧，类似国际关系学界中行为主义与英国学派的差异。在冷战时期，因为有关中国的信息不易取得，所以靠着对中共党政军有亲身经历的研究员，或在香港齐聚，就近窥视，探访难民之类的手段，据以判断北京政策发展的所谓北京学，独占鳌头。在中国实施改革开放之后，中国可以作为一个供比较的案例，因此科学方法成为主流，所有的事件或对象都视为是在跨时空的法则之下，受单一行为结构的制约。但另一方面，也出现有意识地在中国的历史脉络中整理通则的努力，中国港台学者较早着墨于此，21 世纪后对中国模式的探究更在大陆知识界蔚为潮流。但是，这个努力并不追求与普遍性理论对话，于是就使得科学知识与历史知识之间的领域，阻挠了彼此间的阅读与理解。

文化研究兴起之后，第三个对知识性质的分歧也随之在中国研究学界出现，将知识视为一种身份策略的再呈现，等于根本质疑客观知识的存在，其目的是想说明，研究对象的存在状态会如何因应知识的内涵而不断地调整。这个挑战，从本体论上推翻了客观科学规律的可能性，针对一般社会科学研究课题上的语言与观念，进行特定环境与历史脉络的再诠释，根据历史时期与人物环境，赋予这些概念迥然不同的含义，从而否定了所有科学命题皆应跨越时空的宣告。如此一来，研究对象如何诠释自己的环境，才是知识的来源，研究者没有资格站在外于研究对象的观测角度，武断地解说研究对象某项行为的原因。但是研究者要进入研究对象的环境谈何容易，因此即使是诠释性的理论，也不能避免理论基础，故而也就不能避免武断。在这样的知识论之下，研究者与研究对象之间有一种协商关系，共同在参与知识生产的过程，每每他们任何一方对自我的理解发生转变，或身份策略有所调整，则行为意义的解释就随之不同，如此一来，知识内涵当然就发生变化。可见，在诠释性的知识方面，研究者本人的身份是构成知识内容的重要元素，没有一项知识能脱离研究者的身份，所以研究者的性别、族群、阶级与家庭、人格、经历等特质，都牵涉自己观察研究对象时的情感波动与研究态度。与科学知识相比，后者建立行为规律所依赖的，是能够发现某项行为背后起制约作用的外在社会结构，这些结构具有高度的物质性，也就是不依研究者而转移的客观性，如此与诠释性的知识强调知识没有固定不变的基础，就属于南辕北辙的立场。

资深学者口述史的知识意义

对中国学家知识生涯口述史的研究，旨在促进中国学研究过程中，能免于将知识生产过程客观化，因而采取个人化的知识史再现方式，通过个人知识史的整理与比较研究，最能说明知识意义的多元性，因时空与人心而有不同。由于个人知识史涉及访谈对象与访谈者的互动，也涉及与其他访谈对象的比较，故而足以提醒研究者，此一个人知识史的再现，主要是当代意义脉络下的再现，而不是个人知识史的所谓客观描述。何以此文本分析所引入的诠释研究，有助于避免以真假与否的态度，窥视或检查口述历史的内容，而是借由口述历史，反映资深研究者在衔接过去问题意识与当代问题意识时，决定采用什么论述脉络，从而反映出中国学的一种可能意义。口述历史帮助研究者发掘各种意义的可能性，是凸显研究者、研究对象与研究结果之间相互构成关系的适当途径，而不必是访谈对象知识成长的客观描述。

口述历史访谈的推动，由项目主持人、协同主持人偕同国外合作之主持人共同推动。通过对资深学者的访谈，了解知识社群的文化、历史脉络，以及他们所处的当代环境，如何成为他们所生产的知识的重要内涵，对于该知识社群认识到自己所生产的知识具有什么意义，会有极为重大的贡献，也同时对于其他知识社群在阅读该知识社群的作品时，有能力将这些作品放进特定的文化历史时空中，更关键的是，培养其他知识社群进行同样反省的意愿，于是协助所有的知识社群，都能彼此认识到自己的知识视角，从何而来，彼此如何相互影响，相互修正，相互误解。基于这个原因，必须邀请所研究的对象社群，共同参与研究。在社会科学的方法论中，为了解研究对象，而对研究社群进行研究，本研究计划堪称首见，更是中国研究主流所从来没有设想到的，因为在既有中国研究之中，被研究的中国人，不论是正面或负面意义的参与，都只是对象。现在，借由研究社群共同参与检讨，让研究者也能从这样的方法中，体会自己的研究对象，让对象在自己的研究课题上参与知识建构。

不必宣称个别资深学者的学思历程具备这样或那样的代表性，故选择或不选择他们作为口述历史的受访者，是基于研究团队成员的机遇、巧合与情感，但是受访者的学术活动无不隐然说明了一种对中国进行想象的结构。正是这个结构的想象性（而不是代表性），使每份访谈具有独特的意义，促使受访者、访者与读者必须通过反思来进行意义上的选择，从而有意或无意地修正尔后对这个结构的想象空间。这些受访学者的生涯，均有部分是在某种隐而不显的位置，那可能是多数人都或多或少经历的位置，即某个同时处在所谓中国与所谓亚洲之间以及所谓东方与所谓西方之间的位置。这个允许多方面、多出发点的中国研究过程，因而形成的边界模糊的场域，在此之中，各种涉及中国的概念、意识或表征，可以被研究者不断挪用与再挪用，以至于同时又永远保留了某种再开展的可能性，故研究者得以不断地从群体与个人出发，在有意识或意识不足的身份抉择中，来开展自我认识。

在地缘、语言与时间上，受访学者所处的角度非常不同。他们分别来自不同的社群，在不同的地方工作，主要本职所在的国度可能较为集中一地，但无不深刻涉及其他社群。中国研究不可避免地镶嵌在受访者内摄的文化与地理的多元性中。从这个角度来看，与中国特殊性有关的新近主张诸如“崛起”“天下”“中国特色”等所代表的，是某种具有本质的中国，不再是研究必然的前提。故除非是认为民族国家是当代主要文明的唯一有效载具，不然亨廷顿（Samuel Huntington）的文明冲突论就不会可信。无论是承认或否认中国的特殊性，都已经预设了一个关于中国的身份选择，因此也就没有必要用学术或政治中立的要求彼此检证，因为中国是否具有特殊性或是否在扩张，都必然涉及中国是什么或中国的范畴何在的认同与政治实践。

当然，受访者不可能完全掌握这个有时隐而不显的立场，更可能的情况是，他们也不充分了解自己以中国为主题的学术作品与个人认同究竟是被什么决定的。学者们既不能控制他们已经或正在遭遇的政治社会情境，也同样不能控制这个隐而不显的概念场域的形成。例如，他们所操持的学术语言，对于任何一个本身就已具有另一种通用语言的学术社群而言，都有不可回避的意义，毕竟能不能或如何分享他们的英语文本，是必须在意识上加以处理的问题，因为每一个群体都各有因应英语化的中国文本之道，并以此反映出他们既有论述结构之间的差异。然而，个人如何具体根据这种论述结构的差异来进行语言与文本的选择或不选择，就不再是既有论述结构可以说明的，如此，研究者与多种论述文本的遭遇以及遭遇之后的抉择，是中国研究得以发生的两个主要机制。

简言之，中国研究所涉及的是关于中国的论述及其如何从既定的脉络中形成的可能性，故而是在已有的知识中，通过研究者的选择而开启的另一种知识生产。对于研究者本人而言，这后一种生产过程不是全可见的，因为在研究者意识中所能掌握的，只有指向课题（即中国）的单一知识过程而已。必须通过反思受访者的问题意识概念，才能将这个隐而不显的过程以归纳方式整理出头绪。受访者所处的历史脉络当然无法完全说明他们的学术选择，除了他们有意识地于知识生产时的当下做出的立即选择之外，还有另一种更深层而可界定受访者自己与研究课题之间关系的选择存在。因此，这里讨论的选择也包括一种后设的，不一定在直觉中可被研究主体第一时间所把握的选择，可以称之为对只是对象的本体概念选择，是以访谈与论述分析所回溯出的一个给予研究者立场的空间，如此研究者的立场便必然属于其自身存在方式的合理选择，旁人无由妄加褒贬。于是，有必要区分两个层次的中国研究：第一个层次是在遭遇与选择两个机制中实践的可观察的中国研究，第二种是口述历史访谈尝试归纳的一种没有办法在论者的研究开始进行之前被决定的中国研究，也就是等待论者可意识到的研究过程展开后，才能回溯其意义的另一种知识生产过程。

石之瑜

安·弗·奥斯特洛夫斯基访谈录

访谈对象：安德烈·弗拉基米罗维奇·奥斯特洛夫斯基访谈录

俄文姓名：Андрей Владимирович Островский

现任职务：俄罗斯科学院远东研究所教授、副所长

学术专长：中国经济

访 问 者：克·奇尔科夫

翻　　译：叶晓奕

时　　间：2012 年 4 月 9 日

地　　点：莫斯科

问： 您好，安德烈·弗拉基米罗维奇，感谢您接受我们的采访。我们就从您的经历开始谈起吧。请您先简单地自我介绍一下。

答： 我 1949 年出生于莫斯科，家里有研究地质学的背景。我上的中学也以地理学科的教学见长。大学毕业证书上，我的专业是地质分析师。但后来，出乎众人的意料，我没有在与地质有关的专业高等院校继续深造，而是进入了莫斯科大学的东方语言学院，主修中国历史。就这样，我开始学习汉语并研究中国历史。

问： 您和中国的不解之缘就这样开始了。那么，您为什么选择研究中国呢？

答：1967年，我正好进入东方语言学院开始学业。不过，这里我想强调的是，当初是学校指派中文课程给我的，并不是我自己选择的。虽然，对我来说，中国也是自己头几个想要研究的国家之一。我希望研究的，是一个在历史上比其他地方更为久远、丰富的国家，而中国刚好就符合这些要求。中国有着几千年的悠久历史，所以我总是很乐意去了解它。学习汉语的难度很高，很多学生在学习过程中被淘汰了。当时一共有16个人选择主修中国历史与语文的专业，但最后只剩下8个人。其余的人都是因为学不好汉语就知难而退了。毕竟，这是一门很复杂的语言。

问：您对学习汉语的事情可以说得更具体一些吗？

答：不得不说，我们的中文教师都相当出色。直到现在，对中国的了解程度，我还可以感觉到自己总是比其他高等院校的毕业生略胜一筹。这点，其他莫大亚非学院的毕业生们也有同感。之所以这样，关键有两点：一来我们的老师都是老派的学者，二来则要归功于教学制度，虽然那时我们还没有像现在这样的课本。不过，一、二年级时，我们一周有14至16个课时的汉语课，三、四年级时，一周也有12至14个课时。我们在多媒体语音教室上课，斟酌咬字发音，练习四声。除了学习语音学，我们还要练写汉字。每个字抄写两行，每天学习10个新字。学习汉语实在是很难，因此，有人毕不了业，也就不足为怪了，因为他们达不到汉语和中国历史教研室①提出的毕业要求。

问：您觉得当时的教学制度和现在相比，有什么不同？

答：两者是迥然不同的。过去的制度是这样的：学生如果没有通过所有的测验和考试，就会被学校劝退或开除。而现在呢，完全是另一套制度：交了学费，随便学点东西，就能拿到一张毕业证，专业那一栏里还写着汉语翻译。可是到了实地工作的时候，无论在场是两个中国人在交谈，还是一个中国人在说话，这些新毕业的译者都搞不清楚他们谈话的大意。最近这些年，毕业生的品质下滑。我们需要知道，若要培养出高水平的毕业生，就要有相应的奖励机制。首先，这要体现在教师的待遇上。学生们通过了所有的考试，

---

①　俄国大学中的“教研室”（кафедра）类似于欧美制大学下的“系”，但规模比“系”更大。

就能顺利找到工作。因此，相应地，也应该向培养他们的老师提供更优厚的薪资待遇。

问：下面这个问题与之前所谈的内容有所不同。您在东方语言学院学习过。那么，您的毕业论文题目是什么？具体写的是什么内容？

答：我的专业是中国历史。我学年论文的研究主题为中国历史的各个阶段。我的第一篇学年论文写的就是《十二世纪的宋江、方腊起义》[①]。四、五年级时，我转向研究中国当代史，主要关注中华人民共和国成立后10年的无产阶级政党——中国共产党。同时，我也关注中国的社会经济问题以及社会经济史。之后我被推荐进入研究生院。我的导师——弗·伊·格卢宁（В. И. Глунин）推荐我进入远东研究所，他是一名中国历史专家，也是中国当代史教材的作者之一。但后来，院长姆·伊·斯拉德科夫斯基（М. И. Сладковский）让我改变了主意。他和我谈了一次话，他问我："你为什么要学历史呢？你汉语的基础很好，语言知识也掌握得不错，那为什么不来研究生院研究中国经济呢？"我听取了他的意见，自此开始研究中国经济。

问：您的导师是谁？

答：我的导师是耶·弗·科瓦廖夫（Е. Ф. Ковалёв）教授，他是历史学博士，在中国工作过很多年，回国后担任了东方学研究所的院长和《苏联汉学》[②] 杂志的主编。这份杂志只在1958年出了两期就停刊了。1966年，远东研究所成立。从那年起，科瓦廖夫就一直在远东研究所工作。其实组成远东研究所的学院早在1956年就已经成立了。但后来，学院停办了，直到1966年才得以恢复教学。之所以会重启远东研究所，是因为当时有一些重大问题需要解答：在中国发生了一些大事件，没有人明白这些事件的真正情况，所以就需要去分析这些复杂的事件。

问：那论文写作进行得顺利吗？您和您的导师花了很多精力吧？

答：与以往的导师不同，斯拉德科夫斯基十分关心我。我们两星期内就会见一次面。会面时，我会让他看我写的论文章节，然后我们会讨论里面的一些共同问题。有时候，我还会去他家里接受辅导。斯拉德科夫斯基虽然精

① Восстание Сун Цзяна и Фан Ла в XII в. н. э.

② *Советское китаеведение*.

通经济，却不是学经济出身的，他最开始是历史学的博士。我的论文题目是《工人阶级在中国经济结构中的地位和作用》[①]，所以，一名历史学家的辅导对我来说非常重要，也很有必要。工人阶级，与其说这是一个经济现象，倒不如说是一个历史现象。当时，工人阶级在经济领域里发挥着举足轻重的作用；其实现在也是这样，只是许多人没有意识到。人们认为，银行和钞票决定了一切。在20世纪七八十年代，罗杰·加洛蒂[②]的理论非常流行。他的理论讲的是中产阶级的建立、专业科学人员和科技工作者的增加以及剩余产品的减少、工程技术工人所占比重的提高。但在当时，这个理论对于中国来说，只是乌托邦式的幻想，因为中国的工人本来就不多。大家在评判我的副博士论文时，就提出了这样一个问题：该课题是否值得研究。工人数量仅占经济活动人口的3%—5%，这个比例实在太低了。然而，统观世界经济局势，工人阶级在总人口中所占的比例却是逐年扩张的，当该比例达到峰值时，它就会自动转向下滑。在写作的过程中，我还在论文的审核上遇到了一些始料未及的困难。与苏联最高学位评定委员会（Высшая Аттестационная Комиссия СССР，ВАК）[③] 打交道总是容易横生枝节。不过，这种情况早在二三十年前，就已经存在了。尽管在此期间，国家也对该制度实施了各种改革。但总之，在1976年，我还是成功地通过了论文答辩，就是那篇《工人阶级在中国经济结构中的地位和作用》。我研究的是中国的经济问题，不过，最开始的时候，我重点关注的还是中国社会经济结构的变化，工人阶级、知识分子、骨干工人、农民都属于经济结构的范畴。中国社会经济结构变化的本质在于：农民的比重应当缩小，可是那些年该比重值却缩小得很慢。其中的原因是，当时在中国并存着新旧两个体系。两者的并存多少还是阻碍了中国旧式社会结构自身的延续。农民想要进城并非易事，除非和人民公社签订一个一至两年的

① *Рабочий класс：его место и роль в экономической системе КНР.*

② 罗杰·加洛蒂（Roger Garaudy，1913—2012），法国作家、哲学家、政治活动家。

③ 苏联最高学位评委会是向科学、技术、教育和文化各领域的工作者授予学位和学衔的国家机构。对全苏的学位、学术评定工作起着领导和监督的作用，对评定负有完全责任。鉴定委员会对学位和学衔应考者提出统一要求，检查学位论文的质量及其科学和实用价值。负责审核所有已在专门委员会答辩的副博士论文，并在常委会上作出有关授予科学副博士学位或撤销专门委员会关于授予科学副博士学位的决定。

契约，不然就会被认为是非法迁移——这是被严令禁止的。

问：答辩结束之后，您的研究进展如何？

答：答辩结束后，我开始研究中国经济、中国政府的总体社会经济政策，并分析中国经济政策与宏观经济的发展。我的博士论文题目是：《工人阶级在中国经济体系中的地位和作用》。写作期间，我曾两次外出进修。一次去了中国，在中国人民大学的劳动人事学院学习了一年，让我能实地体验中国经历5年经济改革①后所发展的一切……当时光看中国的外表，人们根本就无法预料到它的经济会在今天崛起。当时的中国类似于20世纪50年代的苏联，市场刚开始发展，街上大多是自行车，汽车少得可怜。这里，我还想特别补充一点，在中国的重工厂里，情况也不甚理想。进修期间，我阅览了很多资料。那时指导我的，是劳动经济学领域的著名教授——赵履宽先生。我先是去了武汉，了解了改革的经验，接着又去了所谓的经济体制改革突破口②——上海和江苏南部的常州等城市，改革主要是在常州、苏州、上海这几个城市率先展开的。常州是新型行政管理模式的试验场。所谓新型行政管理模式，指的就是城市指导乡村。常州是最早采用该模式的中国城市。就这样，我收集了大量的材料。1989年，我第二次外出进修，这次去的是斯坦福大学。在战略研究学院，我阅读了美国学界关于该课题的相关文献，并有幸与美国的教授们互相交流。此外，我还和洛杉矶、纽约、华盛顿的学者讨论、切磋。在美国之行结束后的半年内，我很快就完成了博士论文，并在1990年通过了答辩。评判一个年轻博士写的论文——这可不是一件简单轻松的事情。除了我，还没有人掌握与该课题有关的其他资料。我收集的那些关于劳动和劳动力市场的资料在当时是独一无二的。2003年，我利用这些数据出版了《中国劳动力市场的形成》③ 一书。

问：我们具体来谈谈您的第一次中国之行吧。您在那次访学过程中见到的中国和您之前想象中的中国有什么区别吗？

答：在此之前，我都是通过阅览书本、报纸和图片来了解中国的。人口

---

① 这里指是中国20世纪70年代的“改革开放”。

② Цзинцзи тичжи гайгэ тупокоу（“место прорыва”）.

③ *Формирование рынка рабочей силы в КНР*.

众多——这是第一印象。此外，对我来说，中国有意思的地方也在于其历史源远流长，文化博大精深。从社会经济学的角度来看，当时的中国还很贫困，什么东西都是凭券领取的。就说去武汉那次，人们发给我一些票子。想要吃饭了，我就拿那些票子去换一些土产的食物吃。后来，农业产量一提高，粮米的产量一上去，粮票制度就被取消了。在此之前，每月六十元就已经是中等收入了，水平很低。和一个中国工人的工资相比，我们的助学金算是十分丰厚的了。店里出售的商品种类也不太丰富。自由市场才刚刚出现，其中最有名的是中关村。如今，中关村已经是中国最具实力的科技园区。而刚开始的时候，中关村只不过是一个市场，建设的资金还是由信贷提供；之后，园区靠销售利润支付信贷。1984 年、1985 年的时候，当我想在国营的商店里买点东西——比如说买个面包吧——售货员却说没有，得到商场，到自由市场上去买。所以，我就得搭公交车，到两站之后的市场上去采购。的确，自由市场确实应有尽有。那里有一些农民骑着驴来市场上做买卖，令人想起了 1955 年、1956 年苏联集体农庄的市场。在那里也是什么都能买到。后来这些市场就消失不见了。这与赫鲁晓夫有点关系。中国市场上，各色商品一应俱全：皮鞋、衬衫、裤子，甚至还有菠萝，菠萝只有在人民大学附近才能买到。我曾经问过那些学生，哪些商品在他们的消费能力之内，发现菠萝就是其中之一。以前他们只是听说过菠萝这个词，而现在他们能买到菠萝了。这些事情我至今还记得。之后我又去过中国很多次。我觉得，如果有三四个月或者半年没去中国，就会错过很多东西。这个国家发展得很快。现今的中国和 1984 年、1985 年的中国完全是迥然不同的。

问：再来谈谈中国台湾省吧。您在台湾也工作过一段时间？

答：是的，我在台湾工作了四年，应聘、就职于淡江大学。我在研究生院工作，教授俄罗斯地理和经济。很多学生都来听我的课。他们都想知道在俄罗斯发生了什么，那些改革是怎么一回事，俄罗斯又是怎样从计划经济转型走向市场经济。就我的观察来说，台湾可分为两个部分：就文化与语言方面来谈，台湾就如同 60 多年前的中国大陆；就经济层面来说，台湾则类似于新加坡和中国香港。换句话讲，台湾有着浓浓的传统中国风情，但却是从市场经济起步的。此外，台湾城乡的民主化程度之高是难以企及的。淡江大学坐落于台北的郊区，不过，那里和台北的差别不大，只是台北的高楼大厦更多一些。我在台湾工作了四年，然后就有点厌倦了，那里炎热的天气令人不适，我也不适应台湾的生活方式。对了，从台湾出发去任何一个东南亚的城市都很便宜。一般人可不会从莫斯科出发去东南亚的城市。我的工资收入也很可观。

问：您提到了研究生。我的下一个问题就与这相关。指导研究生的工作怎么样？您带了很多研究生吗？

答：我带的研究生中有五人通过了答辩。当然，我指导过的学生总数远远不止五个。可不是所有人都有这个耐性来从事研究工作的。我在淡江大学也带了学生，但也不是所有人都参加了答辩。这还是要取决于个人。我在莫斯科少说也有五个学生通过了答辩。他们的论文题目基本上都与经济有关。鉴于我培养了五名研究生，科学院授予我教授职称。我的学生第一位通过论文答辩的是一名女硕士，专攻商品价值的形成，最后一人是来自中国的女硕士，写的是科技园区的建设。还有人选择农业作为研究主题。现在我也带了一些研究生——里面有些人会参加答辩，有些人则不会。如今还有一个问题：所有人都需要工作。有些人可以将工作和论文的写作相结合，而有些人却不行。许多人不能像以前那样在研究生院里那样安心写作、接受面授辅导。此外，他们还要考虑自己的家庭、孩子、住房。住宿问题只能靠租房子解决，毕竟，买一间公寓实在是太难了。在莫斯科，中等水平的房价已经达到了每平方米两三千美元的地步，而这还是在比较边远地区的价格。

问：接下来的这个话题涵盖范围较广——苏联及当代俄罗斯的中国研究人才培养状况。现在立志成为中国问题专家的年轻人多吗？

答：不太多。而且，过去很多人都不愿意从事中国研究。汉语那么难学，研究中国问题的收入又那么低，因此很少有人想做这方面的工作。不得不承认，这使得我们在对中国的认识上形成了很大的断层。在此之前，还是有人关注中国问题研究的。我们的国家边境线很长。1689年签订的《尼布楚条约》[1]，那时

---

① 1689年9月7日（康熙二十八年七月十四日），清政府全权使臣索额图和沙俄全权使臣戈洛文在尼布楚（今俄罗斯涅尔琴斯克）签订中俄《尼布楚条约》。这是中俄签订的第一份边界条约。条约明确划分了中俄两国东西边界，从法律上确立黑龙江和乌苏里江流域包括库页岛在内的广大地区属于中国领土，清朝同意把贝加尔湖以东原属中国的尼布楚土地让给俄国。

候我们没有研究中国的专家，所以只能靠派驻在中国的东正教教士担任翻译。在谈判的实际过程中，双方使用的是拉丁语。当时中国方面的谈判团队并不懂俄语，而我们的外交人员也只会说拉丁语，所以只得采用拉丁语作为折中。在这件事后，俄罗斯人就逐渐明白了一个道理，那就是俄罗斯一定得培养出自己的中国问题专家。再讲明白一点：从1727年签订《恰克图条约》[①] 的过程中，我们可以窥测到俄罗斯训练中国问题人才的初期构想。俄罗斯最早的中国问题人才培养计划，是在传教的背景下进行的。俄罗斯的第一个汉学中心是在喀山。后来该中心搬到了圣彼得堡，之后又迁往莫斯科。这时的汉学中心已经培养出了一些优秀的人才，比如说瓦西里耶夫（Васильев)、孔拉德（Конрад)。也就是说，过去，我们的中国研究工作做得更好。而现在的情况之所以会如此，主要是因为政府对培养高水平的中国问题人才不感兴趣。俄罗斯政府在外交工作中更关注西方。我们国徽上的双头鹰一只头面向西方，而另一只头则面向东方。但现在可以这样讲，它的两个脑袋都转向了西方，对东方关注甚少。就拿外贸金额来说吧，俄罗斯50％的外贸额是来自于和欧洲国家的生意往来，这还不包括和拉丁美洲及北美的贸易额。而我国与中国的贸易额只占了12％，与日本等国的贸易额所占的比例更小了。当前，俄罗斯的所有人都关注着西方。尽管我们已经签订了中国东北和俄罗斯远东地区的合作协议，但不论是现在还是将来，协议内容的实现都面临着一些问题。我们对中国有一种恐惧，害怕中国制造的商品。现在，中国商品和俄罗斯商品在质量上不相上下，但其价格却只是国产货的五分之一。自然，俄国商界并不欢迎中国货进军俄国市场。现在，在中俄生意往来中，占主导的还是中国商品的出口。20世纪80年代，俄罗斯对中国出口总额的20％来源于机械制造业，而根据2011年的情况来看，该指标仅占了总额的1％。事实上，我们现在主要出口三种商品：石油、煤炭和木材。鱼类，或许也可以算吧？

---

①《恰克图条约》是中俄两国于雍正年间签订的，旨在规定中俄在蒙古北段边界及政治、经济、宗教等诸方面相互关系的条约。条约使俄国得到了领土、贸易、宗教等项利益，但对其侵略野心起到某种遏制作用，中俄中段边界遂得以保持较长时间的安宁。在宗教方面，除原住北京的东正教士一人外，准许补遣教士三人，同时接受六名俄国学生来京学习满文、汉文。

问：也就是说，俄国商界并不热衷于和中国人做生意？

答：不完全是，远东地区的人们就对此很感兴趣。他们的生活水平较低，不论是俄罗斯制造的商品，还是保加利亚或是汉堡制造的商品，他们都愿意购买。至于度假，他们不会去索契，而是会选择去海南岛。考虑到住宿、来回机票的花费，去海南岛无疑更经济实惠。这一切都和经济因素密切相关。俄罗斯的总人口是一亿四千万，自乌拉尔山往东的俄罗斯人口仅为二千万，远东联邦区的人口甚至都不到六百万。再举个例子，光是莫斯科就有一千二百万人口，彼得堡的人口也有六百万。人们只要坐两个小时的巴士就能穿越赫尔辛基。

问：您经常去中国。那么，您是否加入了一些国际中国学的机构呢？

答：是的，我确实是常去中国，几乎去过中国的每一个地区。这对我的工作来说非常重要。中国研究工作者都应该常去中国看看。有一次，我去了美国，美国从事中国研究的同行问我，最后一次去中国是什么时候。我的回答是五年前。这个回答对我很不利。美国的同行们每隔一年就去一次中国，有时候每隔半年就去一次。这样一来，他们才能更加清楚地了解中国当前的发展情况。毕竟，中国国内的形势总是千变万化。即便是那些美国人，也都觉得每次去中国都会有很多新的收获。中国是一个十分多元化的国家。北京、上海、广州可以归为一类城市，河北、湖北和它们完全不同，新疆、西藏又是另外一个样子。这些地方我都去过。我曾试图分析新疆、西藏和四川的居民的区别，发现他们在经济、社会以及文化上存在很大的不同。人们常常会这样认为，应当把中国这样一个泱泱大国作为一个整体来研究，然而，这其实是错误的。说到我参加的机构，我从20世纪90年代起就是欧洲汉学协会的成员，并负责该机构的管理。每隔两年我们就会在一个欧洲的城市举行一次大会讨论各种问题：中国大陆、台湾的现状等。近年来，一些来自中国大陆、台湾以及香港的代表也会前来参加。该会议意义重大，它有效地促进了世界中国学的发展。

问：那么在这类会议期间，您和这些欧洲及其他国家的中国问题专家交流得怎么样？

答：还可以。我们讨论各种各样的问题。不久前我刚去葡萄牙的波尔图参加了一场例行会议。中国大陆、台湾和澳门的专家都参加了这次会议。我们讨论了一些常见的问题，涉及政治、经济、哲学等。会议持续了三天。在中国问题上我们交流了各自的看法。大家都希望这种定期召开的会议可以改成一年一次。葡萄牙和澳门的关系很密切，1999 年澳门回归中国。我们打算今年夏天在巴黎再召开一次欧洲汉学协会的定期会议。上届会议是在里加召开的。我一直都在参加这项盛事。2002 年，会议改在莫斯科举行时，我负责主持分会场关于社会经济问题的讨论。

问：说起这个话题，就要谈到不久前在远东研究所召开的那次学术会议，主题是“中国、中国文明和世界”。

答：该会议的召开最早可以追溯到 20 世纪 90 年代初。近几年来，我一直都是该会议组织委员会的主席。会议一般持续两到三天。第一天是开幕式和全体大会，第二天是分会场讨论。和过去一样，我在分会场主持关于社会经济问题的讨论。会议已经举行了十九届。由于经费问题，无法年年组织这样的大会，因此下届会议定于 2013 年召开。

问：这个会议在国际上很具权威性吧？您的中国同行是怎么评价这个会议的？

答：大会的与会者不仅有俄罗斯人，还有国外的学者。上次大会共有 40 位国外学者参加，他们分别来自中国大陆、台湾、香港和一些欧洲国家。隆德大学的教授也来了。这说明欧洲的学者对我们的会议也有所了解，因为我们研究所的网站上有关于该会议的相关信息。同样，我们也了解欧洲的研究现状。我们面临着一个共同的问题：经费不足。不然我们就可以有更多机会去参加海外举行的学术会议。光是来回的机票就价值不菲，更不用说住宿的费用了。

问：每次会议都有更多的年轻学者来参加吗？

答：会议上当然有的是年轻学者。但依然存在这样的问题——年轻人不愿意投身中国研究；即便是有人愿意，那也是屈指可数的。中国研究的工作内容复杂，但收入却不高。这样一来，年轻人倒不如去做做生意、卖卖计算机什么的。至少，这样还能维持一个正常的收入。就说我的女儿吧，她就不愿意从事中国研究，而是选择从商。年轻的研究生们常常提出这样一个简单的问题：投入从事汉学研究能带给他们什么？之后，他们便了解到，从商或是去做些什么其他的事业，例如投入公职，会更为有利。年轻人对学术不感兴趣，因为做学术需要做大量的工作，但却不能保证所做的工作一定有回报。大家曾经估算了一下，要是想当教授，需要工作多久，才能获得同等的报酬？答案是二十五年。因此，年轻人都没有这个耐心去等待。此外，中国学教授的收入不如其他学科教授的收入来得高。即便是年近五十，也不一定能轻易升上教授。因此，年轻人与其忍受漫长的等待，倒不如去做点别的事，弄弄物流、卖卖计算机、当个销售经理什么的。

问：那么在您看来，如何才能吸引年轻人投身该领域呢？国家和科学院需要做些什么呢？

答：首先要解决的，是收入和住房的问题。政府可以规划一套新方案，例如先把住房建好，然后出售给年轻人。假如没有这种优惠方案，光凭每月两万卢布的收入，谁能买得起房子呢？要想买，就得不知疲倦地工作，而且还得省吃俭用。

问：据我所知，远东研究所还有一些分部。您能介绍一下吗？

答：是的，远东研究所确实有几间分部。我还负责管理其中位于远东的一所。在我负责的分部里，有对研究中国十分感兴趣的人。中国研究对他们来说很实际，因为从地理位置上看，中国就在离他们不远的地方。我们的专业商务咨询对他们总有帮助。此外，我们分部那里还会定期召开学术会议。我不止一次地去过赤塔，然后再从那里去中国、去中国的满洲里以及其他国家，以便了解、比较中国人民的生活状况，因此，在分部的工作总是令人情趣盎然。我们会经常辅导研究生，给他们上课。他们也常来我们总部学习。但这里又要再次提到经费问题——现在俄罗斯的国内航班比国际航班还要贵。

问：是啊，有人要从符拉迪沃斯托克（海参崴）飞往莫斯科，甚至还要在北京转机呢，因为那样更便宜些。

答：我不久前刚从赤塔搭飞机去布拉戈维申斯克[①]。从莫斯科到赤塔的

① 即海兰泡，位于赤塔附近。

机票开价一万八千卢布，但从赤塔到布拉戈维申斯克要一万六千卢布。这样看来，直接从赤塔飞布拉戈维申斯克，还真不划算呀！

问：您认为，在俄罗斯哪几所中国研究中心的实力最为雄厚？

答：在欧俄部分，实力最雄厚的几所研究中心皆位于莫斯科和圣彼得堡，分别是莫斯科的远东研究所、东方学研究所和彼得堡的东方文献研究所。圣彼得堡的东方文献研究所以前是莫斯科东方学研究所的一个分部。在新西伯利亚有考古与民族研究所，学者们可以在那里研习汉语；此外还有布拉戈维申斯克（海兰泡）的阿穆尔国立大学。而在远东地区水平最高的，要属海参崴的研究机构。符拉迪沃斯托克（海参崴）的研究所，但恐怕它的实力在苏联解体后就已经大不如前了。在中国研究人才的培养方面，远东地区的教学水平是最高的。当然了，现在不论在哪里都是能培养出专家的。我们学院不久前就有一位女研究生通过了论文答辩，她的论文题目是《华侨》。这个学生来自车里雅宾斯克①，中文和英文都掌握得不错，还在中国生活过一年。

问：我们再来谈谈关于中国的文献资料。俄罗斯在这方面的现状如何？

答：在俄罗斯出版了不少关于中国的文献资料，但印刷量却并不大。就说我们所吧，受经费制约，出版的数量是有严格限制的。我年轻时发表的第一篇文章刊登于《远东问题》杂志。当时是1975年，杂志的发行量是一万五千册。现在，这本杂志的发行量只有六百册。俄罗斯国内也出版一些相关书籍。1991年，《中国人口》这本书发行了两万册。现在呢，即便是院士，也不敢奢望自己的书有这么高的发行量。如果有谁想参考某些数据，很简单——去研究所或图书馆查找。网上可以找到很多新颖有趣的材料，但这些材料不一定就是自己需要的。我们在阅读俄罗斯人编纂的关于中国的资料时，会发现里面有大量的语法错误。比方说，把汉语中的专有名词写错了，广州写成了赣州，因为遗漏了一个软音符号②。随便读一篇文章，结果发现里面所有专有名词都是错的。这是中国学发展中的一个问题。20世纪七八十年代的时候，这样的问题还不存在。这些现象的根源还是在于文化的衰退。对于中国，

---

① 车里雅宾斯克位于乌拉尔地区，离乌拉尔传统的大城叶卡捷琳堡不远。

② 在俄语中，广州应写为Гуанчжоу，但俄罗斯人在书中错写为Гуаньчжоу，多了一个软音符ь，这导致该词的发音类似于汉语中的赣州。

我们不过是略懂皮毛，只知道北京、上海，然后还晓得在中国的某个地方有一个西藏。但总的来说，还是知之甚少。更不用说电视台提供的信息了，那些信息总让人觉得中国是个灾祸连天的地方。

问：那么，媒体工作者是否常常向远东研究所的专家们请教一些问题呢？

答：他们经常向我们咨询。有中国的媒体人、俄罗斯的媒体人，还有CNN以及其他媒体的工作者。我也常去广播节目做嘉宾。差不多每隔两周就会参加一次。要是发生了一些重大事件，那出席的频率就会更高。电视台也常常来邀请我们。有时候，我们还不得不向那些媒体工作者们解释一些非常基本的常识。假如一名记者没有受过良好的培训就出镜播报新闻，那一定会给人们留下一些不好的印象。

问：最后，我们来谈一谈您的研究领域吧。您专攻中国经济，那么，对于近十年来中国经济的飞速发展，您是怎么看的？许多人都对此持怀疑态度。现有的一些数据也不太客观。

答：对于近年来中国经济的发展状况，人们各执一词，并没有形成一个统一的评价。需要指出的是，不论是在社会方面，还是在科学方面，我们都低估了中国——欧洲国家和美国都没有充分估计中国的实力。但是，想要对它的实力做出正确的评估——这也是很难的。我们对中国的看法应当以现实为依据。举个例子吧。1982年、1983年的时候，我们接到这样一个任务，对中国在2000年前的经济发展做出一个预计。当时我的导师是经济学副博士耶·阿·科诺瓦洛夫（E. A. Коновалов），他说我们没有足够的时间对未来做出一个预计。同时，我们也缺乏统计资料，没有什么可以参考的数据。我们预计，2000年的时候，中国的人口总量应该已经达到了十二亿，工农业生产总值也将翻两番。一些人不同意我们的看法，认为我们夸大其词了。但现在事实说明，中国是有能力完成这些指标的。2001年，中国加入世贸组织之后，一些人觉得中国的商品没有竞争力，因为它们的质量不好，适应不了市场竞争。但后来，我们看见了什么呢？时隔十年，一切都见分晓了。恰好和那些人的预言相反，人们都害怕中国制造，唯恐中国的商品不要扼杀国货。拉丁美洲国家倒不担心这个问题，但欧盟国家和美国确实为此感到困扰。于是，欧洲和美国展开了一系列针对中国的反倾销调查、谈判，要求中国降低欧美进口商品的关税价格[1]。但就事实上来说，中国现在已经是全世界第二大经济体。要是将两国的平均购买力做比较，那两者几乎是不相上下的。根据汇率来算，中美之间还存在一百二十亿美元的差距。但如果从世界银行的统计资料来看，虽然两者间有一百二十亿美元的差距，但中国并没有落后美国太多。中国的发展很快。但有这样一个疑问——发展的质量如何？消费市场带来了一百八十亿的盈利，可是其中的一百五十亿都来源于城市消费。要是有人从台湾一路旅行到中国大陆，他就会看到路上堵满了车，首饰店里到处都是昂贵的珠宝，更不用说百货商店之类的地方了——那里简直是要什么就有什么。据我了解，好多人名下甚至有两三栋房子。但中国发展的问题，主要还是出在农村，出在农民医疗保险上。当前农村的医疗保险制度还不完善。但是，或早或晚，人口都会走向衰老的。还有，现在人们倾向于将自己的收入存到银行，中国的居民存款占了国内生产总值的75％。

① 此句的原文为：Начинаются демпинговые расследования，разговоры о том，что Китай занижает цены。然而，从这句中，没办法准确地指出，所谓的цены究竟是要中国降低欧美国家进口货品的关税，还是要调整中国商品的价格。但若从逻辑上来判断，则以要求中国降低对欧美商品的关税较为可能，故最后采此种版本的翻译。

阿·尼·热洛霍夫采夫访谈录

访谈对象：阿列克谢·尼古拉耶维奇·热洛霍夫采夫
俄文姓名：Алексей Николаевич Желоховцев
现任职务：俄罗斯科学院远东研究所研究员
学术专长：中国文学
访 问 者：Svetlana Gorbunova
翻　　译：徐翠翠
时　　间：2012 年 2 月末
地　　点：莫斯科

问：您是哪里长大的？

答：我是土生土长的莫斯科人。我在莫斯科出生，在莫斯科长大。我的妈妈是娜塔莉娅·尼古拉耶芙娜·热洛霍夫采娃（Наталья Николаевна Желоховцева）。她毕业于莫斯科大学化学院放射化学系，师从维尔纳德斯基（Вернадский）教授。我父亲并没有正式与她公证结婚，所以她是独立抚养我长大的。所以，我是她唯一的小孩。我父亲是米哈伊尔·亚历山德罗维奇·列昂托维奇[①]（Михаил Александрович Леонтович）。他是位物理学家，和母亲

① 此处的原文为：Отец – Леонтович Михаил Александрович。然而，Леонтович 和 Александрович 在俄文姓名中，皆有可能是男性所用的父称或姓。本文依照热洛霍夫采夫先生之前介绍母亲背景时所用的姓名排序，将 Леонтович 译为姓，Александрович 译为父称。另外，热洛霍夫采夫先生最后所选的父姓是 Николаевич，并没有采用生父的名来作为父称。

是同学，但是他学的是物理，而我母亲是化学。

问： 也就是说，中国研究不是您的家庭使命？

答： 不是。绝对不是家庭使命。我的选择纯粹出自现实层面的考虑。我的生父一辈子研究物理，最后当上了科学院院士，主持库尔恰托夫研究所。我和他很少见面，一年才见一次。他有另外一个家庭，我只去过一次。我认识他的妻子和我同父异母的弟兄。我有两个兄弟，但他们纯粹只是和我共有一个父亲。我们之间没有任何的实质往来。我和父亲的所有关系，仅在于他每年会打电话邀请我去库尔恰托夫研究所做一次有关中国及中国形势的演讲。

问： 但这是您成为中国问题专家之后的事情吧？

答： 是的，是在我已经成人，已经出过国，已经在中国念过书，懂得汉语并且当上专家之后的事了。就像这样在父亲的邀请下，我每年都会去一次库尔恰托夫研究所，在那里做有关中国形势的演讲。

问： 那您演讲的内容是关于中国目前的情势，中国的社会政治、经济和文化？

答： 是的，关于中国目前的情势。

问： 那么是场科普讲座吗？

答： 不，是学术讲座。因为我一生都在研究中国，而且从来没有换过题目，从来没有转换过专业。我从来没有从事过其他专业，只研究中国。

问： 据我所知，您曾在乌兹别克斯坦的塔什干生活了一段时间……

答： 在战争时期，我母亲还有外婆，也就是说我全家被疏散到塔什干。我在塔什干生活的时间很短。我们于1941年10月16日逃离莫斯科，总计在塔什干待了一年半的时间；也就是说，从1942年到1943年。我们待在塔什干的时间就这样，没有再留更久。在塔什干的时候，我刚好上中学。当我读完一年级后，我们全家就搬到塔什干的另一个地区，我同时也转学到另一所学校。那时候在塔什干有很多被疏散的孩子，他们需要学习。因此，即使在战争时期，当地还是开办了一些新的学校。这是事实。有时我有那么一种印象，在塔什干的乌兹别克人很少。在我们住的新乌里扬诺夫斯克大街仅有两户乌兹别克人，我和他们交上朋友，他们是很好的人。基本上，大家从各个不同的地方被疏散过来——从哈尔科夫[①]，从列宁格勒……

问：您什么时候回到莫斯科的？

答：我和母亲于1943年回到莫斯科。事情是这样的：母亲找到了与她专业相关的新工作。维尔纳德斯基开始从事原子能的研究计划。他是母亲的老师，所以就让她做他的实验助手。她和他一起工作了一段时间，但之后她受到了辐射伤害。自那以后，她就无法从事与放射性物质相关的工作，因而不得不放弃她的事业。这件事对于我们家来说是个可怕的打击。母亲在因为失去了良好的薪水和地位后，变成了最普通的、最平常的化学实验室工作人员。她工作不仅应用不上自己的专业知识，挣来的钱也少得可怜。

问：这是发生在什么时候的事？

答：现在我已经记不起准确的日期了，但是，至少这发生在战争时期。不是1944年就是1945年。大概是这个时期。我母亲对我说："就这样，我们俩现在是一贫如洗了。"她失去了三分之二的薪水，能挣到的钱非常少，但是值得高兴的是，她还可以上班，还能工作。不过，我必须讲清，苏维埃当局对她还是进行治疗的。苏联政府每年都会出公费送她去马采斯塔（Мацеста）[②]，让她到那里接受辐射伤害的治疗。除此之外，她也有几次被送到茨哈尔图博（Цхалтубо）[③]，在那儿接受治疗。多亏了这些，妈妈活了很久。在莫斯科，我开始在莫斯科中学上学，而且，这相当费劲，因为我们很难报上户口，住房也困难，最重要的是，光是要学校这件事，对我来说已经是非常艰难的了——因为在莫斯科没有足够的学校可以念。

问：学校很少？

答：是的，保留下来的学校很少。我在好几个学校上过学。我记得，我的第一个学校是弗伦泽大街的第64中学，我在那儿开始上学的。然后是阿尔巴特街的第57中学。但最后我却是在第58中学毕业的。这是因为第58中学的校舍扩建工程完成了。先前因为教室不足，他们打掉了旧的第58中学，然后盖了一个新的。所以，后来我就在第58中学那里念完了十年级。我们是58

① 哈尔科夫为乌克兰重要的传统大城之一，为重工业和学术发展教育的重镇。

② 马采斯塔是位于高加索山区的疗养地，位于索契（Сочи）。

③ 茨哈尔图博亦是坐落于高加索山区的疗养地，位于现今佐治亚的西部。

中学第一届毕业班。我毕业时得到了金质奖章。这非常令人欣慰，因为我学习时吃了很大的苦头，有段时间我不会背乘法表，直到后来才学会。我甚至在二年级的时候因为背不下乘法表而被留级过。

问：因为乘法表?

答：是的，因为我老学不会乘法表，老混淆上面的东西，记不住上头的东西。毕业时我之所以能领到金质奖章，是因为我的成绩被改过了。这个时期，毫无疑问，情势非常艰困。就像妈妈说的那样。我们的生活很贫困，因为她挣的钱很少。食物不够。除此之外，我还得了肺结核。我病了好几年，住到了肺结核防治所里。这个防治所在治疗期间发给我额外的食物。而我想，正是这些额外的食品救了我一命。我认为，肺结核防治所里专门的营养餐厅救了我——也就是当时都被人们称为儿童餐厅的地方。那里确实是个供餐给生病孩子的餐厅。因此，在那里当然和在家的情况不一样。在那里吃得到肉饼。总之，一切都是真实的。

问：但是这段时间你仍继续上学?

答：是的，我继续上学。我没有因为肺结核而住院。虽然，我一直去接受检查、治疗，我就住在疾病防治所。但是，当我中学毕业时，防治所的治疗也恰巧结束了。

问：就是说，您双喜临门?

答：是的。大家都对我说："恭喜你了。"这是祝词。就是说，我不仅仅中学毕业，还从此摆脱了防治所的治疗。这非常好。

问：您在中学时就发现自己对人文科学、语言和文学的兴趣?

答：是的，当然。当我妈妈在维尔纳德斯基那里学化学的时候，她常与学界的知识分子往来。因此，我妈妈就借这个机会学会了英语。我妈妈精通英语。

问：她自学的?

答：她自学的。在一定程度上是自学的。她有的是机会。她在莫斯科大学化学系时还参加了英语小组。当她生病，再也无法从事与所学相关的工作后，她觉得应该做些有意义的事情，例如，教儿子英语。她开始在家里和我一起学习英语。

问：当时你们学校教外语吗？

答：教英语，但是，这当然是苏联式教学，就是一个字——苦，纯粹的苦，苦和泪水。没有人能明白我当时经历的这种苦，这种泪水的滋味是什么。然而，就因为这样，我还在读十年级的时候，就能够用英语和俄语流畅地阅读了。

问：多亏妈妈的努力？

答：是的，多亏妈妈的努力。除此之外，在当她还有正常薪水的这段时间内，妈妈还攒了买英语书的钱。而奇怪的是，在战争期间，这些书很便宜。没错，在战争时期，书卖得非常便宜。

问：其他东西可能更有价值。

答：完全正确。面包更有价值，面包、伏特加，伏特加是特别重要的。

问：这就等于是货币是吧……

答：正是。书不值钱，它们都被扔了。我记得，有时我能在垃圾堆里找到别人不需要的、被丢掉的英语书。

问：甚至有人把书当作生火用的火种吧？

答：是的，人们就这样把书给扔了，就这样，那时候就这样。

答：这里我必须说，当我读十年级的时候，我和妈妈的生活过得非常艰辛。对我来说，那是段极端贫困的岁月。我并不总是有饭吃，经常不吃晚饭就睡觉。为什么会这样？是因为我们没有钱。能吃早饭、午饭就让我满足了。所以，我早上喝粥，午饭喝汤，然后不吃晚饭。当时是纯然地挨饿，并不是刻意地去像现代为了节食而挨饿。这就是当时的生活。

问：中学毕业以后，您马上去上大学了？

答：不是。当我中学毕业，我就对一样东西感兴趣，也就是哪里能得到最丰厚的奖学金。因为我认为，我需要尽可能地抢到奖学金。

问：是的，关于这一点，你有一个清楚的认知，那就是你要去奖学金最丰厚的地方上学，而不是拒绝高等教育去工作。

答：是的，当然。最丰厚的奖学金就是莫斯科学院东方学系提供的。我因为获得了代表成绩优秀的金质奖，所以是通过甄试进入该系。这是非常美妙的，因为可以通过面谈的方式入学。

问：这种方式是只给获得金质奖章的人，是吗？

答：是的，获得金质奖章的人可以通过面谈入学。我可以告诉你，在这个学院我得到的奖学金是莫斯科大学的三倍。

问：怎么解释呢？

答：当然，这是因为中国的社会主义革命已经胜利，所以苏联共产党极需人才。苏联共产党需要人才，所以才用高额奖学金来吸引学生。

问：您曾是共青团团员吗？

答：是的。我曾是共青团员。但我可是费了九牛二虎之力才挤进去的。这很不容易，我是最后才成为共青团员的人之一。

问：如果不是秘密的话，能不能请您说说，为什么您很难进共青团？

答：因为我母亲是知识分子，对共青团来讲，这等于说是我的社会出身不好。除此之外，我的家庭不完整。我被称为是没爹的孩子。这总是一件坏事，那时是一件不好的事情。

问：所以，不论是在家，还是在共青团里，您所面临的情况都很不理想？

答：是的，当然我所面临的情况都很不理想。不过，不管怎样，我还是考上莫斯科学院的东方学系，并获得丰厚的奖学金，莫斯科最高的奖学金。

问：在您考上大学之前，您了解中国吗？了解什么？您对这个国家感兴趣吗？

答：我对它一点也不了解。

问：也就是说，您对中国一无所知？

答：不是，当然知道一些。例如，若有人问我："谁是中国的领导人？"我还是能回答："毛泽东。"当时我从事中国研究，是打算走一步算一步。因此，我的中国研究，是在这样的情况下开始的。我的生活算是起了变化：首先，我开始可以一天享用三餐了；其次，我开始花很多的时间在学习汉语上——毕竟，是汉语养活了我。没错，就是汉语养活了我。总之，我从早到晚都在学写汉字。反正，结论归到一句话上：熟记课文；否则，谁也教不会你。

问：也就是说，您是以儒家的方式来学汉语？

答：其实，倒不如这样讲：现在我有种感觉，就是当时老师们完全不会教汉语，不知道如何亲近它，也不知道要亲近什么。

问：课文从哪里得到的？有哪些课文？

答：课文是从教科书里找出来的。有中文编订的教科书。谁编订的，现在已经记不起来了。但这确实是一本教中文用的教科书。大一的时候，我们需要背诵里头收录的中文文章。

问：那课本里收录的文章是什么？是谁的文章？

答：是关于土地革命和斗争的。课本里收的，净是些关于土地革命、农民与地主斗争的文章。

问：就是说，你们马上就从这里认识中国？

答：是的。农民进行土地改革，与地主进行斗争。当进行阶级斗争时，那是应当的。农民不过是做了应该做的一切。这完全是一种非常“有益”的意识形态宣传教育。

问：请您说一说，讲课的是俄罗斯老师还是中国老师？

答：讲课的老师都是俄罗斯人。

问：全部？

答：里头就一个中国教师——陈先生。他当时教我们中文。他当时很难找到工作，因此就把自己的姓改成了“索维托夫（Советов）”。他是凭这个俄文姓氏被雇用的。以“索维托夫”先生的身份被雇用的。他被登记为：伊万·伊万诺维奇·索维托夫（Иван Иванович Советов）[①]。但实际上，他中文的姓就是“陈”。但是陈先生真实的中文名字，很遗憾我不记得了，非常可惜。陈先生曾是中共党员，被国民党逮捕后，从监狱逃了出来，越过边境，躲到了苏联。由于私自闯苏联边境的关系，陈先生被判了十年的徒刑。这是当时苏联的规矩。

问：苏联的规矩？

答：是的。私自越境的标准刑责为伐木，就苏联的规矩来说，越境的刑责是伐木十年。一切非常简单明了，立刻就可以决定。我不知道各种“三人小组”[②] 和委员会讲了些什么。但就我所知我的陈老师在闯苏联边境时被逮住，并且很快在几天以后被判刑十年。面对这个判决，陈老师没要求什么，

---

① 「Советов」这个姓是由“苏维埃”一词变过来的。意思是“苏联人”。

② 苏联时期有权势的人组成的“顾问团”的别称，对判决、政策实行有着极大的影响力。

甚至也没想到要弄个新名字。至于改姓，这是被判刑之后的事。

问：找工作需要新名字？

答：是的，找工作需要有个新名字。老师们要求并决定应该让陈变成索维托夫，然后让当局“放走”陈先生。对，就是“放走”他。既不是因为他刑满，也不是因为他告密立功。总之，就是没有理由地把他“放走”了。因此，陈老师只是单纯地坐了牢，伐了应该伐的木头，接着就突然被放出来教汉语了。陈先生不是什么大学老师——他既没有梦想，也没有勇气，更没想到会从事教职。

问：他会写汉字么？

答：写得极差。

问：那认汉字的程度呢？

答：很低。他认汉字的程度极端地低。他会讲中文，但却说的是他自己的山东方言。陈先生不会说普通话。

问：好吧，感谢上帝，至少不是广东话。

答：他不会讲普通话。同时，也不敢和有学问的中国人交谈。这会让他感到害羞。当我们学院来了受过高等教育的中国人，陈先生就躲起来了，害怕自己被他们看见。他说：“我要是从这里被赶出去，就连一口饭也没有得吃了。”后来，因为陈先生自己认不得几个字、不懂汉语而被解雇了。而在另一方面，当时我却非常努力和认真地跟陈先生学习。可是这却对我自己有害。至今为止，当我张口说话，第一声调都被山东式的第二声调所代替，我做什么也改不了。正如我在一年级学起来时学会的——我保留了陈先生的声调。所以，我一直在声调上犯错。我的声调不准确。

问：那时俄罗斯老师基本上不教声调么？

答：俄罗斯老师确实不教声调。然而，另一方面，就连陈先生也没有教过声调。

问：所以您学中文，就是单凭听力？

答：完全正确。我像只猴子一样，重复他所说的，而他讲的是山东话。

问：所以您也讲山东话？

答：对，我也讲山东话，到现在我都没办法把这点给改过来。我想，这是一辈子都改正不了了。一开始和中国人谈话，他们很快就认出我这点，认出了我操着一口山东话的不幸。我对此感到羞愧不已，但又没办法做些什么来矫正它。

问：除了陈之外，您还有别的认识的老师吗？

答：当然啦。我们的老师们非常有趣。有一个真正的伊凡·伊凡诺维奇。

问：真正的伊凡·伊凡诺维奇？

答：我们就那么称呼他，真正的伊凡·伊凡诺维奇。今天我们有个真正的伊凡·伊凡诺维奇，然后明天就会来个假的中国赝品。陈先生被学生们戏称为中国赝品。来自中国的假伊凡·伊凡诺维奇知道得很少，不会说俄文，但是他教了几个月汉语。在这之后，他回到了中国，然后在那里生活了一年左右。陈先生只知道那么一丁点的汉字，而且又都是极其常见的，尤其是那些在布告和招牌上的文字。他不会讲普通话，阅读时没有任何音调。上帝保佑，他竟还能讲得出中文来！这就是我的第一个老师。另一方面，主持教研室工作的是尼古拉·尼古拉耶维奇·克罗特科夫（Николай Николаевич Коротков）。第一，他在当时有很好的社会背景，他出身工人。第二，尼古拉·尼古拉耶维奇·克罗特科夫教授确实上过学。而且，据说是“在列宁格勒上过学”的。

问：也就是说，他是货真价实的“学者”了！

答：是的。除此之外，尼古拉·尼古拉耶维奇·克罗特科夫教授在北京工作过。说得更清楚点，是在领事馆工作过。更有趣的是，他引以为傲的是，他在北京学会了文言文。就是说，他在中国那里学到了怎样写书面汉语。至于讲中文，他当然是不行的。尼古拉·尼古拉耶维奇·克罗特科夫教授不会讲汉语，他没学会如何讲汉语。

问：就是说，他也不讲北京方言？

答：不是。但他是唯一能上台演讲孙中山事迹的人。当然，我们还有一位汉学权威——鲍里斯·斯捷潘诺维奇·伊萨年科（Борис Степанович Исаенко）。他是白俄移民，但在任何情况下，我们都不能公开讨论这件事，这是不道德的。我们不能数落移民出身的人，因为可能会害我们吃上牢饭。鲍里斯·斯杰潘诺维奇·伊萨年科教授在北京上完中学，北京话讲得很好，能非常流利地和中国人，以及和我们交流。此外，他的俄语也很流利。他的阅读能力可以达到和中国中学生一样的水平。他没有受到中国的高等教育。这就是我们的教研室和教学，我们一年级招了125人。

问：当中有很多人退学了?

答：12个人毕业，全班曾经有125人。这是非常快乐和睦的一群人。生活得非常愉快。在大学里非常开心。在莫斯科，我们班上的缺席率排名第一。

问：就是说，你们是一群领了最多薪水，但却最游手好闲的大学生?

答：是的，我们玩得十分泰然自若。大伙玩得非常开心，非常好。

问：譬如说，当时在莫斯科是不是还有些地方，可以把汉语学得更好?如果它存在的话……

答：我对此表示怀疑。但是，我们从中看到了前景，尤其是我。虽然陈老师被认为是罪犯，但总归是个中国人。通过他，我认识了其他中国人——中国学生和中国工人。当时，这些人被送来莫斯科，以便他们能留点什么。那时，来自中国的姑娘们织布，男人们则在里哈切夫工厂上班。里哈切夫——也就是当时被叫作斯大林莫斯科工厂的地方。所以，我的第一批中国朋友，就是斯大林工厂的工人，我跟他们是在大学一年级的时候认识的。

问：在苏联留学的中国人，是被当局监视的?

答：当然，政府不允许中国人去莫斯科人家里作客。总而言之，限制得非常严格。但我们当时就那样。如果想举行晚会并邀请中国人参加，就会有各种麻烦。例如，他们会有："如果中国人去你家参加晚会，在场就不得有其他的外国人"这是个明确要求。而且，还会有人来专门检查，突袭检查，确保真的没有任何外国人在场。

问：那么，当时其他认识的外国人，可以被邀请到晚宴上吗?

答：我到现在记得一件丑事——罗马尼亚人溜进来了。他们逮住了罗马尼亚人，接着，就爆发了罗马尼亚间谍案。是的，事情是关于罗马尼亚间谍，有人打电话邀请他参加晚会，而晚会上则有些中国人。或许您未必能理解这种事在当年的严重性……这非常不愉快。况且，更严重地，还会让人被关进监牢。

问：是罗马尼亚人会被关监牢?还是连邀请他的人也会被关监牢?

答：是的，完全正确，不论是罗马尼亚人和宴会的人，还是邀请他人的苏联人，都会被关进监狱。但其中最重要的，则是他们会失去莫斯科户口并被逐出莫斯科。更严重的，他们最多只能待在离莫斯科 100 公里外的地方，不得再靠近城市一点。

问：所以，他们最多只能待在离莫斯科 100 公里的地方？

答：是的。非常严厉和恐怖，非常不愉快。这都是上学时候的事情，极其不愉快。

问：除了中文以外，肯定还有其他跟中国有关的一些学科？

答：中文是每天要学的语言，每天必修的科目。

问：这是现在所缺少的。

答：中文是我们每天的必修课。然而，就现在的水平来说，我们当时上的那些东西，简直可笑至极，完全称不上是一种课，或是会话课；它简直不是个东西。所以，自那之后，在莫斯科大学任教过多年的我，才知道课堂上该讲些什么；不然，那就是单纯地浪费时间。毫无疑问，教学质量可笑得很。我当然想尽一切可能办法来弥补当时教学上的不足。我首先做的，就是研究汉字。通常我学的汉字是预定的两倍。我总是能超前完成作业。

问：还学过其他一些课程吗？中文以外的，例如，中国历史。

答：有的。我们开过一系列和中国历史有关的课；以我来说，那些课非常好。教我们中国历史的是杜曼，非常有趣的一个人，他曾在列宁格勒学习过，研究生毕业，写了论文。但是，校方却拒绝颁给他学位，说："您一定能在以色列获得您的学位。"所以，杜曼先生终究没有得到他的学位。学校没给他学位。杜曼是名相当狂热，坚信共产党的人。他是名共产党员。因此，当别人这么说他的时候，他就会说："当局是不会放我去以色列的，因为我是共产党员。这样，我还能去哪里呢？"于是，人们就对他说："那就这样待着吧。"所以，他就那样没有学位地待着，没有学位地继续教书。他虽然完成了论文，也通过了答辩，但就是缺那个学位。换句话说，就是他不能正式地在学校赚钱。学生们努力想办法鼓励他。我们习惯称呼他为杜曼教授，叫他教授，即使当局把他看作是一个没有毕业，答辩没通过，什么也没有得到的研究生。不过，后来他还是想方设法弄到了学位，纵然这花了他五年的时间。

在五年的时间内，他通过了答辩，取得了早该给他的学位。而在这之前，他一直是什么也没有的。但是，他依旧学识渊博。顺便说一句，在没取得学位的这段时间内，杜曼的论文还是被发表了。就是说，那时他被允许发表论文，但不许得到学位和挣钱；杜曼可以发表文章，但是那必须是免费的。这些文章没有稿费。他的文章至今仍被引用，因为他有个与众不同的特点，他所有的文章都有自己的观点，自己的看法。不过，因为杜曼常常坚持他那独特的观点，所以他也总是到处碰壁。我们还有一位非常有意思的尼古拉·巴甫洛维奇·维诺格拉多夫。他教近代史。

另外，我们学院有位共产党要人——沃伊津斯基。他以共产国际代表的身份在中国待了很长的时间。

问：就是说，实际上那里有共产国际的顾问……

答：是的。沃伊津斯基教我们中华人民共和国当代政治制度，但是他很快就被捕了。为什么被捕呢？因为他作为共产国际顾问，但却对中国共产党作出不实的描述。中国人发现了沃伊津斯基交给中央委员会——也就是交给我们苏联中央委员会的笔记里头写满了许多和“事实”不相符合的东西。但就实际而论，中国共产党确实是另外一个样子。

问：这些事被报道出来后就逮捕了他？

答：是的。这之后沃伊津斯基就消失了。我不记得发生了什么，但好像是心脏方面的问题。总之，他就消失了。他无法挨过这件事。这一切我都记得很清楚，因为我和他的女儿是同学，她跟我一个班。我还去她家作过客。

问：您当时有没有旷课四处闲逛吧？

答：应该是没有。我很少闲逛，我很勤奋地学习，非常专注、积极。我认真学习，不仅是因为那是学生的本分，也是因为，我压根儿就不知道，我其他还能做些什么。

问：您报考中文系是因为现实层面和金钱原因。而您花多久才明白这是您喜欢并感到很有意思的学科呢？

答：我很快就明白了这一点，因为我无可救药地喜欢上了汉字。一看到这些文字，一开始读它们，我就感到想要立刻学会几十个字的狂热。一般我每天学 20 个汉字，20 个汉字，每天。

问：您死记硬背？

答：是的。死记硬背。粗鲁，荒谬，但是有什么办法呢？

问：您是什么时候对中国文学，包括中世纪中国文学，感兴趣的？

答：在和老师的谈话中，首先是和陈先生，我懂得了一个道理：要学会中文，必须尽可能多地看书，尽可能多地看文章。我甚至还督促自己，读完10万页文章。虽然，我现在已想不起这是听谁说的，但当时有过这样的说法，说若能读完10万页文章，就能学会中国汉字。所以，我，就疯狂地沉溺在阅读汉语文章中。当然，一开始，我把课本从头到尾看一遍，从第一个字到最后一个字。所有课本上写的东西，我都看了；所有写到的汉字，我都学会了。当时没有拿到字典。但最后。当我终于拿到字典，有着上万字的字典，有一万个汉字在上头的字典时，我为了弄懂里面所有的字。我以特殊的激情，凭着一股热情从头到尾背了起来。这是种特殊的激情、狂热。

问：您完全拜倒在汉字的魅力之下？

答：是的，一切就好像停不下来似的。我的行为就像一个疯子，我自己这样觉得。不过后来，我也开始了文章的阅读。

问：就是那个时候，汉字的学习从数量转为质量……

答：是的。我开始阅读文学，并了解到中国有非常伟大的作家，好的作家，首先，他们写的东西简单易懂。

问：您指的是当代的？

答：是的，当代的。我喜欢的第一个作家是巴金，我非常喜欢他。起先，是因为我去了晚会——莫斯科大学以前有那种舞会。在晚会上我遇到巴金的女儿，并和她跳了舞。她送了本她父亲的书给我。这本书我背下来了，从头到尾，很傻。当然，我知道，这不是一种好方法，不值得仿效，但是，我那样做了。巴金写的书，我都背会了，能够从头到尾背出来。

问：您是特意坐下来熟记它，还是单单读它？

答：特意坐下来背，整天整星期地练习，不断重复。

问：想必您现在还记得？

答：很遗憾，记不起来了。

问：但您肯定在很长的一段时间内，都记得吧？

答：我很长的时间都记得巴金的文章，很久都记得。人们称赞我汉语讲得很好，但为什么呢？因为我说的那些，都是自己背过的句子。

问：中国人写的那些句子？

答：是的。其实就只是正确地说出来。句子是正确的。一切都很清楚，中国人完全明白我所说的话。所以我被认为比班上其他人说得要好。没有人能说得像我那样，因为我记得很多现成的句子。我完全没有自己去造过中文的句子，一切都是背的。但最重要的一点，在于需要正确应用背下来的东西。这很难，但我最终是做到了。就我来说，用这种方法学习，从结果看来是成功的。

问：您和中国人打交道吗？

答：是的，当然。和中国人交流时，我继续沿用自己的方法。每当和中国人交谈以后，我会记住他所说的，熟记在心。然后重复交谈者说过的话，就像自己的话一样。结果一切也都是正确的。

问：这种方法现在还在充分应用吗，或者只是部分应用？

答：唔，这种方法可以说是极为原始的，非常简单的。

问：巴金之后呢？

答：读完巴金之后，我开始读老舍。

问：一开始就读原著？

答：是的，当然。但这已是三年之后了。头一个三年什么结果也没有，只是在第三年有所进展。第三年我开始和中国人一起工作，做翻译。但这非常不容易，因为在中国有很多方言。我需要习惯每个中国人说的口音。此外，我还得熟悉每种话题，例如在从事有关航空、飞机着陆、空中加油等谈话的翻译，同时，需要正确了解这些话的使用背景。当我翻译航空通信时，刚开始特别难，但是几个星期以后我已经知道了所有被用到的单词。

问：您弄了一本专业词汇表吗？

答：当然，我弄了一份自己的词汇表。之后我已经可以翻译得非常从容了。我就是这样逐渐地熟悉了中文翻译。

问：在学习的过程中，当您写学期报告或论文的时候，您是立即就对文学、中世纪文学感兴趣的吗？

答：不是，我感兴趣的、投入的当然是当代文学的研究。第一，当代文学更容易读，里面使用的汉字也更简单；第二，课题合宜，非常容易读懂。我的第一篇论文，就是谈农民文学中农民如何与地主搏斗、争取土地的事。我论文的数据来源很简单——我只不过拿起了那本我们已经上完的课本：《土地改革》，然后从里面找相关的文章出来。这就是我写的第一篇学期论文，题目是《农民为了土地而斗争》。这非常符合时代精神。我没有渠道接触任何中国古典文学。我实在是没渠道接触到它。我接触到了当代文学，读过巴金，之后又认识了老舍。老舍来我们这里。我和他成了朋友，之后又见了几面。老舍是个非凡的人，他表现得不同寻常，和其他人不一样。他与人交往完全不受拘束。唉，遗憾，他已经逝世了。

问：学生时代，您就已经发表过文章？

答：当我还是大学生的时候，我就发表过文章了。我那篇有关共产主义作家的学期论文也被出版了。但是它不是以印刷物形式出版的。当我已经毕业并在科学院取得工作时，才正式发表文章。

问：您的学位论文与什么有关？

答：与中国左派作家有关；换句话说，也就是共产党员作家，那些写农村改革的作家。

问：也就是说这实际上是学期论文的延续，主题的扩展？

答：对。我所关注的作家不是只有一个，而是三个。就是说我已经读完三个作家的三本书，并写与他们有关的论文。我有机会和这些作家见面。当我去中国时，我和他们见了面——艾芜、沙汀。我和他们见过面，交谈过，感到非常有趣，受益匪浅。但是，当然，他们不是什么大作家：换句话讲，就是说他们的作品不值得翻译和阅读。在中国，有质量更好的文学作品。

问：您的第一份工作是什么？

答：我的第一份工作是在莫斯科中国研究所。我一生都在科学院的体系下工作。当我考进来时，我一下就考上了文学组。文学组组长艾登——他是一名诗歌翻译家；不过，之前也曾是个诗人。他挑中了我，说："我需要研究散文的人。我不研究散文，我翻译诗歌。"他翻译诗，非常好的诗。他译得不错。有自己的翻译学校。我很感激他，他对我非常好。而当时我开始研究中国小说，是真正的小说，也就是古典散文。

问：也就是说，转型研究中世纪文学与这有关？

答：是的，是的。

问：除了翻译之外，您还有什么工作？

答：我当时最主要的工作在于我打算写一篇有关中国中世纪小说的论文。我研究这时期的小说，写了关于它的论文。为了写它，我需要按照自己之前学汉语的方法，我读遍了这个时期，也就是宋朝、元朝、明朝的所有中国小说作品。我读了所有小说，从头到尾，全部。之后就写了关于这些小说的论文。

问：关于所有时期？

答：我选了宋朝和元朝。因为明朝时期小说数量非常多，所以我决定放弃这个时代。另外，因为我考虑到，如果要写明朝，这将会是博士论文。最后我还是没把它给写出来，只出了一本有关宋朝和元朝小说的论文。尽管没有很大的成就，但是我必须说，我感到自豪。我把自己的书送给了利哈乔夫院士——俄罗斯语文学家，他非常认真地看完，饶有兴致地说："这是非常优秀的数据，可以用来与古俄罗斯文学相互比较。"利哈乔夫时常在自己的作品中提及我。

问：还没人对比分析过中国中世纪文学和俄罗斯古代文学？

答：没有，没有人做过。我切换到另一个现代主题，就是分析毛泽东思想。那是项报酬很好的工作，所以这对我来说非常重要。

问：请问您是什么时候第一次来到中国？

答：1957 年。

问：这和写学位论文有关吗？

答：没有。这和继续念书进修有关。我进了北京外交学院。当时送了一批大学生进入北京外交学院学习，而我正是其中的一员。我们这批人受到很特别的待遇。换句话说，当局不允许我们进入学校上课，因为那时正是"大跃进"时期。我们只能住在苏联驻中国的大使馆。

问：那您这段时间什么也没做吗？

答：一个时期我什么也没做。在苏联大使馆任教的中国人帮我们上汉语课。事实上，他们给我们上的汉语课不但非常有益，内容也十分很精彩。有意思的是，首先，这些中国人都受过中国高等教育；其次，这些人，依当时的话来说，他们身上都带有些毛病，都有缺点，也就是说他们都因为同国民党以及反动分子合作过，而使自己在中国的名誉扫地。这些人教汉语时常超出教课的范围。愿意讲中国民族习惯的人，还会邀请我们到他家里作客，这真是太好了。最重要的是，他们学识渊博；也就是说，他们无所不知，会读，也能写所有汉字。他们确实受过良好的教育。这一切对我们都很有益，特别是对喜欢读书的我而言。这后来成了我的习惯：每堂课下课后，我总是请中国人帮我看看我读过的汉语课文，让他们讲解其中我不明白的地方。这对我的汉语学习很有帮助。上高年级的时候我已经可以读中国经典作品了。我不仅读《论语》，还读《孟子》，并同时请教中国老师，应该如何理解里面的内容。所以，即使时至今日，我还能说，从这些人身上，我学到了很多甚至是连今天的中国问题研究者都会感兴趣的知识和思想。关于中国经典，我总能有点见解，而且总是从原文出发。中国是一个非常复杂的国家；很多时候外国人翻译中国的东西都不对，因为中国人在跟他们说的时候就不对，是故意歪曲，刻意隐瞒。比如说，任何一个汉语的双音节组合词只有两种意义，要么是形容词加名词的结构，形容词做定语之用，要么是动词加补语的关系，但是却从来都不是两个名词相加的意义。也就是说，无论如何双音节词都没有“名+名”的结构，因为在汉语的双音节组合词中不存在这样的语法关系。而外国人总是这样翻译，总是犯错。因为定语关联和述谓关联都消失了。

问：能举一个具体的例子吗？

答：最常见的例子是著名的孔子的经典作品《论语》，被错翻译为成《论的语》。《论语》就是孔子说的一些话，一些讨论，这里面包含有理论。这才是对《论语》的正确理解。类似的错误有很多。《论的语》版本是列克翻译的。大家都仿效他的翻译，其实却是错译。如果了解汉语语法规则，是不可能出现这样的翻译的。这样的例子有很多。

问：1957 年您来中国的时候，离开北京去过其他地方吗？

答：1957 年出去过，去了一趟上海。

问：上海给您留下什么印象？

答：非常好的印象。我很喜欢上海。我们被告知去上海实习。我们来到上海的苏联领事馆，领事馆里有人跟我们说，有一群小男孩生病了，要为他们做些事情。简单地说，就是我要负责照料白俄罗斯侨民。当时，他们在上海的人数很少。我帮忙安葬了一位因为自杀而必须入土的亡者。这人上了年纪，再加上疾病和贫穷，因此就自杀了。我也帮忙一位因为决定不回苏联而去奥地利靠身体谋生的女人，为她送行，因为她没有其他职业可以做。她被告知在苏联没有她那样的职业。她已不再年轻，但阅历丰富，她说靠着多年的阅历，相信自己一定可以活下去。于是就离开了。我就还记得这两件事情。我还为维尔金斯基办过文件。维尔金斯基去过上海，但最后来是返回了苏联。但是不知为什么，苏联当局要求他额外提供一些和居住地有关的资料。他生活在上海，经常搬家。他搬家是因为钱不够，哪里便宜些，他就往哪里搬。是的，单纯是因为他的钱不够。我所要做的事，就是写下他经常变换地址和居住地点的原因是出于经济困难，而不是因为从事间谍工作，不是因为秘密接头地点的改变，不是因为与外国人联系。当时特别想知道的是维尔金斯基与外国人有什么联系。这个问题事关重大。所以我就写了，根本没有什么外国人，因为他感兴趣的只是那些懂俄语的人，只是那些愿意倾听他的人。他需要听众，而不是不懂俄语的外国人。他需要挣钱。在上海生活艰难，他经常挨饿，因为大厅总是坐不满。音乐会常常因为观众太少而被取消。票卖不完，就不会有音乐会——也就是说，就没有饭吃。我还研究过爵士乐，在上海有爵士乐队，他们的生活比较有保证，而最重要的是，爵士乐队演奏的是乐曲，任何人都能听懂。英国水手、美国水手可以来听音乐，而且能从听音乐中收获乐趣。这是个赚得了钱的行业。而且路得斯登的爵士乐队在上海很有人气，但是又产生了另外一个问题。因为音乐家被认为是富人，所以在那段时间，只要他们一回到苏联，当局就急着想从他们身上挖出钱来。当局要我做的事，就是出示一些文件，证明他们办了很多场音乐会，因而他们赚了很多钱。当局为了挖出他们的钱，就得要我证明他们很有钱。

问：初到中国给您的印象和您来之前对中国的认识一样吗？

答：除了认为有这么多汉字要学，一定要吃苦头之外。来中国之前，我对它没有其他的印象。

问：我指的是国家本身。

答：我来的时候，中国的贫困让我震惊。特别是在上海我参观中国外侨和他们的邻居居住的楼房时，见到了这种贫困——真是惨啊，真是太穷了。而且，我是有切肤之痛的，因为我清楚地记得，我和妈妈也曾穷得常常没有晚饭吃。我在中国见到过一些人，当然，您从来也没有见过这样的人，他们一次也没有吃饱过。这些人很容易辨认，可以按他们的胳膊，会留下白点，因为皮肤已经失去弹性。手指按下去留下的白点能存在很长时间，一两天，因为这些人这辈子一次也没有吃饱过。这种事还是要亲眼看见才行，因为如果不是亲眼所见，是无论如何不可能明白的。我就见到了一些这样的人。

问：当您1958年返回苏联时，那时您想过回家吗？我明白您没有别的选择。

答：我当时有的选择，是这样的：就是流放到西伯利亚去。不过我最终得以返家。上面有些人想让我去流放，因为我当时傻乎乎地到苏联大使馆说，中国有很多首饰匠，而我们的乌拉尔地区有很多宝石。所以应该把这些宝石卖给中国的首饰匠，让他们去雕琢。这样就会有漂亮的饰品，会很漂亮。因而他们对我说，应该送你去伐木。这时我才感到害怕，要真是去伐木就糟了。我害怕了。但是他们决定不追究这件事。所以就把我开除出国立莫斯科国际关系学院，那还用不用坐牢？最终当局还是决定不让我坐牢，原谅了我，放我回家。但是因为我家很穷，就很想带些钱回家。所以，我决定挣钱，既然不能做宝石，那么我就买了一瓶医疗用的“微烧”（音）牌酒精。因为必须随身带着，所以我就买了个热水瓶，把酒精倒到热水瓶里，带着它回家。这是一次凯旋。火车开动，列车员向我走来，我给他倒了一杯酒精。他一饮而尽，觉得很好喝。于是，就开始了梦幻般的服务，他们给我从餐厅送来食物，而且所有的饭菜都上得很快。结果每一个来服务的人都喝到了一点酒精。他们一路上有些醉意，无限幸福。我坐火车的那几天，一路上尽享关心和问候！给我送来了便鞋，还有食物，还问：“想要多少的茶和食物就有多少！”一切都备得好好的，简直就像是神奇的桌布。

问：与回家有关的回忆很美好！

答：当然了！不过到家时，热水瓶空了一些。但无论如何，剩下的足够在莫斯科招待客人。结果他们也喝，而且喝得挺高兴。

问：从中国回去后是如何继续您的工作的呢？

答：我着手写学位论文。但是，当然了，不是马上，用了半年时间才调整过来。我必须先把整个论文都好好地想过一遍，因为要是什么也不知道，不知道写什么，不知道如何写的话，我就没办法写。我首先得构思整体架构。从头到尾构思，知道该怎么收尾。到那时候，我才可以坐下来，一气呵成写完。我不写草稿，也不修改。我写一个文章，直接就是定稿。我一向如此。

问：请讲一下和您一起工作的同事。

答：很可惜，大部分都已经逝世，离我们而去。他们都比我们年长。我当时只是研究生，而他们都已获得了学位。

问：是不是有人的作品对您产生了影响？

答：有，当然有了。就是我的指导教授艾登，他年纪更大，是杰出的翻译家。可以这样说，他翻译中国诗歌时不押韵。当时另外有一个流派是使用韵脚进行翻译，因为俄国诗歌不能没有押韵的。如果诗歌不押韵，就不能说是诗。经常有人对艾登这样说，但这让他很愤怒。他将诗歌翻成无韵诗，一以贯之，这是他的原则。他认为，翻译中国诗歌不应该押韵。可是，当时中国诗歌是押韵的。也就是说，这样既违反了中国写诗的规则，也违反了俄罗斯写诗的规则。于是就有人斥责他："你违背了规则！你这是一派胡言！文字堆砌！"但是，无论如何，他是与众不同的，而且能力出众。我的第二位指导教授是弗拉迪斯拉夫·费德罗维奇·索罗金，他对中国文学知之甚多，而且译作颇丰，当然现在他已经很老了，住在养老院，他的孩子，和我的孩子一样，都出国了。只是他的孩子们去了美国，而我的去了中国。就这点差别。我的孩子们在中国工作，而他的孩子们，当然了，也工作，只是在美国。

另外一位老师——列昂尼德·叶甫谢耶维奇·切尔卡斯基，出了很多书。他住在以色列，被大家认为是一名以色列的汉学家。其他人都去世了。在圣彼得堡，我有很多朋友。我在圣彼得堡最好的朋友列夫·尼古拉耶维奇·缅希科夫也去世了。斯彼希聂夫教授还健在，他是一个非常出色的人，在北京读的中学，已经与分别了50年之久的中学同班同学庆祝过同学会。50年没见了，然后决定要见一见。他们的同学在台湾，很美好。斯彼希聂夫很满足。

问：您第二次来中国，是在您论文答辩结束后？

答：是的。第二次来的时候就遭遇了“文化大革命”。这真是……我写了本关于这方面的书，刊在《新世界》上，后来单独出版。而现在我可以说，这本书还以9种语言在11个国家出版。总而言之，很成功。

问：那这本书在中国出版了吗？

答：在中国大陆没有。

问：那在台湾呢？

答：也没有。正如我听说的那样，在中国更愿意为参加过“文化大革命”的中国人出书。

问：中国人肯定已经知道了这本书，这之后接着又发生了什么事？

答：起初是谩骂，后来就不再骂了。再后来甚至告诉我说，允许我来中国。因此在20世纪90年代，我又开始来往中国。

问：也就是说，允许您来中国是在改革开放初期？

答：是的，当然，当然。现在这方面已经没有任何阻碍了。我不知道，你记得多少，但是在苏联时期所有的旅行就是去出差，中国不是你想去就能去的，而现在我想去就可以去，无须先过问任何人，就可以直接去中国。想看望儿子们，就直接去北京。而且我可以自费去，完全不一样了。苏联时代是不允许这样做的。必须接到出差任务，经过漫长的一系列的审核和批准才能完成出差手续。过程中，所有领导都必须亲自过问你一次。而且每位领导都觉得，如果他不亲自过问，便会威严尽失，在下属中的威望就会降低。我不知道事情到了其他人那里是什么样，但是我本人曾被告知：“我们决定将您派往中国，这一趟就是8年。也就是说，这是最上层领导的决定，不可更改。”

问：那对这样的周期，即出一次差要8年又是如何解释的？

答：任何人都解释不了。“这是我们的决定”，当时就是这样说的。1957年第一次派我出来，我从就读的莫斯科国立国际关系学院转到了科学院，1966年科学院又派我出来。正好是第一次去中国的8年后。

问：这仅与时间有关吗？没有其他原因吗？

答：没有任何其他原因。其余的理由也没有任何意义。这就是所谓下的命令书，人们认为应该严格遵守命令书，因为会有人妒忌，可能发生内讧、控诉、告密，一切都可能发生。

问：所以事实上来说，遵守命令书上的东西不是为了学术研究，而是为了维护集体的和平气氛吗?

答：是的，这是领导层的决定，没法改变。因为我一辈子都在这个体制工作，所以我后来发现，所有的规章制度都只能被严格遵守，所以不光是只对我这样，当然不是，对其他人也是这样。而且如果发生了什么不光彩的事情，比如丑闻，那么出差的安排肯定会受影响，出差就会延期或是延长，等等。也就是说，会影响到出差。首当其冲受影响的也正是出差。科学院内部采用的第一个处罚就是取消出差。取消出差还被认为是种物质惩罚，因为出差会得到更多的收入。薪水不动，可收入会提高一倍，好处显而易见；而且所有的人都知道，这些都是合法的，一切都再正常不过。再说，出差是件非常好的事件。出差被看作是改善学术研究人员生活水平的一种手段，虽然苏联学术研究人员的薪水算是不错，但仍不算很好。跟我们的外国同事比比就知道。但是事实上我应该说，苏联时期我们的收入比中国人高。现在这种状况发生了根本性的变化。和我们比起来，中国人是富有的，他们赚的钱要多得多。2004 年，也就是我最近一次去中国的时候，我就和中国的同行们深谈过这点。我确信，他们过得是和我们完全不同的生活。嗯，举个例子，我教中国现代文学，而我在上海大学教授中国现代文学的一个同行，每年有两个月去美国大学授课，这两个月他赚的钱是在中国一年收入的四倍。

问：也就是说赚更多钱的方法是出差?

答：他多赚好多倍，不是一般多，不是多一百卢布，而是要多三到四倍。我的中国同行这样告诉我："我一年在上海挣不了几万块人民币，而到美国，可以挣更多的美元。多好。"除此之外，如果我在科学院工作，要想有额外的工作，做兼职，比如在我现在讲课的大学讲授中国文学课，很难。

问：在俄罗斯国立人文大学?

答：是的，我现在在那里讲课。按课表拿薪水。兼职的机会有限。但兼职的收入只是略为小补，不是很多；而在北京、上海工作的中国同行，他们一定是在各个省的大学上课，比如像四川、江西、武汉等地的大学。他们都有第二收入，这是他们自己跟我说的。在俄罗斯，兼职赚到钱的机会不多，也就是说，都是按课表时间付薪水，而不是只要在职就会给薪水。我从来也没有因为在职不授课，就因此拿过第二份编制内薪水的。在中国，学者可以有两三个甚至是四个挂名的职务，在不同的城市，而且薪水不错。此外，再加上中国的学者时常到国外工作，主要是美国，因此收入很不错。总之，就像他们跟我说的，可以每年换一辆汽车。

问：而如果把苏联和俄罗斯的财政状况或者对中国研究的拨款做比较呢？

答：苏联时期什么都是由一个固定单位拨款。当时中国研究是由苏共中央委员会拨款，财政来源固定。这些钱只能花在自己身上，就是说只能由党员自己来花。他们得到大笔财政拨款，一年能平均出差三次，双份薪水。这些钱，都是从党费里划拨的。至于说到对中国研究的拨款，就像对科技工作的拨款一样，当然是非常少，除了通过党决议的大型项目外，比如出版四卷本的大词典。这是特殊决议，五年才有那么一次。就是这样。

问：对出版词典就不吝惜拨款吗？

答：不吝惜，花了钱，出版了一本很好的词典，而且为编好词典还做了很多其他方面的事情。

问：说的是出版奥沙宁汉俄大词典一事吗？

答：是的，是奥沙宁汉俄大词典。四卷本。这很好。但是这样的决议就只那么一次，不是每年都有。而且我可以有把握地说，决议通过还是因为，比如说某一天，勃列日涅夫突然说，他老了，想跟中国和解，他有和解的愿望。为此就发布公告，所有人都可以出主意。

问：关于怎么和解吗？

答：是的。但是我可以说，我和很多人共同提了一个建议——需要一本汉俄词典。于是，当局就通过了这样的决议——编词典。虽然这花费会很高，但是应当出版。

问：至今还在用，目前仍是最好的。

答：您说得很对，目前仍是最好的，词典是由能够召集到的最好的汉学家编纂的。我也编了词条，所有人，只要能参与的，都参与了，甚至抱病中的奥沙宁（Ошанин）也不顾自己的心脏病，编词典直到生命的最后。所有人都全力以赴，因为大家都明白，这是必须做的事情，是为了国家。为了我们大家，需要这样做，需要这样的词典。我们大家都非常明白这点，所以都全力以赴。我们遇到很多困难：因为当时与中国的关系不好，我们没法得到来自中国的帮助。其中一项最大的困难，就是不能从中国得到汉字铅字。虽然中国就是我们的邻国，当时却只能到西方国家去弄汉字铅字，因为中国不会给。

问：那最后从哪里得到汉字铅字？

答：通过德国，在不知什么地方弄到的。然后，结果是，戈尔巴乔夫去了一趟中国，与中国和解了，就什么都能办，什么都能搞到了。他跟中国方面进行过咨询，然后一切都解决了。

问：因为和中国的官员谈妥了？

答：是的，而在此之前，两党彼此对立，根本谈不拢。我一辈子都忘不了这种难得一见的愚蠢行为。

问：也就是说事实上在苏联时期，阻碍中国研究蓬勃发展有两个原因：拨款不力和与中国交恶？

答：不对。就一个原因——苏联共产党。没有其他原因。苏联共产党就是阻碍中国研究发展的主要原因。至于余下的其他问题，则是因为国界争论而产生的。为什么？因为苏联共产党不同意。

问：您觉得，如果苏共执政时能分配更多经费给学术研究而非给党务人员，中国研究的发展会是另一个样子吗？

答：不对。您提这样的问题，就说明您还没有完全了解苏联共产党对我们，对所有人的影响程度。

问：您不是党员吗？

答：谢天谢地，不是。这件事可是主宰着所有人的命运。对此我的印象就是经常受到威胁：要么威胁说要流放，去坐牢，要么就威胁说要把人抓起来，无止境的威胁从没间断。这些无休止的威胁，依我看来，完全是没有理由的，除了一条，就是逼你加入苏共。但基于自己的社会出身，我是不能加入的。结果就是这样，真是荒唐。到现在我也不明白是怎么回事，完全不符合逻辑。

问：一方面，想接收您加入苏共，而另一方面，又将你拒之门外？

答：是的。一些人要求我入党，让我进了禁止录用无党派人士的苏联科学院远东研究所。我被远东所录用后，有人就劝我："入党吧！因为我们录用您进入远东研究所。"后来他们却又改口说："不行，按社会出身来说，您不适合入党。"

问：而原则上，您准备入党了吗？

答：我本来是想同意加入的，但是不能加入！可是我不明白，这到底是怎么回事，要知道党只有一个，而结果像是分成了两个：其中一个同意我入党，另一个则反对。我到现在也不明白，为什么会是这样。一切都不容商量，也没有办法回避。就这样，我留在了苏联科学院远东研究所工作；有人跟我说，是因为我汉语发音好，中国话比其他人讲得好。从中国方面来了人，是从北京来大学生，谁可以和他们沟通？我。真正在说汉语。如果需要某个党员教授发言，就让我教他几句话。我，您知道的，可是背诵过很多汉语，包括文本著作和对话。所以我说的是正确的汉语。我曾教过格鲁宁教授说汉语，他是一位中共党史专家，我教他汉语就是为了能让他自己告诉中国人，说他自己是中共党史教授。为了要他语调正确，就得让他背熟句子，因为他无法正确发音。他不会说"我是中共党史教授"，因为他用的语调不对，他就是说不正确，听起来很好笑，根本不对。

问：哪一年录用您在远东研究所参加工作？

答：我记得是 1967 年。

问：也就是说，事实上是从中国一回去就到那儿去了？

答：是的。如果准确地说，应该是 1968 年。而且他们录用我，是为了让我完成特殊任务的。我接到一项特殊任务，里头有人告诉我说："在苏中边境将会有军事冲突，您得去那里。"我去了达曼斯基岛（即珍宝岛）。那时就像我的党员同事们被派去中国出差一样，只不过我是被派去了达曼斯基岛。我在那里看到了装甲运输车和坦克，满满整个岛都是坦克。后来苏联把达曼斯基岛交还给了中国，因为很明显，应该交还达曼斯基岛。如果您感兴趣，我还记得，达曼斯基是沙皇俄国的省长，在没有签订任何条约的情况下，他就占领并控制了乌苏里江上的这个岛屿，之后又把哥萨克人放了上去。所以这个岛屿就以省长的名字命名，叫达曼斯基岛。占岛的时候，没有协议，没有条约，没有规则，没有任何东西可供遵循。也就是说，省长的意愿——想给自己弄一个岛，想用自己的名字为这个岛命名，然后就把达曼斯基岛给占了下来了。占岛这件事非常简单：不需要任何协议，不需要任何条约，不需要任何谈判，只是简单地给这个岛起了个名字，然后把哥萨克人安置在了那里就得了。这件事情没有什么好隐瞒的，整个远东都知道这事。而当关于达曼斯基岛所有权的争论和冲突开始时，我们的苏共中央委员会知道了这件事，了解了相关的信息。远东的居民对他们说明了一切的来龙去脉，如谁是达曼斯基，后来的发展又如何等。

这样就产生了一个问题，就是应该交还达曼斯基岛，好像是列宁说过，我们不需要别国领土。但列宁死了，就又可以不用交还了。然后在戈尔巴乔夫时期进行了改革，党内的认知发生了变化：他们决定在出于礼貌的情况下，应该交还领土。这就是主要原因。这就是我们杰出的党和政府。

问：也就是说，您是作为远东研究所的工作人员去那儿出差的，而且是就达曼斯基岛的事专门派您去的？您去那里的研究怎样？

答：我去那里，首先，是向我们的战士们解释，他们是在为正义献身。这是我们的岛屿，我们在这里，就像我对战士们讲的，只有谈判之后我们才能交出岛屿。中国人现在想夺取它，我们是反对的，我们的党决定不交还。要求我这么说，所以我就老老实实地照说了。我完全按照命令上的做，没有任何违抗，所以没人会责怪我违抗命令。我参加了牺牲战士的葬礼，他们丢掉了性命，因为……其实不明白是为什么。我认为，是因为愚蠢。没有其他原因。是怎样就是怎样。我是这件事的见证者，因为是从远东研究所去的，而且因为宣传工作得力，当局还以边疆部队的名义表扬了我。我给他们讲了中国的形势，但是最重要最应该告诉他们的是，我们不能交出达曼斯基岛，不是因为我们需要这个岛，而是因为需要先进行谈判。如果谈判进行顺利，我们会把它还给中国的。我一五一十地把听到的都告诉他们，一点也没有隐瞒，所有人都知道，如果双方谈判，我们就要归还岛屿。

问：因为没能够进行和平谈判，结果就牺牲了这么多人……

答：一点也没错。所有人都认为，当时进行谈判对自己不利。就是说，不想谈判，而是让战士们去打仗。

问：您来中国的时候难道不知道中国正在进行“文化大革命”吗？你还有没有别的计划？

答：不知道。我当时是要写一篇关于华北地区中世纪小说的论文。所以我就决定在中国继续读一些华北地区的小说，不仅包括元代的和宋代的，还有明代的。但我遇到了一些困难，因为中方有关人员告诉我，明代小说里有很多色情内容，伤风败俗，不成体统。可是过了几个月，他们反而又告诉我说，特殊事件可以特别处理，又准许我阅览明代小说。而且很奇怪的是，给我读的竟还是小说原本！这件事让我到现在都感到惊奇不已。那是真正的明朝小说原版，而不是经过有关部门“审查”后的，更不是现在中国印刷发行的那些内容经过删减的小说。我读的是真本。毫无疑问，删减会显现在小说的内容上。经过删减的小说，内容会变得很难懂。

问：您的记忆力是受过特殊训练的吗？

答：没有。所有的东西我都是用笔写下来。我就一直待在图书馆，努力把所有读到的内容都抄写下来。我手里有汉语原文，可以拿来和印刷的版本进行校对。很可惜的是，不久以后我就被终止了这项工作，因为我的老师被抓起来了，还遭殴打。他被狠狠地打了一顿，我觉得，可能是伤到了肾。这样挨了一顿狠打后，过了好几年，我的老师才能下床走路。之前有好多年的时间，他都卧床不起。之后他又活了一段时间，发表了几篇文章；确切地说，只是将被打之前写完的一些文章送去出版而已。他就是郭预衡教授①。他是个称职也很正直的老师，他教会我很多东西，我从他身上学到了很多。他告诉我，他之所以愿意这么积极主动地把很多东西教给我，是因为他再没有别的学生可以教了，他的学生们都被收回去了。他以前指导的研究生都被打坏了。我因为是外国人，没有遭到殴打。我可以学习，学到他们没能学到的知识。特别要说的是，我非常感激他，他是我的恩人。我到现在还清楚地记得他给我上过的课，让我受益匪浅。他带我一起读完了儒家的全部经典著作，为我讲解、评论。回到莫斯科以后我多次在演讲中讲述我在中国求学的经历。在远东研究所工作的时候我多次提到这些事情，但我们的中国研究人员没有

---

① 郭预衡教授生于1920年11月，1945年毕业于北京辅仁大学中文系，后任教于北京师范大学。郭预衡教授专攻中国文学史与散文研究。

接受预衡教授的观点，包括他整个的中国哲学、儒家哲学，都没接受。他的观点在俄罗斯没有被接受，在中国也没有。郭预衡在中国没有被接受，是因为他是被批判的人物。我没有见到过任何替他“平反”的有关文献。虽然我知道他被打了以后又被从监狱释放出来，还给他治病，之后他才去世的。但似乎没有为他举行过悼念活动和“平反”仪式。我跟我的中国同学关系非常好。中国人教会了我很多。我们诚实、坦诚地交换彼此的观点，我知道了中国人对一些问题的看法。在很多方面我都同意他们的看法。我喜欢中国和中国的同学们，重视他们的观点。我最近一次来中国是 2004 年，我遇到了很多研究中国现代文学的中国学者们，他们给我留下了很好的印象。他们涉猎文学的各个领域，包括中国后现代主义文学。后现代主义现在在中国越来越流行，最有意思的是，这个流派在中国开始有读者群。因为以前现代派作家的作品很少有人读，现在发行量却大幅增长，有些作家，比如王蒙，是以现代主义开始创作，现在却把他看成是后现代派作家，虽然王蒙本人声称他不是后现代派，但他的书曾大量发行。他的作品里有现代主义的东西，但现在他却更像是个写实主义作家。况且，他最近问世的作品发行量都是几十万册，这对中国文学，对新文学，都是幸事。我跟王蒙很熟，他多次到俄罗斯访问。他的观点很有意思。他在我们研究所演讲时说，苏联解体是因为没有汉字。中国绝不会解体，因为中国的汉字将中国人紧紧连在一起。我同意他的观点。中国永远也不会解体。苏联没有统一的文字，佐治亚和亚美尼亚都有自己不同的字母体系，乌克兰甚至有自己的语言，也是完全不一样的文字。这样一来，俄语不被重视，很容易被社会生活丢弃。所以，毫无疑问，苏联也就只剩下解体的命运了。在我看来，苏联是没有生命力的，因为它放弃了俄语这个作为俄罗斯人起源的社会黏合剂。没了黏合剂，一切也就坍塌了。在这方面我完全同意王蒙的看法，中国不可能发生苏联解体这样的事情。中国不会解体，因为中国的汉字将整个国家团结在一起，就像他们曾经不止一次做过的那样。不过当我跟我的学生说，苏联解体是因为没有俄语，这些莫斯科的大学生们还是异常惊奇。

问：是不是他们的理解太僵化了？

答：是的。就像拉丁语一样，俄语也起一定的作用，团结了整个国家。

拉丁语没了，罗马帝国也就不存在了。

问：是不是有人曾有过放弃使用汉字的想法？

答：这种想法是危险甚至致命的，中国人后来自己也抛弃了这种想法。这种想法对中国来说是致命的，真的是致命的。他们抛弃了这种想法，现在也听不到了。当然，现在有汉语拼音，但它是用作其他目的，对汉语本身没有任何影响，因为汉语保留了下来。

问：曾有人提议，取消“的”“地”“得”的区别，只保留“的”，“地”和“得”就废除不用了，只用“的”。

中国老师跟我们这些外国留学生说这事的时候，我们异口同声地“愤怒”了。你怎么看这件事？

答：我也觉得，这么做不会有好结果。不值得触犯这一部分，因为有一定的风险。这会造成理解上的困难。汉语本来就很难理解，没必要再增加它的困难。不动是最好。汉字数量很多，非常多，没必要再制造额外的问题。

问：您的中国老师遭遇不幸之后，您在中国又待了多久？都做了些什么？

答：我大约又待了三个月。和我老师那些还没有被逮捕的研究生一起学习，后来他们被抓了起来，就没人可以一起学习了。这些课程是重复性质，我的意思是说，我们就看些和老师一起看过的书。因为我提出的问题他们不总是能回答出来，他们还没学完，没办法什么都知道。后来不知怎么地，他们失踪了，有人说，他们被抓起来了，不过我并不知道。当时我在中国见到了一些过分的事情，就是我说过的那些。那很可怕，令人无法置信。

问：我读过您写的关于“文化大革命”的书，但是我不记得有很多可怕的事情。

答：有些被删掉了。

问：读完这本书之后，我清楚地记得我的感受，我的头开始痛，就因为您讲述的这些事情，我陷进去太深了。

答：这是一段非常沉重的历史，但是，当然了，也有好的事情。红卫兵关心我，想让我也成为红卫兵。毛泽东在天安门广场盛大接见红卫兵的时候，也带了我去，作为百万红卫兵的一员，我在那里见到了毛泽东。我们有一百万人，密密麻麻地站在一起，一个挨着一个，站在广场上，所有人又叫又跳地喊“万岁”。我也跳，因为没法站住，两边的人都挤我。我看到毛泽东就在离我很近的地方，他在护士的陪同下走出来，大家都兴高采烈，欢呼雀跃。毛泽东没有做任何姿势，只是很满意地微笑。后来报纸上报道，说广场上有一百万人。我就在那里。仪式之后大家各自坐车返回学校。与毛泽东的见面就是这样的，我看到了他。当然了，没有握手，也没有谈话，但是我看到他了。毫无疑问，我有一顶所有红卫兵都必须配备的带五角红星的帽子，我就戴着这顶帽子去了天安门。他们向我解释道，我戴着师范大学的校徽就够了。这样就够了。甚至我也不需要红袖章。我就这样戴着校徽和五角红星的帽子去了天安门广场，而且有幸见到了毛泽东。

问：您已经提到，没能写成有关明朝小说的学位论文。但是，不论如何，您是做了很多这方面的工作。有没有出版什么东西？

答：没有，因为我来到莫斯科以后，我就被告知，应该忘记中世纪。所以着手进行批判，就成了我接下来的工作了。这一切都是为了开始与苏联的“敌人”作斗争，用各种方法批判他们。我开始写批判“文化大革命”的文章。这被看作是极其重要而且必须要做的事情。我的薪水被提高了，还配了一个高级学术研究助手。这不是因为我做出了什么功绩，而是因为我去过中国，见过“文化大革命”，可以从目击者的角度写这件事。这让我坚定了信心去写，必须去写，这是最主要，也是最重要的工作。如果您曾到过那里，亲历过这一切，那么您现在就会想把知道的一切都讲出来。经历过那一切的人，都应该写下对“文化大革命”的批判。此外我还谈中国，在电视上、知识协会和科学院系统内做了很多次演讲，每年都在库尔恰托夫研究所做演讲，讲述中国发生的事情。

问：国际活动，不仅是与中国的，还有与全世界的吗？

答：是的。他们帮过我，让我在《新世界》杂志发表了关于中国的回忆录，这本书曾以九种语言在 11 个国家出版。为此受到过各种表彰。保加利亚、捷克、法国、联邦德国。特别是联邦德国、法国、日本出版了我的作品，为此受到了专门表彰。

问：法国当时对毛泽东思想产生了浓厚的兴趣……

答：是的，所以书卖得非常好。在日本也出版了，书在很多国家出版，需要这样的书。在莫斯科，这本书被视为党的意见，我们的意见，苏联人对毛泽东思想的看法。

问：您什么时候开始任教的？

答：20世纪80年代末的时候开始在莫斯科大学地理系教书。因为要让我教汉语。我在那里开班教汉语，我们有一个汉语班。实际上我每天都给他们上课。一天两小时。三年之后，有时是四年后，学生会得到去中国的机会。莫斯科大学派我的学生去中国。

问：教学方法有特殊之处吗？

答：跟我学汉语的时候没有什么共同之处。我们已经不背诵课文了。我们那里按我的方法教。我的方法的目标在于让学生们听懂中国人说的话，所以我从不是一个人教，而是和中国老师一起上。而且中国老师就是我从地理系的中国留学生中找的，他们非常乐意做，因为有些报酬和交流的机会。既然中国人应该教口语，我不要求中国老师做任何准备，主要就是让他讲故事、讲笑话，之后我给同学们解释，让他们能适应和中国人的交流方式。我很高兴，我的学生到了中国就开始跟中国老师学习，能明白老师说的话，在中国取得了好成绩。甚至有那么几个学生，不单学得好，还参加了中国高等教育部主办的汉语考试，获得了北京大学的文凭。但要取得这样的成就，是得先面临很多困难的，因为这种考试是要另外收费，但莫斯科大学不会帮忙出这笔费用。学生们又没薪水领，所以为了参加这种考试，就得自己挣钱。但是学校不强制要求参加这种考试，一切都是自愿，想考汉语，那就自己拿钱去考吧。有一些人自己拿钱参加考试，取得了中国文凭。之后我听到了对他们最好的评价，他们精通汉语，他们是我的学生。我的训练方法就是要求必须有汉语老师的参与，而且是真正的中国人，除此以外还必须去中国一年。按我的教学方法这是必需的。如果不这样做就不会有好的效果。

问：您认为完全不需要背诵吗？

答：我认为这不是最有效的方法。我教的大学生是各式各样的。有一次来了一个年轻人，他说他去过中国，但是汉语全部都忘了。一个汉字也记不得了，什么都忘了。于是我开始考他，而结果也确实很差。所以我就问他在中国干了什么？让我很吃惊的是，原来他和中国人打了一年的乒乓球，成了乒乓球运动健将，还赢得了莫斯科大学冠军、莫斯科市冠军的封号。就因为这样，他把汉语给忘了。另一个我教过的学生进了上海大学。在上海时他认为钱少，奖学金不多，于是就跑去为上海电影制片厂工作，专演美国人；此外，他不仅演美国人，连英国人也演得很好，回国后还受到中国电影制片厂的工作邀请。之后我就不知道他的事情了，但是不管怎么说，他进了电影制片厂，得到了经验。

问：后来您教文学？

答：得了心肌梗塞之后医生对我说，不可能再每天教汉语了。我可以教，但不是每天都教，必须要间隔着教。我认为，对我而言，教中国文学史、中国文化史是再好不过了。我这样做是因为这不需要每天都上课，每天都讲课已非我能力所及。就像医生对我说的，那种负荷已经不是我的心脏能承受得了。我需要休息。我现在每周二、周五在国立罗夫诺人文大学上课，我很满意。我开始教授中国文学史，一开始我在新闻学院教课，而现在是在国立罗夫诺人文大学。

问：您在国立罗夫诺人文大学教主修汉语的学生？

答：是的，在政治系教主修汉语的学生。

问：您怎么看现在汉语主修的培养水平？

答：首先，这根本没法相提并论。今天学生们可以按照自己的意愿获得真正的教育，而这在以前苏联是不可能的。现在汉语主修生可以获得真正的教育。我就讲讲我教过的学生，我教过的研究生非常多。例如研究生札维多夫斯卡娅，她现在在俄罗斯科学院远东研究所工作，精通汉语，经常做翻译，做翻译是她的主要收入。此外，她同时也在远东研究所上班。我可以说，这个女孩子的汉语说得非常流利，与很多中国的文学研究家交往。她从事现代汉语文学，她喜欢的课题是现代中国文学中的后现代主义。她和这些作家很熟悉，了解他们。每次来中国，她都会拜访她熟悉的作家，收到作家们送给她自己的作品作为礼物。她了解他们，总是能跟他们提出问题，然后再写出她所熟知的人。这正是我的原则。例如我，我认识作家老舍，我知道他，我也多次在莫斯科，还有去北京时和他见面。老舍健在的时候，我们还在他家见面，我总是能问他问题，给他写信。那时写信很麻烦，现在可以打电话。

札维多夫斯卡娅经常与中国作家们通电话。她讲汉语没有困难，可以打电话，这对她来说完全可行。我和老舍也是这样。我们不仅聊天，我还知道他正在做什么，他有什么样的计划，他想要什么，在写什么，他打算做什么，我了解他所有的事。当我写老舍的时候，总是了解这个人，了解他周围的一切。这是我与中国人共事的原则，做任何事都必须跟其本人认识，有个人联系。

问：也许，是可以做到的时候吧？

答：现在，我现在也认为这是可以做到的，也是必需的。

问：但是这取决于所从事的课题……

答：如果我们讲，您从事非现代的课题。我也从事非现代的课题。例如，我有一个中世纪的课题。首先，需要认识在研究这个课题的中国权威们。对我来说，吴晗教授就是这样的人。

问：依您看来，俄罗斯汉语人才的现代教育中有什么不足吗？

答：首先，缺少工作机会，缺少薪水高的工作。会这样说，因为学习汉语是很艰巨的事，需要付出很多，会影响人去做其他的工作。这样说吧，学习汉语不能用“一半精力”来应付；也就是说，为了学汉语，人们没法再做别的事情，没办法再去搞音乐，就只能干这一件事。汉语人才应该能赖此工作以维生，维持不错的生活，不能比研究美国问题的英语人才和研究德国问题的德语人才过得差。

问：结果是，毕业之后，学了语言之后，基本上可以找到维持生计的工作，但是在培养过程中，培养过程本身，有没有因素让这条路变得复杂？

答：当然有，就是资金不足啊。给我们的大学生和研究生的补贴简直少得可怜。但是我知道，特别是给研究生，现在已经稍微提高奖学金了。或者只是答应了要提高，但是，无论如何，这是应该的，应该有长进。如果没有长进，那就无话可说了，因为提高年轻学生的生活水平，是绝对必需的。接受过教育的年轻人应该收入更多。否则很难再指望别的。但是我应该说，从事中国研究的学生，一般情况下，是有天分的人，而且最重要的是，都很勤奋。也就是说，所有人都明白，也都清楚学习汉语很艰巨，需要花费很大气力。这个道理不需要宣传，所有人都明白。要让愿意工作、学习和深造的人去从事汉语。毫无疑问，就得让他们能有一份体面的工作，工作报酬要高，这很重要。我可以拿我的孙子为例，他已经八岁了。他在北京的中学上学。他汉语说得非常流利，因为他毕业于中国的幼儿园，发音很自然，不像我这样。他所有声调都对，没有任何口音。他说得很正确。现在他在中国的中学上学，他们有学习东方人一对一搏斗的跆拳道小组，他给这个小组的老师当翻译。他把老师说的汉语翻译给外国人听。中国人不向他收费，他免费学习跆拳道，因为他是翻译。

问：既然他给外国人做翻译，小男孩会讲几种语言？

答：三种。英语、中文、俄语。我认为，在中国学校上学是一个很好的学习汉语的方法。

问：如果持续接触这种环境并从小和讲这种语言的人交谈，原则上想必任何人的语言都不会差。

答：我必须说，您说得不完全正确。环境的接触对学习汉语的影响尤其明显。学汉语时，一下子就得面对以下三种困难的挑战：发音、书写、汉字。因此，有必要在中文的环境下接受中学教育。这是最好的方法。

问：那关于训练区域研究专家的体制呢？例如说，是否在教学上，我们不仅应该教授语言，更应该积极地传授一些和该区域有关的专业课程？

答：我不知道。关于这一点我没法评论。但若从我学习汉语的经验出发，我能够这样评论：可以说，在我的记忆中，我所有的老师当中，那些在中国学校上学并毕业的老师都是最好的老师，他们讲汉语相当自然。

问：中国问题研究专业毕业生的平均水平，以及俄罗斯高等学校实习过的汉语毕业生的平均水平，您认为整体上还过得去吗？

答：过得去，不过，当然，需要在实习过程中进一步的训练。这里已经有个问题：有实习经验吗？因为中文实习是必需的。没有实习怎么也不行。我自己的一生一直在翻译中实习。没有哪一年我没从事过翻译，而且是口译。就像医生与疾病间的关系一样：医生会想出很多方法来治疾病，而翻译也是一样，需要面对不同的问题。两者间谋生的模式是相同的。这些所要经历的东西，对中国研究学者来说当然非常有益，非常有必要。因此对于实习过获得文凭的中国学家来说，最重要的就是不要停止工作。就是说，不要中断在中文环境下的活动。一定要工作，最好是做翻译工作。

问：据您观察，现在除了有天赋的人之外谁还去学汉语？除了天赋，哪些因素对学习汉语有作用？哪些课题在汉语研究中最受欢迎？

答：学院中汉语系的人多数来自远东地区。来自远东和西伯利亚的人对这有很大的兴趣。首先，因为他们希望在大学毕业后能找到工作；也就是说，他们希望自己在毕业后，能找到与汉语有关的工作。就某方面来说，他们考虑到的是就业。就这点来说，我认为，就业因素起了决定性的作用。另外，有这样的一种说法：要让人们对中国学有兴趣，就得让大家知道，莫斯科重视它。对于这点，我可不敢这么说。毕竟，我从来就没看过在莫斯科受汉语教育这件事，引起过什么热潮。此外，大家当然也还常把这样的一种说法挂在嘴边：没有说得一口好中文，但却找不到工作的人。对于这点，我能说的是，我没听说自己的学生没有工作，不管怎样，他们都就业了。纵然他们的成就有高有低，但所有人都有工作。没有人游手好闲。尽管在就业的途中，无疑一定会有困难。有个女生在芬兰公司找到工作，她在芬兰工作，在芬兰生活，在芬兰给中国游客当导游。这是她现在最主要的职业。

问：就是说，学习中文不光是为了从事研究活动，而是实用的……

答：从事纯实用的活动。不同的人，不同的职业，但是，不管怎样，就像年轻人所说的，具备汉语能力就业更容易。当然，不是所有人都能成功，不总是会有好结果，但是竭力而为。

问：大学生毕业论文所选的题目，以及研究生论文所选的题目中哪些属于学术方面，而不是实用和最流行的话题？

答：关于这方面的选择，并不明显能看出，因为不管是大学生还是研究生，一般而言，学生都选择老师向他们推荐的题目。

问：那会推荐什么？有什么倾向吗？

答：推荐什么题目，这取决于机关和领导。这部分很难说。我没看到特别明显的趋势。一般说来，我看到那些选择走这条困难艰巨的专业的人，是因为他们没有其他的路子可走。他们没有任何门路，没有任何显要的关系，他们需要努力，需要自己有所为。这些人打算毕业之后能用上自己有兴趣学的汉语，所以努力把它当作自己的一个法宝。

问：您家族的中国研究传统有多强？对您来说，据我所知，在您家族中非常强?

答:我的儿子都是中国问题专家。

问:孙子已经是翻译?

答:孙子已经是翻译。孙子的父亲,伊凡——驻中国大使馆一等秘书。大儿子曾从事石油生意,在中国从事石油产品交易,现在在汽车领域工作。贸易似乎蛮成功的。他有很多下属。

问:有这样一个疑问:在那些父母或家人从事中国研究的人中,他们自己也开始从事中国研究的人占多少百分比?

答:非常小。很遗憾,原因在于以下几点:首先,非常令人痛心的,因为在苏联时期大量中国问题专家受到迫害,这些迫害使人们不再继续这种职业。在苏联时期从事中国研究非常困难和复杂。以我为例,我可以说说自己的工作经验:我多次受到威胁,说是要被赶走、被派去伐木,或将会坐牢,这些威胁持续而寻常,还加上建议:"改成英语。您干吗要从事中国研究。中国现在是毛泽东当权。我们不需要中国,放弃吧。"我怎么能抛弃自己的专业。如果说我已经花了十二年时间在汉语学习上,那么为何我需要抛弃它?随之又产生这样一个问题:"您是和谁站在一起,和我们还是和毛泽东?当毛泽东发声反对尼基塔·谢尔盖耶维奇·赫鲁晓夫,为何您继续从事中国研究?这真是骇人听闻!"这意思就是,我应该抛弃汉语,因为当时中国和苏联反目成仇了。

对我来说,以上状况是非常棘手的问题,我考虑到自己有妻子、孩子,还得继续生活下去,因此不得不去面对它。这当然对我的事业有所影响,首先,它影响了我的职业生涯。有时领导会有奇怪的想法。例如,这会儿他们和毛泽东闹翻了。但这和我有什么关系呢?一点关系也没有。我不是党员,也不是毛泽东的追随者。他们说:"您必须放弃汉语和汉语翻译,以便向中国人表示您谴责他们!这才是应有的姿态!"但为什么我必须做出那种姿态,为什么必须放弃自己的专业——完全搞不懂。这只是当局领导人脑海中某种离奇的想法。而领导人有很多。领导人怎么想,鬼才知道呢!他们净会捏造各种无稽之谈。如今,当然,我认为所有这一切都是胡闹。谢天谢地,我拒绝了以上所有的建议,无党无派救了我。我说过我是这里典型的无党无派。我一默默无闻的小辈，成不了任何气候。对一切都起不了作用。但这还是给我的生活造成了非常不利的局面，造成了负面的影响。因此从事中国研究非常复杂和困难。当然我还没说到老一辈人们经历的困难。我的老师中有些人遭到迫害，有些人被移送并被捕。

问：您怎么评价俄罗斯的中国研究现状，它将怎样影响中俄未来的关系？

答：现在中俄正在发展双方关系，彼此间的经济互动在增长，贸易在增加。但其中最重要的是，人们的联系更加频繁和自由。最近几年，我可以每年都去中国，只要我没生病，只要我的心脏病没有发作。我每年都能去中国。和中国的专家、文学评论家、学者见面。所有这些联系是影响未来最有益的方式。我认为中国和俄罗斯的关系，现在处于良好的状态而且呈现良好的趋势，往好的发展方向。我认为，在我们受到过良好训练的年轻的中国问题研究人员里，能找到好例子。举例来说，我那个女研究生，她在中国有足够的交流圈，有充分的信件往来，有足够的接触范围。这在中俄关系中是史无前例的。这非常好。如果继续这样下去，中俄交流的前景是最为可喜而且有利的。唯一迫使我更加谨慎和怀疑的，当然是历史。历史显示，任何一个“赫鲁晓夫”跺跺脚，所有的中国研究专家都有大麻烦。现在某些冲突和政治动荡的可能性还没有被消除，因为政治并不始终如一。今天这样，而明天会哪样？在我看来，没有人能够或可以百分之百保证。另外，就像政治家所说的一样，如果一切可以预见，生活将变得没有意思，语言会变得乏味。而我们生活得很有意思，今天这样，明天那样，这非常好。我们投不同的意见一票。我个人的意见是，我们和中国——两个邻国，我们是邻居并保持邻居关系。互相接壤这点是不变的，也不会变化。我们之间有恒定的因素，继续接壤。这样说好了：我们沙皇俄国和中国共处三百年没有大的战争，但小的战争有过。不过这些都不应该隐瞒，即使战争的规模非常小。但是，我们之间仍然没有大的战争。我希望，我们将继续保持邻居关系，不发生大战争。当然，冲突会出现，不存在毫无冲突的可能，首先，因为除了我们之外还有其他的国家，有美国、日本，任何事情都有可能发生。当然，冲突可以有。但是最重要的是有恒定的因素，那就是我们是邻国。与中国保持良好的关系对我们来说始终很重要。

问：您能指出俄罗斯的中国研究哪些中心最强吗？

答：是的，当然。圣彼得堡。我认为，圣彼得堡现在是研究中国的主要力量。

问：最强的学校？

答：是的。中国研究的主要力量在圣彼得堡，他们做得很好。我以前身体好的时候，去开过会，现在当然已经不去了，因为心脏状况不允许。但是如果有那样的机会，我当然还会去。那里的学术研讨会议办得很好，有大量的中国人愿意来圣彼得堡。他们与中国机构建立了良好的联系。有中国代表处，提供丰富的文学作品。我认为，在某种意义上，圣彼得堡现在给予俄罗斯的，已经超过了莫斯科，从中国文化、中国精神、中国文学和历史意义来说。那里出版好的译作，出版好的书籍。我对圣彼得堡相当有好感。

问：您提到，曾参加过在圣彼得堡办的会议，您能具体说说吗？这大概是您结束了批判“文革”任务之后的事情吧？

答：批判“文革”的任务随着苏联结束而终止，因为那是苏联下达的任务。苏联一解体，那样的蠢事就立刻结束。更精确地说，甚至还在苏联时期，当戈尔巴乔夫去北京，并打算有保留地讲和时，这样的蠢事就结束了。

问：然而，您是在这之后参加学术会议的？

答：是的，当然，我参加了会议。在我参加的最后一次会议上，我做了关于现已去世的作家协会主席巴金的报告，我对他非常熟悉。我认识他多年，因为我和他的女儿是朋友，她初次就送了书给我。她是名非常可爱的姑娘。她后来在上海为巴金创立的杂志《收获》工作，直到巴金过世前都在那担任编辑。那是有关巴金作品的会议。毫无疑问，巴金是中国最具影响力的作家，最主要的，我完全支持他关于中国文学够格跻身世界文学之列的理论表述。就是说，中国，正如他认为的，中国文学应该进入世界文学的共同轨道，就像英国文学、美国文学、法国文学、德国文学，俄罗斯文学也是，当然，中国文学也应该进入巴金极力促成这一点。他与中国的左派作家不同。那些左派作家竭力把自己的文学局限、封闭在中国，把自己封闭在中国，巴金则一直反对这样。他总是争取最广泛的国际交往和联系。这就是巴金的伟大贡献，首先他是契诃夫作品的推广者，他非常喜欢契诃夫并且翻译了很多他的作品。

巴金一直支持那些在国外发表作品的作家。尤其是，我非常高兴，去年，当我从事具体中国文学研究的时候，巴金在自己的杂志上刊登了诗人北岛的诗集、译作和文章。北岛移民去了美国，但是他以写作的方式，谈遍了世上所有国家的诗歌。尤其是，巴金在他的杂志上刊登了北岛关于约瑟夫·曼德尔施塔姆的长篇文章，以及北岛翻译的曼德尔施塔姆的作品。北岛——这名中国最佳的诗人，选了些曼德尔施塔姆的著名诗作，并将它们译成中文。他是由俄文译成中文的。显然在美国有人帮他学俄语。但是我认为这很正常，美国什么都有，包括俄罗斯的东西。他翻译了作品，我读过他的译作，我必须向您说，那是很出色的、极好的翻译。曼德尔施塔姆的最出色的诗，由北岛翻译之后，已经在上海出版了。所有的一切，在我看来非常好。北岛写了关于聂鲁达及其他诗人，其中也包括曼德尔施塔姆。以他一个诗人翻译曼德尔施塔姆，对当代中国非常重要。

问：在一些原则性的讨论或辩论中，您是否有不得不捍卫自己观点的时候？

答：不，不需要。在讨论中，没有人会特别执着于自己的观点上。例如，远东学院重视研究经济，在我看来，是完全愚蠢和错误的。我认为努力教中国人如何效仿苏联的模式，如何正确对待经济，是种彻头彻尾的愚蠢。因为苏联模式不适合，它已经灭亡和失败，而中国现在还活着，而且过得并不差。

虽然现在很多人说中国闹干旱。当然在中国是有旱灾，每隔十三年就会有一次非常严重的旱灾，但是旱灾影响的收成是春收。它不会影响秋收，中国有三季收成。然而，当然现在中国是遭受旱灾，可能他们不会有春季收成。但是，灾难并不是特别严重，因为是常见的灾难，中国人知道在哪种情况下该怎么做，并会撑过来。但是现在若要俄罗斯教中国人经济，将是非常奇怪的一件事。我认为中国在这方面比俄罗斯成功，也许我的看法不对，但是我有那种印象。与其教别人，不如更好好地研究自己。

问：您熟悉中国科学领域的，或许，甚至是研究俄罗斯领域的著作吗，例如，他们是什么水平？

答：我认为那些中国著作完全是当代的，非常有意思，非常有益。他们屡次出版苏联解体原因的书籍，我认为他们的研究比我们俄语的出版物具有更多信息，更加令人信服。中国人对这件事研究得更认真，更有组织。中国共产党在新的条件下显得完全可靠，完全能胜任把中国引入后工业社会的任务，引入现代社会，引入现代经济体系。不论是苏联共产党也好，还是最重要的科学院也罢，在经济这方面我们显得很没天赋，处于非常可怜的窘境。现在很多人称赞盖达尔，但是他做的事情很“粗糙”，就是“大刀阔斧”地工作。大刀阔斧，当然是男人的专长，但不是解决事情最好的方式。事情要成功，仍然还需要其他的工具，可是他不但不知道，也不会用其他的工具。他就只会砍，意志坚定、果断地砍，会什么，就做什么。这样有些事情确实成功了，但不是最好的方法。可以做得更好，但是他不能，因为没学会，没人教他。他不得不只做他所会的，大刀阔斧前进。

问：您认为为什么现在会有对他那样的称赞？

答：我认为这之所以发生，是因为他仍然做了些事情。有些结果留了下来。他曾保证这样做将会看到成果。实际上，这是真话，成果出现了。但是代价是什么，则是另一件事。这是另一个问题。那有可能做得更好吗？很多人说应该可以，但不得而知。不管怎样，盖达尔在做，而那些说可以做得更好的人什么也没做，他们什么成果也没留下，就那样坐着而没有成果。

问：您能对中国最近几年的未来做个预测吗？

答：我希望，中国共产党实现它在纲领和文件中所写的一切，希望中国在未来 20—30 年中仍沿着既定的轨道和方向发展。不管怎样，它确实完成了原定的任务，GDP 超过日本，接近美国。我希望中国的这些计划能够落实。我衷心祝愿中国人能取得成功，因为我认为他们的计划非常好。计划完全合理，我认为完全切合实际。中国有实现计划的劳动力，最重要的是，在现在，就像我所理解的，重要的不仅仅是有劳动力，而是有工作的意愿。在美国，劳动力要多少有多少，但是那里的人们没有工作的意愿。在欧洲，虽然也有劳动力，但是哪个欧洲人也不愿意工作。他们需要黑人来到欧洲工作，而欧洲人呢——不，他们不工作，他们只会在瑞士和以色列度假村休息。至于工作——他们不愿意。而在中国有很多人，这些人中有足够的人愿意工作，会去工作。此外，正如中国的实际情况，他们的薪资比美国人低。中国人会生产出同样的产品，但是更便宜。因此我认为，从这点上讲中国有更好的前景，上帝保佑他们能落实自己的计划。我没看出这对俄罗斯，对我们人民的生活，对我们的福利有任何的威胁。如果中国人要生产纺织品和棉花，没有什么不妥。我没看出这对俄罗斯有什么威胁。我们也能够生产同样的女用短衫，只不过式样不同，款式不同，这是为了能够有所选择，而我们不会因此而失去任何东西。我完全没有看到中国的竞争带来任何危险，虽然我们这里有人说这是一种竞争，但我对此并不相信。相反地，我对合作有信心，合作对我们更有利，而中国的发展会更好，发展得会更快，我们也会越来越好。我有这样的一种想法，非常乐观。最重要的是我对中国共产党的进步有信心，我希望它能够维护中国统一、中国和平及经济发展。具备实现这一切的所有条件，但还需要正常和有所帮助的政治。我想这种政治现在就有。我认为这很好。

问：谢谢您答应这次谈话，谢谢您讲述自己的想法。

尼·叶·博列夫斯卡娅访谈录

访谈对象：尼娜·叶菲莫芙娜·博列夫斯卡娅

俄文姓名：Нина Ефимовна Боревская

现任职务：远东研究所东北亚文明比较研究中心教授

学术专长：中国教育问题

访 问 者：Svetlana Gorbunova

翻　　译：林佳鸿

时　　间：2012 年 4 月 27 日

地　　点：莫斯科

问：能否请您谈谈自己的家庭与求学过程，还有您为什么选择研究中国史？

答：我是一个独生女，1940 年出生于莫斯科的一个知识分子家庭。父亲是一名经济学家，母亲直到第二次世界大战发生前都在列宁军政学院①教法文。我在莫斯科第三中学以取得黄金奖章②的成绩毕业，并通过钢琴七级考试。我从幼年就开始大量地接触文学并尝试写诗，进入高年级以后花了数年加入莫斯科市文创工作室的文学创作行列；1958 年高中毕业以后，决心成为

---

① Военно－политическая академия имени В. И. Ленина1919 年创立于莫斯科的苏联军事政治学院，供国家军官做军事与人文研究的进修。

② 类似我国中学生毕业时颁发的校长奖、县长奖等制度。俄国以黄金奖、白银奖作为奖励分类。

一名文学翻译者。此时父亲的一名友人建议我试着往东方文学的方面发展，又因我着迷于20世纪50年代后期的印度电影文学而最后决定进入莫斯科大学的东方语文学院印度组就读。在当时能够进入莫斯科大学这样的菁英学校是相当不容易的，特别是对女性来说，他们的名额仅占15%—20%。因此尽管我高中曾经获得黄金奖章（每个学校能拿黄金奖章的仅有一或二人），第一年仍旧名落孙山。但我不轻易放弃，先于幼儿园担任音乐指导取得一年工作的经验（在苏联时期若是累积两年的工作经验能够获得大学录取的加分）。1959年重考，最后如愿以偿地进入莫斯科大学的东方语文学院。然而，录取后还有第二关的校内考试分配；尽管我在登记与审查时都指名印度语组，最后分配却无法如愿以偿，而被分到中文组。在当年身为一个中国研究者是相当难找工作的，而我对中文也不特别感兴趣，因此我一度想放弃签署入学文件。但是我终究没有这样做，毕竟能够在这样激烈的竞争中挤入莫斯科大学已经是无上的荣誉了。

问：进入高等教育后您感觉如何呢？您的教授是谁？请谈谈您欣赏的老师与教学规律。

答：当时东方语文学院的学生组成是相当丰富多元的，有些是企业第二代的富家子弟，也有些是具有丰富工作经验的年长同学，有些人来自知识分子家庭，有些人则是靠着苏联各加盟共和国的保障名额入学就读。在当时东方语文学院有两大分部——历史学与语言学。而我不假思索地选择了语言学。在中文组内我是唯一的女生，在毕业多年后我也是同学间唯一选择留在中国研究圈内的人；其他的同学多半选择成为记者，或是做文件翻译工作。在当时学校要求我们必须要学习两种东方语言——主修语言（中文）加上另外一项自由选修语言，因此其实我也学了一阵子的越南文，不过日后因为不常用，已经忘得差不多了。而其他的同学多半选择印度尼西亚文或是其他种语言。除此之外，学生还必须要选修两种西方语言。对于中国研究者来说，当时主要的学习方式是以英文原文参考书为主，再搭配上杰出的汉语老师的讲解。因此，这给了我一个学好英文的绝佳机会。在往后的研究生涯里，这段经验对我产生了莫斯科大学的影响。而我的第二选修的西方语言为法文，但是我的法文程度还仅停留在查字典认单词的阶段。

求学期间我们学了不少区域研究的课程，比方说中国的地理学、经济学与物理学等。其中的中国经济学与历史学是由相当出名的中国学家与外交官米哈依尔·斯捷潘诺维奇·贾丕才（Михаил Степанович Капица）先生所主讲；他的课程非常引人入胜，课堂上他除了提到中国政治以外，还会分享他与中国当代名人或政治家的面谈过程，并提及他们的生活故事等。中文系的系主任也是知名的中国学家（自1933年起担任外交官）——阿列克谢·彼得罗维奇·罗加乔夫先生。他也是《水浒传》与《西游记》的译者，而他的儿子伊戈尔·阿历克谢维奇·罗加乔夫（罗高寿）后来担任俄罗斯驻中国大使多年。

非常幸运，在莫大的数年间我所有的中文课都是由伊芙多奇雅·伊万诺芙娜·莫尔恰诺娃（Евдокия Ивановна Молчанова）教授指导，她是真正的语言鉴赏家与教育家；而古文学课程是由柳博芙·德米特里耶芙娜·波兹涅耶娃（Любовь Дмитриевна Позднеева）如此具有分量的大家授课的，她是著名的东方学家德米特里·波兹涅耶夫之女（附带一提，波兹涅耶夫的著作《中国文学史》于2011年由他的学生代替他集结出版了）；近代中国文学则是由另一位中国学大师——沃斯克列先斯基（Дмитрий Н. Воскресенский）指导，后来我与他成为了同事，并且一直保持着友好的关系。在中文会话、中国文学、东方文学史以及社会科学的预备课程上，我们也都有很好的教师与规划；另外，当然也包含了历史、文化、社会经济学以及苏联史等基础课程。苏联史课程更是当时各种语文系的必修的课程。那个时候的学生就如同现在的学生一样，对于学业有各自不同的态度；有些人成天吃喝消遣，而我却是咬紧牙关地努力。我们每周都有很多时数的中文课并且附带繁重的作业，我面对学业的态度与我面对自己的一生态度都一样——认真再认真，也是因为如此，我才能够成为“有分量的菁英”。而在最后的三年（大学总共有六年）我都是东方语文学院唯一获得列宁奖学金的学生；这除了是一项无上的荣誉以外，也着实对我的家境不无小补。

非常感谢这些优秀的教授群造就了我学业上的成功，我渐渐地对中国产生了兴趣，同时也非常敬佩他们的文化传统。我也下定决心在毕业后要继续研究中国文学并加强中俄双方的交流；在波兹涅娃教授的指导下我也写了几篇论文（其中一篇是关于诗人孟浩然的），而毕业论文写的是关于8世纪至9

世纪的女诗人（薛涛与鱼玄机）。在我看来，当年我在这个论文中下的心血到今日仍旧相当有意义，最近我与过去的同学合力将论文中我翻译过一些薛涛的诗词结集出版成书；这位与我合作的男同学就是著名的中国学家托罗普采夫（Сергеей А. Торопцев），他是《时空变迁中的中国文化》[①] 一书的作者。对我来说学习的过程就像在莫斯科大学上的课一样，往往会伴随着许多不可或缺的家庭作业；而这几年学生们往往热衷于研究其他语言却放弃了中文，对我而言这是一种极大的损失。例如我于 1964 年至 1965 年带过一名大学六年级学生做研究，当时正是中国“文化大革命”前夕，我建议他跟着我与另一名学生一起从事中国文化方面的研究，结果他从此就消失，不来了。基于政治困境的关系，我在学校毕业 20 年后，才第一次踏上中国；在这之前，我一直都为《书信》杂志担任翻译和编辑。后来我以苏联外交委员会外文作家的身份在中国参加了英语培训课程，对我而言这是一段相当有趣的经历；我与来自各国的许多作家一起从事翻译工作，翻译的除了俄文的资料外，也有许多英文资料，例如约翰·厄普代克的经典文学。

问：您是如何开始自己的职业生涯的？如何去推广并促进中国学这方面的研究？

答：1965 年我于莫斯科大学东方语言文学院毕业后，我的专长一直就是在“东方语言与文学”这一块。而我的专业工作始于 1965 年的“世界社会主义体系经济问题国际研究所”（这份工作来自我同学的推荐）。当时正好是东方语言文学院开始采用函授教学，所以一面工作，一面上函授学习，使得我分身乏术；因为当时世界社会主义体系经济问题国际研究所的领导人是齐赫文斯基，他对于以文化为主题的研究方向不感兴趣，研究的重心主要放在社会主义与经济问题方面。当时我的研究助理是科学院的历史学家弗拉基米尔·斯捷潘诺维奇·米亚斯尼科夫（他的妻子玛尔科娃也在研究院工作），我与他在同一个部门工作多年后有了深厚的友谊。而我的直属主管是著名的中国学家、社会学家与经济学家格里巴斯先生，也是他帮助我安排了在中国培训深造的事宜。我对当时面临的社会学主题既没有经验，也缺乏训练，

---

① 《时空变迁中的中国文化》，“Китайская культура во времени и пространстве”，于 2010 年出版于莫斯科。

但是又无法拒绝。不过很幸运的，格里巴斯给了我接受良好的社会学与经济学培训的机会；为了帮助我系统地取得信息，他甚至替我设计了表格，方便我记载中国各城市的人民受教育与各地师资培训系统的情况。但是即使有这么好的开始，我的研究工作一度几乎中断——因为中国开始了“文化大革命”。而在俄罗斯与中国之间也开始了激烈的政治意见分歧，因此我的第一篇研究报告是批评中国的。实际上重点偏向于政治意图的新闻宣传而不是学术研究报告。

关于我在世界社会主义体系经济问题国际研究所的工作，我想要补充一点，当时我由实习研究员开始做起，月薪仅有105卢布。

此外，我发现我很难对于某一特定主题做深入的研究，而必须要同时负责多个不同时代与多种主题的研究；关于论文的主题，我选择了与波兹涅娃教授一起研究。她后来也成为我的直属上司。我们的研究主题是中世纪罗懋登写的《三宝太监下西洋记通俗演义》。经过四年的函授学习后，我完成了论文并通过口试。这也让我一辈子都感谢波兹涅娃教授，她不仅时时刻刻注意我的学业并且也在口试时机警地提醒我。另外，她也会严格地为我订下时间表，并要求我每周向她回报该周研究工作的最新动态；我想如果不是因为她的严格要求与温和关心，我可能至今都还没有完成论文。她的渊博学识帮助我了解了艰深苦涩的中世纪文学还有其中包含的哲学意义。

在论文研究期间，我参加了许多中国研究研讨会；例如1966年的十月我参加了东方学研究所举办的文学研讨会，普式克也出席了该次会议，后来他移居到美国，不过在当时他已经是捷克相当出名的汉学家。从那以后，这样的研讨会每年都会在圣彼得堡举办，直到20世纪70年代，我常常在文学研讨会中发表东方文学的研究文章，除了获得出席研究会议的经历以外，这也让我有机会将这些会议发表的论文集结成册并出版个人著作（比如说我在1970年出版的《东方人民的文学》就是一例）。总而言之，1970年在我为自己的论文参加口试的时候，我已经有了几本著作，并且具备了丰富的对答经验。这些都是每天一点一滴累积出来的。如果对我的某些文章特别有兴趣，我的指导教授——波兹涅娃也会特别就这主题与我讨论、帮助我。例如我们比较过16世纪葡萄牙诗人路易斯和葡萄牙航海家达·伽马与罗懋登的书中写的这位中国航海家郑和的不同。

我在世界社会主义体系经济问题国际研究所整年地工作，几乎没有休息，1966 年我成为新设立的远东研究所的研究员，直到今天我仍旧在这岗位上没有停歇。邀请我到这里工作的是著名的中国学家与文学家索罗金，在这个小而温馨的工作团队中工作的有马尔科娃与盖达（Ирина В. Гайда）（研究中国戏剧方面的主题）、瑟乔夫（Вадим Л. Сычев）（中国绘画与服饰方面的专家，后来到莫斯科东方博物馆工作）、托罗普采夫等几位。到 20 世纪 70 年代末期，我的研究主题除了转为“中国教育”外，继续研究中国 16—17 世纪的小说，除了罗懋登的小说以外，也研究了《封神演义》。这些研究的结果分别记载在我的一些著作中（例如：《封神演义中的信仰与叛乱》，刊载于《东方文学研究的理论问题》，1977 年出版，第 144—120 页；《中国 16—17 世纪小说中的滑稽》，刊载于《远东文学》，1979 年出版，第 54—61 页）。

有一段时间我深入地研究了“中国的中小学”，并在 1974 年发表了针对这一主题，研究 1957—1972 年的专著。之后我与同部门的安蒂波夫斯基以及弗兰丘克一起针对这主题做更广泛的研究，后来于 1980 年在莫斯科出版了《中国 1949 年至 1979 的教育与科学研究政策》一书。那些年我们的研究工作都以远东研究所的名义刊登在《科学》杂志上，虽然我们没有收到稿费，但是国家也替我们负担了所有出版的相关支出。在《中国的教育》一书出版以后，我在研究所内的领导地位更加稳固；情况维持到 1980 年（甚至一直到 20 世纪 90 年代初我在中国的教育政策这方面还是第一把交椅）。我专注于中国在“文革”中对于教育政策变化的研究，虽然当时我的研究领域还是没超出中国学的范围，但我试图将这些变化与他们的社会变迁还有经济因素做对比，并找出之间的关联。

然而我并不希望放弃自己对于文学方面的热忱。从 20 世纪 80 年代起我追随中国新兴文学的脚步，开始对中国现代文学的研究。在我发表了足够的论文与两本专著著作后，文化部门选定了远东研究院的新任院长为斯拉德柯夫斯基，他也是我过去的同事之一。然而身为一位训练有素的经济学家，他对文化方面的研究计划不特别支持。

问：您第一次到中国是什么时候呢？是什么原因让您到中国来？

答：1984年发生了我学术生涯中的一个重大事件——第一次中国之旅。当时我认识这个国家的时候，它正处于政治与社会的变迁中。中国与苏联的关系也渐趋友善，在苏联教育委员会的邀请下，我成为教育考察代表团的成员之一。此次的教育考察，也是两国关系经历20年的沉寂后第一次派出的教育考察团。此次的考察团以亚戈金（Г. А. Ягодин）为首，他在这次参访后不久就出任教育部长一职。参访团的代表来自苏联12所不同的大学，也各自代表不同的城市。在这次的参访中我不仅亲身了解了中国的高等教育制度，并且也与许多相关领域的专家们建立了友谊。

在20世纪80年代中期，苏联教育部恢复了交换学生的制度。其实早在这次参访中，我们与中国的大学讨论过交换学生的名额与选拔制度等议题；也因为如此，我得以有机会在1985年与其他几位远东研究所的同事到北京第一外国语学院，参加为期六个月的交换学生课程。在这期间我不仅体会了中国式的生活，而且参访了将近20个中国都市，接着又与许多大学教授及校长或是科系主任做交流。其中又以长沙的湖南大学最令我印象深刻，当然我们对他的美好印象不只是位于山脚下的美丽校园风光，更特别的是亲身参访了著名古代书院岳麓书院——这是从来不曾想过的美好经验，也成为我在未来的20年不断研究中国古代书院制度的动力之一。这次让我印象最深刻的还有该校的校长，在20世纪50年代他们曾与苏联的大学往来密切，但是后来由于多种因素，他们开始补进了不少美国教授，不过校长仍旧很高兴看到我们来访。该次的参访总共有我在内的两名苏联交换实习生，校长热情地邀请全校的老师与我们一起到全市最好的餐厅用餐，交流过程充满了开心与惊喜。

通过这次参访，我获得了许多实地考察的经验与文献上的资料。在这里我必须说明一下，全苏联最丰富的中文数据图书馆就是在远东研究所，而这些图书数据也通过远东研究所提供给苏联社会科学院做研究参考使用；社会科学研究所会通过委托，给中央或是地方的一些研究机构或是某些特定项目的研究杂志提供更多的教育研究资料。在这段中国交换实习的期间，我也利用中国的图书馆为远东研究所尽可能搜集各项文献与资料。

除此之外，在这段实习期间我也与许多在俄罗斯家喻户晓的中国学者或作家有密切接触，如王蒙、刘心武与王安忆（在上海）。在实习结束回国后，我针对中国这些新一代的作家写了一系列文章，其中一篇就是“中国青年的文学与生活”（刊于《新时代杂志》，莫斯科，1987 年第 43 期）。这篇文章后来被翻译成中文并且刊登在《文论报》[1] 上（石家庄，1988 年 5 月 19 日）。另外我也根据搜集的资料写了一篇“文学中的年轻英雄与年轻英雄的文学”（刊于《1976—1985 中国文学与艺术》，莫斯科，1989 年）。

问：如何去推广你在中国实习期间获得的这些成果？你是否参加了任何学术团体呢？

答：1980 年我加深了“教育”这个主题的研究范畴，而这也是我第一次接触到有关中国社会改革方面的议题。关于这主题也有数篇文章被发表在著名的《社会学研究》杂志上。譬如说“农村学校与中国社会公平问题”（1991 年第 8 期），而另一篇文章“中国社会改革中的教育改革”（《远东议题》1983 年第 3 期），这些文章后来被翻译成中文并发表在中国的《国外社会科学》期刊上（1984 年第 7 期）。除此之外我也通过资料的收集延长了研究时间的框架，如“20 世纪 20—40 年代的中国文化与现代中国文化”，以及“20 世纪 20—40 年代的现代学校教育改革”都是这类的例子。

在结束实习的归途上，我与刚成为科学院院士的季塔连科一齐起程，他邀请我成为当时正在筹办的全苏联汉学家协会的一员，最后他成为了协会的代表而我成为高级研究专员。

我将五年的青春献给了这个协会（1986—1991），我们安排了来自全苏联不同的学术研究团体中的各领域汉学家访问欧洲汉学家协会的研讨会，这也是该协会第一次有大型苏联代表团的到来，能够完成这样的行程至今让我引以为荣（之前仅由科学院的少数代表去参访）。后来我于 1988 年也加入了欧洲汉学家协会并发表了不少的学术论文，也与他们有不少学术上的交流，其中让我印象深刻的是来自法国社会科学院的巴斯蒂，当时他也正在巴黎研究中国教育的改革。

1990 年研究所派我到中国参加另一次为期六个月的实习活动，这次活动在南京师范学院。如果说第一次实习，我的重点是在语言的练习上，那么这

---

① 编者按 Вэньлунь бао 音译。

次我的重点是放在教育的改革上。我参访了包含南京当地与北京的几家不同大学与中学，并收集了不少题材，这些题材的收集给了我在国立教育大学的研究生很大的帮助。例如朱小蔓——后来先是成为中央教育科学研究所的主任，接着又成为联合国教科文组织国际农村教育与研究培训中心的主任，后来我们在几个项目中又有合作；直到今天，我们都还维持着不错的友谊。随着不断累积研究的经验，我逐步扩大自己的研究范围，甚至走在研究期刊的前面。由 1990 年起，我的研究转向另一个方向——中外教学系统的互相影响，我的文章“中国对国外教育学的看法”成为此类研究方向的第一篇，刊登在教育学杂志《苏联教育学》（1991 年第 9 期）。随后在 1993 年发表了另一篇文章“现代化或西方化?”，成为我利用比较研究法的第一步。随后我就开始研究中国教育改革中的某些特定部分，如现代化的教育培训方案以及非政府的教育组织。在同一时间，我也写了一篇名为“台湾教育”的文章，刊登在远东研究所名为《现代台湾》的电子通报（1992 年）上。

问：您如何提升自己对中国的研究？是否也通过授课，让教学相长？

答：1994—1995 年是我学术生涯的一个转折点，我的研究项目在研讨会中获得不错的成绩，同时俄罗斯一家独立的协会宣布与美国开放学术间的交流研究，因此我获得到纽约州立大学水牛城分校（SUNY Buffalo）国际研究中心 8 个月做比较研究的交流机会。我在这个交流中心收获颇丰，当时的校长是著名的美国学者阿尔特巴哈（Phillip Altbach），但是在我到达的时候他正好前往波士顿的比较研究中心，而比较研究中心的领导为康明士（William Kummings）。当时我经常出席许多比较研究学的研讨会，这些机会都是我在俄罗斯不曾有过的。另外我也阅读许多不同比较研究学学者的著作，并将这些未曾学习过的领域记录在我的俄文电脑上。

这一切都提供给我了在水牛城参加“比较转型国家间的教育改革”课程的机会。另外在安大略的教学研究中心邀请了著名的教育问题专家海博尔（Ruth Hayhoe）来讲课，也就在他的推荐之下，我取得了著名的比较研究学专家布雷（Mark Bray）提供的机会，接着到了香港进修并研究俄罗斯与中国的比较教育学。顺便提一下，2002 年我在香港大学演讲过，后来我因著作《比较教育学的研究》（香港大学出版）入选了国际教科文组织教育规划委会的委员。随后我收到了来自中国大学的邀请，分别于2004年在沈阳大学、2007年在华东师范大学研读硕士课程，主要的研究主题是比较俄罗斯与中国的教育改革（因此获得沈阳大学的荣誉教授头衔）。

在美国的进修课程后我准备出版自己的第一本国际著作，也就是我在纽约州立大学的论文。内容是关于中国政府在教育改革中的角色，题目是“东亚教育的挑战——对美国的冲击”①。关于这样的主题我已经在俄罗斯多次发表过，例如“中国在亚洲的教育战略”，“中国的国家与学校是伙伴或从属关系?”等等，这主题也是我后来获得博士学位的论文主题。在美国的这段进修成为我比较研究学的学术基础，也成为我日后的学术研究重点，并让我不仅仅是一名中国学家，同时也是一名比较学学者。在我继续我的学术研究的同时，我写下的文章也已经流传到中国，并且开始有人依我的理论设立了非国家的教育组织。此外我也与布雷恩（Breem）教授合作出版了金融方面的文章“从俄罗斯与中国的经验中学习过渡社会教育经费的筹措”，这篇文章在英国出版。我也继续从事这个在语言学以外的研究主题，并且与经济学教育圈内的人士持续合作。由这些经济学家的著作中学习经济概念，用以了解俄罗斯与中国目前的经济状况，另外也不定时地与中国各大学的教育人士会面，并收集资料准备下一本有关教育的融资问题的著作——《中国高校融资新机制：中国经验用于俄罗斯》②。

1977年以后，我定期前往中国进行专题研究（两年一次），每次都是与远东研究所的同事和中国社会研究院的研究员合作。专题讨论大多是在北京大学与北京师范大学里举行。另外，在此我要表达对蒋经国基金的感谢，因为有它我才能分别在1996年、1999年、2003年获得欧洲汉学研究协会的特殊赠礼，让我能自由地存取该协会的文献资料与SOAS位于伦敦的图书馆内的藏书数据，同时还包含了伦敦教育大学的图书馆数据。我对于之前不曾到过中国台湾省感到相当遗憾，还好我在2008年收到莫斯科台

① *The Challenge of Eastern Asian Education: Implications for America*（W. K. Cummings, Ph. G. Altbach eds. Albany, 1997）.

② “Новые механизмы финансирования высшей школы в КНР: китайский опыт в российском контексте”（М., изд-во ИДВ, 2009）.

北经贸办事处的邀请，获得到台湾参加为期两周的台湾研究补助金，也因此我终于有机会到台湾参访大学并收集资料，此次行程主要目标是撰写“台湾高等教育现代化的经验”。此行我原以为会收集到所需的资料，但没想到收集的结果大大出乎我的预料。

2002年我完成我的论文与准备出席一般性的学术研讨会。我的论文题目是“中国国家政策对教育制度行成的影响——以1980—1990年为例”，2003年我将论文题目改为“政府与学校关系：中国三千年来的经验”。在这篇文章中，我专注于探讨教育现代化的几个问题——发展策略、结构改革、管理改革与资金问题，并将这些问题采用比较教育学的方式讨论。

在世代交替的时间点上，我发现有系统地收集分析数据是相当困难的，难以对中国或西方的“传统”做深入的研究。2002年我在俄罗斯发表了第一篇以此为主题的文章“中国学校与教育思想史之特点”。这篇文章后来被收入《中国精神文化大典》[①] 五册百科全书中。2005年我被邀请到厦门参加一个废除科举制度100周年的国际研讨会，会后我的文章“俄罗斯科举制度的研究”被翻译成中文并附在研讨会的论文集——《科举制度的总结与科举学的兴起》[②] 中。我对中国的教育学史是如此的沉迷，并且热衷地想将它与俄罗斯的教育制度做比较，虽然后来我与托罗普采夫一起出版了70余页的《时空中的中国文化》[③]，但我仍旧希望能够自己出版相关著作。21世纪初，我在中俄比较教育研究方面已在国内外小有名气，也因此开始成为国际学术研讨会与期刊的邀稿对象[④]。

问：您是否有在远东研究所以外的其他专业机构做过学术研究？或是与其他的研究机构有合作的学术项目？

答：1991年，我在《教育学》期刊上发表了第一篇文章以后，就开始定期向《教育学》投稿，也向《人民教育》投稿。渐渐地我除了从学术界以外

---

① “Духовная культура Китая”（莫斯科，2009）。

② 《科举制度的总结与科举学的兴起》（刘海峰编译，武汉，2006年，第496—503页）。

③ “Китайская культура во времени и пространстве”（2010年）。

④ 参阅 Educational Pursuits in China and Russia// Education, Culture & Identity in Twentieth-Century China. Ann Arbor, Univ. of Michigan, 2001, pp. 31—53; The PRC Educational Modernization Strategy: the Shift of a Paradigm? // Berliner China-Hefte, 2003, № 25。

到了不少知识。在21世纪初，知名学者、师范学院的俄罗斯教育历史与教育策略研究所的负责人马利科娃（Зоя Малькова）[①]，邀请我到师范学院参与她的研究，因此我在那里与她共事直到2006年。

2005年到2012年，我当选了俄罗斯著作协会的比较教育科学研究委员会的副主席，这期间我努力加强俄罗斯在比较教育学方面国内外的交流与研究。2004年我在世界比较教育学代表大会[②]上做报告，并当选为下届的国家科学委员会常务委员。在这几年内我完成了《俄罗斯比较教育学会》[③]一书的部分内容，后来这些内容并入《平凡的兴趣，不凡的目标——世界比较教育学代表大会的历史与其成员》[④]一书，并且在世界比较教育学代表大会上发表。

2004年，我召集了包含俄罗斯教育科学院院士的专家，成立了俄罗斯与中国的国际与比较教育研究所，并与中国的中国教育科学研究院设立了共同的研究项目，此项目以中国的朱小蔓教授为首，这个研究项目与我个人的研究项目都由当时俄罗斯教育科学院的副院长鲍里先科夫（В. П. Борисенков）[⑤]领导我做研究。在当时我们吸引了教育科学研究各方面领域的专家约两百人投入这个项目，他们分别致力于总体制度、管理、教育融资等方面的研究。每个方面都由俄罗斯或中国的研究学者们的各篇论文总结而成，这本书中最精彩的部分是由中国教师协会主席顾明远从事的中国20年的改革过程中的社会比较分析，另外还有我与布雷恩教授从事的特殊方面的研究：《俄罗斯—中国：20世纪与21世纪之交的教育改革分析》。这本书后来于2006年在北京，2007年在俄罗斯出版。这本书在中国获得国家奖，受欢迎程度与在俄罗斯不相上下。在其他海外国家亦是如此[⑥]，后来书尾的100页英

① 英文音译为：Zoya Malkova。

② WCCES - World Council of Comparative Education Societies.

③ “The Russian Council of Comparative Education”.

④ “Common Interests, Uncommon Goals. Histories of the World Council of Comparative Education Societies and its Members”（Springer, HK, 2007）.

⑤ 英文音译为：V. P. Borisenkov。

⑥ 请参考 Comparative Education Review 杂志。February 2009, pp. 143—145。

文摘要经过修改后 2010 年于香港大学重新发行[①]。

由于合作研究的成功，我于 2006 年建议在中国与俄罗斯设立新的俄罗斯—欧美比较研究基金会，主要目的是研究职业教育体系。而我们的中国伙伴们马上在中国教育科学研究院提出这项项目，该项目持续了三年并由各国的职业教育体系中选出一至二个较有代表性的学校作为比较研究对象。此项目与前一个项目不同的是，此项目的参与者多为地方政府的教育领导人或是技职学校的领导人。另外，我们在此项目中也大量运用问卷调查与统计学来做分析，此项目将重点放在建立现今技职教育面临问题的解决办法上。例如与技职体系与社会企业的建教合作或是经济方面的问题，三年后我们的研究成果《中国与俄罗斯地方技职教育体系的发展》[②] 出版了。

我的第三个合作研究项目是 2010 年起由国立高等教育发展研究院的国际培训中心与北京农村教育发中心联合发起的“农村地区教育发展的比较研究——以中国、俄罗斯、哈萨克斯坦为例”[③]。在这三个国际合作研究项目中我不仅仅是作者，同时也兼具编辑的身份。

2008 年至 2009 年，我积极参与了一年一度的“中俄双方科学教育合作发 展联合会”。此会是在俄罗斯教育部的支持之下，由“国际科技大学研究机构”承办的；所探讨的主题主要为两国技术学校的发展规划。会后由莫斯科国家技术大学钢铁研究所[④]出版了我的论文集——《俄罗斯与中国在过去和未来的教育合作分析》[⑤]。

从 2010 年起，我兼任高级经济学院的校长顾问并且担任中国的教育发展联络人，帮助该学校与中国各大学建立交流（如交换学生或是筹组共同研究

---

① “Educational Reforms in Russia and China at the Turn of the 21st Century: A Comparative Analysis”.

② “Развитие региональных систем профессионального образования в России и Китае”（2010 年与 2011 年分别在中国与俄罗斯出版）。

③ Международным исследовательским и тренинговым центром ЮНЕСКО по развитию сельского образования（Пекин）и Евразийским национальным университетом им. Л. Н. Гумилева（г. Астана）.

④ МИСиС - Московского института стали и сплавов государственного технологического униве - рситета.

⑤ “Сотрудничество России и КНР в сфере образования: анализ прошлого и перспективы будущего”（науч. ред. Н. Е. Боревская. М., 2009）.

项目等)。身为一个中国教育改革方面的专家，我的经验告诉我，俄罗斯与中国的教育合作关系需求将会逐渐扩大，因此建立这方面的关系已经是刻不容缓的事情。

问：能否谈谈您参加各项国际会议的经验?

答：1988 年起我就在荷兰、法国、英国与苏联参加了 EAK① 的国际会议。过去十年来他们都会定期举办“中国与世界”的国际研讨会，并在会后整理论文发表成册。我于 1995 年也参加了在洛杉矶举行的比较与国际教育学会(Comparative and International Education Society)大会，2004 年于古巴参加第十二届全球比较教育学的大会，2007 年在沈阳参加了国际高等学校研讨会。

近年来我也受到很多国际研讨会的邀请，2010 年我参加了 6 次国际研讨会。会中我所发表的文章都有不同主题，并且有些以中文、有些是以英文撰写的。我也参加了在北京大学举办的“变迁的社会中教育研究的使命”研讨会，以中文发表了“高等教育的潜力与中俄文化的交流”。另外还参加了吉林大学举办的中俄研讨会，捷克、立陶宛等国的 EAK 国际会议，等等。2011 年我受 WISE② 邀请，出席了在卡达举行的国际研讨会。

问：您如何看待您对中国研究这方面的贡献?

答：我认为自己近十年内在中国研究方面最多的贡献，是在教育与实践学术界的交流上。2004 年，俄罗斯教育科学院下属的“教育学及理论研究者学会”基于我学术工作的整体成就，提名我为俄罗斯教育科学院比较教育领域的对外发言人。然而，不幸的是，我并没有获得大多数委员的赞成票。

我在比较教育学方面的研究成果广泛受到国外研究同仁的赞扬。因此，我被美国哥伦比亚大学编入了“国际比较教育学综合研究百科全书”的工作小组中。

2008 年，我获选为联合国教科文组织执委会委员，任期为四年。就目前来说，我自己在中国研究上的成果主要在以下两个方面——文学与教育。

我自己认为可惜的是我太过于忙碌，无法及时翻译一些我喜欢的小说，如《印度洋上的郑和》。希望有一天这本还在翻译中的小说可以如愿出版。虽

① 统一文凭认证委员会(Единой Аттестационной Комиссии)。

② World International Summit of Education.

然我能够以俄罗斯专家的身份用中文发表许多论文，但是我认为我并没有达成最初的梦想——成为翻译中国文学的俄罗斯作家。最初对于要不要成为一名中国学家，我仅仅抱持着“或许”的态度，而研究中国的教育制度更是偶然的一个机缘。然而后来这些研究与教育制度的钻研引起了我莫大的兴趣，对目前的我来说，我由衷地热爱这份工作。

目前我手上还有六份未出版的专著与论文，多半是研究中国文学或教育类的。另外在2009年至2010年上半年我与托罗普采夫一起出版的《时空变迁中的中国文化》，是我过去许多文章的汇总，经过修订与大量的重新编辑后出版。这本书包含了中国哲学等多方面的研究内容，以研究角度来说是一种创新——将文学、电影、教育、民族、心理等多方面做了整合分析，范围由古到今包含了孔子的学说、诗人李白的看法等，一直延伸到近代散文的创作与近代摄影的教育等方面。中世纪的中国文化影响了欧洲，但是现代的中国反而受到欧洲思想的左右。此外，我也是项目的研究员兼许多项目的编辑，其中主要是中俄的交流研究，我大约发表了一百篇论文，内容包含了中国的近代文学、中国的教育问题与比较研究，等等。

由于俄罗斯在20世纪90年代经历了重大的变革，因此我能够实证地研究西方思想家的理论与实践方面的问题。更重要的是，在俄罗斯改革开放以后，我们的科学研究不再是以“政治服务”为目的，可以就更多的方向做自由的研究。而我身为一个中国学家，主要的精力专注于教育主题方面，采用教育作为中国研究的主体，在我之前是不曾有过的（在苏联）。在我大约一百篇的文章与著作中（有些是担任编辑），我逐步解释了自1949年以来中国教育改革的路径与面临的复杂问题，也提供了针对中国复杂的政治斗争与社会变革所进行的现代化与经济实验的原因与后果分析。更重要的是，我是俄罗斯第一位以社会学、经济学、教育管理学研究教育政策的学者。换句话说，我的研究范围已经超越纯粹的中国学，并且涉足教育理论、社会学、经济学的范畴内。这样的方法为俄罗斯在国际间对中国研究方面开启了新的路径。此外，我于20世纪90年代后半期在美国的研究学习机会也给了我开创俄罗斯与国外区域研究，还有比较研究方面的联系机会，最重要的是他们带来了俄罗斯与中国的比较研究的兴起，例如将儒学与东正教思想做比较。

问：与苏联时代相比，您认为现在在经验与知识上比过去相差了多少？

答：在我学术生涯的前十年，我的主要研究范围放在我最喜欢的文学研究上，而教育改革方面的论文主要放在杂志上出版。苏联时代以后，教育改革问题一直没有被重视，因为他们不认为这是一个重要的研究方向，而且从来也没有人认为它可以跟中国研究扯上关系。即使在教育界也不认为这是一个重要的研究方向，至少一直到20世纪90年代以前都是这样；而我不是一位老师，因此在这个问题上原本也是一个外行人，这其中或许有些不被重视的原因我也不清楚。其次，俄罗斯的教育水平原本比中国高出许多，因此也没有教育学者会想要去研究中国的教育问题供俄罗斯参考。这个情况一直维持到20世纪90年代后才开始渐渐有所转变，因为当时中国在教育改革上的成果逐渐展现出来，而他们在其中所获得的经验对俄罗斯当时的状况来说是相当值得参考的。所以像我这一类非教育科学出身的专家所研究的结果也开始逐渐受到欢迎（例如我出版的《全球化时代教育的国家特性：中国经验能否帮助我们？》[①]）。然而，俄罗斯的大学界持续他们保守的立场，并没有邀请我参与他们的研究（有一个例外是国立远东大学，——他们在1979年邀请我到当地参加为期一个月的项目，研究主题是“中国对青少年的教育”）。

除此之外，20世纪90年代俄国的大学明显地开始重视大学间的研究交流与联系，在这些交流刚开始的过程中，有很多大学不知道如何去与他们不熟悉的中国高等教育体系进行接触，对于这一块领域他们几乎是全然无知的。相反来说，我在当时可以说是全俄罗斯对这一方面经验最丰富、了解最多的学者。而当时的社会状况导致这样的交流需求不断攀升，而只有透过我的研究他们才能够实践这样的交流关系。因此在接下来的十年内我不仅仅是中国学界享有盛名，而且在莫斯科与全国各地区都邀请讲解我的研究经验；许多教育研究的论坛也都邀请我参加讨论，例如我在2007年受邀在莫斯科参加全俄罗斯教育领导人的中国教育研讨会，2010年俄罗斯国家培育基金会邀请我到高等教育国际化的研讨会上做简报，会后我与其他作者联合出版了《高等

① Национальная специфика образования в эпоху глобализации: поможет ли нам опыт КНР? // Отечественные записки, 2008, № 40.

教育的国际化趋势与未来情景》[1]。

问：您有没有收自己的研究生，或是有开课？

答：您说到我的痛处了，对于没有开班授课这件事我一直很苦恼。我想主要的原因出在我的工作场所上——我在研究所工作而不是学校单位，这边虽然也有部分的研究生参与研究工作，但并不是以传授知识为主。不过话说回来，我的研究方向（教育、比较教育学）似乎也不是年轻人感兴趣的领域。而我认为会产生这种情况的主因，在于我国长期以来都忽略了这一领域的研究。我不止一次建议学生提出这方面的论文作为毕业论文（例如：中国高等教育的国际化），结果他们都没办法坚持到最后，往往在论文口试前就已经放弃。不过就我所知，似乎有些远东大学的学生准备的研究方向与这方面有关，希望他们能顺利完成这些论文。

问：我们如何通过您的研究更了解中国呢？如何进一步加深中俄两国的交流？

答：我对中国的研究或多或少会受到自己国家立场的影响，我想这点在中国学者研究俄罗斯时也是如此。另外，这些研究结果在双方政治关系变化影响下也未必永远是对的。早在我第一次赴中国实习研究时就与我的老师兵屏（音译），以及研究俄罗斯的王德生（音译）等人建立了良好的友谊，即使在“文革”期间我们仍旧保持着这段难能可贵的关系。在中国实习研究期间，我走遍城乡，看尽中国人的生活百态。我曾见过人们是怎么在如此贫困的情况下生活——在一座座拥挤的大城市中都是如此，更何况那些城市以外的地方呢？另外，我最难忘的一件事，是我见到一群一群衣衫褴褛的人，脸上带着因重病而留下的泪痕。这些人占满了火车站前的广场，只为了挨过买火车票的那几天。上了火车，那情况可更令我吃惊了！我永远记得在从桂林到广州的车上，即使我躺在第三节车厢的卧铺都感到寒意逼人，那些坐在更后面座铺的人光靠外套与靴子如何能抵抗严冬？在火车上，公交车上随处可见禁止吸烟的告示，但是吸烟的人却多到让烟雾满布、伸手不见五指。对比我们在 2007 年开着双座轿车由沈阳到大连的旅途来说，这一切的差异是天壤

[1] “Интернационализации высшего образования：тенденции，стратегиии，сценарии будущего”.

之别；以20世纪80年代来说，中国人可能更羡慕我们这些人，无论社会状况如何改变，我与当初的朋友们一直保持良好的关系直到今日，特别是朱小蔓。

从1984年（我第一次出访中国）到如今过了约三十年，我除了两次为期半年的实习以外，也多次访问中国，也以多种不同身份，包括出席研讨会、短期的研究计划，或是成为交流代表团的团员的身份访问过中国。过去十年以来我几乎每年都到过中国，当然一部分原因也是因为我与中国许多单位建立了学术交流或是业务上的往来，这其中也包括一些长期的活动。例如张犁（中国国家教育发展研究中心总干事）、谢维和（清华大学副校长）、胡建华（南京师范大学教育科学研究院院长）、谢安邦（华东师范大学高等教育研究所所长）各自领导的教育计划，等等。在我第一次到中国实习的时候，我见到了北京师范大学的顾明远教授，他从事比较教育学方面的研究，在以后的25年内我们一直保持着学术上的交流。通过参加国际教育规划研究所的工作，我很幸运地认识了一位中国教育部的前副部长，现任中国国际教育交流协会理事长——张新生先生。另外在编写一本中国高等教育金融问题的专著时，我认识了北京大学中国金融研究中心主任——王蓉；直到现在，我与这些人都会定期通信交流。

当然，在过去30年来对中国文化与教育的研究过程中，我深深地爱上了这个国家，并且为他在过去几十年来展现出的进步感到欣慰，也让我对自己的研究成果引以为傲。然而我不是盲目爱，我用科学的方法确实地分析了积极改革与消极改革的结果，并且在中国研究上进一步了解了中国的特点，还有中国与我国的对外发展关系。

问：在今天的俄罗斯有许多人从事对中国的研究，我们的研究水平是高或低？目前俄罗斯最有规模的中国研究中心是哪一个？

答：我常常有机会利用参加国际研讨会的机会比较各国的中国研究。我个人认为，即使俄罗斯的中国研究现在遇到一些瓶颈，但我们仍旧是世界上中国研究的先驱之一。例如我们的六册《中国精神文化大典》，代表了相当高的研究水平。我很难去论断究竟是今天的俄罗斯中国学家或是苏联时期的中国学家水平哪个高。这之中，有几个主要原因一首先，对今天的学生来说，他们在接受汉语教育的过程中，所能拥有的选择太多了。中国研究的机构比过去来说增加了不少（但是质量未必都比过去高）。因为这些研究单位可能属于其他单位的附属，例如国家级大学的经济研究学院下属的中国研究中心，或是历史学院下属的中国研究中心，等等。它让学生们不仅仅成为中国学家，同时也是经济学家、历史学家。对照过去我们当学生那个年代，最优秀的中国问题研究人员必定是莫斯科东方学院出来的，一定是真正的中国专家，懂的范围包含语言、历史等各方面。接下来的排名大概就是列宁格勒大学出身的中国学家，再往下大概就是远东大学。这些中国研究中心虽然大多直到今日都保存下来，但是老一辈的研究学者、历史学家、文学评论者却逐渐凋零。中生代有年龄断层（20 世纪 90 年代没有什么人要念中文系，或是毕业后转往其他行业工作），这些研究中心虽然延续下来，但保留的也不过就只是一块招牌而已。目前除了大学以外，其他研究中心最大的应该属远东研究所。过去的话是莫斯科大学的东方科学研究所，圣彼得堡的东方学手稿研究所以及远东的东方历史、考古学研究所。令人感到欣慰的是近年来不仅在远东，连西伯利亚也开始有了中国研究机构的设立。

除此之外，今天俄罗斯年轻的中国学家比过去有更好的学习环境，他们有更开放、更自由的空间去与中国或西方的中国学家们交流，或是参加国际研讨会，而不像过去我们仅能与本国的学者闭门造车。我认为，这是扩大他们视野并且增进研究方法的大好机会，但很可惜的是，这些年轻的中国问题研究者并没有好好地利用这些机会进军国际的中国学研究舞台。比如说，大部分俄罗斯的中国学家不愿意用英文撰写自己的著作，这就让他们的研究成果少了很多在国际间曝光的机会，甚至也让他们自己失去了很好的工作机会。

今天，因为中国在经济上的崛起与快速发展，中国在世界舞台上的地位越显重要；许多高中毕业生往往打算进入中文系或是学习汉语，许多高中也开始对于开设中文课程感兴趣，而许多来自贫困家庭的学子们希望通过累积中文与英文的语言能力在社会上崭露头角，这样的竞争已经到了白热化的程度。但是今天大部分学生所持的观念，是希望进入中国企业或是到中国出差工作。中国研究吸引力终究往往不如经济上的吸引力，我认为这完全是可以理解的；毕竟比较起来，中国学家在科学院的薪资是如此的微薄。因此我认为今日俄罗斯在中国学研究的政治、经济方面，总体来说比以前是进步的，但对历史学的研究不如以往；若要说文学方面的研究，那跟苏联时代比起来可以说是天壤之别了！在我看来这是一个严重的问题，俄罗斯的中国学家们应该注意到这样的巨大差异，并设法弥补我们如今在中国文学方面研究的不足。至少，需要让它回到20世纪90年代中期以前的水平。在苏联时期，国家有专门的预算补助国营的中国研究机构还有其他相关研究机构，而今天在中国学研究机构的学者们领的国家补助与苏联时期中小学的教师一样微薄。不过苏联时代我们与外界的接触机会较少，学术交流不足，也无法接受国外的资金赞助。如果只是学中文，各大学的中文系都可以教，但是中国研究者并不是只要会中文就行。如果国家不正视这个问题，未来我们就会缺少真正的中国研究专家。

问：您对于中国如此的熟悉，是否可以谈谈他们在教育研究这方面的水平如何？

答：没错！我相当了解这方面的问题，因为我定期阅读《人民教育》与《教育研究》这两本杂志以及许多相关书籍。在我看来，中国对于教育研究方面的水平是高低不一的。中国有些接受国外教育或是受过专业培训的学者相当了解如何运用现代的研究方法去做教育研究（例如我提到的谢伟和教授、王蓉教授，或是厦门大学的潘茂源教授等人）。而也有一些老一辈的专家喜欢用传统的记事手法做研究，但总体而言中国的研究水平在过去十年间是逐渐提高的。我们可以由一些整年度统计的研究报告看出端倪，中国的国家教育发展研究中心每年都会出版一本《教育绿皮书》，从中可以看到中国对于教育管理与区域教育发展方面的计划与资金补助，等等。

问：您认为中国的未来会如何呢？

答：中国在过去三十年来各方面快速发展，未来一定会有很大的成果出现（已经出现），这些成果不仅会提升人民的生活水平，并且会将中国带上国际舞台的领导地位。当然，专家们很清楚中国的策略抉择会对他带来新的挑战与问题，然而在教育体系方面中国成功的现代化带给他们高科技与科学上的成就，这些优势也会让未来俄罗斯与中国的联系合作更加密切。

鲍·格·多罗宁访谈录

访谈对象：鲍里斯·格里戈里耶维奇·多罗宁

俄文姓名：Борис Григорьевич Доронин

现任职务：圣彼得堡大学东方学系教授

学术专长：中国近代史

访 问 者：Svetlana Gorbunova

翻　　译：叶晓奕

时　　间：2012 年 4 月 25 日

地　　点：圣彼得堡

问：您是哪里长大的？

答：故事的开头很简单。1928 年，我出生在布良斯克州的卡拉切夫市，很多中国研究专家的故乡都在那里。布良斯克州以前叫奥廖尔州。尼古拉耶夫就出生在奥廖尔州。我的父亲是一名军人，所以我们经常调换住处。最后，我们定居列宁格勒。

问：您是在布良斯克上的中学？

答：不，我记得，1931 年我们来到了列宁格勒，住了一些年。我是在列宁格勒上的学。后来遭遇了大围困[①]，我们就离开了这里，之后又回来了。1942 年 2 月底，我们第二次告别这座城市，是从拉多加湖上走的。

---

① 第二次世界大战期间，德国军队在多次进攻未能拿下列宁格勒的情况下，决定围困列宁格勒，切断一切运输，频繁轰炸城市。德军对列宁格勒的包围持续了近九百天，大围困期间，食物只能通过空运和拉多加湖上的冰上生命线运抵城中。

问：那时您多大？

答：我是1928年出生的，我当时应该有十三四岁了。我们穿过拉多加湖离开了列宁格勒。战争刚开始的时候，我妈妈在一家儿童机构工作，后来这家机构搬到了基洛夫州，我们也就合家迁至基洛夫生活。我们的学校搬到新址之后，我上学的地方就离利捷伊内大街和彼斯捷尔大街不远。妈妈不让我去那些地方，因为那里有铁路。敌人往铁路上扔过许多炸弹，很多孩子都被炸死了。这就是我所经历的大围困一段朝不保夕、危急存亡的日子。我们是三月初的时候搬到基洛夫州的，接着又不断地东迁西徙：沃洛格达州、萨拉托夫州、利佩茨克州，这些地方我都去过。1945年我们又回到了列宁格勒，我进了第181中学。当时这是一所很好的学校。我没有去原来的中学，因为名额已经满了。1947年，我中学毕业，直接就进入圣彼得堡的东方系学习。为什么选择东方系，这个我也说不好，也许我生来就是注定要从事人文科学的吧。很小的时候，我就开始读书，直到父母不再允许我去图书馆。军官之家里有一个很好的图书馆，也有儿童俱乐部。对孩子们来说，那个图书馆简直是棒极了。但是我的父母向那里的工作人员抱怨，叫他们不要再借书给我了。

就这样，1947年，我进入了彼得堡大学的东方系。

问：您为什么选择去东方系呢？

答：这我也说不上来，大概是命运的安排吧。战前，在军官之家——就是有图书馆的那个——举行了一次比赛。对了，那里还有儿童话剧小组、朗诵训练班。在那次比赛中，我朗诵了一首诗，是关于中国人民解放军的。有几段诗歌我直到现在还记得。也许，这件事对我日后的选择产生了影响，不过我也不确定。总觉得，在冥冥之中有某种力量，或多或少地影响了这一切。我们中学毕业的学生后来几乎都从事了精密科学的研究，城里最优秀的数学家就是从我们学校毕业的。就这样，我进入了汉语班。那会儿还没有把我们分归历史专业或语文专业。我们班里有很多人。著名的中国研究专家列夫·尼古拉耶维奇·缅希科夫（孟列夫）（Лев Николаевич Меньшиков）就是我们班的；还有维克多·阿列克谢耶维奇·彼得罗夫（Виктор Алексеевич Петров）也是——虽然他的名声不是那么显赫，但所有的中国研究学者都知道他这个人。他可是最后一批百科全书式的学者中的一员。他从未参加过答辩，但却写了不少论文。许多要准备博士论文答辩的人们都争取机会向他请教，因为他无所不知：文学、历史、经济……真是博学多才，见闻广阔。彼得罗夫还收集了关于中国的数据，建成数据库供大家查考；之后，公共图书馆收编了这个数据库。没想到他居然一个人就完成了如此浩大的工程！刚来我们系的时候，彼得罗夫已经通读了关于中国所有的俄语基本文献。他就是这样一位大家，充满激情，一往无前，当然，也非常有天赋。索夫罗诺夫（Софронов）在我们系也学习过，也是在我们班。他现在在你们那儿工作吧？他可是位语言学家。

问：是的。

答：那时，我们师从瓦西里·米哈伊洛维奇·阿列克谢耶夫（Василий Михайлович Алексеев）。他教了我们一年半。我是我们班的班长。每次课前我都会与他见面，因为需要确认上课的地点。

问：所有的故事都发生在圣彼得堡大学这里吗？

答：是的，都是在这里。过去，这里是教室，走廊两侧是学生宿舍，一层、二层都是。学生要比现在少一些，但人数也还是不少的。那时我们中间还有北方人①，后来还为他们单独设立了一个北方系。我入学的时候，还有不少学生都来自图瓦。1949 年，远东国家历史教研室成立了。它的前身是历史系。可是这么说也不完全对，因为教研室成立的过程其实很复杂。但简单说来，就是教研室成立了，主任是格奥尔吉·瓦连京诺维奇·叶菲莫夫。我们班的同学被分为历史专业和语文专业。我是历史专业的，彼得罗夫和孟列夫是语文专业的。在这之前，我们总在一块儿学习、生活。阿列克谢耶夫院士会请我们去家里做客、喝茶，让我们看他的藏书，他对我们了解很深。他还带我们去索科林内。当时，那里正摞着一堆堆词典和书，奥夏宁的那本词典②当时正在编写。我们见证了编写的过程。

问：我现在也常常这样告诉我的研究生，说西蒙诺夫斯卡娅（Симоновская）曾经在我的母校教过课。

---

① 北方人即来自俄罗斯北部的学生。

② 即《汉俄大辞典》（*Большой китайско - русский словарь*）。

答：我记得在大学的时候做过论文答辩。答辩委员会里有四五位院士。分完专业以后，我们开始上语言学的课，授课教师是霍洛多维奇·亚历山大·阿列克谢耶维奇（Холодович Александр Алексеевич）。他不是院士，但却很有名。有一次我有一门考试，考官是舍尔蒙斯基。还有一些教师也都是院士，而且为数不少。

问：除了您所在的东方系，当时圣彼得堡还有人在其他地方教汉语吗？在历史系教还是在经济系？

答：没有，汉语是最近几年才流行起来的。总的来说，现在的汉语教学方法还有待改进。语言当然是需要教的，但是要有一个协调的中心。现在的中文教学却缺乏统管。大家各干各的，结果就犯了各种各样的错误。不久前，我听说过这样一件事情：一个女生写了一篇硕士论文，写的好像是跟中国历史有关的内容，但答辩委员会的成员却是其他院系的。为什么会这样谁知道呢……对了，我们那时候还真的有这样一个东方学的中心。系里的院士帮助我们与东方学学院保持着密切的联系。后来联系得就不是那么紧密了，不过我们也已经确定了自己的历史专业，接受了专业方向的教育。格奥尔吉·瓦连京诺维奇·叶菲莫夫老师一直坚持让我们学习、研究近现代史。在语言学习方面，我们就不太走运了，因为教中文的老师总不尽如人意。换句话说，我们一直在学中文，可教学的质量却取决于教课的老师是谁。比如说一年级的时候，有位老师教我们中文。他是研究语言学的，还给我们讲了很多历史轶事，然而，日常语言方面的知识他讲得真不怎么样。三年级的时候，格·弗·斯梅卡洛夫带着我们一起阅读经典作品，有一阵子还有一个中国人教过我们汉字。

问：还有中国人来你们这儿教课？

答：是啊。可惜，我们在汉语学习上总是不太幸运，我们没有一支合格的教师队伍来教汉语，老师总是在更换。就说我吧，上了不少鲍里斯·伊万诺维奇·潘克拉托夫（潘克甫，Борис Иванович Панкратов）的课。他可是一本活的百科全书，是个大好人。我一直和他保持着联系。我们的学习要参考《科洛科洛夫词典》（即《弗谢沃洛德·谢尔盖耶维奇·科洛科洛夫词典》）。我曾经一边参考这本词典，一边试着阅读朝代史。

我的毕业论文写的是中国人民解放军的建立。论文后来在学校的学术文集上发表了。之后我留在研究生院学习，杜曼建议我研究李自成。尽管格奥尔吉·瓦连京诺维奇[1]对古代史不是那么精通，但他还是全力支持我的研究。我采纳了他的意见。年轻的时候真是犯了许多错误。我总是参加很多社会活动，所以学校的工会委员会就选中了我为他们工作。因此，一年的时间我都没有去研究生院学习。他们对我说，我们会将你的硕士学习年限延期的。可是当我需要延期时，他们却对我说："不行，学习年限不能延长。"期限一到，我就需要离开了。总之，因为各种原因，我在科学院的图书馆工作了十年。幸好我将课题的研究坚持了下去，也发表了一些文章。在图书馆的工作和中国研究无关，但我还是努力地研究中国，尽管没有在李自成的研究上单独花费精力。我遇到了这样一个问题，国内外关于李自成的论文都是在《明史》的基础上写成的，所以，我需要弄明白，明史到底是怎么样的一部史书。直到现在，我对此的兴趣依然不减当年。所以，我就开始研究中国传统的经典历史文献。1968 年，格奥尔吉·瓦连京诺维奇邀请我去教研室工作，所以我便借此机会，开始教书。在此之前，我和教研室的联系一直没有中断过，他们总是邀请我去参加各种研讨会。从 1968 年 1 月起我就一直在这里教课，中国的历史、历史文献、文化遗产问题……除了新近发生的大事，我教授的内容几乎涉及中国历史的方方面面。

问：您选择的可是一个很大的题目。

答：是的，但是很有现实意义。中国人已经对该课题做了很多研究工作。这方面的文章俄罗斯人写得很少，写的东西也是不那么准确。我读了中国的民族志，了解了中国的国家体系，学习了很多相关的课程。长达二十年的时间里，我阅读了许多中文词典和相关的参考书。现在，因为一些原因，比如说教学上的压力等，我就没有继续读下去。1976 年，我参加了副博士论文答辩，论文名为《〈明史〉中对 1627—1646 年中国农民

---

① 即前文所说的杜曼先生。此外，杜曼先生也教过莫斯科的汉学家阿列克谢·尼古拉耶维奇·热洛霍夫采夫（А. Н. Желоховцев）。

战争的记载》[1]。我顺利地通过了答辩。齐赫文斯基是答辩委员会的成员，那时我和他的关系很好。再后来，我的人生之路就顺坦多了：我重拾社会工作，先是共青团的工作、党务工作，后来又是工会工作。答辩一结束，我就被聘任为东方系的副主任。不过工作有点公益性质：我们系比较小，所以我不能拿全额的工资。但是系主任格·瓦·叶菲莫夫（Г. В. Ефимов）要求我全额完成工作及科研任务。除了系办的工作，我还要写论文、上课、完成交给我的其他任务，一点儿空闲也没有。就这样，我工作了六年，既是系副主任，又是自己的秘书，工作量很大，原因是一样的：我们的系比较小。于是，课题的研究就被暂时搁置了。幸运的是，不久之后，我告别了系办，在中国的北京大学进修了一年。

问：这是您第一次被公派去中国吗？

答：是第一次。我申请了很多次，但每次都没去成。没有什么其他的原因，就因为我是个倒霉蛋。也不是履历表的关系。反正我就是没得到这样的机会。有一次差点儿就成功了——我要和一位领导一起去中国。可是在最后一刻，莫斯科那里打来电话说："让莫斯科方面派人去。"

问：这样的事儿也是常有的。

答：我对这事儿已经无话可说了。

问：那么，您是哪年去的中国？

答：1985 年或 1986 年吧。我在那里待了一年，一切都很顺利，因为，首先我知道自己是为什么而去的。

问：您去了北大？

答：对。但是北大对我的帮助并不大，他们对苏联人不太有好感。

问：那这一年您过得怎么样呢？

答：过得不太好，外派中国的传统就是这个样子。不过，人民大学给了我很大的帮助。我知道自己去中国的目的，就是去搜集研究清朝的史料。人大在那时候就已经有了清史研究所，直到现在也还存在。当时的所长是戴逸教授，同时也兼任北京市历史学会会长。戴教授很关心我，时时帮我的忙。

---

① *Династийная история "Мин ши" как источник по истории крестьянской войны в Китае* 1627—1646 *гг.*

我和所里所有人都认识，还在他们的图书馆里搞研究。其他人是不可以进图书馆的，但是戴教授不仅允许我进，还让我去了第一历史档案馆。我是在馆里做学术的第一个苏联人。在我之前，20 世纪 60 年代似乎还有一位负责档案工作的领导进过该馆，但我确实是第一个进馆做研究的中国学家。在档案馆的研究持续了两个月。我获准进入档案馆是在公派快要结束的时候，但签证 8 月份就到期了。于是，我蹬着自行车去了使馆，和他们协调了一下。在这件事上，戴教授对我有玉成之恩。

问：请和我再说一次这位教授的姓氏，我需要记录下来。

答：他姓戴，我可以写给你。这位大师至今都是中国史学界的领军人物。他现在依然在做清朝的项目。这个项目在人文科学领域是独一无二的，得到了国家的认可。总而言之，他是这个项目的负责人。现在他们已经完成了清朝的项目，正在写九十六卷集的清代史。与此同时，有一个问题需要思考清楚：国家正在进行现代化建设，有一堆问题要解决，而这些人却热衷于清朝历史——这是为什么？因为中国现代化建设中的不少问题，都是这一批人解决的。这就足以说明，他们的选择是明智的。编写九十六卷书需要十三年的时间。不久前我收到他们的来信，说是快写完了。

就这样，在戴教授的帮助下，我还去了一些其他的历史档案馆。

问：您的经历果然是非同寻常！

答：我手头还有中国 17 世纪的数据，里头记载了朝代史的成书过程，像是“编写者收到一些数据，又寄出去一些数据……”对我来说，处理这些史料真的很难。首先，材料不是专门为我的研究而写的，而且我也没有任何文献整理工作的经验。不过档案馆的管理工作做得不错，当时他们已经允许外国人进馆了。后来我又去了沈阳的另一家档案馆。我做了很多类似的工作，还游历了中国，坐着卡车从北至南穿越整个西藏，一直到了南边的尼泊尔边境。

问：您在档案馆工作过，那么，您上学的时候学过文言文吧？

答：对，那是当然的。文言文是我们的传统课程，一直保留到现在，是从二年级开始教的。

问：文言文是选修课程，只有文言文爱好者刘克甫来上，是这样吗？

答：不是的。现在教课的是尼基金娜（Никитина），她出版了古汉语词典。词典是针对具体课程编写的，而且不仅是一本古汉语词典，词典的名称我记不清了。现在教课的是塔玛拉·尼基费洛夫娜（Тамара Никифоровна），在她之前还有很多老师，比如说和我一起学习断代史的斯梅卡洛夫（Смыкалов）。

问：就是说，文言文以前是必修课？

答：不仅是以前，现在也是必修课。

问：现在也是必修课？

答：是啊。塔玛拉现在给历史专业和语文专业的学生上文言文课。我们有过很多老师。中国革命胜利的时候，我们学校有一百名中国研究人员。但正如大家所知道的，后来……

问：一切都变得像集体农庄一样。

答：教学工作也是这样。一切都走上了集体化的道路，几十年间一直是这样。亚洪托夫（Яхонтов）在我们这里也工作过。在一次偶然的情况下，我还碰见他在教室里和学生们一起研习古文。他对古代中国生活的方方面面颇为了解，就为学生们顺带着介绍了一下。这时，下课铃响了，学生们一个个都纹丝不动，听得全神贯注。

问：1985 年至 1986 年的时候，苏联局势很复杂，您当时的处境怎样？

答：当时我和巴雷什尼科夫（Барышников）在中国。那时中国的局势很平稳。那会儿我正准备去西藏，但学校里的人告诉我说，需要去办一个通行证才行。故宫东边有一个办事处，所以我就去那里办证。但办事处的工作人员却对我说："你不读报纸吗？有三百个城市已经对外国人开放了，你还来办什么通行证！快走快走！"我回了学校，可学校里的人却说："你得办一个通行证，不然哪儿也去不了！"于是我又去了办事处。工作人员见到我就说："你怎么又来了？"所以，我最后什么通行证也没办，就直接上路了。在西藏，我一次都没遇到有人要查我的护照。去西藏的路上，我们和莫斯科的一位教授同行了几天，他是一名天文物理学家，同行的还有很多技术人员。当时的情况是这样的：春节快过完了，所有人都回家了，我们没别的地方可去，就在天津排了大半天的队，买了两张去格尔木的火车票。到了格尔木以后，我们发现那里的公交车没有固定的班次。公交车是没法坐了，小巴士也找不到。

所以，我们便四处走啊，看啊，最后在一个旅店勉强住了下来。在格尔木有一些类似于旅馆的住店。突然有人敲门，是个年轻小伙儿，他问我们："你们想去拉萨吗？我明天早上五点去拉萨，送水泥去。车里还有位置，想去的话，我拉你们去。钱嘛，你们看着给吧。"他收了钱，过了会儿又来敲门了，抱着一堆东西。我问："你这是干吗?"他说："我到你们这儿过夜，不然你们以为我会拿了钱就跑了。"第二天早上，他就开车带着我们出发了。快到拉萨的时候，他说："哥们儿，我的目的地不是拉萨。我要在日喀则把水泥卸了。然后再去拉萨的一个服务站，我就住在那里。你们什么都不用做，就四处转转，随便看看吧，办完事儿了我就带你们去拉萨。"于是我们跟着他一起去了日喀则。从拉萨开始山路就变得很窄，还结了冰，我可不敢在这样的路上徒步行走。我们的车在这样的路上走了五个小时。到了拉萨以后，巴雷尼科夫说："我们大概是要有麻烦了。"不过后来也没人让我们把护照拿出来检查。司机也只是提醒我们："如果有交警，你们都别说话，我会跟他把情况说清楚的。"不过我们在拉萨城里四处游览，没人查问过我们。

问：可是他们肯定能看出，你们是外国人。

答：但好像没什么人注意我们。我们在拉萨四处游走。一开始的时候我们感觉身体不太舒服，毕竟那里的海拔有3600米。我们穿越了唐古拉山，山下就是长江的源头。我踩着石头行走，长江水在石头上流淌。唐古拉山的海拔是5500米，长江、湄公河还有一些其他大河都发源于唐古拉山。司机对我们说"现在你们该喘不上气来了"。可是我们坐在那里，根本也没有上气不接下气。他就很纳闷："你们怎么一点儿事儿也没有?"

问：那个司机开车开得怎么样?

答：还不错。他开的是辆日本生产的卡车。我们坐着这辆车经过拉萨去日喀则；回来的时候，走的是另一条路。他开车的时候把车飙得就像疯了一样。但高加索那里的司机也是这样。看来，在山路上开车的司机到哪儿都是一样的。好在高加索还有路边停车场，中国却没有。我们的车疾驰着奔向目的地。突然司机一个急刹车，我们就飞了起来。汽车一阵剧烈地晃荡颠簸，扎到了河岸上。汽车是双驱动的。司机挣扎了几下，从车里爬出来。我这才注意到，这个中国人其实很年轻。他大概是吓坏了，以为自己把外国人给害死了，爬出来的时候脸都绿了，还祈求上天救救我们。他是个很不错的小伙子，为我们安排好晚上过夜的地方，还请我们吃饭。

问：你们在拉萨住的是宾馆吗？

答：住的是个旅店，里面住的都是外国人。住了一些日本人，还有一位英国的教授。房子有两层。二楼的房子边上有个走廊，人们平时都在那里活动。走廊一侧排列着一个个小房间。房间很小，里面有一张双人床，四条被子，两个枕头，还有一个脸盆。比这好一点的国际旅行宾馆一晚要 140 元。这在当时简直就是天价。不过那种国际宾馆的房间很豪华，里里外外什么都是全新的。我们一起住进了这家旅店。那里晚上只有－15 摄氏度，房间里又没有任何取暖设备，所以睡觉的时候，我们就盖上被子，依偎在一起。幸好早上有人给我们送来了牦牛奶做的酸奶，当然啦，是冰的。

问：噢，我在蒙古的时候听说过这个。

答：后来我有点感冒了，而巴雷什尼科夫却得了肺炎，我好不容易才把他带到了成都。

问：我听说，西藏的牦牛更强壮，它们产的牛奶油脂含量也更高。

答：我在那里买了牦牛油。西藏人用牛油涂脸，因为那里阳光辐射很强。我在当地市场买了一斤这样的油，试着涂了一遍。这真是绝了！

我在西藏待了些天，然后我们就去了西安，离开西安后又去了成都，接着又告别成都去了重庆，后来，一些中国人带我们去巴州，我沿着长江坐了四天的船到达南京，在南京住了一段日子，然后去了上海、杭州、宁波。

问：这些都算是出差吗？

答：去西藏不是，去南京和宁波是出差。我去那里算是完成公务，甚至还能拿到一点报酬。我去了那些地方的图书馆，上海的、杭州的。杭州的图书馆很不错，矗立在西湖的堤坝上。后来我又去了沈阳，在沈阳的省档案馆里浏览社科院关于清史的那部分资料。我在沈阳受到了热情的款待。就这样，我去了好些个地方。

问：您在为自己的研究收集资料吧？

答：是的，但同时也是为了零距离地观察中国。一般出行的时候，我都坐硬座。唯一的例外是我从上海回来的时候，找不到差一点儿的位子，就被塞进了软座车厢，虽然坐着软座，但我却苦恼不堪。除了这一次，每次从上海回北京，我都会坐硬座。去西藏的时候，正赶上返乡潮。我的票是有座位的，但座位周围挤满了中国人。头顶上有人在睡觉，边上有个阿姨为了解困，在编织东西，就连厕所里也有人睡觉。我需要走动的时候，车里就会有人喊："哎，让老外过一下！"

问：在语言方面您有遇到过什么问题吗？

答：我的口语不太好，再加上我不知为什么总是很腼腆。但和我同行的巴雷什尼科夫却是个坚毅果断的人。一次，在拉萨，我们有事需要和公交车长沟通一下。我犹豫不决，说："我该怎么跟他说呢？他肯定不能理解我的意思。""快去！"巴雷什尼科夫催促道。于是，我去解释了，但人们未必都能理解我的意思。我觉得自己中文说得不好，我太害羞了，又不爱说话。

问：假如语言缺乏实地练习，就容易遇到这样的情况。

答：是啊，我就是这样一个腼腆的人。我知道自己口语不好。所有去过中国的人都让我开口多说，还有巴雷什尼科夫也鼓励我，说："你得去跟人聊天！会什么就说什么！你一定要去，他们会懂你的意思的。"但不知道为什么，我总是感到很不好意思。

问：东方人都很有意思。要是你跟他们说点什么，他们甚至会觉得自己是个幸运儿。

答：是的。一般来说，我会视情况量力而行。接着，有两个月的时间，我完全是一个人无依无靠，只好自力更生。在这种情况下，我不得不说点中文，但我的口语总是不太好。在中国生活一年以后，我基本上能听懂人们说话，却总是尽可能地避免说话。

问：您住在北大提供给留学生的宿舍吗？

答：是的，宿舍在学院路。

问：那里的住宿条件还不错。

答：2005年，清史研究项目邀请我参加他们组织的大型国际研讨会。在文化部的大力支持下，会议在人民大会堂召开了。那位政治局委员也正好出席了会议。那是一次高水平的会议。我有一张长达一米的合影，上面都是中国史学界的精英。会议期间，我想回北大看看，但竟然找不到路了。下了车，我就在车站找人问路：老兄，北大怎么走？北大就在那里。那是南门！当年，我每天骑车从南门出来。在中国的一年时间里，我在北京骑了能有一千五六百公里的路。吃过午饭，我就骑上车四处绕绕：先要去档案馆，书店也要好好逛逛。在北京的大街小巷穿行是一段很愉快的经历。我也在北大校园里逛，可是什么地方都不认识！我思忖着，不如去图书馆吧。我还有熟人在图书馆工作呢。我以为图书馆里的一切一定都是我所熟悉的。进了图书馆，哎，图书馆在哪儿呢？人家都说："这就是图书馆啊。"没想到，他们把图书馆造得谁也认不出来了。我找不到宿舍，就去了食堂，但那里也变了个样，那是间造得很宏伟的食堂。我想在那里吃点饭，但又没有饭票。第二天我的中国朋友开车带我在北大兜风，我认出了一些前一天去过的地方。这些都是后来的事了。我参加了2005年的那次研讨会，会议很有意思。从会议的规模来看，他们一定花了不少钱。参会的有日本学者、美国学者、中国学者。我有一些中国朋友，他们研究清史，同时也关注其他课题。会上我和他们交流了一下。他们说："先生，我们现在只研究清史，已经不钻研其他课题了。"

那次出差的情况就是这样。我收集了资料，也游历了这个国家。回国后不久，我就做博士论文的答辩。我并没有写一篇专门的博士论文，而是提交了多篇论文的合集。合集名为《官方历史记载17世纪至18世纪清朝的国家政治制度》。

问：那是哪一年？

答：1994年。那年，他们提拔我为教授。我就是这样当上教授的。

问：现在您带了很多学生吧？

答：时多时少吧。现在的情况挺复杂的。现在学生的流动性变得很强。过去，学生要去一个地方，首先得获得批准。但是现在他们口袋里有了钱，拍拍屁股就走人了。常有这样的事——"学生去哪儿了?""他在中国。""怎么在中国呢？怎么回事?"。可是，没人知道是怎么回事。学生走了就是走了。他们只是办了点手续，就不辞而别了。所以有几个班的人越来越少，有几个班的人则相对多一些。现在我们招收了一年级的学生，给他们开设了中国经济课。一个年级有24个人。除了经济课，我们还有文学课，有时也开历史系列课程。我们还培养越南学兼中国学、朝鲜学兼中国学。多年来，这样的项目在我们学校一直很受欢迎。另外，我们还开设第二东方语言课，在很长一段时间里，中国专业学生的第二外语一直是日语。

问：这也是必修课吗？

答：必修的。

问：那为什么我上学的时候第二东方外语是选修的？

答：不，根据大纲，二外是必修的。大部分中国专业学生学的都是日语。有一段时间他们学的是韩语。

问：除了东方语言，他们还得学欧洲语言吧？也就是说，学第三外语？

答：是的。欧洲语言也是必修课，课程量也不少，但具体是多少我记不清了。由于课时量大，四年级的时候，学生已经能用英语熟练地交流了，有些毕业生还可以用英语工作。我们有一流的教师队伍。

现在制度有些变化，有了学士学位制、硕士学位制，情况越来越复杂，许多事情都会涉及钱。过去，如果一个重要课题在研究中需要用到法语和德语，问题很快就能得到解决—大家商量一下，就可以学到法语、德语了。一些研究印度尼西亚的人甚至还因此学到了荷兰语。

问：您觉得，博洛尼亚进程①对中国研究的发展有益吗？

答：对于这个问题，人们各执己见，不少人对此了解得比我更清楚。但是我认为，博洛尼亚进程会带来一些问题，这不仅仅是对中国学来说。因为它降低了科研的水平。我曾经听过我国一个代表团的报告，他们研究的是英国的大学和中学教育。报告中提到，著名的英国学院还提供中等教育。还有，在美国有不同层次的大学，相应地，也就有不同的录取规则。他们也有国家统一考试，但是和我们的完全不同。为此，我曾经听过一位权威人士的看法，他对此发表了很多看法。国家统一考试在美国只是大学录取学生时的程序之

---

① 博洛尼亚进程（Bologna Process），是29个欧洲国家于1999年在意大利博洛尼亚提出的欧洲高等教育改革计划，该计划的目标是整合欧盟的高教资源，打通教育体制。博洛尼亚进程的发起者和参与国家希望，到2010年，欧洲博洛尼亚进程签约国中的任何一个国家的大学毕业生的毕业证书和成绩，都将获得其他签约国家的承认，大学毕业生可以毫无障碍地在其他欧洲国家申请学习硕士阶段的课程或者寻找就业机会，实现欧洲高教和科技一体化，建成欧洲高等教育区，为欧洲一体化进程做出贡献。作为签约国，俄罗斯采用了4+2（大学+硕士研究生）教育体系，缩短了人才的培养周期。俄罗斯人对博洛尼亚进程褒贬不一。反对者认为，在三至四年里不可能培养出高质量的专家，移植欧洲教育体制导致了俄罗斯高等教育质量下降。

一，但那既不是主要的录取方式，也不是唯一的。从内容上看，他们的录取制度完全是另一个样子。博洛尼亚进程在我看来是百无一用的，它降低了科研的层次。

问：我虽然不是这方面的专家，但以我愚见，这种体系是有其社会缺陷的。

答：所言极是。那些想统治世界的人发明了博洛尼亚进程，可是这根本不能让孩子们受到很好的教育。他们把孩子们派到其他地方学习。东方学是一门很特殊的学科。在人文学科中，它是很独特的。

问：我的毕业院校是东方语言学院，也就是与原来的亚非学院，翻译成英语是 college，它也属于学院体系。每天学生都需要像在中学里一样完成家庭作业，不然就永远无法学会一门东方语言。但也不能像培养技工一样，给他们安排过多的作业。

答：确实是这样的。我们研究的是另一种文化。怎么可以按照博洛尼亚进程的规定来学习中国文化？这简直是不可思议的。我们只得勉勉强强地将就过去。不过，我们还是取得一些小成就，比如为历史专业的学生安排了两年的中国文学史课。教课的叶甫盖尼·亚历山德罗维奇·谢列布里亚科夫是一位学识渊博的文艺学家。现在的年轻人也都很有才华。我们教研室就有这样一个女孩叫阿尼娅，我不记得她的姓氏了。几年前她参加了一次中文知识竞赛，得了一等奖。她先是获得了去北大免费进修三个月的机会，后来又回到我们这里学习。现在她在北大学习国际关系。还有一个女孩来自沃洛格达州，但不是沃洛格达市的。她自学成才，在我的课上，她的表现简直可以和字典与参考书媲美。我们的课程虽然不是最有意思的，但对学生却都很有帮助。学生们也都认为，一旦有什么不明白的，一定要弄清楚，所有的作业他们都一丝不苟地完成。

问：那么您能描述一下您的学生在现代社会中的身份吗？是哪些人在研究中国？他们研究中国的原因是什么？就说那个来自沃洛格达近郊的女生，她是如何了解到中国的？

答：我不仅仅是系副主任，还是我们系的招生委员会的负责人，做了四年招生工作。我觉得，招什么学生进来，是有点偶然性的。举例来说吧，有一阵子印度学专业很热门。所以，我们都会问学生为什么要来念印度学。“没为什么，因为印度有印度舞啊……”他们就是这样回答的。学习汉语的热潮，也是这样形成的。日本学也是啊！“这可是日本啊!”来应试的学生说。至于日本到底是什么样的，没人仔细想过。朝鲜虽然国家小，朝鲜学却很受欢迎。清楚地了解自己的学习目的的人是屈指可数的。

问：但这样的人多少还是有的吧？

答：嗯，是的，还是有的。

问：他们和中国学的不解之缘是如何开始的呢？他们的父母也是中国学家吗？

答：每个人的情况有所不同。我们学校有些学生在中学时就学过汉语，不过这样的学生并不是很多。这些学生对未来有什么打算，我也说不好。他们来这里学习不是为了拿一个文凭，而是为了学到知识。我曾经试着组织了一次关于中国的课堂讨论。学生们蜂拥而至。位置不够了，他们就搬椅子过来坐，可是后来连放椅子的地方也找不到了。所有人都饶有兴致地参加讨论。后来，我还与毕业班学生交流探讨，给他们上课。学生们的兴头很足。

问：那这些学生的发展前景如何？为什么提出这个问题呢？20 世纪 90 年代初，外交部百废待兴，尤其是负责中国事务的部门。之后，有很多优秀的汉语专业毕业生去了那里工作，他们会说汉语，也熟悉中国国情。那么，原则上，现在可供汉学专业毕业生就业的编制应该已经满了。

答：我打断您一下，除了刚才所说的，谢尔盖·尼古拉耶维奇·冈察罗夫(Сергей Николаевич Гончаров)以前也在我们班学习过，他现在已经毕业了。

问：您刚才也说道：您想去中国，但却被告知：让莫斯科方面的人去。那么在贵系学习的学生们是否有远大的发展前景呢？

答：这个问题我也不甚明了，因为过去工作是由官方分配解决的。而现在，就业问题很大程度上需要由个人解决。目前社会上对汉语专业毕业生的需求还是存在的。毕竟有那么多公司和中国有生意往来。

问：也就是说，圣彼得堡和中国有生意往来？

答：那当然了！那些公司占了差不多整整一个街区，生意十分兴隆！

问：噢，那就是个中国城了。

答：是的，那里总是人来人往，热闹非凡！也有去中国工作的人。有一年，我有一个女学生就去了中国，她在那儿工作，现在也是事业有成了。

问：那据您所知，国家机关会录用这些毕业生吗？

答：会的。

问：可能一些电视台也会做一些关于中国的节目吧。

答：我的学生阿尼娅·阿拉别尔特的书大概是在您的帮助下出版的。

问：是的。齐赫文斯基简直就是在折磨我。他一直很关心阿尼娅的事。所以他就一直折腾我，隔三岔五地找我，问我出版的事是否顺利。

答：阿尼娅是个非同寻常的聪明人！四年级的时候，她去了中国，一个人扛回来很多书。我对她说：阿尼娅，我要是系主任，就会让你所有的考试“自动”通过。因为并不是所有专业学者都懂得如何选购值得买的书，并把它们带回国。

问：她自己去的中国吗？还是因为丈夫的原因？

答：应该说起先她是自己去的，后来才在中国组建了家庭。我们有许多优秀的学生。感谢上帝，我现在已经不在系主任办公室工作了，所以对他们就业情况也知之甚少。至于那些在我的帮助下出国的学生，他们的情况我多多少少有些了解，但知道得也不多。有些学生非常努力。我带的两个学生现在在清华自费读硕士。他们想在自己的学术造诣上更上一层楼，所以就争取了这样的机会。对了，他们其中一个人的毕业论文写得很出色，应该把这篇文章发表刊登出来。可惜没这个机会。她的文章只用俄语没法通读，光用中文读也不行。这篇论文写了两年。她是个很勤奋的学生，中文也很好，写作时还参考了大量英文文献，收集了很多材料。

问：那么现在教研室主要有哪些工作？

答：有一些新的任务，其他高校有没有遇到过类似的任务我不清楚。我们之间有一些联系。你们单位已经决定与我们合作，帮助我们刊登发表一些文章。我们正在筹备一场大型活动，为期一年，你们那边也会派人参加，像季塔连科就打算来。他计划在这一年期间给我们讲一些课。很多事项还未最后敲定。先要把情况摸清楚，这样才能让本次活动达到应有的水平。这样的活动是很有意义的。我们系里也一直在讨论要在东方系对专业做出专门的科学划分，就像在学院里一样。但是当下，这种想法的可行性还不强。据我所知，我们有一些系主任曾经尝试着做出类似的努力，但是并不成功。

问：也许可以建立研究生院。

答：我和米哈伊尔·列昂季耶维奇讨论过这个想法。一所学院应该要有它关注的焦点。所以，我们会尝试一下。

问：谢谢您接受这次访谈，鲍里斯·格里戈里耶维奇。

答：我接受过很多次采访了，也记不清到底有多少次了。

鲍·雅·纳托琴科访谈录

访谈对象：鲍里斯·雅科夫列维奇·纳托琴科

俄文姓名：Борис Яковлевич Надточенко

现任职务：俄罗斯科学院远东研究所研究员

学术专长：汉语翻译

访 问 者：Svetlana Gorbunova

翻　　译：林育民

时　　间：2012 年 5 月 11 日

地　　点：莫斯科

问： 您好，鲍里斯·雅科夫列维奇·纳托琴科先生。

答： 您好。

问： 在谈话的一开始，能不能请您先谈谈您的家庭？介绍您是在哪里出生的？

答： 我出生于一个离“东方”非常遥远的家庭。自有记忆以来，我就住在基辅，并在那里念完了中学。而不知道为什么，当我读到七、八年级时，就开始对中国产生了兴趣。

问：也就是说，在那个时候，您也没办法说清楚对中国有兴趣的原因是什么。

答：对，这件事很难解释。或许，是因为在那个时候，我不满意自己住的地方，不满意现况的关系吧。但是，我又没有办法纾解这份感受。在那个时候，中国没什么吸引人的地方。功夫、武术等东西都还没流行起来。在20世纪50年代的时候，中国只不过是个遥远的国家。

问：那正是个中苏友好的年代。

答：对。那时新中国刚成立，也有关于它的资料。那时还有一套非常漂亮的插画期刊——《中国》。在那本期刊里，中国看起来是个十分不错的地方。

问：所以您对中国的兴趣，就是从别人给你看一些和中国有关的东西，谈一些和中国有关的话题后开始的吗？

答：不，一切都是我自己去找的。当我在读七、八年级的时候，我买了本学中文的教科书。或许该这么说，我是主动开始学中文的。后来我也认识了来自中国的大学生，还去了他们的同学会。我非常喜欢看中国电影。可以这样说，当我要从中学毕业之前，我的中文程度就已经算挺好的了。

问：那您是在哪边遇到这些从中国来的留学生、参加同学会的呢？

答：中国学生是来基辅留学的。我在街上认识了他们。他们都是建筑学院的学生。

问：那您那时候有用："你好，你是中国人吗？"这个句子，来问候他们吗？

答：对，情况大概就是这样吧。我就这样和那位中国学生混熟了。之后，我还参加了他们举办的春节活动，看了些中国电影。

问：那影片是特别为他们放的中文影片吗？

答：对，是特别为他们放的。另外，还有件有趣的事。我有些在斯维尔德洛夫斯克的亲戚说，他们那边的电视台邀请了中国学生上节目。中国学生说道，他们环游了俄罗斯一圈，然后很意外地在基辅的海滩上遇到了一个说得一口流利中文的小伙子。那个小伙子就是我。

问：完全不像中国人的小伙子，是吧……

答：这件是对他们来说，简直是个天大的惊喜。当时，他们在街上也没有遇到什么中国学家，而且基辅的居民们也都不太懂汉语。

问：至少，并不是只有在基辅才这样。不过，您是只凭着日常会话，就很快地学会了中文的吗？那么其他较专业的词汇呢？您也成功学起来吗？

答：在学习中文的专业词汇方面，我还算小有成就。在基辅天文台的某个地方有个目录，就是我翻译的。而我也靠这份工作，赚了不少钱。或许，那正是我有生以来的第一笔薪水吧。那刚好是我从中学毕业前的事了。在基辅的大学中办过中文的语言交换活动。当时，有两位女学生常去参加；接着，她们还嫁给了中国人。不过，很不幸的，后来她们这两对夫妻似乎被卷入了“文化大革命”之中。

问：那您知道他们后来的情况吗？

答：我听说他们过得并不好。至于细节部分，我就不太清楚了。此外，倒是有件值得一谈的趣事：当我还在中学读书的时候，有次我利用放长假的机会去了莫斯科。那时候，我在一家叫“北京”的餐厅里，花了三卢布买了瓶中国的“汾酒”。等我回到家之后，就把它拿给我的父母尝。他们不过尝了一口后，就对我说：“大概在做出这种‘烂伏特加’的地方，不论发生什么糟糕透顶的事，也没什么好奇怪的了。看来，你还是放弃学中文吧!”

问：不过您并没有放弃学中文，对吧？

答：当然，我没有放弃。

问：那您尝过汾酒的味道吗？

答：是的，我还蛮喜欢它的。而且到现在，我都还很喜欢中国酿的白酒。

问：当您还在中学上课的时候，中国人很有把握地和您说过一些中国的什么吗？他们都在谈些什么？

答：当然。他们随时都准备好要来公开宣传。所以，光靠我从会话里学到的中文，是不足以了解他们所说的东西的。之后，我中学毕业了。我那时刚好看到一本杂志，上头写了些外国学生在中国的事，所以我便写信到中国去问留学的消息。之后，中国方面在回信中提到，要是我想去那边留学的话，要先考上国立莫斯科国际关系学院才行。之后……

问：也就是说，中国方面只和莫斯科国际关系学院有合作关系？

答：这我就不太清楚了。但是，他们的确提到了莫斯科国际关系学院的称号。于是，我就在毫无准备的情况下跑去了莫斯科——换句话说，我连封像样的推荐信都没带，就去了莫斯科国际关系学院。最后，想当然地，我也两手空空地回到了基辅。之后的两年内，我又四处跑去其他的地方参加大学入学面试，或到不同的地方工作。随后，我听说在塔什干的大学开设了中文系，所以我就跑到那边去试试了。最后，我成功考上了塔什干大学的中文系。这真是太妙了！

问：那您在塔什干那边的中文系上课时，都在做些什么呢？您对课程驾轻就熟吗？

答：老实说，那其实是维吾尔文—中文语言学组。我们的主修是维吾尔语，而且还要另外学三种不同的拼写方式：阿拉伯语拼写法、拉丁字母拼写法及基里尔字母拼写法。基里尔字母拼写法是专为苏联境内的维吾尔人创造的；而在中国方面，则是习惯将阿拉伯语拼写法转为拉丁文系统来使用。

于是，从表面上来看，我似乎在学“中文”了。起先他们把我分到大二的班级上去，之后又因为某些缘故，把我调回了大一。总之，我就这样在塔什干读了两年半的书。然而，依照大学国际学术人员筹备计划，乌兹别克斯坦政府派一些学生去莫斯科大学交换。其中，当然包含了给东方语言系的两个名额。

问：所以机会是给那些莫斯科学生的？

答：不，是给塔什干当地学生的。我选了中文，而另外一位女同学选了阿拉伯文。于是，我们便去莫斯科大学的东方语文学系上课了（现为莫斯科大学亚非学院）。

问：所以塔什干大学那边，并没有强制要求您参与什么实习计划吗？

答：哪来的实习计划？唯一的要求是当我在结束学业后，我必须以国际交流学者的身份回到塔什干。所以，我可以算是乌兹别克斯坦派来的学术代表。为此，我甚至还领了一小笔补助金。之后，当我在莫斯科的时候，我常常穿着乌兹别克的传统服装去红场散步。之后我就参加去中国的语言实习计划了。

问：所以，是塔什干大学派您去中国实习的？

答：不，是莫斯科大学的亚非学院派我去的。我在那边遇到了自己的好朋友们——来自塔什干的同班同学，他们也在同一个时间，和我一起被派到中国实习了。

问：那是哪年的事情？

答：1963年到1964年的时候。

问：所以至少……在最后您成功地去了北大？

答：刚抵达边境的时候，一切都很不错。中国人用最高的规格来接待我们。之后在某个站上，火车停了二十分钟。于是，我就利用机会，到站上去走了走，看了看。车站里的情况还真是糟透了，完全超乎我的想象！到处都是脏乱、贫民……

问：那在那个时候之前，您对中国的印象是从哪来的呢？

答：是从杂志和风景画上来的……

问：那感觉差别很大吗？

答：非常大。

问：那您原本期待会看到些什么？

答：看到省城火车站内这样的光景，我就什么也不期待了。人们到处躺着，到处又脏又乱。之后，穿着制服的站务人员朝我走了过来，问我在这边做些什么。我说，我是从火车上来的。"嗯，那就和我们一起回火车上去吧。"——他们是这样说的。不过在北京，在大学里头，我倒觉得一切似乎也没有那么糟。

问：在去北京的路上，沿途的风景有改变吗？

答：是有改变，虽然中国北方的风景不是特别地吸引人。另外，我们的宿舍还算得上不错。

问：那您是和外国学生住，还是跟中国学生住？

答：宿舍里根本就没有中国学生。

问：或许这边能让我解释一下，为什么我会提出这个问题。就我所知，当热洛采夫先生在"文化大革命"前抵达中国，进行学术实习时，他就是和被特别派到中国的学生住的。

答：不，应该这样比较准确：我们宿舍里"确实"有过一名中国人，但他是被请来作客的，是因为他说他想当我们的朋友。

问：所以他成了你们的中国朋友？

答：我是和阿斯兰诺夫（P. M. Асланов）学长住在一起的。他那个时候已经是塔什干大学的教授了，但我还不是——我必须修六年的课，但他只要五年就好。他在比我更高的年级上课。一般来说，当局除了那些特别安插的学生（也就是同时间当了我们朋友的那个人）外，不准中国人和我们见面。不过，有次我们却不小心得罪了这名中国友人。那次，我们请他来喝茶。于是，他在聚会上就问我们说，在苏联也有茶吗？而我们就回答："是啊！"当时由于中国和印度关系紧张，因此当我们替他倒了杯茶后，他就看着茶对我们说："这哪里是苏联茶？搞不好是印度茶呢！"于是我们就说，对我们来讲，印度茶就和苏联茶一样。听到这句话，他心里很不是滋味，起身就走了。之后，他有很长的一段时间都没来找我们。

问：那您在北大那边的学业如何？

答：还好，就弄些课堂报告之类的吧……

问：您一般多久去一次中国？一年一次？

答：不，半年一次。

问：那您在那边都做些什么？

答：我们去中国最主要的目的就是学中文。另外，我还上缅甸文的课！这边补充一点：我之所以能去修那门课，是因为我不是中国学家的关系。另外，在同一段时间，我也借由中文来学日文。所以当我回到莫斯科后，我不但顺利地接上了大三开的中文课，还能够同时去上学校的日文课。

问：您去中国时和什么人讲这些事情了吗？

答：在中国时没有。

问：您认为那不重要……？

答：我在莫斯科大学修完了两期的日文课。但老实说，我手上也拿不出自己修完那些日文课程的证明文件。在大四的时候，莫斯科大学就要求我们系的学生选修第二东方语言。那个时候，我选了缅甸文。

问：所以是您在莫斯科大学东语系四年级的时候吗？

答：对。

问：所以第二东方外语是由系上分派？还是您可以自己选择想学的？

答：我们可以从一些语言中选自己想要的。

问：所以您是在想过后，选缅甸文的？

答：对。

问：是什么让您做了这项选择呢？

答：首先，缅甸文的字写起来很漂亮。

问：您是个有艺术品位的人？

答：对。然后第二个原因，就是缅甸文的发音非常特别。当我去中国的时候，还没有办法好好地领略这点。

问：那您在中国的时候，是怎样成功地学习缅甸文呢？

答：学缅甸文这件事，可足足花了很大的工夫。当时，我是我们那班的班代表，所以借着工作的关系，我认识了不少负责处理同样事务的外国学生们。在那些外国学生之中，有一名专门发配中国奖学金的男同学。在他的桌上，总是放着一份神秘的报纸——《参考消息》。我问过他好几次那个东西是什么，不过他却反而把它给藏了起来。可是，最后他还是让我看了那份报纸一眼。后来，在那位同学的游说之下，校方终于肯让我去上缅甸文的课。

问：所以，您是和中国学生们一起学缅甸文的？

答：不，课堂上几乎没有中国学生。

问：那有谁在那边？谁会在20世纪60年代的中国学缅甸文呢？

答：这样说好了：我们班上大概有8个人，其中6个是从朝鲜来的。

问：那剩下的同学是谁呢？

答：剩下的是两个中国女生，然后就是我。

问：那谁来教你们缅甸文呢？

答：中国老师负责教我们缅甸文。另外，当时我们的宿舍里也刚好住着一位来自缅甸的学生。

问：那您有试着和他交朋友吗？

答：对，我和他成了朋友。之后我回到莫斯科后，就没有再去上缅甸文的课了。在学期接近尾声的时候，莫斯科大学那边派人叫我去校长室。随后，他们才告诉我，塔什干大学的中文部被撤销了。因此，对不能回去的我来说，唯一的解决办法，就是送我去当兵了。我当时也没想太多，就这样同意了。于是，我收到了莫斯科大学发的毕业证书，过了暑假，但却完全没有收到军方要我去当兵的通知。就这样，一个月又一个月地过去了，军方那边还是一点动静也没有。所以，最后我便自己找上了他们，要他们赶快把我发到部队里去。可是，他们却只跟我这样说："好的，我们会再考虑。"接着，军方那边想了又想，想出了许许多多安排我入伍的方案后，最后还是决定不要征召我入伍了。这整件事就像大家常讲的："咱们分道扬镳了！"

问：所以您是在 1964 年从莫斯科大学东语系毕业的……

答：没错。

问：所以也是在那个时候，塔什干大学的中文部被关掉了……

答：对，在我快毕业时被关掉了。因此，他们也不需要我这个派到海外受训的国际学术筹备人员了。于是，我就成了一个无用一身轻的家伙。这期间，我又去了教育部很多次，问他们我能做些什么。最后，教育部给了我一个建议，要我到乡下去教英文。

问：所以您在大学上课的时候，也同时学了英文？

答：对，英文是必修科目——虽然我学得不是很好。就算到了现在，我自己的英文也不是讲得很好。我拒绝了教育部的提议，然后自己开始去找工作了。我找着，找着，找到最后，却又在 9 月 1 日回到了莫斯科大学东语系的系办——因为他们把我重新编到进修班里头，并给了我宿舍和奖学金。他们说，先这样让我撑一年，好让我能找到工作。

问：换句话说，这是一个用来处理毕业生找不到工作的特别方案。

答：我们的进修班很小，里头还有两位外国人——其中一位是拉莉萨·帕米兰采娃。后来，她留在系上工作；另外一位是娜塔莉娅·扎涅金娜。她的父亲，是一名伟大的汉学家。顺带一提，当我在找工作的时候，还碰上了一个插曲：我差点就当上谢列梅捷沃机场的国际航线调度员。那时民警部的长官已经在我的护照上盖好了章，然后才恍然问我一句："大学还没帮您注销学籍吗？"我说："马上就会帮我注销的！我现在就去。"结果，当我去注销学籍的时候，遇到了和自己同班的娜塔莉娅·扎涅金娜。她告诉我，远东研究所的筹备工作已经完成了，正招募汉语人才过去呢。于是，我便马上打电话问这件事。不过，因为远东研究所的筹备组是秘密工作的，所以我也不清楚自己到底在讲些什么。但总而言之，我被远东研究所拒绝了。过了一个月后，远东研究所的人又打来电话来，但却说："抱歉，我们实在无能为力。因为，您的户口不在莫斯科。"

问：也就是说，您与学术研究擦身而过了……

答：对，技术上说一切还不错，就只差我没有设籍在莫斯科。在过年之前有段不错的空档，因此我便利用那个机会去了北京。当时，北京那边有个由社会主义国家组成的太平洋海洋资源开发组织——中国、朝鲜、越南都加入了，并在北京设立了自己的办公室。

问：也就是说，您在那边找到了正式的工作。

答：对。不过我还得去莫斯科办入籍手续，才能到那个组织工作。后来，太平洋海洋资源开发组织把我分到了"淡水水产养殖研究所"。

问：当我听到您在太平洋海洋资源开发组织工作时，不免让我想到一个问题——您在那边是做些什么？那边的工作又是如何？

答：我们是在德米特罗夫州的偏僻森林里工作，离省城德米特罗夫有15公里远。当时，那边还没有办法定期和外界通信呢。

问：所以您就先去德米特罗夫州工作，好等到莫斯科方面办好您的入籍文件？

答：没错。另外，为了办好入籍手续，我还顺便弄懂了不少东西，以便之后要去北京时能派上用场。那是1965年一个十分寒冷的冬天。我和妻子简单地带了些东西，就直奔北京去了。记得那时候，我们夫妻俩还在北京冬季的深雪中步行了两公里呢！后来太平洋海洋资源开发组织给我们分配了宿舍，之后，过了一段时间，又帮我们把它换成了公寓。总之，我在那边待命就是了。

问：那您待命的时间有多久？

答：半年。那段时间我都花在钻研鱼类学和其他简单的问题上。过了半年后，中国方面终于给了那个组织一张合法的执照。于是，我终于可以这么说，我的淡水鱼类养殖生涯开始了。我在北京那里度过了平静的一年，之后又回到了莫斯科。然而，那时候我又突然想到，自己跟文化部还算有些交情，所以我就不时地跑到那边去接点翻译的工作，和日本同事处理事情。

问：和日本人？

答：对，和日本的同事们、艺术家们……

问：换句话说，您还挺快就能投入翻译事业的嘛……

答：对。总而言之，我在太平洋海洋资源开发组织里工作了四年又多一点，最后甚至还当上了先进水产实验室的主任。

问：所以这些事和日文的翻译工作是同时进行的吗？

答：没错，但之后太平洋海洋资源开发组织也没强留我下来。当日本同事们在莫斯科演出时，我还开车载了我们全中心的人去听。当局还发了台游览车给我们。

问：所以您在“文化大革命”期间，都是和日本同事们在一起工作？还是说，您自己成功地找到了什么和中国有关的工作？

答：在 1965 年，其实很少有机会能在中国找到和渔业有关的资料。简单来说，是什么都没有。但之后当中国和苏联的关系恶化，军事学院东方语言所的前主管却找上了我来。他是以前在莫斯科大学时候负责审查我论文的主管。他在德米特罗夫州的森林里找到了我，然后邀请我去军事学院当教授。

问：那您毕业论文的主题是什么呢？

答：我的毕业论文主题是汉语里外国语言的取代现象。这算是那位主管教授最喜欢的主题之一。他找到了我，然后说服我和他去军事学院教书。于是在半年内，我便租了公寓，挂上了肩章，然后又收到了校方发配给我的正式公寓。总之在这三年内，我就像小木偶童话里头的老爷爷般努力工作：一周 36 小时。此外，我还得额外编写教科书。

问：那您的基本工作是什么呢？是翻译东西，还是做些别的？

答：仅仅是教书而已。有趣的是，在那段时间内，在英文部那边有三个班级，里头全都是将军们的小孩。不过他们之后却都“转”到了中文部来。所以，大家就戏称他们为“跳转生”。他们当然觉得很不满。但他们说实在的，都是很有才华的孩子。

问：您还记得他们叫什么名字吗？

答：现任莫斯科国际事务学院中文部主任的阿列克谢·尼古拉耶维奇·阿列克萨欣（Алексей Николаевич Алексахин）①。他完完全全就是个天才，

① 阿列克谢·尼古拉耶维奇·阿列克萨欣现于莫斯科国立国际关系学院工作，担任中文系主任。

甚至还帮越南的少数民族创立了拼写系统。总之，是个十足的语音学狂人。随后，又有鲍里斯·尼古拉耶维奇·戈尔巴乔夫（Борис Николаевич Горбачёв）。他后来成了非常有名的中国学家。另外，我们还有许多其他的毕业生，后来都变成了事业有成的商人。

问：换句话说，您的学生之中，有很多人都找到了和中文有关的工作……

答：是有人从事和中文有关的，但也有人不是。不过，他们都在学校受了很好的训练，个个都是熟悉中文的人。

问：那么，您可以说说您在军事学院时的教学方法吗？比方说您花多少时间在中文上？教材又是如何？

答：那时最基本的教授，就是以中文为母语的林夏罗教授。他是出身吉尔吉斯的东干人[①]。无可置疑的是，他堪称当时军事学院内中文教学的权威。我觉得这样的安排很好，但就实际的教学情况而言，还是得编一本自己的中文教材出来。巧的是，在同一年系主任的生日宴会上，我的一位学生竟然向我抱怨，说："我们的汉语教学非常奇怪。首先，林教授给我们的不少句子，而我们也把它们给背起来了。我想，这就是我们学中文的方法。可是，后来又不知从哪冒出了一个有一半中国人血统的伊诺夫斯基老师。他老是从报纸上选一些样板文章给我们，逼着我们把它们全部都背下来。"所以，当我完成自己的那套教材后，整个军事学院的汉语教学才上了轨道。

问：也就是说，您成功地编了份中文教材，并拿它来教第一批军事学院的学生？

答：对。我编了份以实地会话及翻译方法为主题的汉语教材。

问：那您都分多少时间在汉语教学上呢？

答：非常之多。我一天内有 2 到 4 个小时的时间花在教中文上。所以，军事学院那边的中文教育是十分扎实的。在上完课后，我积极进修，以便之后能在系里服务。不过从一开始，我只能从个副官当起（在军事学院内，那就等同于博士生）。但说到这里，我想先岔开话题，谈点有趣的事：当我在太平洋海洋资源开发组织里的淡水水产养殖研究所工作时，莫斯科大学同时也

① 东干人的祖先为原本居住在中国甘肃、陕西的回族，后来迁居中亚。"东干"为当时俄文不太正确的译音，因为他们原本是以中文称自己为"东岸"人——也就是来自汾河东岸的人。

开了缅甸文的课。不过，替学生上课的那个家伙，显然得了某种精神上的疾病，因此后来他便再也没办法忍受缅甸和缅甸文了。所以，每当那堂课要考试的时候，东语系便会派人去德米特罗夫州的森林里找我，接着再发给了我一间可以住两星期的宿舍。于是到考试之前，我就负责教班上学生的缅甸文，然后再给他们写考卷。基于这项经历，原本教缅甸文的老师推荐我去考缅甸文的博士班。之后，我便成功考上了。之后，我用了“最短”的时间——也就是两年——修完了博士学位。不过，接着又发生了另一件事。有个在苏联共产党中央委员会任职的前中国学教授结了婚，娶了个列宁格勒市的老婆。巧的是，这名前中国学家的老婆，正好也教缅甸文。所以，前中国学家就把她给带到了莫斯科大学来，让她占了教授缅甸文的空缺。这件事，让我刚取得的博士学位完全失去了意义。那可是我第一个博士学位呀！我的第二个博士学位——就像我一开始提到的——是在军事学院以副官的身份修的。军事学院的人帮我在远东研究所找到了指导教授。当时，我曾和指导教授见过两次面，每次我都会把军事学院发给他的教学奖金交给他。另外，以副官身份在军事学院修博士学位，还有一个好处——那就是我不用时常去参加军事训练；但相对的，在其他人去军事训练的那段时间内，我得把学术研究工作做好。在那段时间，我有阵子差点读不下去了。但是，所幸我又遇到了以前的同学——娜塔莉娅·扎涅金娜。她告诉我现在有个去新加坡实习的机会，名额很多，没人去。于是，我就去高等教育部打听了一下。结果，部里的人和我说，若我想参加这次去新加坡的实习计划，那么我就读的研究单位必须先出示愿意派遣我参与的证明。我接着赶回军事学院，告诉了主管人员，但他们却和我说：“你现在得先动笔写毕业论文，而不是到处去玩。”那时，我觉得自己被刁难了，编下定决心要“克服万难”，出国实习。所以，我又到了文化部，开始秘密地帮他们处理一些和科学竞赛有关的事。但糟糕的是，有次我接待一个非常重要的外国代表团时，我们系上的副主任却在克里姆林宫大会堂的贵宾接待室中瞧见了我。后来这件事就在系上传开了，到处有人说看到了我和外国人在一起，并要求给我施以最严重的处罚。

问：也就是说，您违反了……

答：我违反了最可怕的一条法令：第一号行政命令“关于不得与外国人

接触之事项”。一旦犯了这条法，最严重是会被枪毙的。不过他们倒没有枪毙我，反倒是放了我一马。所以我后来又和小鸟一样自由了。

问：换句话说，那是您快去新加坡之前的事吗？

答：没错，不久后我就飞往新加坡了。

问：那先让我们回到课本和汉语的系统化教学上。您当时是只为了军事学院的教学需要而写教科书，还是另有出版的打算？

答：对，我编的汉语教材只限于军事学院内使用，不能对外出版。

问：所以您汉语教材的内容，仅特定限于教学时会用到的主题吗？

答：不，那时军事翻译自成一书。基本上说，书里面仅收录了生活和政治用语。也就是说，它拿到其他地方去是能用的。

问：那您在军事学院的博士学位呢？

答：总之，我没有把军事学院的博士修完。我实在没办法继续在那边读下去了。于是，军事学院便开除了我，顺道也注销了我的军籍。于是，在这种糟糕的情况下，我又回到了这个世界中。

此外，话说国际旅行社那边也没有给我正式的工作。但另一方面，我却利用这段空档去参加中文能力检定，以争取奖学金。

问：那您为什么不去国际旅行社工作呢？

答：因为没有那个必要。我找到了更好的工作——在全苏联学术科学文件翻译中心。我是去那找工作的。那里的工作制度不错：一个星期只需要去一、两次，每次去不是交翻译稿，就是领回翻译稿，然后校正。大致来说，工作情形还算不错。我分到的稿子，基本上是翻译日文的生物学、农学文献。此外，我一年内至少会接一次和中文有关的翻译工作。至于其他空闲的时间，我则是常常去文化部帮忙。起码，那个时候这样做是完全合法的。

问：这大概是您职业生涯中最有趣的一个部分了。在这种环境下，您有很多机会可以与中国、日本人接触吧？

答：我那个时候在工作上还没有和中国人接触处，只跟日本人来往。我在翻译中心那边做了四年的翻译。当时，有个国家音乐厅的主管注意到了我，并要把那份被我戏称为“世界主宰”的工作——也就是管理日本、澳大利亚、菲律宾等事务的职位给我。于是，我很荣幸地成了当时菲律宾总统马科斯的座上嘉宾，并到那儿去待了两星期。但我可没那个福气到澳大利亚去了！当我第一次去办澳大利亚签证时，澳大利亚基于阿富汗战争的关系，和苏联终止了外交往来；第二次去办时，又不幸遇到苏联在远东误击韩国客机的事。

问：那和日本方面？

答：以苏联来说，和日本的关系还算不错。

问：也就是说，您可以去那边？

答：对，我还常去日本。算一算的话，大概有三、四次吧。

问：当您第一次去日本时，它带给您什么样的印象呢？

答：那是在1978年的时候。当时我是中心的翻译，不过因为我在军事学院待过的关系，因此受到相关法令的限制。所以，当我到边境时，苏联当局便不放我出去。之后，苏联政府取消了那道禁令，因此我又能出国了。不过，正当我准备去日本的时候，我们翻译中心里有个家伙逃到了国外，因此当局又颁布了一年的外派禁令。在那个时候，由于工作关系，我和文化部长的秘书有段不错的交情，因此我便拜访她帮我处理这件事。不过，她却和我说，他们部里没办法帮我弄掉那条外派禁令。于是，等到禁令终于解除了之后，我才去了日本。这件事让我想到一个曾在作家瓦西里·阿克信诺夫书中看过的情节，只不过我忘记那本书的名字是到底叫作“滞销的包装桶”，还是“从摩洛哥来的橘子”。总之，在他的书里，有过这样人物：有个专业顾问对“哈利加利”这个虚构的拉丁美洲国家了如指掌，但他却因为当局一系列阻挠的关系，一次也没有去过那里。这番情节，就和我当时去不了日本的情况是一样的。

问：所以您很了解日本，但却又无法亲自到那里。这么说来，当您踏上日本时，您有什么样的感受呢？

答：那就好像是踏上自己家乡的土地一样。我之前花了很多时间想象日本是个怎样的国家，而当我真正到了那边后，我发现日本就和我想的一模一样。一些日本人和我说，我在很多层面上，比他们都还像日本人。但其实，我对这番言过其实的赞美感到满意。

问：但话说回来，那样的赞美倒很少从日本人口中听到。

答：之后，我又在翻译中心里工作了很多年。1985年，苏联和中国关系开始正常化。听到这个消息时，我感到非常高兴——虽然我不得不承认，当时我喜欢日本胜过于中国。但是，能回到中国去看看，也无非乐事一件。为了庆祝复交，苏联方面首先派了一支古典芭蕾舞团到北京和上海去“破冰”。

问：1985 年中国不是已经进行改革开放了吗？

答：所以对我来说，那已经是另外一个中国了。

问：那您可以谈谈对此旅行的感受吗？

答：北京的改变不多，但上海已经变成一个讨人喜欢的地方了。不过，当时还是有一些中国人对生活感到悲观。之后我又在 1987 年去了中国一次。不久，我也在国家音乐厅中找到了和中国方面有关的工作。然而，在苏联解体后，国家音乐厅也随之解散了。

问：所以您最后又成为无事一身轻的人了？

答：对，但我的日本朋友们还记得我。可是在另一方面，我自己却记不太起来我到底和苏联的同事在日本工作了几年。不过，在日本同事那边的情况，也是一样的。之后又发生了某些变化——我的朋友们变老了、破产了。另外，那段时间我帮忙工会的中央委员会派团访问日本。为了奖励我，工会把我派去带那些往来于欧洲各国的代表团。

问：那工会的中央委员会看重的，是您什么样的语言能力呢？

答：和任何的语言能力都没有关系。我纯粹以中央工会委员会的代表身份陪同前往而已。而在这些事情都处理好之后，距离我退休的日子也不远了。那时我虽然几乎没什么工作可做，但自己也完全不试着想去找工作。然而，在一个意外的情况下，塔什干大学前辈——阿斯兰诺夫学长找到了我，并邀我到他那边去工作。在那几年内，他已经当上远东研究所的副所长了。或许可以这样说，从那个时候起，我才变得比较像是名中国学家。在那之前，要别人称我为中国学家，是几乎不可能的。

问：这样听起来，似乎您错过了某些成为中国学家的时机呢……另外，在这之前，您做过同声传译吗？

答：我没做过同声传译，因为这在当时是有限制的。但话说回来，我在办公室里也坐不住。有一两次我还是拿着准备好的文献，在里头坐一下。

问：嗯。另外，关于汉语教材的部分，想请问您一下：难道您之前的教材就只有留在军事学院那边吗？还是您又准备好其他教材了？

答：俄罗斯民族友谊大学也有我的教材。虽然我之前没打算在那边工作，但在那边打工六年。

问：我自己也很清楚人民友谊大学和军事学院间的不同。但是，我还是想请您比较一下，您替这两所大学编的教材，有什么差异吗？

答：我在军事学院编的汉语教材比较严谨，且组织性较高、内容较为严肃。但我替友谊大学写的教材，相比之下也不算差。

问：不过，若是把人民友谊大学的学生和军事学院拿起来比较的话，我们可以发现，他们之间可是差了一整个时代。其中，人民友谊大学还是在苏联解体后才成立的。据说您当时是在人民友谊大学的历史语言学系任教——换句话说，在您教的学生中，应该不仅有只想成为语言学家的人，还有想成为历史及政治学家的。

答：我也希望他们全都能当上历史学家、语文学家和哲学家。他们以非常认真的态度学习语言，因此他们每个人拿到了第二份文凭——专业翻译的文凭。

问：那您提到的这群学生是谁呀？如果说您的第一份教学经验是在军事学院，教的又是将军儿子们的话……

答：不，他们是完全不同的另一批人。有一些是从俄罗斯其他共和国内被派来学的。所以，对我来说，他们都是最特别的学生。

问：那是什么原因，促使让他们踏入东方语言的学习领域呢？

答：以我来看，他们大概是出于对东方的兴趣吧。

问：对东方文化方面的兴趣？还是对东方物质进步方面的兴趣？

答：对东方文化感兴趣的也有，对物质文明感兴趣的也有。总之，就是对中国有兴趣。大多数人是纯对中国感兴趣，也有不少人是想借此找到好工作。而且，当时我也在莫斯科大学教书。那时我们跟一个代表团一起到莫斯科大学参访，然后莫大那边便邀请我去教书了。我想想，我在那边教了三个月吧。

问：就如同您的第一批学生抱怨的，在学校里的汉语教学毫无系统。那么这份经验对再次投入汉语教学的您，有什么影响？请您稍微说一下，当今在汉语教学的领域中，有什么优点，有什么缺点吗？

答：简单来说，在莫斯科大学开设的是选修课——换句话说，班上的学生都是自愿来学中文的。而在人民友谊大学方面，依我之见，在我任教的最后那段时间内，外文系本身变得十分认真。他们开始把注意力放在教学上，教课的纪律也变得更严格。

问：当时配合多媒体教材，一次对多名学生进行教学的新教学法，对您的汉语教学又造成了什么样的影响呢？

答：无可置疑，多媒体新教学法的引入，着实改变了我的汉语教学。然而，我主要教的是有经济学基础的学生。在多媒体教学法上，我也听过一些消息：例如索洛维约娃（Соловьёва）女士。听说在这方面，她广泛应用影片、录音带之类的现代科技来进行教学。

问：现在让我们把话题转回到您去中国的旅行上。1985 年之后您常到中国去吗？

答：不，不常去。大概一年一次，或一年两次。大概和中国代表团来俄罗斯的频率差不多。

问：也就是说，您去中国的旅行基本上是和文化代表团安排的行程一致？

答：没错。但也有一次是和正式的二战将军、老兵代表团去的。而当我在俄罗斯科学院的远东研究所工作时，参加过不同的外派任务。

问：可以请您说一下，当您在俄罗斯科学院的远东研究所时，参加过怎样的外派任务？

答：一开始是学术交流。我们远东研究所的学者们纷纷去了中国，然后又回来对我们说说他们的见闻。另外，当时也有为了促进中、俄两国的友谊而设的学术交流计划。

问：那这种官方主办的学术交流计划是否改变了您的一些观感，例如说，您对中国的感受，或是印象呢？

答：首先，当我们去参访的时候，中国方面当然是先展示最好的一面给我们看——也就是他们的经济特区。给了我非常深刻的印象。之后，他们当然也带我们逛了一下名胜古迹。

问：所以您在外派的过程中，是负责翻译工作吗？

答：不，我只是随行人员。中国方面有翻译陪同。

问：在中国方面，是哪些机构接待你们的呢？

答：基本是北京行政学院。

问：你们学术交流的主题是什么？您和中国的学者谈话吗？

答：他们的学者都会聚过来，请教我们一些有关俄罗斯现况的问题。

问：他们感兴趣的是什么呢？这些学者是研究哪些领域的呢？他们和谁顺利地谈上话了呢？

答：他们对一切都感兴趣。但话题主要集中在政治和经济方面。

问：当时在中国，有什么会让您感到好奇的吗？

答：对我们来说，所有和中国有关的东西，都令我们好奇。而且中国学者们也和我们聊了很多。

答：话说回来，有次我和"法国"木偶剧团一起到中国访问。虽然木偶剧团对外宣称是"法国"的，但所有的成员却都是俄罗斯人。但是，剧团里的俄罗斯人用法语演出。那时候，我还当过剧中的旁白呢。我在戏里面不但要演一位"太空舰长"，还要装出一副法国腔，并滑稽地用它来说中文。顺便一提，那艘宇宙飞船还要飞去木偶星呢！

问：那份剧场播报员的工作，对您来说有什么困难的地方呢？

答：这份工作中最难的部分，是把所有的东西都集中的时候。老实说，我一开始应该用法文念稿，然后夹杂一点中文在里面。可是等到我们出发的前一天，剧团的人才把写满整整三页的法文剧本丢给我。糟糕的是，我从来就没有学过法文。

问：听到这里，我也觉得非常好奇。请问您一下，您是怎么在学缅甸文、中文和日文的情况下，还有办法能学法文呢？

答："pardon""merci"和"bonsoir"——这是我今天唯一还会讲的法文。不过，我想，这两个字大概是我意外看到后学起来的吧！当时，我只不过拿到了一篇很长的法文剧稿。我就这样拿着它，在舞台上用法文表演了起来。

问：那当时在大厅里的，都是中国观众吗？

答：没错。我还记得，当时观众的反应还不是很热烈。不过，当我突然间换成用中文播报时，台下就马上爆出一阵欢呼声。这种连法文都不管用的场合，实在太让我印象深刻了。我那时只用法文说了“bonjour”和“mon ami”，然后就换成中文了。

问：看来您遇到的事都还蛮特别的呢！像是会说三种东方语言，还有和他们一起工作。顺带一提，您成功发展过和缅甸文有关的事业吗？我记得，您好像出过一本缅甸文的字典？或者不只是一本？还是，那是缅甸与其他语文的字典？您一点也没有提到您编字典的事呢……

答：缅甸文字典是我第一本编的字典。我记得还有个不喜欢从事缅甸文相关工作的教授，把要他编写的那一部分直接让给了我。他甚至不想在字典后面的编者清单上看到他的名字。那本字典是我还在淡水水产养殖研究所工作时，利用空闲时间写成的。当时我已经有了一本不错的缅中字典，而我只不过以它为基础，编出缅俄字典罢了。我还记得，当我收到稿费时，还有人要求我写一份证明，声明编这本字典和我在太平洋海洋资源开发组织里的科学研究工作没有关系。

问：那最后是谁买下了您这本字典的版权呢？

答：是“东方文学”出版社。他们把这部字典印得非常好。我是作者中唯一还在世的人。

问：还有谁参与了编写工作呢？

答：我并不清楚他们是谁，但我们都是用《鲁宾孙漂流记》这本书来学缅甸文的。在当时可没有任何用来学缅甸文的教材呢。如今，我还记得缅甸文版的《鲁宾孙漂流记》的第一句话——“过了几天后，浓雾笼罩了海洋”。那是我唯一记得的话了。我非常确定就是这句话；有机会，您可以去看看。接着，当我赶着把日本代表团从鄂霍次克带到赫尔辛基参加庆典时，我头一次碰到了真正的缅甸人。

问：那是哪年？

答：1962年。我问他们，是不是缅甸人。然后我就兴冲冲地对他们说：“……过了几天后，浓雾笼罩了海洋。”

问：那他们的反应是怎样的呢？

答：他们邀我和他们一起逛逛，顺便请我吃了点东西。原则上说，一切都不差。之后过了一段很长的时间，我都没有再看到缅甸人。直到有一次我要去北高加索的“矿泉源”弄一些和农业有关的事情时，才在飞机上遇到了从缅甸来的艺术团。当时，我在国家音乐厅认识的伙伴们也在飞机上。于是，我便和缅甸人谈起话了来。当时他们没有随团的翻译，不过他们之中有一位会讲俄文的缅甸演员。所以，他就帮我们双方进行沟通。这里更准确地说，是当我们飞机飞了上去，厕所门前已经大排长龙时，我才开始和他们说话的。不过，那个时候在谈话当中，缅甸人对我说的东西没什么反应。于是，我便气得狠狠地羞辱了他们一顿，甚至还决定把缅甸这个国家从我的生活中给踢出去。不过，最后我还是做不到。冬天我去了泰国一趟，因此便非常想借这个机会去缅甸。为此，我还到处打听去缅甸的方法。最后，我自己终于去了那边。

问：所以在那之前，您完全都没有去过缅甸？

答：没错。

问：嗯。那现在请让我们回到先前的有关编写字典的主题上，谈谈您是如何利用自己所学的东方语言的方式，来进行编写字典的工作。请您谈一下您对这些语言的爱好程度，在日文、中文中有什么东西很令您着迷？另外，能不能请您比较一下，当您在从事和这些语言相关的工作的时候，有没有什么特别的地方？要知道，缅甸文和中、日文可是有很大的差别的。

答：首先，对我来说，最亲近且最容易进入的，要算是中文。我就是从它开始接触东方语言的。然而，之后却是日本深深地俘获了我的心。

问：日本是怎样俘获您的心呢？要知道苏联那时候也没有那么多的日本和中国学生啊。

答：我是没有遇过任何的日本学生，也没有接触过太多和日本有关的东西。我唯一碰到和日本有关的东西，就是在那部叫《弗拉察耶夫的日子》的电影中，有个在自己的乡村小屋里找到山羊的日本人。那个角色把山羊带到村里，并烧了热水帮它洗澡。这就是我以前对日本所有的印象。我自己也不是很了解，为什么日本对我而言那么地有吸引力，还令我深深地着迷。

问：所以您是以自学的方式来学日文的？

答：没错。

问：从日文字母开始？

答：对。我那边有一本日文的教科书。当我去莫斯科的时候，我的日语已经学到了某一程度了。

问：您如何学会日文的发音呢？

答：日文的发音非常简单。换句话说，和俄文的发音很像。

问：不过在您身边，也没有能够听懂日文的人啊！

答：是没有。此外，也没人能看到日文的书写。

问：所以，大致上说，您是用猜的……？

答：没错。

问：嗯。那么可以问您，您在选择工作时，有特别偏好什么语言吗？您认为从事和哪种语言相关的工作，与您较合得来？

答：当然有。以我来说，较偏好和日文有关的工作。其中最主要的原因，是因为日文的发音和俄文较为相近。不过，我现在已经忘记要怎样说日文了；而原本存在我心中的日本，也不知道跑到什么地方去了。这就像俗话说的："消失得无影无踪了！"不过，也因为这样，却让我和中文的关系更近了一些。

问：因此，您觉得在日文当中，发音是您最容易接受的部分。而这其中的原因，是出自于日文的发音和俄文，或是什么其他语言的发音较为近似的关系吗？

答：首先，我认为日文与我较合得来的主因，还是和自己的审美观有关。一般来说，日本的文章在书写上都会分成三段——对我来说，那是非常漂亮的结构。我甚至可以这样说，那是我所见到的最优美的文章。另外，从发音的角度上来说，日文的发音那简直和音乐一样。

问：话说回来，当您以前学中文的时候，您势必也从与中国人的谈话中，掌握到了中文的发音。对了，那时中国人是用普通话和您沟通吗？

答：以我的观察来说，他们不全用普通话沟通。他们在讲话时都夹杂着自己特别的口音及方言。不过，由于我的中文是从正式的教科书上学来的，因此我完全没想到同一个字也能有别种说法。但更有趣的是，我在学中文声调时，从来都没有花上什么力气。塔什干大学那边的中文系对中文声调的教学完全没有概念。当时教我们中文的人是从中国被遣返回来的俄罗斯教授。他们对于中文的认识还算不错，不过他们后来并没有成为专业的中文老师。

接着，当我在莫斯科大学上课的时候，我遇到了札达年科（Задоенко）老师。那正是我噩梦的开始。

问：所以莫斯科大学的札达年科老师重新教了你一遍中文?

答：他这样试过，不过不太成功。若我在讲中文时发对了音，那纯粹是出于直觉。但是，我很清楚地知道"mai"这个音，在三声和四声时有不同的意思。若"mai"这个音用其他声调来发音的话，则要看情况来决定它的意思。

问：所以很明显，用拼音来学中文的四声，不是个很快让人领悟的方法。不过，您在这方面倒是有着与众不同的地方—因为您是直接从母语人士身上学的。

答：这我就不太了解其中的原因了。学习四声的顺利与否，要么是出于课本编写良好的关系，要么是归功于俄文拼音、汉语拼音的关系。不过，以我之见，最好的学习方式，还是从能直接反映中文发音特色的拼写法上着手。

问：嗯。那我这边有另外一个有点挑战性的问题。当您的生活过得越来清闲、不用工作的时候，难道您脑中不会有想暂时停止学习中文，另外学个其他语言的念头吗?

答：不会。

问：那是为什么呢? 是什么让您对中文的学习，怀抱着如此信心的呢?

答：我想，那份信心大概是源自于我对童年的怀念吧。

问：此外，中文的发音对学习它的人而言，可说是非常多变——就算是喜欢它的人也一样。不过，您在发音这方面，却比较偏好日语。这又是出于什么原因呢? 难道这也和您的童年梦想有关吗?

答：没错，我觉得自己的这种状况也有点反常。但现在，让咱们来谈谈关于编写字典的事吧! 当我还在莫斯科大学念书时，我和柯列宁（Кленин）先生一起做了许多事，其中包括帮忙重新编写中国古典书法的教材。另外，在同一时间内，我们也开始编写中文字典的工作。当他决定好要出版他自己的那一部分时（他写的那部分是中俄对译，但他决定把它弄成俄中字典出版），我另一方面也已经在字典的编写上贡献了不少精力。接着，我们突然灵光一闪，想到可以出本中俄口袋字典! 而且，要是我们成功的话，那可是当时第一本载有简体字的中俄字典呀! 以当时来说，是件不得了的新鲜事啊。

问：所以您也学会了一些很难的汉字？

答：没错。

问：所以您后来是怎么学新汉字的呢？

答：其实也蛮轻松的，没碰上什么大问题。当我开始学中文时，简体字还没有问世。不过，之后就有了简、繁体字的对照表。总之，言归正传，我和柯列宁编的那本字典后来还是出版了。事情是发生在柴可夫斯基国际音乐大赛的时候。当时我和一个日本人去了间叫“拉斯普丁”的俱乐部。我们坐上无轨电车时，有个人朝我们走过来。那时我身上连张票都没带，心想：“好吧，就算倒霉遇到查票员了！”不过，之后我才发现，那名走过来的人好像是我一位姓特卡琴科（Ткаченко）的学生。他说，他花了好久好久的时间来打听我的下落，但都不知道我上哪儿去了。听他一说，才知道他原来有个美国朋友，名叫巴洛。巴洛对我们编的字典很感兴趣，想替它出简体字的版本。所以，最后他拿走了整部字典，并在里面加上些英文的东西。

问：所以，那位叫巴洛的美国人会讲俄文？

答：对，还有中文。他希望我们能准许他出版。那时和我合编字典的柯列宁已经去世了，所以我想都没想，就把版权给他了。他把那本字典拿去哈佛大学出版，还寄了十份样本给我。然而，过了段时间后，没想到整个莫斯科都充斥着由一个名叫“兰”的出版社印制的同一类字典！我花了很多时间去调查那家出版社的下落，并在最后找到了它。刚开始的时候，出版社那边的人见到我就说：“您不是早就授权给我们出版了吗？”我却直接答道：“我只授权给那名叫巴洛的美国人出版，而不是你们这间出版社。”后来，出版社的人再次改口，说他们出版社的老板是名大奸商——他出版了字典后，便卷款逃到美国去了。于是，我便问道：“那现在你们该怎么处理我的情况？”他们回答说，可以用下面两种方法来补偿我的损失：一是给我一部分的版税，二是直接把钱汇给我。当时我对字典的版税不感兴趣，所以决定让他们以汇钱的方式来补偿我的损失。之后，他们就开了笔象征性的数目给我，并要我在收据上声明，以后我不再拥有字典的任何版权。在那之后，他们又把字典再版了两三次。

问：知道了。不过，换个话题说，似乎对于学东方语文的人来讲，他们若是不对东方的文化、历史、过去、现代的状况感兴趣，学起来就格外难。这也是学东方语文困难的地方之一。

答：当然。坦白来说，当我开始学中文时，我甚至想变成中国人呢！

问：那是您小时候的梦想？

答：没错。之后我也想当个日本人。虽然我没当成中国人，但我却有不少机会能当个日本人。

问：您对中国历史、文化的哪些感兴趣呢？

答：全部。但是哲学和什么玄妙的东西，则另当别论。

问：是哪些呢？

答：我对乾坤、道、武术、风水等不感兴趣。

问：您在阅读有关中、日的书籍时，是怎么拿捏的呢？您在这方面的原则是什么？

答：简言之，在我那个年代，总共只有三本书和中国与日本有关的书——那就是阿尔谢尼耶夫（В. К. Арсеньев）的“远东旅游丛书”。书里谈到中国、韩国和日本。

问：也就是说，在文学方面的接触是有限的？

答：没错。而这件事之后，对我造成了影响。

问：您是怎么走出它影响的呢？

答：把它搁在一边。

问：怎么会这样呢？就像我所知道的，您常常从远东研究所借书出来。这样一说，您究竟是靠哪些原则来选书的呢？

答：我对民族学、少数民族、风景名胜、观光较有兴趣。

问：这些都是中国作者写的？

答：对，我们这边写这些书的人也还蛮多的。

问：所以，可以请您谈谈中国的少数民族问题吗？

答：以我之见，中国的少数民族政策还算可以。当我第一次去中国时，我对它的印象是：在中国没有中国艺术，但中国却可以靠少数民族的艺术走向世界。有次我和伊戈尔·莫伊谢耶夫（Игорь Моисеев）绕着这主题谈了许久时。那时他对我说，在中国共产党成立之后，他便去了趟中国。然而，他却被那边的情况给吓到了：在一个拥有丰富文化的泱泱大国中，舞蹈与歌唱艺术的发展怎么会如此贫乏呢！事实上，很多搬得上台面的现代中国舞蹈都曾受到伊戈尔·莫伊谢耶夫的影响。就连时至今日，中国舞蹈还是走在伊戈尔·莫伊谢耶夫的路线上。

问：伊戈尔·莫伊谢耶夫说的贫乏，指的是汉族舞蹈发展上的贫乏吗？

答：对，正是如此。

问：也就是说，他可以很快地分辨出汉族和其他民族的舞蹈。

答：中国共产党成立之后，中国的少数民族的艺术最初还不是很受重视。之后就不同了。

问：那是在什么时候的事呢？

答：那在 1963 年的时候。那个时候在全部的官方节目当中，有九成都是由少数民族的表演所组成的。

问：依您之见，在这些由少数民族演出的特别节目中，有什么十分特别的地方吗？

答：这些由少数民族演出的电视节目直到现在，都对少数民族艺术发展有十分正面的影响。甚至在某些程度上可以这样说：少数民族艺术是被刻意培养出来的。少数民族们开始接二连三地去找出一大堆具有民族特色的古老乐器；通常，也没人知道这些乐器究竟是什么。之后，中国为了让少数民族们能融入到现代生活中，便会给他们补助。中国政府替许多的少数民族建立了他们的文字书写系统。而在建构少数民族语言拼写系统的这段时间内，中国政府给了那些少数民族学习汉语的机会。在观光区有所谓的“少数民族民俗村”，但里头的员工都是普通的现代人。他们去那边换上黎族、苗族或其他什么族的传统服装，就如同俄国卡通“小小车布”里的鳄鱼吉纳一样工作；下了班之后，大家再把衣服脱了下来，换回普通现代人的样子。

问：照您说的来看，那应该是云南吧？

答：对，云南、海南……

问：这边我想再问您一个和少数民族有关的问题。您觉得，我们可不可以采用中国管理少数民族的经验，或是我们的经验对俄罗斯有什么帮助？

答：我觉得就算采用中国的方法，对俄罗斯来说也已经太迟了。我们最终已经同化了俄罗斯境内的少数民族。俄罗斯境内的少数民族就这样无声、安静地渐渐消失了。而在中国，虽然我也不太清楚他们是怎样分出五十六个少数民族来的，但至少他们不会像俄罗斯一样，把少数民族赶过来，赶过去的。

问：嗯。再问您一些关于近期在俄罗斯科学院远东研究所的工作问题，也就是翻译上的问题。您翻译了很多关于民族学的东西，其中包括了学术专题、中国作家的各式文章。因此，简单来说，您对这有什么期待呢？

答：简单来说，现在研究所内需要的是政治、经济、环保、人口的书。我常常都尽可能地选一些有关环保、人口的书来翻译。

问：当国内的环保问题逐渐浮现出来时，许多不同的预测就会浮现。例如官方的预测，就会显得比较乐观。所以，在这个问题上，您觉得俄罗斯处理这些问题还算成功吗？而在中国，他们实行的方法也有用吗？

答：很明显地，中国采用了防治污染的一些方法，而且还获得了正面的成果。在一些城市，空气（我不是说大多数的）——例如在北京——就看不到以前弥漫的烟雾，变得和其他城市一样了。我对水资源的问题倒是比较担心。中国境内的水质大部分不太干净。虽然或多或少，鱼还是可以在里面生存，也能够抓来吃。但大致上说，情况依旧是十分可怕的——尤其是在这么多人口及需求的压力之下。其中，我最担心的，就是中国总有一天会被自己所生产的“废弃物”给害死。

问：也就是说，您对中国的环保议题并不乐观。但是，您觉得这一切可以在五年计划的框架内获得解决吗？

答：不，我有很充分的理由相信，那办不到。

问：而就您的观点来说，在中国进行的环境研究，还算客观吗？

答：不，恐怕不是。

问：那么，能具体谈谈吗？

答：我对这方面不太清楚。但现在若有人想研究中国的环保问题，他们能靠的也就只有中国提出来的资料。即使如此，研究人员还是想尽量从中找到一些东西，写出一份客观的报告来。不过，研究中国环境问题最好的方法，还是特地到中国去走一趟，带些样本回来。

问：在政治与经济学的领域中，您应该有机会翻译相关的研究及文章。

那可不可以请您谈谈这些学科在中国近代发展的特色是什么？能举一些知名的中国学者的例子说说吗？

答：这方面我所知有限。不过，例如李贤明（音译），以乐观的角度写了很多关于中国发展的文章。不过，在他们写的东西当中有很多空话，而且也只引用中国自己的研究。

问：那能请问一下，除了语言相关的东西之外，有没有能够联结其他不同研究者的作品呢？或许是研究方法，或是文章编排？还是有什么他们大多数人关心的议题？

答：我觉得，因为国家体制关系，中国的研究者没有丰富、多样的研究方法可供选择。

问：那请您替我们对最近中国的发展，例如未来的十年，做点预测好吗？以您对国家发展的观点来说，他们会遇到什么问题？他们在处理哪些问题上比较成功？哪些比较失败呢？

答：最大的问题会出在计划经济的产出效能上。这也伴随着另一些问题——人口老化、性别失衡，甚至是劳动力流失等。不出意外，这些问题的影响将会持续很多年。至于在工业、环保发展的方面，那还有回旋余地——例如净化技术之类的。因此以上这两个问题在近期内，不会对中国造成威胁。

问：您花费了不少心力在培养俄罗斯的中国学者上。那么，请问一下，就您所看到的，在最近几年内，有哪些新人正积极准备，走在成为一名中国学家的路上？另外，就您的感觉来说，那些现在踏入中国研究领域的人，能不能帮助俄罗斯发展对中国的关系呢？

答：新人们当然帮得上忙，但他们的数量还不算多。就基本上来说，目前有不少投机分子进到了这个领域，一心只想多赚点钱。

问：所以就连中国研究的领域都出现了商业化的倾向？

答：没错。

问：以您之见，要怎样做才能让更多对于发展中俄关系，例如政治、经济、国际对话的人，踏入中国研究的领域呢？

答：就我的看法来说，首先要建立的，是对中国所有事务都感兴趣的态度……

问：那这种态度对中国研究的发展有何影响呢？在中国方面应该为这边做些什么吗？还是他们现在少做了些什么？

答：就发展中国研究来说，中国方面现在已经做了许多。为了能让大家对中国有兴趣，许多能做的，他们都尽量去做。

问：但成效为什么不大？

答：因为西方有西方的特色，东方有东方的。就像我们能够完全接纳中国的人，算是少数。大多数的人，还是把眼光放在西方上。

问：所以，总结来说，面对东西方地区的态度同时也牵动了中国研究在俄罗斯的发展？

答：是可以这么说。若是我们的官员只想把眼光放在西方上，那么中国研究的发展很快就会完了。

问：谢谢您参与我们的访谈。

答：谢谢！

奥·伊·扎维亚洛娃访谈录

访谈对象：奥莉加·伊萨科芙娜·扎维亚洛娃

俄文姓名：Ольга Исааковна Завьялова

现任职务：俄罗斯科学院远东研究所研究员

学术专长：汉语方言

访 问 者：Svetlana Gorbunova

翻　　译：高媛

时　　间：2013 年 2 月末

地　　点：莫斯科

问： 首先，请您先介绍一下自己、您的父母以及您的学生时代。

答： 我叫奥莉加·伊萨科芙娜·扎维亚洛娃。我于卫国战争结束后不久的 1947 年出生在列宁格勒（今圣彼得堡）。我的父母是东方学家—语言学家，毕业于列宁格勒大学（今圣彼得堡大学）。父亲伊萨克·约瑟弗维奇·楚克尔曼（Исаак Иосифович Чукерман），著有许多关于亚美尼亚和土库曼斯坦库尔德人的语言和民间文学方面的书籍；母亲瓦莲京娜·伊万诺芙娜·扎维亚洛娃（Валентина Ивановна Завьялова），博士论文是关于伊朗的两种语言——吉拉克语和马赞德兰语的语音学，她一生的大部分时间里都在列宁格勒大学教书，教外国学生俄语发音和教本国学生波斯语。我所就读的中学是列宁格勒最好的中学之一，主要学习的是英语。毕业之后，我决定追随我父母的脚步从事东方学研究。1965年，我成为列宁格勒大学东方学系中国语言学专业的一名大学生。

问：为什么您没有选择父母所研究的波斯语或库尔德语，而是选择了汉语呢？

答：圣彼得堡是一个纯粹的欧洲城市，然而在它附近有许多我从小就喜欢的非常美丽的与中国、中国文化和中国艺术有关的地方。坐落在皇村（今普希金城）皇宫旁边的中国村就是叶卡捷琳娜二世（Екатерины II）下令修建的，她在与伏尔泰、狄德罗和卢梭的通信中对这个中央之国产生了兴趣。在那个时候，不仅来自中国的丝绸、瓷器和茶叶非常流行，而且模仿现实或者虚构的中国艺术风格（中国风）都成为一种时尚。18世纪80年代，在这种风格的影响之下，皇村中不仅建了中国村，还建了两个亭子、中国剧院以及一些中式桥梁，其中就包括著名的蜘蛛桥。在圣彼得堡郊区小城——罗曼诺索夫宫（奥拉宁鲍姆，Ораниенбаум），按照叶卡捷琳娜二世的要求建起来的中国城，其内部装饰就带有明显的中国风格。早在学生时代，我们就非常喜欢去举世闻名的埃尔米塔什冬宫博物馆，它同样是在1764年叶卡捷琳娜二世时代建造的，其后收藏既有欧洲的、也有东方的艺术杰作。埃尔米塔什的华丽的中国藏品包括敦煌的佛像和壁画碎片、铜器、石器、景泰蓝、陶瓷器等。在这里我们还能欣喜地看到大量独特的19世纪末至20世纪初的年画藏品……展品中还有一大部分是杰出学者瓦西里·米哈伊洛维奇·阿列克谢耶夫（Василий Михаилович Алексеев）院士的收藏，他写了许多关于年画的中国研究经典著作。

问：不过这是艺术，而我们在谈您选择语言的问题……

答：关于中文的引人入胜的故事，我最早是从我父亲在苏联科学院东方学研究所列宁格勒分所的同事、著名汉学家、翻译家、文学评论家、佛学家、敦煌文献研究者列夫·尼古拉耶维奇·缅什科夫（Меньшиков）那里听到的。他和我家人一样，都住在科学院的度假村，经常到我家来做客。我最初对中国文学的了解就归功于列夫·尼古拉耶维奇·缅什科夫。经过阿列克谢耶夫院士的优雅翻译，蒲松龄笔下的奇幻世界给当时还是一名高中女生的我留下了深刻印象。而推荐我读这本书的正是列夫·尼古拉耶维奇·缅什科夫。成为一名大学生后，我和我的同学、我未来的丈夫、记者、东方学家尤里·塔夫罗夫斯基（Юрий Тавровский）主动去听东方学研究所的研究员弗谢沃洛德·谢尔盖耶维奇·科洛科洛夫（Всеволод Сергеевич Колоколов）的讲座。他是一位俄罗斯军官（可能是领事）的儿子，1896 年出生在新疆喀什，在中国接受传统教育，通过了科举考试，并中了秀才。科洛科洛夫教授邀请感兴趣的人来上他的汉字课。课程要么是在东方学研究所坐落于涅瓦河畔冬宫附近的宫殿般的建筑里进行，要么是在他自己的家中进行。在课上，他会像一个中国人那样讲中文，但他说的话并不是日常的汉语，可能是辛亥革命之前的汉语。弗谢沃洛德·谢尔盖耶维奇在解释汉字的结构和带学生们一起朗读中国文学经典的时候，运用的是几个世纪来中国的先生们发展出来的方法，他还分发给学生们自己写的不同字体风格的书法样本。

问：那么一进入列宁格勒大学，什么给你留下了最深刻的印象？

答：应该是我们的坐落于涅瓦河畔的古老建筑，还有就是我们的教研室，对于它的历史，老师们总是很自豪地讲述……它成立于 1855 年，在彼得堡大学东方语言系成立之后。当时汉语和满语教研室的领导是瓦西里·巴甫洛维奇·瓦西里耶夫（Василий Павлович Васильев），他首创了在字典中排列和查找汉字的方法。这是一种与大量的中国方法所不同的非常方便的检索方法，作为俄罗斯的汉字字形检索系统而闻名于世。后来，这一系统由其他俄罗斯学者进行了改进和完善，其中就包括科洛科洛夫教授。四角号码检字法的创造者王云五在发明它的过程中也受到了俄罗斯的字形检字法的影响。他应该是在东京通过一位佛学家罗森贝格（Розенберг）接触到汉字字形检索系统的，罗森贝格是由圣彼得堡大学在 1912—1916 年派到日本进修的。

问：中国语言教研室都教授了些什么？你对哪位老师记忆最深刻？

答：我们的教研室位于东方系第 28 教室，窗户正对着伊萨基辅大教堂、青铜骑士像和宽阔的涅瓦河。在狭窄的房间里仍隔开了一个角落摆了几排座椅，供老师给学生讲课。墙上挂着阿列克谢耶夫院士和其他一些我国汉学家中的代表人物的画像。此外还有一些手稿卷册和版画等。有两位杰出的老师给我的印象最深。第一位是尼古拉·阿列克谢耶维奇·斯佩什涅夫（Николай Алексеевич Спешнев）。他和科洛科洛夫一样，都出生在中国，上过北京的一所精英中学。他是一个漂亮、性格开朗的人，拥有表演、文学和教育天赋。他用自己独特的方法教我们口语——正确的中文发音。第二位是谢尔盖·叶甫盖尼耶维奇·亚洪托夫（Сергей Евгеньевич Яхонтов）——列宁格勒汉语和汉藏语言学史学派的奠基人、享誉世界的著名语言学家。他的很多著作（但遗憾并不是所有的著作）已经被翻译成中文，最近的一部文集出版于 1986 年。谢尔盖·叶甫盖尼耶维奇的家就是一个丰富的汉学图书馆，他的任何同事甚至学生都可以从这个独一无二的图书馆里借阅书籍。从谢尔盖·叶甫盖尼耶维奇那里学到的理论语言学、中国语言史、方言学知识把我们带入了中国传统与当代语言学的复杂而又迷人的世界。我的学期论文和毕业论文就是由谢尔盖·叶甫盖尼耶维奇指导的，后来我按照他的建议撰写了副博士论文和博士论文。现在他已经八十五岁高龄，仍然在大学教书，帮助所有的新生撰写学期论文和学位论文。

问：您读大学是在 1966 年至 1971 年，中苏关系的恶化对您的课业产生了什么影响？

答：对我们的学业可能并没有什么影响。我们所有的老师都是中国以及中国文化、文学、艺术和语言的崇拜者。除了一般课程外，我们还修了一些特别课程，如关于元杂剧的课程。学习民族学课程时我们还到人类学与民族志学博物馆进行参观，这个博物馆建于彼得大帝时期。我们研究了预备役士兵的收藏品，试穿中国古代服饰，18 世纪中国将军的制服就非常适合我未来的老公……

问：在您的学生时代，除了有趣的讲座和参观博物馆，还有哪些关于中国研究的乐趣？

答：三年级时我们到斯佩什涅夫老师家晚餐应该算是个大事件。他邀请我们到他家，并准备了一桌中国菜。我们不仅第一次看到中国菜，而且第一次使筷子。不过我们是上完一整天的课才去参加这个宴会的，饥饿感有助于克服这种情况下一般会有的心理障碍。

购买中国书籍也给我们带来很大的快乐。涅瓦大街上的书店出售共产主义国家的书籍，店里还存有中国 20 世纪 50 年代的出版物。在这里我们高兴地买到了宋代绘画集、李可染的作品集、齐白石和徐悲鸿的画卷复制品以及中文的小说。那个时候书籍是非常便宜的，我们用自己的奖学金就可以负担得起了。

问：不过，可能多少还是可以感觉到中苏关系的恶化吧？

答：很不幸，确实能够感觉到。中国的学生和研究生已经离开列宁格勒了，其中很多人的俄语发音还是在语文系向我母亲学的呢。而我们也不能到中国进行语言培训了。去中国台湾也是被禁止的。那么就剩下一种可能性——新加坡。南洋大学的大门从1968年开始向苏联学员敞开了，那里也教授中文。

问：您有没有想过毕业后继续读研究生？

答：是的，我是去莫斯科读的研究生。我收到了同是列宁格勒大学毕业生的著名中国学家、唐古特学家米哈伊尔·维克多罗维奇·索弗洛诺夫（Михаил Викторович Совлонов）的邀请，他在苏联科学院远东研究所组织了一个语言学小组。开始时我一直没有机会去中国，不过后来有机会参加了在中亚和哈萨克斯坦的一些非常有趣的民族学考察。

问：在中亚和哈萨克斯坦，有什么使中国语言学家感兴趣呢？

答：事实是，在18世纪下半叶，一些持中国方言的回族穆斯林群体迁移到今天的哈萨克斯坦、吉尔吉斯斯坦和乌兹别克斯坦的部分地区。后来，在俄罗斯——和新疆一样——周边的民族称这些人为东干人。

问：不过，根据正式的说法，他们讲的应该是专门的东干语吧？

答：是的，你说得对。1924年，东干人被正式承认为苏联的少数民族之一，他们的语言是专门的东干语，书面语言最初是在拉丁文、后来是在基里尔字母的基础上创造出来的。东干人在与我们的谈话中总是强调自己语言的独特地位，会担心别人怀疑他们讲中国方言，在斯大林时期很多人遭到了残酷的镇压。

问：苏联解体后这种情况是否发生了变化？

答：在后苏联时期，东干人开始极力强调他们与生活在中国的回族穆斯林的联系，用他们自己的话讲就是中国血统，他们希望学习普通话和中国的文字。年轻人在西安和乌鲁木齐的高校中接受教育，东干学者与他们的中国同行友好交往，东干商人在与中国的贸易中充分利用他们的语言优势。与此同时，伊斯兰教和伊斯兰教育对东干人生活的影响也越来越明显，他们与土耳其和其他伊斯兰国家的联系也逐渐建立起来。

问：那在20世纪70年代，苏联东干人给您留下了怎样的印象？

答：在与东干人交往的时候，我们好像神奇地从现时代穿越到了清朝时期的中国。东干人喜欢清代服装和头饰，在婚礼上会穿戴。他们还喜欢银饰和中国风格的绣品。东干人的婚礼与现代的伊斯兰婚礼没有任何共同之处，而在东干人的语言中可以发现中国古典白话小说中使用的语言，而不是当代的普通话。

问：关于东干人的风俗习惯和住所，您还记得什么吗？

答：我们睡在高出地面的木板上，我记得叫炕，没有暖气，白天炕上放置小桌，我们就坐在小桌边。我们用筷子吃当地的饭菜，当地的饭菜不加酱油，这显然是迁移到沙皇俄国后东干人入乡随俗养成的习惯，另外，当然就是——按照伊斯兰习俗——没有猪肉菜肴。在东干人这里，我第一次尝到了一种透明的豌豆制成的面条——他们称之为粉条子，顺便说一下，这种东西就按照东干人的称呼出现在了后来俄罗斯的超市中，这时我国居民已经开始爱上异国风味的菜肴了。

问：除了收留你们住宿的东干村民外，在这次旅行中你们还与哪些东干人进行了交流？

答：我们在吉尔吉斯斯坦和哈萨克斯坦的考察中得到了当地东干朋友——教师、学者们——的巨大帮助，他们中包括著名历史学家穆罕默德·苏尚洛（Мухамед Сушанло）、东干语言学的奠基人之一尤素福·杨善新（Юсуп Яншансин）、著名女诗人和吉尔吉斯斯坦国家电台东干语播音员阿以舍·满素洛娃（Айша Мансурова）。在满素洛娃的请求下，电台甚至配给我一辆带有专门设备的汽车，使我能够在农村地区制作磁带录音。杨善新的妻子——民族志学者老姐儿·沈洛（Лоджар Шинло）向我们生动讲述了东干的服饰、菜肴和生活习俗，她写了一系列关于东干图案装饰和东干文化的书籍。我至今仍珍藏着她送给我的中国风格的银戒指，那是她从某位东干工艺大师那里得到的。在东干朋友的帮助下，我还与一些刚刚从中国的临夏、天水和银川迁移过来的移民进行了交流。其实他们很害怕与我们这些从莫斯科来的外人交往。

问：你们是否使用了中国方言学家的方法来研究东干语？

答：在出发之前，我特意研究了20世纪上半叶中国杰出的语言学家、方言学家赵元任、白涤洲、董同禾、杨时逢等人的著作。在20世纪20年代至30年代，他们参与了一次由清华大学组织、后来由中央研究院历史语言研究所接手的、到中国不同地区开展的方言调查，这些学者研究出一种考察方言的现代方法，包括运用传统中国的音韵元素。这些方法实际上在20世纪50年代至60年代的全中国方言调查中被使用过了，而我在70年代研究东干方言时也得益于这些方法。

问：您在吉尔吉斯斯坦和哈萨克斯坦的考察中，最想了解关于东干语的哪些方面呢？

答：我给自己定的任务是尽可能全面地对东干语的两个主要分支——甘肃东干语和陕西东干语——进行语音描绘，并且在中国语言地图上确定它们的位置。我的副博士论文就是在此次考察成果的基础上完成的，在此基础上我还于1979年在科学出版社出版了一部专著。书名虽为《甘肃方言》，不过实际上涵盖了从新疆到山东的广大地区。在根据当时所能够得到的各种资料（包括我的老师亚洪托夫从北京带回来的全中国汉语方言调查成果的出版物）而绘制出的语言地图的说明下，我成功地确定了东干方言在中国地图上应该处的位置。研究发现，不考虑相对近期的汉族和回族向新疆的移民，东干人讲甘肃南部（不包括兰州）和陕西关中西部（不包括西安等关中东部地区）的方言。运用中国方言学中使用的当代术语，我们可以说，东干语属于中国北部方言群（官话）中的中原子群。早在列宁格勒大学学习期间，我在语文学系的语音学教研室上了些专门课程，从此对实验语音学方法产生了兴趣。通过这种方法，我成功地得出这些结论。特别是发现甘肃方言中，东干语不是像以前所认为的那样只有三个声调，而是四个，类似于北京话，只不过它们并不是在所有的词和词组中都有差别。

问：最近几年，副博士论文答辩之后，您还曾从事过东干语的研究吗？

答：我是在很多年以后才又回到东干语的研究上的——是在新千年开始

后，当中国和世界突然对东干产生兴趣的时候。这种兴趣的基础可能是对于后苏联时代的中亚地区的语言进程且不仅仅是语言进程的普遍兴趣。另一个可能的原因是，改革开放时代中国对于同胞以及汉语同其他语言的联系的关注。毕竟，历史对东干人和他们的语言做了一个有趣的实验——离开中国已经150多年，几代移民生活在其他民族中间，生活在其他语言和文化环境中。他们完全失去了象形文字的知识和与书面汉语的联系，开始使用拼音字母甚至俄文的基里尔字母。在这种情况下，他们仍然保持了他们的祖先所使用的方言，出版东干语的报纸和杂志，创作小说。总之，在最近的十年间，中国出版了一系列不同规模和水平的关于东干人和东干语的学术著作。

问：那么您是否也同东干学家们保持着联系？

答：乌鲁木齐的新疆大学教授海峰就东干语写过一本可以说是最详细和最有意思的专著。我们经常见面并保持着书信往来。前不久，这位研究者完成了一项伟大的工作——用汉语记录东干人的民间故事和传说。这些故事和传说已经由鲍里斯·利沃维奇·李福清（Борис Львович Рифтин）院士收集并翻译成了俄文。顺便说一句，李福清院士同样毕业于列宁格勒大学。这本新的集子于2011年在上海出版。东干的题材在西方也是非常具有现实性的。我为汉语和中国语言学百科全书撰写的关于东干语和中国—伊斯兰语言关系史的文章，即将由著名的布里尔（Brill）出版社出版。

与此同时，我与吉尔吉斯斯坦和哈萨克斯坦的东干学者和社会活动家的联系也重新建立起来。他们中有吉尔吉斯斯坦国家科学院院士伊马佐夫（Мухаме Имазов）教授，文学家、东干民间文学专家、诗人伊斯哈尔·十四儿（Исхар Шисыр）。东干族的学者和社会活动家都在关注本民族以及他们独特的语言在快速变化的世界中的命运。他们中的一部分人正在致力于回归象形文字，另一些人则坚持维持现状。我与哈萨克斯坦东干协会主席胡塞·达乌罗夫（Хусей Дауров）就在来往的电子邮件中讨论过这个问题。

问：据我所知，您不仅对苏联和后苏联时期的东干人感兴趣，对中国境内的回族穆斯林的语言和文献也感兴趣。俄罗斯有这方面的原始资料吗？

答：当我还在读大学的时候，列夫·尼古拉耶维奇·缅什科夫曾向我展示过保存在东方学研究所列宁格勒分部的稀有手稿。它们大概是在17世纪时用中文写成的，但并不是象形文字，而是用的阿拉伯和波斯字母。这些手稿在当时被带出中国，但即便像列夫·尼古拉耶维奇这样的精通中国不同时期文本的大行家，也不能理解这些手稿的内容。他求助于一些阿拉伯语和波斯语的专家。几年后，我的一位在莫斯科的东方学研究所工作了一辈子的朋友，同时也是我的导师、东干学者阿卜杜拉赫曼·卡里莫夫（Абдурахман Калимов），赠送给我这些文本的新的样本。这本石印书印制于19世纪至20世纪之交的塔什干，是由一位来自宁夏灵州的回族穆斯林写的。在这本书中，很幸运，既有中文的文本，又有其来源阿拉伯文的文本。在我通晓波斯语和阿拉伯语的母亲瓦莲京娜·伊万诺芙娜·扎维亚洛娃的帮助下，我第一次了解了回族穆斯林是如何用阿拉伯和波斯字母来记录中文音节的，从文化学的角度来看这是非常有趣和重要的。

问：在苏联解体后的东干人中以及当代中国，是否有新的用阿拉伯字母拼记汉语的伊斯兰经文出版物问世？

答：在中国还是很多的。应该说，在20世纪80年代，包括中国研究人员在内的所有人都完全相信，用阿拉伯字母拼记经书和汉语的表音文字已经不再使用了，不仅在苏联的东干人中，而且在中国也都消失了（东干人称这种表音文字为小经）。在东干人的村子里，我们被告知，如果阿訇没有继任者的话，经书都要烧掉——因为不希望它们落入无知的人或者异教徒手中而被亵渎。直到改革开放时，伊斯兰文献，包括小经文献，才得以在中国重新开始出版。然而在西安大清真寺的小店中，我很伤心并没有找到这样的出版物，那里只出售中文和阿拉伯文的伊斯兰书籍，以及面向中国人的阿拉伯语教材。但当我向穆斯林打听西宁最大的清真寺——东关清真寺的时候，友好的他们还告诉我附近专门出售伊斯兰文献的商店，那里大部分摆放着小经文献。使用这种表音文字的东干语古兰经不久前问世了。

问：您的副博士论文以及第一本出版物探讨了中国西北的语言地理学和苏联东干方言。那么您的博士论文主要是关于什么问题的？它基于哪些资料？

答：我对语言地理学的热情一直持续到20世纪80年代。不过，我开始不再仅限于西北地区，而研究其他的官话方言，众所周知的，向南扩展到长江流域和云南省境内。到这时，我已经积累了1949年之前和之后的中国方言学丰富的数据。其中一部分是从各个图书馆收集到的，一部分还是早在 1962 年至 1963 年我的老师谢尔盖·叶甫盖尼耶维奇·亚洪托夫从中国带回来的。改革开放以后，在中国如雪崩般涌现出大量新的方言学资料，包括杂志《方言》上发表的文献。其中不仅包括传统的关于中国语言学音韵学方面的知识，而且还有关于词汇和语法的数据。可能首次出现了惊人的词素音位学方面的证据，换句话说，就是语流中的语音变化，这在以前被认为是在属于孤立语的汉语里几乎没有的。首先，我试图搜集海峡两岸出版的关于官话方言语音学的所有旧的和新的数据资料。随后，我绘制了一系列反映近千个地理位置数据的方言地图。

问：您对中国北方的语言地理学研究有何成果？

答：基于我博士论文的基本结论，即之前研究的结果，我成功地发现了一个前所未知的官话方言地区内部沿着淮河和秦岭的语言分界线。从地理上看，这条自然边界划分了黄河和长江流域。从历史上看，它是金和南宋之间的边界。

问：事实上，这是关于一个全新的中国方言边界的划定。那么您是否发表了相关的著作来公布您的研究结果？

答：我的研究成果已经发表在一系列不同的学术出版物中。第一篇文章发表于 1982 年的莫斯科学术期刊《语言学问题》上。第二篇——1983 年在日本发表，是在一个学术项目框架内，项目主持人为在中国语言学多方面皆有建树的杰出的语言学家桥本万太郎教授。我们相识于莫斯科的远东研究所。关于语言地理学的内容，则发表在我的专著《汉语方言》中，该书于 1996 年在莫斯科出版。

问：您曾有机会与外国同行探讨您在 20 世纪 80 年代取得的语言地理学方面的研究成果吗？

答：一个偶然的机会，在 80 年代初我与我的记者丈夫去了趟日本。在那里，桥本教授介绍我认识了一些同样从事汉语研究、历史语音学研究和方言实验研究等年轻的语言学家同行。我们开始定期会面，讨论俄罗斯和日本的中国学成就。为了克服语言上的障碍，我们通过汉语进行交流（尽管我在大学时学过日语，但一开始我的日语讲得很不好）。我给我的新朋友讲述俄罗斯的方言学和语言地理学传统，介绍始于19世纪的俄罗斯和斯拉夫语言地理学中测绘方言和绘制地图的方法。当然，我也向他们展示了我所绘制的中国北方方言地图，在桥本教授的帮助下，其中一部分已经在东京发表了。在我们位于涩谷公园附近的按照东京的标准来说已经很宽敞的公寓中，我和我的日本朋友们不仅从事学术活动，还一起度过了愉快的业余时光。我准备俄式饭菜，我的丈夫举办俄罗斯伏特加和亚美尼亚干邑的品鉴会。反过来，日本同事则邀请我们去横滨。我们在中华街流连，逛中国纪念品商店，到餐馆品尝中国菜，喝绍兴酒。后来，我在东京结识的这些年轻的日本学者，其中包括现为金泽大学荣誉教授的岩田礼，也开始热爱上中国的语言地理学，并且绘制了新的地图——当然已经是在计算机的说明之下了。

问：您现在与哪些中国的方言学同行有联系呢？

答：2010年，我在北京的一次学术会议上做了关于俄罗斯的中国方言研究的学术报告。这是由北京语言大学语言研究所举办的首次关于中国语言地理学问题的国际学术会议。有超过60位来自中国、日本（包括我在东京认识的老朋友们）和美国的语言学家参加了此次会议。我非常高兴能够一下子与几代中国学者建立联系。这是一群具有高学历、充满热情、热爱自身事业的人。他们在这个国家的不同地区研究中国方言和少数民族语言，并且充分代表了中国当代语言学的水平。我与石汝杰教授建立了友好的关系，他是吴语专家，而且与大多数中国方言学者不同的是，他通晓俄语，并且了解我们关于中国语言学的出版物。

至于我所发现的淮河—秦岭一线的语言边界，其意义甚至可以与众所周知的以长江为界划分中国语言学上的北方与南方的意义相提并论。关于这一点，语言研究所所长曹志耘教授在会议报告中予以了强调。他说，中国的语言学家才刚刚开始利用21世纪最先进的卫星地图技术对中国进行语言地理学分区。这条路上最重要的一步就是不久前刚刚出版的三卷本《中国方言地图集》。而20世纪80年代仅仅通过手工制作的地图所发现的北方（官话）方言区内的分界线已经被新的地图集的数据资料所证实。

问：您能不能谈谈汉语在中国当代社会中的状态？

答：经过30多年的改革开放，汉语在国家生活中占据着应有的位置。事实上，它成为经济、社会、文化领域全面转型的组成部分，是改善中国国际形象的一个重要方面。在精神价值体系中，语言占有非常重要的地位。作为一个使用古老象形文字的语言，汉语是中华文明的主要载体，是全球化背景下维护国家认同的保证。儒家传统对于语言和学问的尊重是民族复兴不可或缺的条件。不仅书面文献、各种类型的象形文字符号，而且，非常有趣也非常重要的是，中国不同的方言也被认为是珍贵的非物质文化遗产。

问：您对中国语言学的总体印象是什么？

答：当代中国语言学无法不对其他国家的学者产生巨大的影响。每年都有数百部（篇）专著、文集、论文得以出版，覆盖了语言学的各个方向——从原始象形文字到机器翻译和计算机语言学。中国学者寻求使用——可能现在还没有全力以赴——西方的理论、方法和术语，重要和有趣的是，这与中国几千年来形成的传统方法和理论一样吸引他们。我们看到，海峡两岸不同领域的语言学家开展了卓有成效的合作。中国的语言、文字和语言学的发展不仅与国家的成功发展相联系，而且还是国家文化安全以及世界公众舆论中国家良好形象的组成部分。这些问题在2011年10月召开的中共中央委员会全会上得到特别关注和讨论。

问：再说回俄罗斯，俄罗斯人是不是早就开始了解汉语了？

答：俄罗斯对于汉语的研究有悠久的历史和传统。早在1739年，一位受洗礼的中国人——有可能是满族人——周戈就开始在莫斯科教授汉语。他后来被彼得堡的俄罗斯东正教驻北京传教士团的学生们所接替。这个传教士团由彼得一世成立，存在于1715年至19世纪中期，是俄罗斯关于中国和汉语的资料的主要来源。使团成员中有第一批中文译员，它的工作人员和学生编纂了最早的简明词典和后来的基础中俄辞典。使团团长中包括俄罗斯汉学的创始人比丘林（Н. Я. Бичурин）和卡法罗夫（П. И. Кафаров）。比丘林提议在当时俄华主要的贸易中心——恰克图边境地区建立俄国首个汉语学校。他还为学校撰写了第一部俄文的汉语语法教材，其中借鉴了西欧学者在编写汉语语法过程中的经验。俄罗斯首个研究汉语的教研室成立于1837年，在喀山大学东方系。而教研室的教师们在1855年彼得堡大学成立东方语言系之后，迁到了当时的首都彼得堡。

问：苏联时期对汉语的研究情况如何？

答：苏联时期对中国语言的关注更多是出于政治、经济和军事利益考虑。在20世纪20年代至40年代的共产国际时期，马克思列宁主义经典要翻译成中文，中国学生、军校学员在苏联教学机构中学习，苏联专家要进修汉语，这些都需要各种关于汉语的方法论书籍、教材和参考书。中华人民共和国成立初期，苏联提供了大规模的援助，也导致了苏联教育机构中汉语研究的增长，反过来又促进了各种教科书的出现。甚至20世纪60年代至80年代莫斯科和北京之间关系的恶化同样要求语言的“伴生”，当时在苏联讲汉语的宣传人员和军事人员的数量也增加了。

问：那么苏联时期的汉语理论语言学研究如何呢？

答：苏联时期可以说是汉语的理论语言学研究蓬勃发展的时代。应用语言学一直在刺激对汉语的基础性研究。当然，苏联时期理论语言学的繁荣同样离不开苏联基础科学的全面发展。重要的中国学流派——莫斯科流派和列宁格勒流派——建立起来。两个学术中心都积累了丰富的图书馆馆藏。苏联的学者，包括莫斯科大学、列宁格勒大学、苏联科学院下属的研究所的科研人员，从事着汉语理论问题各个方面的研究——语音、词汇、语法。苏联时期，我国出版的关于中国的语言和文字的专著、论文有数百部（篇）。

问：在当代俄罗斯社会，汉语是否流行呢？

答：在当代俄罗斯，对汉语应用研究兴趣的持续增长是由中国不断增长的经济实力以及两国经济关系的发展所带动的。在俄罗斯的社群网站上，关于中国和汉语的信息量增长显著。对汉语的学习和研究在青年人中很有声望，公共服务部门和实业界对于汉语人才的需求也不断增加。在苏联时期，要想列一个教授汉语的高校和中等专业学校的清单还是相对容易的。而在今天的俄罗斯，全国不断有新的教汉语的系、部、教研室和课程涌现，且需求仍在增长。具有重要意义的是，2010年被宣布为俄罗斯的汉语年，此前的2009年是中国的俄语年。2010年，在俄罗斯的不同城市，举办了各种学术会议、展览、关于汉语的知识竞赛、中国艺术家的巡回演出、电影和音乐周。在至少130所俄罗斯高校中有超过一万名本科生和研究生正在学习汉语。在这130所高校中，有40所主要教授的外语就是汉语，其余学术中汉语则是对其他语言教学的补充。同时还有 20 所中学也教授汉语。此外还存在一些商业性的汉语教学机构，包括中国政府成立的孔子学院，在这里汉语的普及被当做增强文化软实力和打造中国正面形象的一个组成部分。

问：新的汉语教材的情况怎么样？

答：各个出版社都在出版大量新的教科书、会话手册、辞典，给汉语学习带来便利。这里我不能不指出，2004 年在圣彼得堡出版的我的老师尼古拉·阿列克谢耶维奇·斯佩什涅夫的关于中文发音和对话的教材是目前最好的新教材之一。此外，还有 2007 年问世的塔马拉·尼基福罗芙娜·尼基京娜（Тамара Никифоровна Никитина）的关于新闻文本语法的教材。作为著名的古汉语学家，尼基京娜教授在这部教材中特别关注了当代新闻文本中的文言文元素。

问：那么汉语的理论语言学呢？形成于 1917 年前后的汉语的基础语言学研究传统是否保持下来了？

答：当然，苏联解体所带来的政治和经济问题、基础科学研究经费的削减以及其他一些 20 世纪末至 21 世纪初的不利趋势必然会反映在我国汉学研究的现状上。对于汉语理论语言学的兴趣明显下降了。在当代俄罗斯，语言学总体上就不属于是最享有荣誉的知识类别，甚至对于被我们称为伟大而强大的语言的俄语，其研究地位都急遽下滑。坦率地说，我和其他语言学家，甚至所有俄罗斯的知识分子，都很羡慕我们的中国同行在中国所享有的声望地位。

在俄罗斯的科研中心和高校中，语言学研究课题在不断收缩。中国学学术活动的举办和文献出版面临很大的困难。然而，本土汉学家—语言学家的基础研究成果，不仅像以前一样运用到汉语教学和辅助工具的建立上，而且具有更广泛的意义。正如其他任何理论科学成果一样，它们可以被完全意想不到地应用到当代人类活动的各个领域中。尽管中国现代语言学已经重新定向于西方科学，但苏联汉学家—语言学家的理论成果在中国仍然被广泛阅读、研究和引用，这绝不是偶然的。俄罗斯汉学历史的各个方面，包括语言学，至今仍在中国学者最新的著作中所讨论和研究。

问：语言学研究在远东研究所中的地位如何？

答：正如您所知道的，远东研究所整体上还是定向于现代中国政治、经济和当代历史的研究。然而，在研究所中还是聚集了一批真正懂得语言、文字和语文学传统对中国当代的重要意义的中国文化领域的专家。这就是为什么早在20世纪70年代，远东所就成立了一个由索弗罗诺夫（Софронов）教授牵头的语言学家小组。在尔后的年代中，语言学和文学、文化尤其是哲学一样，始终保持在第一方阵，在研究课题方面占据重要地位；在学术会议议程中，关于语言和文字的报告也都组成一个单独的部分。

问：研究所的出版物方面是否也反映出这种状况？

答：这是当然。在远东所前不久出版的多卷本《中国精神文化大典》中，第三卷中就有专门一部分关于语言和文字的内容（全书共六卷）。2010年俄罗斯汉语年的时候，东方文献出版社就出版了我的著作《汉语大世界》。本书面向不同的读者群——既包括那些已经掌握了这门地球上最通用语言的人群，也包括那些仍在考虑是否学习汉语的人群。书中的内容包括汉语的历史、汉语在全球语言分布中的现状和地位。关于汉语世界各个地区的语言状况和语言政策的最新数据也会引起不同研究方向的汉学家以及其他国家专家学者的兴趣。我在书中还加入了自己近年来的旅行所积累的观察体会，以及许多有趣的照片——方言文字的招牌、不同风格的书法作品、在看似最不可能的地方引用的文言文……

问：您在工作中去过哪些图书馆？

答：俄罗斯有着最丰富的汉学书籍资源，尤其是在莫斯科和圣彼得堡。我尤其要感激我们研究所里独一无二的中国学图书馆的藏书。它是在1958年由中国学研究所根据苏联科学院主席团的决议建立的。馆藏主要包括：俄国传教士团在北京的图书馆藏书、苏联驻哈尔滨总领事馆的藏书、阿列克谢耶夫院士个人收藏的书籍。在大量关于语言和文字的藏书中，可以找到革命前的中俄词典、19世纪的木刻插画版的《三字经》、1937年吉尔吉斯斯坦出版的关于东干语拉丁化的稀有小册子、20世纪50年代至60年代中国语言学家的著作……

问：俄罗斯的图书馆中对于中国语言学最新出版物的收集情况怎样呢？

答：遗憾的是，中国学图书馆几乎很难得到最新的中国语言学方面的出版物，对于必需的出版物，要么我自己从中国购买，要么托朋友带来。

问：中国的书店给您留下了什么样的印象？

答：逛中国的大书店就是一个节日。我最喜爱的出版社是商务印书馆，它坐落在北京王府井大街，以其语言学方面的出版物而闻名。就是在这个出版社的商店里我买到了三卷本的《汉语方言地图集》。而商务印书馆的有关领导能够出席中国地理语言学国际会议并非偶然。我还记得有一次去杭州的新华书店，那是个高层建筑，里面满是各个年龄层的读者。成年购书者在电子图书索引系统中查询他们想要购买的书。学生们偎坐在角落里，享受阅读的乐趣。一位僧侣和着装严肃的男士们在一个专门的区域翻阅辞典。在这里可以买到所有当代中国出版的白话版中国中世纪小说，也可以买到古籍经典著作的通俗普及版。在教育教学部，一些书架上陈列着文言文教科书。而各种各样的汉语语言学书籍占据了相当大的空间。其中有吴语方言（当地就讲这种方言）的理论研究书籍和上海方言（类似浙江省的通用语言）的参考书。还有几乎整整一层都是英文教科书——在中国学习英文的人不少于三亿。俄语学习的书籍仅占据了两个不大的书架，也并不是偶然的。在中国的高校中学习俄语的，很遗憾，只有不超过两万五千名学生。

问：能谈谈您在中国的旅行吗？

答：在最近的 15 年间，我和我的丈夫尤里·塔夫罗夫斯基在中国的不同地区有过若干次令人兴奋的旅行。开始时按照传统的旅行路线：北京——长城、十三陵；之后是上海——外滩、浦东新区。在参观浦东的时候，导游站在一块菜地中间对我们说：这里将建成一座摩天大楼，那里将是一座机场。2005 年的敦煌之旅令人惊叹。在学生时代，我就多次听我的老师列夫·尼古拉耶维奇·缅什科夫提起过敦煌，他一生都致力于敦煌文献的研究。当然，敦煌和它的周边地区绝不是几天就能逛完的，而应该花上几周甚至几个月的时间。甘肃北部雄伟的莫高窟、丝绸之路上的残长城、黑戈壁、奇特的沙中绿洲，这些景观不在俄罗斯游客的一般旅游线路之中，在我国鲜为人知。那里有那么多可供语言学家、民族学家、历史学家研究的资料，甚至够他们研究上好几辈子的。

去青海省是在 2005 年，我们游览了青海湖，住在一家伊斯兰文化中心的穆斯林酒店中，参观了西藏以外最大的藏传佛教寺庙——塔尔寺。在甘肃的省会兰州，我们第一次看到了雄浑的黄河。在江苏，我们徘徊在美丽的苏州园林之中。在浙江，我们欣赏了无与伦比的西湖美景，参观了龙井茶的种植园，还去了鲁迅的故乡绍兴和蒋介石的故乡溪口。我们既惊讶于共产党中国对当地传统生活方式的保护，在街上可以见到出售当地特产——溪口千层饼(原料中有海苔菜的小点心)、门面上挂有方言牌匾的店铺；我们也惊讶于共产党对蒋介石故居的尊重和保护。我所参观过的名胜清单还可以继续列下去。我们还看到了漂亮的新建机场、现代化的高速列车、高层建筑、整齐的农田和农民们结实美观的新居。还有就是充满爱心地修复的古老博物馆和新建的博物馆，这些反映中华文明成就的博物馆给我留下的印象也同样非常深刻，全中国博物馆的数量已经超过了 3200 座。

问：那么您最喜欢的中国博物馆有哪些?

答：考虑到我的学术兴趣，首先想提到的是中国文字博物馆，包括新馆和老馆。两座都坐落在河南省北部的安阳市。

第一所博物馆于 1965 年在殷墟古城遗址处建成，这里一百多年前发现了大量刻在兽骨和龟甲上的象形文字——甲骨文。考古发掘不仅有力地证实了被一些学者认为是神话的商朝的存在，而且令人惊叹地展示了中国古代铸造、玉石雕刻、兵器制造和建筑的高超工艺。殷墟 2006 年被列入联合国教科文组织的《世界文化遗产名录》，2010 年入选中国国家考古遗址公园。我们看到，古城遗址被精心地保护起来，以防自然和人为的破坏。在它上面或是仿照古代建筑建起了宫殿，或者是罩上玻璃盖子，还有一些发掘处重新用土细心地覆盖起来。

新的文字博物馆于 2009 年在安阳开放。它拥有了国家级的地位，坐落在城市的另一个部分——人民大道东段的北侧。中国文字博物馆的牌匾由前中共中央总书记江泽民题写。三层的主展馆的屋顶是金色的——这是中国古代帝王的色彩，馆内圆柱是朱砂色的，再现了商周时代的建筑风格。新大楼的建筑可能过于奢华，特别是与殷墟博物馆稳重的风格相比。博物馆内部则采用了 21 世纪欧洲最新的建筑工艺，它的展厅处处体现着现代技术奇迹——交互式面板、观看 3D 和 4D 电影的设备。按照建造者的意图，这个博物馆应成为国际性的中国文字的研究和推广中心，而中国文字在树立中国和中国文化的良好形象中发挥着十分重要的作用。

问： 对于中国其他博物馆来说，这种古典和现代的共生是否具有典型性呢？

答： 确实是，在上海博物馆新建筑的设计中，混凝土、钢材和玻璃再现了古代中国对于世界结构的认识：圆形的天空主宰了方形的土地（天圆地方），土地的正中心则是中国（中央之国），野蛮人生活在方形土地的角落，缺乏上天力量的眷顾。在宽敞的展厅中，在变幻的灯光和其他技术手段之下陈列着罕见的各种风格的书法作品，其中也包括中国绘画作品，还有刻有古代铭文的铜器、瓷器、个人和官方的印章、钱币……而外国游客最了解的西安附近的兵马俑，其博物馆中八千多名陶制士兵上方的巨大圆顶建筑同样运用了现代化的建筑形式和技术手段。博物馆的建筑坐落在20世纪70年代令人震惊的考古发现之上，可以把我们带回到商朝之后八百多年的秦帝国。人类的进步是显而易见的：与商朝的统治者将其随从屠杀陪葬不同，秦始皇代之以陶土制成的兵马俑伴随其升天。而与刻在兽骨和贝壳上的原始符号不同，这一时期已经出现了全帝国统一的正规而美丽的文字符号……

问： 在最近一段时间，普通俄罗斯民众对中国的态度有什么新的变化吗？

答： 在20世纪70年代的我国，日本的东西很流行，关于日本的通俗读物（我丈夫也写过一些）很受欢迎。甚至我自己从日本回国后也写了一本关于日本生活的书《东京和东京人：工作日、假日和节日》。这好像是在苏联出版的第一本关于日本的女性书籍。新世纪以来，中文和其他所有中国的东西开始接替日文和日本，或者说与其一样，在俄罗斯成为时尚，我会说，21世纪流行中国风。成年人和孩子都去参加太极拳小组。搬新居的人会邀请风水专家到家里，尽管我们的住宅一般都不朝向正的方位。时尚女性节目的主持人出现在电视银屏前时都穿着中国丝绸服装。在我们国家，自中国的开放时代之初，俄罗斯人就喜欢去这个中央之国旅行。现在大众旅游的热点主要还是海南和北戴河的海滨疗养胜地，不过民众对于中国的名胜古迹的兴趣已经开始增长。

问： 俄罗斯人对台湾感兴趣吗？

答： 我认为好奇的俄罗斯游客很快就会在台湾出现。在大多数俄罗斯普通民众中，盼望到大中国的不同地区去旅行的人越来越多。这不可避免地推动了汉语学习，以及刺激了关于汉语这个世界上使用范围最广的语言以及关于台湾海峡两岸不同地区情况的读物的出版。

问：在目前这个对中国兴趣大增的时代，您未来有何创作计划?

答：我所从事的仍然是纯粹的学术研究。我将努力密切关注中国语言学家的最新成果，包括语言地理学方面的著作，还有中国和华语地区语言政策及语言形势的新变化。和以前一样，我对中国的穆斯林，特别是他们当中移民到俄罗斯土地上的那部分人的语言深感兴趣。我关注这些人群在苏联解体后文化和语言优先发展方向的变化，密切注意当代东干社会中惊人的语言学辩论。现在，俄罗斯人对中国、中国文化和汉语的兴趣已经如此之大，我们不应该只限于纯粹的学术出版物和狭隘的专家圈子。科普书籍和网络出版物，并不总是由真正了解中国的人写的，这并不能满足人们对中国日益增长的兴趣。最近，我在报纸和杂志上发表了数篇文章，读者成千上万。毕竟现在已经很明确了，中国走出了自己的道路，不仅在经济领域，而且在文化和语言建设领域。我们国家也有很多不同的语言，即便是俄语也存在着各种方言。这是宝贵的非物质遗产，需要我们研究和保护，就像现在中国正在做的那样，顺便说一句，也像苏联时期我们曾经做过的那样。苏联时期为少数民族创制了文字，在我们的社会中，俄语和语言学的地位是很高的。在21世纪，中国平衡发展经济和文化、鼓励促进基础人文科学的经验对于俄罗斯来说是非常有用的。

谢·阿·托罗普采夫访谈录

访谈对象：谢尔盖·阿尔卡季耶维奇·托罗普采夫

俄文姓名：Сергей Аркадьевич Торопцев

现任职务：俄罗斯科学院远东研究所研究员

学术专长：中国文学、电影艺术

访 问 者：Svetlana Gorbunova 协调

翻　　译：林育民

时　　间：2012 年 5 月 18 日

地　　点：莫斯科

问：请问您是在什么时候，哪年出生的?

答：我于 1940 年 4 月 23 日出生于列宁格勒（今圣彼得堡）。在我出生后不久，苏联和纳粹德国就爆发了战争，列宁格勒也被德国人包围了起来。（很多留守在城里的人在包围期间因为粮食不足而饿死，其中包括我的外婆。）我的妈妈把我抱在怀里，逃到了乌拉尔山的恩格斯城。那段经历，在我的脑海中留下了一个可怕、枯燥的记忆——不时从房屋窗外传来狼的嚎叫。1944 年，我们全家又因为父亲在莫斯科找到了工作、在集体式住宅中分到了配发公寓，搬回到莫斯科。我们在莫斯科住的地方是一栋在战前盖好的公寓，位于斯摩棱斯克（Смоленск）河滨区那边。当时，那边的人还没有住满。

问：那可以请您谈谈您的家庭吗？

答：我的父亲——阿尔卡季·瓦西里维奇·托罗普采夫（Аркадий Васильевич Торопцев）（1905—1972）是个建筑工程师，在莫斯科的营建局担任主管。他的双亲来自阿尔泰地区的宁静地区，很少来拜访我们。我的妈妈——卓雅·米哈伊洛芙娜·托罗普采娃（Зоя Михаиловна Толопецва）原姓：科瓦列娃（Ковалева），出生于西伯利亚的商人家庭。她的爸爸在革命中失踪，因此是由她的伯伯，也就是谢尔盖·伊万诺维奇（Сергей Иванович，生于1886年的一个地主家庭中，死于1960年）代为扶养。她的伯伯在1915年时没有念完大学，就跑去当预备役军官。在俄罗斯内战期间，他是白军的军官，然后在斯大林时代被抓，丢到了监狱里面。在20世纪20年代，他终于念完了彼得罗格勒大学（Петроград），获哲学历史学位。1938年，他通过了博士论文答辩并成为史学教授。1934年到1956年，他在列宁格勒大学（今彼得堡大学）成立了古希腊与罗马学系，并担任管理的职务。在他的倡议下，于1956年在被政府征收的喀山圣母大教堂（位于彼得堡的涅夫斯基大街上）设立了宗教历史博物馆。直到晚年为止，他都亲自担任馆长一职。他也参与了解读有名的死海文书（圣经外传）的工作。死海文书的文本是在以色列死海北方的犹太修道院山洞中找到的。1964年，他们的成果以《犹太修道院中的发现：在死海沿岸的发现和基督教起源之疑问》为书名在意大利出版，工作的成员有谢尔盖·伊万诺维奇·科瓦列夫（С. И. Ковалев）、М. М. 库布兰诺夫（М. М. Кубланов）。谢尔盖·伊万诺维奇·科瓦列夫的另一部作品：《罗马史》——也是在意大利出版——到现在还是名列大学教授古罗马史时的顶尖教科书之列。它的内容灵活，脱离了以往编写时的死背和教条。他的女儿——伊莲娜·谢尔盖耶芙娜·科瓦列娃（Ирина Сергеевна Ковалева），在列宁格勒大学通过了博士论文答辩，之后也在那边教授法国文学，并对阿纳托利·法郎士（Анатоль Франс）[1] 的作品有专门的研究。1957年她出版了一篇在这个领域上具有奠基性的论文——《阿纳托利·法郎士（Анатоль Франс）在转折时代的作品：1889—1895年》，由

① 阿纳托利·法郎士为1921年赢得诺贝尔文学奖的法国作家—雅克·阿纳托利·弗朗索瓦·蒂博（Jacques Anatole François Thibault）的笔名。

列宁格勒大学出版社印制。

问： 请问您是在什么时候开始和中国接触？又是如何认识中国的呢？

答： 1954 年，我的父亲被派到中华人民共和国，去协助他们进行“社会主义建设”。他在北京、上海那边办了苏联建筑博览会。那时我和妈妈就和他一起去了中国，然后在北京的中苏使馆学校上课。1955 年的夏天，我们又去了西安，因为我父亲在北京和上海的两个亭阁建筑展间的空当，要到那边去工作。

问： 那在您的记忆中，中国的印象如何呢？

答： 当我在中国的学校就读时，有两三幅鲜明的图画被烙印在我的记忆中，直到现在：当我在西安时，有次我从车上下来，一群穷人就跑过来向我胡乱丢东西、毫不客气地向我要钱、衣服。之后等警卫过来赶他们走时，他们也赖在那边不走（我们在西安时，当局不准我们在没有警卫的陪伴下离开饭店）。现在，每次当我重新拜访已经现代化、充满玻璃和混凝土还有耸入云天的高楼大厦的西安时，都不免想到这段插曲。

另外一段印象，则是与白人侨民的儿子有关。我们上课时坐在一起，因此当然地，就开始聊起了和许多课堂不相关的东西。他说的东西对我来说，既新鲜，又可怕：首先是关于我们伟大苏联内的贫苦民众，再是难民们所受的政治迫害，最后又大规模逮捕和一些相关的事。我在那段时间内，就像许多普通人一样，在一无所知的情况下生活着，连想都没有想到这些可怕的事。那个时候，我就只会机械式地相信报纸和宣传上所说的“闪耀的真理”。而在 1956 年，很多事情都改变了。

问： 那时发生了什么事呢？

答： 1956 年春天，莫斯科举办了苏联共产党第二十次代表大会。当时在学校的我们就从大会报告中认识了赫鲁晓夫——也就是那个揭露斯大林个人崇拜的人。不仅学校的老师，还有学校的学生，都被这件事给吓到了。小男孩、女孩们怕得没有跳到外面的院子去大叫，反而静静地接受它，让它静静地从脑海中遗忘。我们那时了解到，另一个世界已经开始了。而前一个世界的东西，已经被毁坏殆尽。

总之，和中国人间的互动并没有改变。大概因为，那是和大人们的世界有关的事吧。在我们的“友谊饭店”内，有许多的中国房客都是一整个家庭——例如妻子和小孩。在记忆中，那就还是和以前一样。

问：当您选择职业时，有自我意识到和中国的关系吗？而当您在想到回中国的这件事时呢？

答：1956年夏天，我们全家回到了莫斯科，然后我就在那里结束了我十年的教育生涯。之后未来遥远的人生道路及专业技能的选择，当然就浮现了出来。对我来说，要回答这个问题并不困难——我要么是选莫斯科大学的语言学系，要么去选差一点的莫斯科大学新闻系。当我知道我在两边都没有获得录取时，我是多么失望。1957年，当局把学校毕业、未再深造的学生送去工厂或军队的政策列为第一要务。然而对我来说，要读一流大学的等待未免显得太过漫长，机会也太少。之后的某天，我走到莫斯科大学长满青苔的古老校园中，无意识地穿了过去，然后抬头停在“莫斯科大学东方语言研究所”的招牌前。关于这件事，其实我没有想太多，但在中国生活半年的记忆，那时却没有从脑海中浮现出来。大概是一时忘了吧？

在研究所里有中国语言组和语言系。当然，我只能从中二择其一，不过我又不是那种很喜欢去争取的人。我打算随缘——能进进东语所就好。（现在莫斯科大学东语所改名为亚非学院，且正式纳入了莫斯科大学的编制中。）我开始念书的时候，其实也没有什么热情。而且，我在中国半年的经验也没有帮上我什么忙：正确来说，我并没有在真正的中国待过；我在的是和中国人隔绝开来的外国人专区。要知道那时中国很穷，外国人也很少，因此他们根本不想让我们知道中国人生活的实际状况。直到很后来的时候，我才知道中国人在那个时代，生活在怎么样的一个情况下。而这些事，是一个之后成为我朋友的中国人和我说的。

问：请问您是在什么时候才感觉到中国是您该去的地方？是谁在这方面对您造成影响的呢？

答：中国是渐渐把我拉到它怀中的。这和转瞬即变的“建设社会主义国家”的政治问题没有关系。（虽然那也可以算是个不小的影响因素。因为在那段时间内，我们要去这些社会主义的“兄弟国家”留学，还不算困难。至少比起去资本主义国家来说，要简单多了。况且，去那些资本主义国家，或多或少还会受到不同程度的怀疑。）对我来说，中国极有特色、长达数千年的文化，才是吸引我的主因。这点可以从我渐渐翻译中国文学的过程中，找到痕迹。（甚至李白那天马行空、极难了解的文言文，也是一样。）

我们的教授在翻译李白的作品上帮了我们一些忙。波兹涅耶娃教授给我们上了许多堂精彩万分的课程。或许可以这样说，那甚至不算是上课，而是师生长谈。柳波芙·德米特里耶芙娜教授（Любовь Дмитриевна）总是坐在桌子后面，拿出一捆俄式白烟卷，一根一根地抽着，沉醉在自己的中国里。（她于1974年死于肺癌。）她对中国的认识广博得摸不着边，浑身充满对中国的热情。从她对我们的期望中，某种对中国的神秘热情，就从我们的心中油然而生。唉！不过并不是每个人的心中都能燃起对中国的这种热情。她热爱中国的性格并不讨很多人的喜欢，于是他们便把她的一些原则丢到一边，让孤单的她只能和对中国的热爱做伴。就算在21世纪的今天，当我们想起她，以及她出版在期刊上的文集时，都会看到某个不平凡的身影，就这样浮现而出。然而，这伟大的身形，却被外在环境所拘束，没办法完全展现出它的独特。离我们比较近的，要算是副教授维克多·谢尔盖维奇·马努辛（Виктор Сергеевич Манухин，1926—1974）。他花了很多时间研究《金瓶梅》，甚至还翻译了它。在我拓展自己对文学的视野时，他从自己的研究中找了一些诗句出来，请我帮他翻译。不过，当《金瓶梅》终于在他死后于伊尔库茨克出版时，里面似乎没有我的东西。维克多·西尔盖维奇教我们中国文学通论，随手拿起一本中世纪的中国小说，就能评论给我们听。他走得太早这件事，对我们的打击很大。

直到现在还活着，还很活跃的是德米特里·尼古拉耶维奇·沃斯克列先斯基（Дмитрий Николаевич Воскресенский，生于1926年）。在那个时候，他还是个年轻的博士生，当我们文学讨论课的助教。在记忆中，他广博的知识每每总令我们吃惊。

1958年年底，我们一年级的同学全被派到哈萨克斯坦，去那边参加需求日增的垦荒队。指挥最大一队的负责人是高年级的土耳其专家——米哈依尔·梅耶尔（Михаил Мейер）。他在那很多年之后，成了国家亚非研究所的主任，然后担任该职到今天。虽然他的笑容别具特色——开玩笑地说——

但他总是很严厉地指挥我们那只漫不经心的队伍，甚至还得到了“铁面老兄”称号。我那时自己还带了相机去，拍了一系列我们在农机人员的活动住屋里的照片——我们一群人就住在那里。还有我们在联合收割机上工作的照片、雪景。在我们工作的最后一段时间，雪就下在小麦收割后的排排田壤上。我在很多照片旁都写了笔记，然后把它们送到大学报上发表。基于自己对于摄影的热情，我甚至因为报上的某篇文章而获奖。那篇文章是我同班同学——瓦列里・扎伊采夫（Валерий Зайцев）写的。

问：那您什么时候又回到中国呢？

答：1962年的秋天，我们列宁格勒和塔什干的大学生一起被派到北京大学，进行半年的语言实习。我们一行人的中文程度还在起步阶段，就连中国的边防军都听不懂我们到底在说些什么。当然，语言实习的内容也随情况改了不少。担任我们小组责任讲师的知名语言学家——亚洪托夫，凭着他比我们稍强一些的中文，试图拯救我们一行人的学习进度。每天北京大学都派富有教学经验的教授来帮我们上课，而真正让我们感受到学习成果的，则是在课堂以外的地方。（当然不是在宿舍，当局不准中国人进到那边去。）我们开始用中文和其他人交谈，并听懂一些中文会话。

问：那时您和中国学生们说过话吗？

答：关于那段留学的记忆，我还想多讲一点。在莫斯科的大学上课时，我们收到很多想和“苏联老大哥”建立良好关系的中国年轻人所寄来的信。于是我和其中一个女生开始通信。我想，她大概是叫“清霞”吧（之后，我开始用中文写一些散文，还写了一份短篇小说“早晨的巅峰”，里面的主角也叫作“瓦晓风”[①]）。清霞是北京人，但在天津的建筑学院上课，所以当然她也不会讲俄文（不过因为我们学中文的关系，所以没什么大碍。另外，我或多或少，也蛮喜欢写汉字的）。当他们跟我说要去北京进行语言实习的时候，我和她约好了，说我们要在北京见面。所以她就特地从宿舍出来找我。当时我不明白，那有什么特别的意义。但是，我想，我现在大概懂了。以她的角度来说，那就和自我牺牲没什么两样。要知道在不检查她的文件，也不把她的

---

① 作者主角的俄文拼音为：Ва Сяофэн，真实的中文名待考。

名字登记在特别参访簿的情况下，门口值班的人是不可能放她过来的。之后，我除了对她后来的遭遇深感怀疑之外，也认为这件事会影响到她的命运——毕竟她是在未授权的情况下，和宿舍里的“苏联修正主义者”见面的。我们俩就在大学校园中散步，然后她真挚地对我说，在友谊的掩饰下，中国内部其实充斥着庞大的反苏集团。我们会面了一两次，而在最后一次见面，她对我说，党委会把她找了去，问了她许多细节。

之后清霞离开了天津，再也没有写信给我了。在20世纪80年代，我看到的已经是改革开放的中国。我冒险深入北京的巷弄之中，靠着旧信封上的地址找到了她的家。她家门窗紧闭，屋子流露出一股荒颓的气味，而且没有一个邻居愿意回答我的问题。我很担心我在1963年和她的会面，在她的生命中起了十分可怕、悲剧性的影响。

问：那你们小组的其他同学，后来又做了些什么呢？

答：莫大东语所的中文组并不大。我的同学——瓦列里·扎伊采夫(Валерий Зайцев)，之后娶了加到我们小组里的保加利亚女生——伊丝克拉·顿科娃（Искра Думкова)。之后，他就搬到保加利亚，而我们的联络也就断了（他在保加利亚的中文研究圈内很有名气，甚至比在苏联还更为出名。有人和我说，他已经去世了，他的老婆依然持续在工作)。艾伯特·巴柏扬(Альберт Папоян）在毕业之后成为了中国电台的主编。尤里·普罗特尼科夫(Юрий Плотников)，在毕业后切断了他和中国研究的关系。所以，后来在中国研究的领域上，只剩下我和札伊采夫了。

问：请问你们初试啼声的作品，主题是写些什么呢？

答：我在学校写的作品都和语言学有关。其中有一篇作品是“以‘白头吟’为例，探讨中世纪诗作中对生命周期的哀叹”。而我的毕业论文，则是写了有关20世纪前半叶中国诗人——朱自清——的东西。那篇论文之后收录在文集中出版。

问：您毕业后的状况又是如何呢？

答：1963年，虽然学校很“随兴”地颁给了我们毕业证书，但还是没有分派工作给我们。所以，我们每个人必须自己去找工作。唉，好个语言学呀！我成功地在外贸部找到了工作，但很可惜，却不是在东方贸易的相关部门，而是在档案部。公务员的生活对我来说，其实不太合胃口，因此我和工作的磨合度很低，老是和墨守成规的长官们发生冲突。那份工作的唯一优点，是外贸部坐落于斯摩棱斯克广场上——换句话说，那儿离我家不是很远。因此，我在午休时间，可以顺路回家休息、吃饭与放松。于是，我就保持这样过了两年。

问：那中国究竟又到哪里去了呢?

答：过了某些时间后，我又找到了工作上的第二个优点，也就是在北京的商业代表处有一个翻译的缺额。在所有可能的情况下，人事部的选择其实不多，因为当时的汉语人才实在是少之又少。所以，便推荐我去北京担任这个职务。虽然按部里的规定，基于避免“道德和礼节特色”的冲突，通常不会派年轻人到国外工作。对外贸部来说，这种在商业代表处的工作一方面可以算是“肥缺”，另一方面也是个让那些想追求财富、过上高档生活的人常常想尽办法要拿到的空位。对我来说，基本上我不是那种反对就此获利的人，只是我当时压根儿都没想到这点。不过，另一个问题又突然冒了出来：我已经爱上中国了：虽然我曾去那边参加语言实习，但在外贸部的工作对我来说，最主要的目的还是让我能进东方贸易的相关部门工作。以我的观点来说，那边才是让我在往后的日子，能和东方产生互动的地方。(基本上来说，是和中国产生互动，虽然东方在广义上来说，包括了日本、越南与其他的国家。)苏联商业代表处在中国的工作，有其困难性。我在大学所受的语言训练，顶多只让我能应付生活会话；然而我工作上的主要任务，大多是在双方人员谈判的过程中，处理不同贸易商品间专业词语转换的问题。逻辑上来说，是让我有所准备，好应付变化性如此之大的翻译工作。不过，在这方面，问题很明显地出在我的长官身上——他总是要我十万火急地处理所有的东西。幸好，那边有些经验丰富的同事（罗米金，В. Ломыкин）、（卡拉列夫，Ю. Королев）及其他人，会在我忙得焦头烂额的第一时间内给我帮助。

苏联商业代表处坐落于使馆区内，因此下班后的时光，大家总是都在一起。我非常热衷于外国使馆和商业代表处间举办的排球大赛，并在场上有非常亮眼的表现。现代知名的中国学家——加连诺维奇（Ю. Галенович）与沙巴林（В. Шабалин)，也曾在使馆的队伍中打过球。之后，因为使馆旁边的公园中有人在池塘里放了鲢鱼，于是同事间便兴起了在狭小的运河内，追着那群慢条斯理游动的大头鱼，然后把它们钓起来的活动。然而，这份热潮却没让我感到什么兴趣，虽然它还满对我胃口的。假日时总会有人要我和他搭着使馆的车出去逛逛，去看点北京的名胜古迹，如故宫、天坛等。

问：那您对“文化大革命”有什么看法呢?

答：以当时的情况来说，是外派公差的机会不明不白地大幅缩水。1967年春天快来的时候，他们叫停了所有出差的机会。领事人员都被关在使馆区中，只允许白天值日，之后才开放晚上。初春时，在位于使馆区的边缘、离大门不远的洗衣店，莫名其妙地撤换了所有我们多年来熟识、相处良好的工作人员。他们就这样消失了。取而代之的是非常严厉的新店员，而且他们也都不知道，以前的人上哪儿去了。每次当我们走到洗衣店时，神情忧郁的群众就会从两边涌来，紧张且不怀好意的气氛随即浮了上来。当局不准我们踏出使馆区一步，因此我们只能通过大门旁的栏杆缝，窥知外头究竟发生了什么变化。他们当时很明显的想掩饰一切：在靠近使馆的街上，普通的人群走动着，其中大部分都是用手扶着腰部缓解酸痛的老人。我们完全听不到任何对话，而且我们打到其他中国部门去的电话都没有回音，只听得到“大家都在开会，没办法接电话”的回答。

有一次我们在对面街屋的墙上看到一张黑白的宣传字报，上面潦草地用汉字写着：“打倒苏联修正主义者!”后来我们才知道，那是一种叫作“大字报”的东西。接着，使馆大门前的安静小巷子也改了名字——然后是工厂的门牌也换了。原先的牌子被撤掉，安上了早先准备好的新门牌，上头以黑字写着“反修路”。另外，呛鼻的浓烟开始从环绕使馆围栏而建的小工厂烟囱里冒了出来，让待在使馆里的我们几乎快窒息了。我们就在这种情况下被赶走了。专机把妇女和小孩载回了莫斯科，之后则是精简了使馆和商业代表处的人员。我也被请去“度假”，而我再也没有回到商业代表处去工作。我的公务员生涯，就此告一个段落。

根据我在中国“文化大革命”期间的印象，我在莫斯科一本名为《新时代》期刊（“Новое время”，1991，№31，c. 39—41）上，以日记的形式发表了我的文章——《在“文化大革命”中的6275个小时》；在《今日亚非》（“Азия и

Африка сегодня”，1992，№6，с. 41—46）期刊上，以短篇小说的形式发表了一篇相关的文章；在《东西文明交流》（“Восток - Запад. Взаимодействие цивилизаций”，1992，№0，с. 59后续的出版中断）的创刊号上，也同样发表了一篇短篇小说。

问：您什么时候开始进行学术研究工作呢？在国家科学院的经历让您对中国的看法产生了什么变化？您的专业有改变吗？

答：1967年9月，我进入了刚成立不久的苏联国家科学院远东研究所。负责该研究所运作的是经济学家斯拉德科夫斯基（М. И. Сладковский）。我在那边工作到现在，职位还不断地往上升，从见习、资深、杰出，到了核心科学研究员；头衔也不断改变，从研究员、语言学博士候选人、史学博士、正职院士等。

当我开始工作后，我就发现，以往安逸的生活可以说是一去不返了。我梦想着能埋头于中国文学研究，翻译有趣的文章，以及写一些什么来出版。但身处于由一大群以索罗金（В. Ф. Сорокин）为首的文学家所主导的文化研究领域中，我很快地发现，已经有不少人在从事相关的文学研究了。所以有人便指点我，何不把当时我想做中国电影艺术研究的点子给拿出来用用。以当时的情况来说，中国电影研究还算是个很值得发展的领域，而且在苏联境内，很少人接触到这个主题。只有之后来我们研究所工作的热洛霍夫采夫（А. Н. Желоховцев）先生，曾经有翻译过一篇夏阳（Ся Янь音译）写的相关文章；吉拉辛莫夫（С. Герасимов）、尤特卡维奇（С. Юткевич）、卡曼（Р. Кармен）等电影导演们，为此出了一批内容不同的书。那个时候，电影被视为民族心灵的载体，有深入研究的需要。我渐渐沉迷于这个领域的研究——我在中苏友谊社里举办中国电影放映会的活动、去莫斯科州的国家电影基金会中观赏早年的电影胶卷、进修相关的研究学位，还因此通过了论文答辩，拿到了电影剧作的学位。成就可以说是和语言学不分轩轾吧！1970年，我出版了苏联第一部有关中国电影艺术史的专著，之后北京电影艺术研究院在1982年把它译成中文，并以“仅供内部工作使用”的名义发行。

问：请问研究中国电影是不是让您对中国文化有更深一层的认识呢？

答：1983年苏联电影工作者协会以研究中国电影艺术专家的身份准许我

加入。这对我来说是件非常惊喜的事，因为我们的苏联电影工作者协会以前从来没有对中国电影产生过兴趣，认为那只是偏门的、二流的东西。协会里除了一些少数的例外，如管理电影博物馆的克莱门（Н. И. Клейман），才会定期播放中国的电影。而我也会在播放前，对电影内容进行简单的导读，里头发行的小册子还是我编写的。

对电影的研究是一种对中国的全新认识，使我们能更深入地了解它的文化。不过，很可惜的，我对经典电影并不感兴趣，而是较喜欢接触活跃的现代电影。不过，从 20 世纪 80 年代下半段开始的政治隔阂，使得我们没办法到中国去。我非常认真地进行中国电影研究，不过我几乎没办法走出 20 世纪 70 年代中期风格的电影。虽然有时候中国使馆会利用有名的电影来进行政治宣传，例如《闪闪的红星》、《创业》等，但当我听到创新的年轻导演陈凯歌和张艺谋拍了部叫《黄土地》的电影时，便跑去使馆要求他们播放这部影片。不过，他们却答复我说，在使馆内没有这部片子。过了许久后才又有人和我说，使馆只在一次封闭的播放会上，放给内部的工作人员看了。

从文学的部分来了解，是较简单的途径——我们研究所的图书馆常常会收到不同的文学期刊。不过，20 世纪 70 年代散文的艺术价值和中国前十年的文学作品一样，所以我也很少去读那些文学期刊。另外，要知道，那也不是我精通的领域。会读那些，只是出于我对语言学的热爱罢了。

问：可以请您谈谈中国所谓的“新艺术”吗？例如讲讲王蒙和张艺谋？

答：1982 年冬天，我很偶然地读到了王蒙的小说《青春万岁》。我从头到尾把它读过了两次，注意到它触动了我内心深处的感觉，一种作为人才有的感动。这是我以前在中国的散文中从未见过的。我开始如饥似渴地寻找这个作家的名字——王蒙，并读了他一些其他的作品。然后，霎时间我了解到，在中国终于诞生了真正的文学，而不是为政治服务的东西，是真正的艺术。

精通俄文的中国使馆文化部第一书记——王德胜，将很多俄罗斯和苏联的散文译成了中文，因此我和他有着不错的交情。他的老婆在他死后，也退休了。但她仍不时地在北京师范大学教书，我们到现在都还维持着很友好的联系。因此，我有机会能够寄信给王蒙，致上我对它作品的感动。

问：您和王蒙的第一次会面，是什么时候？

答：1984 年夏天，王蒙通过塔什干电影节的机会，访问莫斯科。在电影节中，播放了一部以他的长篇小说《青春万岁》为蓝本的电影。我和他在机场碰了面，隔天他就和代表团在中国使馆人员（顾问张明傲、第一书记王德胜）的陪同下，到我家参观。我的老婆——博列夫斯卡娅（Н. Е. Боревская），同样也是名获得院士学位、在我们所里工作的中国学家，不过她精通的，却是中国教育问题的领域。王蒙很仔细地把拜访的经过写了下来，并以一篇名为《大馅饼与喀秋莎》的随笔散文，出版于期刊《新观察》[①] 上。

问：对您来说，王蒙的作品意义何在？您和王蒙日后的关系，又是如何发展的呢？

答：对我来说，王蒙的作品长期以来都在我心中首要的位置上，甚至和研究所中进行中国电影的额外研究一样重要。我在他书写人物的散文中，看到了挣脱枷锁的希望。虽然我仍然没有机会能够拜访正在改变中的中国，但通过王蒙的作品，我看到了新中国。在王蒙的作品中，没有很特别的超现代性象征，但他在其中所灌注的思维，反映出了真正的中国人。我兴奋地开始接二连三地翻译他所写的作品，每一次都让我更深入今日的中国，甚至是那些曾生活于历史长流中的人物。其中最令我惊叹的，要属中篇小说《杂色》。在其简单的情节中，描写了一位人民公社簿记员"文化大革命"期间在山区旅行的故事，里头充满了对人心灵的解脱、如何成为一个自在之人的鲜明描绘。

王蒙的作品在苏联出版时所遇到的唯一困难，就是意识形态的干涉。在没有打算营利的情况下，我所有翻译的作品大都是以期刊、文集的方式定期发表，其中还包括一本《王蒙文选》。绝大多数俄文的王蒙作品翻译，都是由我所完成的。此外，这里不得不强调的是，当我进行翻译的时候，由于我和王蒙在心灵上有着深切的共鸣，因此大部分的中国文学及语言专家，例如索罗金（В. Ф. Сорокин），甚至很怀疑地把我的译作和原著拿起来比较，因为我以简洁俄文译出来的东西，使他不得不对翻译的可信度起疑。不过，在这方面，他什么错误也挑不出。

① 《新观察》1984，№20，с. 9—10。（俄文翻译为"中俄相望之窗"，М.，2007，с. 18—21）

于是，我们便和王蒙开始通起信来。一开始时是寄信，后来则改用网络。每次访问北京时，我都会固定地和他见面——就算是现在也是一样。我也曾多次去过他家。起先在“再教育”期间，他住在老旧的铁皮公寓里，门铃是坏的；之后，他搬到四合院里；然后，他又迁往位于北京公寓居住。他帮我克服了行政程序上不时遇到的问题，还替我起草2006年四川李白文化节的参与邀请。而我也在2004年邀请他到俄罗斯访问，并请俄罗斯国家科学院远东研究所授予他荣誉博士称号。此外，他也参观了《外国文学》期刊的编辑作业。那是在国际会议中，在他的倡议之下成立的刊物。我和王蒙的通信一直维系到现在。当王蒙准备开始写他在苏联及俄罗斯旅行的回忆录时，他邀请我帮他撰写书的前言。当然，我也很乐意为他动笔。

王蒙所带给我的东西中，比他的作品还重要的，就是新中国文学的意识、真正的文学艺术。我也因此展开了和中国作家间的广泛交流，从他们的作品到会面都有。举例来说，在中国少数以超现实主义书写的小说家——残雪(Цань Сюэ，音译)，邀请我到他在北京既宽敞又清简的公寓里坐坐；我在保定认识的女作家——铁凝，是个和父母住在一块的文静女孩。在她的家里面，偶尔可以见到铁杵微微露出的闪光。后来当她在石家庄担任省作家组织的负责人时，她也把它带了过去；之后当她成为中国作家协会中，仅次于茅盾、巴金的“第三任主席”后，也把它带到了北京去。此外，我也把白桦他那广受争议的电影剧本——《苦恋》译成了俄文，刊载在《亚非电影期刊》上[①]。

问：那您和张艺谋的关系又如何呢？您对他的作品有什么样的评价？

答：张艺谋导演的作品对我而言，就如同王蒙所带来的感动一样，都启发了我对中国电影艺术的新视野。我曾和张导演见过面，但却没能保持联络——他似乎自己要忙的事有点多，而且对外国人有所怀疑与保留——尤其是对那些懂中文的外国人更是如此。我写了本有关他的书，送给了他，但却没有收到任何回应。我甚至也不知道，他对我在那本书里写的东西感不感兴趣（别人应该可以翻译，或是做成摘要来说给他听之类的)。

但张导演的电影——《红高粱》，可真称得上是部伟大的电影！张艺谋将

① 刊载于《亚非电影期刊》1984年，第173—219页。

中国的电影艺术从死胡同中推了出来，并将它带到艾森斯坦所说的“精彩娱乐”的境界——换句话说，即是电影中具有鲜明的娱乐性情节、在现实固有尺度的基础下建立的简单事件（我也完成了该部电影剧本的翻译，并发表于《电影剧本》期刊，1985 年，№5，c.3—29）。但最令我感到可惜的是，他的出现在某些程度上说很不是时候。他没办法打动那些在精神上深陷于专业、熟练操作下，所产生的意识形态迷恋的观众。

但若是王蒙能成功地建构出属于自己的读者群，来对抗不愿意改变自己的保守群众，则张艺谋却是反其道而行，臣服于大众的想法，放弃了鲜明的现实娱乐性及横跨多阶层的寓言特色。以一名能够在务实层面上将电影艺术提升到人文层次的导演来说，张艺谋成为一位挂名的领袖，官方的代表。这其中最重要的，在于评价电影和大众的关系上，“反对性”高的张艺谋竟糟糕地接受了广大群众的观点，放弃了自己的特色，来借此迎合它。仿佛对张导演来说，做出符合大众胃口的东西，比追求真正的艺术要来得重要。

问：请问您一下，在改革开放的年代，您是否有机会访问中国呢？您对“新中国”的发现，又是如何产生的呢？

答：从 20 世纪 80 年代中期开始，我们就有机会能亲眼见证到“新中国”的出现，也就是摆脱只能从媒体上得知这一切的限制。我首次中国旅行是 1985 年 1 月。那时我跟着中国电影采购代表团一起，去中国搜罗那些从 1963 起就没有再借给苏联的电影。我们找到了某些别人推荐我们买的影片，但我们想放给我们观众们看的一系列电影——也就是怀旧电影，诸如谢晋所拍的《天云山传奇》等——却因为当局以过于开放的理由而没能取得。

1987 年秋天，我收到了年度学术实习的许可，得以到北京的电影艺术学院参访。那年对我来说，可说是收获满行囊啊！我看了许多许多的电影！此外，当在电影院及电影数据库中看电影时，最吸引我的反而不是电影本身，而是观众们对它的反应。我还去上了电影艺术学院中不同教授开设的课程，其中包括我的指导老师开的课。另外，对我来说更重要的，则是我仿佛走进了电影艺术的宝库当中——就如同当年我照自己的意思走进文学中一样——结交了真实的同好与朋友。比如说，有一名叫作戴光晰的电影评论家主动过来找我，说我的文章对他们而言，就像是苦闷的出风口一样；他们在谈话中提到，当时的作者根本不可能去谈论我文章中的这些事。从那个时候开始，每次我去北京（就算我的夫人随我同行也是一样），都会去找戴光晰、潘贵真（Пань Гуйчжэнь，音译）、北京师范大学的俄文老师——南真云（Нань Чжэньюнь，音译）等人。唉！可惜我的另外一位好朋友——俄罗斯研究者李丹（Ли Дань，音译），已经不在了。直到他在2007年过世之前，我们都还不断地在北京和莫斯科见面，维系着我们从当时见面后结下的友谊。之后，我在出版《远东的问题》时，写了一篇短短的悼文来纪念这位好友。

中国的电影界在当时已沸腾起来，一篇接一篇关于发展电影技术装备、复兴中国电影艺术概念之必要性的文章，就这样冒了出来。1987年，有一次电影工作者们还分为两大意见相左的阵营，以两部已出版的电影：《老井》与《红高粱》为核心，同时聚集了起来。当时两部电影都试着问鼎最顶尖的电影"金鸡奖"，因此哪部电影获得了胜利，似乎关系着未来中国电影艺术的发展。在这种情况下，大家都把目光投注在能够调和双方各人意见的金鸡奖评委领导人身上。这两部电影采用了两种截然不同的手法进行拍摄——传统及革新的方式。顶尖的领导人们毫无来由地害怕张艺谋导演的前卫主义，似乎和大多数电影工作者放在肩上的东西大相径庭；另外，他们也认为，以贴切的写实主义拍摄的《老井》，是电影工作者更能贴近、习惯的。最后，终于下了关键的决定——由两位导演共同获得第一名的荣耀。他们的决定是对的吗？或许，张艺谋导演在中国电影中所展现的，那种前所未有、娱乐性强的作风，不仅真的能迎合观众的胃口，似乎也能在某些专业的层次上，获得电影工作者的青睐？虽然就《红高粱》电影来说，反对它的人还不占少数。

在北京实习期间，我参加了不少中国内部，例如北京、西安、广州所举行的电影、文学研讨会。在文学研讨会中，还包括了活力充沛的铁凝在石家庄的河北省作家协会举办的大规模讨论会。同时，我也在不少专业期刊上发表了文章。我很顺利地在中国内部旅行，参观了20个以上的城市。我就是这样凭着学生证及外国人独享的折扣，环游了中国一圈，亲眼见识到了中国原本的样子，而非特别塑造给代表团看的样板。我曾坐过马不停蹄奔驰的火车，曾在成都由汉代诗人司马相如夫妇所经营过的小酒馆中，喝了杯略显混浊的水；我也搭过叮当作响、不时停下来让男女乘客分别从右左方下去的公交车；

也住过男女皆有的旅馆通铺；也坐过黄包车在城里乱转，最后停在不许外国人居住的电影制片场宿舍前。而那个时候，四川省乐山县的文化部也在指定的旅馆举办浪漫的新春晚会，侧面还看得到石窟大佛。所有这些旅行的印象，我全以随笔散文的形式出版在《今日亚非》期刊上[①]。然而，最可惜的是，现在这种长期的海外实习已经很少了。对于要了解一个国家的时间来说，短短的一两个星期实在是太少了。

问：请问您参加过中国电影的国际研讨会吗？

答：1990 年 1 月，我前往美国的洛杉矶参加了一场很有代表性的国际电影研讨会——“电影与内地、香港、台湾的社会变迁”。会议中，研究中国电影的教授——尼克·布朗担任了主席。来自中国的知名电影评论家邵牧群，以及台湾的影评人梁良、焦雄屏和黄建业，也出席了该场盛会。

问：要知道，后来您出版了一本有关台湾电影的书。因此，请问您访问过台湾吗？

答：因为曹勋平和黄强的大力协助，1994 年我顺利地访问了台北，并得以在电影数据库中进行研究。之后，根据研究结果，我在俄罗斯出版了第一本有关台湾电影艺术的书。但可惜的是，在那趟旅行之后，我试着想与他们保持关系，但他们却就此失联了。关于台湾的印象，我以俄文随笔的方式记述于《台北漫步随想》中，于 1995 年发表。此外，我也写了一篇短篇小说《钢筋水泥中的佛陀》，于 1998 年出版。

问：您参观过欧洲的中国学研究中心吗？

答：在 20 世纪 90 年代，我两次获得欧洲中国研究协会中一项基金的帮助，得以在巴黎及荷兰莱顿的图书馆中工作。在荷兰莱顿，有着多到不可思议的中国研究图书。直到现在，它们都还是我进行长期研究的宝库。当然，在这堆无穷无尽的藏书中，我也担心有没有完成翻译、研究诗仙李白作品的一天。

问：请问为什么当您谈到诗仙李白时，就仿佛在讲“攀登最后一座高峰”的事呢？

---

① 请参见：《今日亚非》，1989，№10；1991，№10；1992，№10；1993，№4，№6，№7。

答：和李白这个主题有缘，纯粹是出于意外。在21世纪来临的前夕，我突然间意识到，李白1300年的出生纪念日就快到了。但在俄罗斯，以非学术的方式来书写李白的作品非常之少——虽然我后来才知道，在中国以外的世界皆是如此。我觉得要是能趁这个时候编一本不仅收录了李白诗作，还包括了百年后书写他作品的文集，将会是件非常有建设性意义的事。于是，我便搜罗了和李白有关的历史资料、传说、莫斯科作家们关于他的中篇小说、上海诗人白桦有关他的电影剧本①、李白游历过的相关地方的散文等，编写出了一本厚厚的著作——《书说太白》。后来该书在莫斯科的中国使馆中展示，《人民日报》还为此写了一篇文章。我搜集了已经出版的李白诗作的俄文译品，并把它们拿来和原文进行比对，然后发现，许多翻译并没有忠实地反映出原著的精神——换句话说，就是里面只有"俄式李白"。然而，这并非李白的全貌。

以我个人来说，要把原文字精确地全部翻译出来，是一件不可能的事。翻译一向受到译者所使用的母语，所生活的文化的影响，因此无法摆脱受到批评的可能，并会因此影响到其具有的艺术性。直接照字面翻译的方式是不被允许的，因为诗句的含义在文字之外，于在文字的背后，其所隐含的神秘、深邃的诗意世界，以及诗人的情感。翻译诗作的人必须能够触及这些最深层的东西，并且以诗人的眼光看待一切。

所以我决定自己来进行翻译！当然这项工作，超乎想象地难。其中最大的困难，在于语言——因为我根本没有受过解读古文的专业训练。但很快地，我忽然在这些我不是很了解的文章中，感到了有某种独特、神秘的感觉。2010年，有一次我和妻子一同写作时，我突然感觉到，在我的背后就站着李白本人，穿着一身白袍（并不是传统中国官员穿的那种，而是在画卷中常穿的），并用俄文指导我翻译。这个奇特的经历，我后来把它写在《在时空之中的中国文化》一书中。不过，像这种与以往不同的翻译体验，只发生过一次。我似乎走出了学究般一字一句考察中文文本的囹圄，真正地在那一瞬间感觉到，创作诗词时，什么对诗人来说是重要的；什么又是不重要的—而同样的，

① 白桦并没有出版他的那部剧本，因此他便以手稿的方式把它寄给了我。

在俄文翻译上，最重要的不是逐字释意，而是把诗人的感觉给表达出来。我想，这就是翻译中所谓的和作者发生交流了。

应该这么说，我察觉到出版这本书并不是件简单的事，甚至还带了几分惆怅。从来没人出版过一本书，还要自费出版，我并不在乎能否回收成本；虽然赞助我的人一句话也没说。我去了莫斯科的某一机构，终于在文化部门的谈话中明白一件事：对他们来说，有关传统中国文化的宣传，到如今还没有踏出第一步。纵然我翻译李白的工作和这个有关，但中国方面的使馆及孔子学院却使给我了口头上的保证，底下根本没有给我什么资金上的援助。

翻译李白文本的工作对我来说，开始只是个计划外的、私人在空闲时做的工作。要知道，我们远东研究所指派的工作，是研究现代的中国。然而研究所的工作伙伴们当时也在对主管的尊重下，了解到研究中国古典诗词不仅能让他们更了解古代的中国，也能使他们明白当代中国从几千年来的时间中所形成的民族思维。因此，总结来说，研究李白的工作变成我在研究所中的正式学术计划之一，就和研究中国电影一样。

不过，另一方面我也悲伤地了解到，在俄罗斯，除我之外，似乎没有其他人研究李白的作品。因此，在我眼前是一大片学术真空。但幸好，我还能和中国那边的同事保持联络，减轻这种无援的孤独。我和中国研究李白的资深女研究员——西安的安琪搭上了线。她每次都活力充沛地回答我的谈话，还寄给我她以编年形式整理而成的李白诗集。之后，那本诗集也成我了解李白诗作的基本参考。我也和安徽省马鞍山研究李白的学术研究社取得了联系，之后他们还请我加入，成为他们的一员（我很荣幸地成为他们第四名外国籍会员）。当时马鞍山李白研究协会的主席——南京来的教授郁贤皓，允许我翻译他所写的相关文章。后来，我也把郁贤皓先生作品的译作收录在《李白·灵魂壮歌》中。那本书以收录了李白诗中“孤坟”的主题而出名，其中以三种不同的形式：中文原文、逐字译文及序列诗作的方式，表现了孤坟主题的循环。除了郁贤皓先生的作品之外，在文集中也收录了中央民族大学民族研究所教授——梁森先生，在我的请托之下为该书执笔的专文。此外，远东研究所的卢基扬诺娃（А. Е. Лукьянова）女士，也写了一篇文章进去。后来梁森及卢基扬诺娃女士都参加了我下一部文集《灵魂风景》的书写。该本书收录了李白的山水诗。

每次我访问中国时[①]，我都会购买最新出版的文学研究专著，使我自己能随时跟上学术研究的最新脚步。我很顺利地访问了一系列和李白有关的地方，例如四川、安徽、山东及湖北，让我更加接近了李白所看到的世界。毋庸置疑，这对提升我翻译的层次有很大的帮助。

陷入李白诗作的世界中，我出版了几本和李白诗词翻译、研究有关的书，并且为此写了厚厚的一叠论文，来对李白的时代、心思进行了解[②]。但可惜的是，最近一本最重要的李白翻译文集——《黄金年代的中国诗人李白的五百首诗词》——面临找不到赞助出版的困境，因此我只好自费出版它。本书里头呈现了李白所有的诗作，包括了我自己保存得所翻译出来的五百首李白诗词。这本书在中国境内，同样也是前所未闻的，因此获得了不少中国研究学者的热烈响应；而在文学界中，这本书也获得了角逐奖项的提名。

问：那您对俄罗斯未来的中国研究有什么期待呢？

答：俄罗斯的中国研究者基本上可以分成两个完全不同的时期：苏联时期（一般来说，也包含了20世纪20年代）以及苏联—俄罗斯联邦时期。在苏联时期中，中国研究最为重视的为了解中国，并强调传统文化研究的重要；在苏联—俄罗斯联邦时期中，中国研究则染上了国内意识形态评价的色彩—不论是在苏联时期的政治意识形态，或是在后苏联时代的商业资本思潮。在这种情况下，中国研究自然得迎合国内所喜好的东西发展。首先出现的，是研究现代中国的工业化，之后则是中国的政治经济发展。

文化的问题——特别是中国古典文化——在这个时候甚至丢掉了第二重要的地位。对文化研究的议题，如中国生活的特殊性、人的精神思维等东西，俄罗斯的中国研究者仅仅在最近几年才开始浅尝。虽然在苏联时期，已经完成了不少现代及古典中国文学的翻译，不过大半来说，那并不是很专业的成品，一点都算不上具有艺术性。虽然就整体来说，苏联的翻译学派在世界上被公认为是十分发达的一门学问。

---

① 到最近为止，我们的研究所在一年中，还是有提供一到两次的外出考察机会。但现在因为财务吃紧的关系，就全部中断了。

② 最近一篇我写的专文，是为了现在正在法国巴黎的索邦神学院筹备的国际研讨会。

今天不论是在出版中国文学作品，或是进行中国研究时，最有可能获得帮助的，不是来自私人的赞助，就是靠作者或译者自己的资源。现在的出版业总以缺乏市场需求及中国文学并不是那么适合作为推托的借口。

在这种情况下，中国研究在俄罗斯并没有宽广的发展前景。虽然在近十年内进行中国研究的地方很明显越来越多，中文的学习中心数量也急剧增长，但它们的大部分基础实际上都很狭隘。学生们习惯于毕业后去比大学，或者俄罗斯科学院薪水还高的私人公司上班。单独一些从事中国研究的个案是成不了气候的。在远东研究所编撰《中国精神文化大典》的困难工作中，我们见识到了新一代中国研究学者的锐減，甚至连国家为这块领域所设立的奖项，都未必能挽救这种情况。之后，大概中国研究和阅读消费者间的关系，就只剩下那些斤斤计较、一点都不想牺牲自己资本来出版的生意人。这样的话，中国研究的书籍顶多只能在未来的某些时间内获得出版，并无助于逐步在群众的心中打下基础。

瓦·伊·沙巴林访谈录

访谈对象：瓦季姆·伊万诺维奇·沙巴林
俄文姓名：Вадим Иванович Шабалин
现任职务：俄罗斯科学院远东研究所研究员
学术专长：当代中国经济
访 问 者：受访者自述
翻　　译：肖德强
时　　间：2009 年 9 月
地　　点：莫斯科

我的家族世居俄罗斯乡村，代代务农，对很多俄罗斯人来说，这是一个典型的俄罗斯农民家庭。当时的俄国还是一个农业国家，靠庄稼人养活，但是为了转型为工业大国，国家把农民从农村赶到城市，把他们变成工人阶级、知识分子、小官员，使他们成为没受过多少教育的知识阶层，但正是从这一阶层中孕育了一些社会精英。

我的父母都来自维亚特卡省（现在的基洛夫州）一个偏僻的农村。他们接受过苏联时期的中等教育，妈妈在小学任教一辈子，爸爸则在区机关供职。

我出生于基洛夫州阿尔巴日村，是一座位于森林边缘孤零零的小村庄。基洛夫旧称维亚特卡，古时候又称作赫雷诺夫。为了感谢故乡和我的父母，我以维亚特斯基、赫雷诺夫和瓦宁（这个名字是为了纪念父亲伊万）等笔名写了几本书和一些文章，在中国可能很少有人知道，这几个名字其实都是沙巴林。

我童年时发生了卫国战争，父亲和叔父们自愿上前线作战，当时还小的我会在夏天到集体农场和伐木场帮忙。虽然我们那个州远离前线，但是却弥漫着硝烟的战火味、伤亡的苦痛和战争所造成的生活贫困，这些都刺痛着人们的心。与此同时，战争让孩子产生了超越年龄的爱国主义情感、对国家前途的责任感以及对敌人的仇恨。环境催生了阶级意识，在这种特殊的战争环境下，我们快速长大。

我写了几篇关于这段时期的文章，其中收录在《这是怎么发生的》（莫斯科，2008）一书中，还有一些刊登在基洛夫州的报纸上。

战争结束后，全家人搬到了拉脱维亚的首府里加，这里是由父亲服役的部队从法西斯手中解放出来的。里加是一座沿海大城市，居民主要是俄罗斯人和拉脱维亚人，这里洋溢着浓厚的西方气息和政治气氛，对我产生了深刻的影响，把我从一个乡下人变成了一个富有西方文化精神的人，但同时又保留了我的爱国情怀。在这里我第一次接触了民族文化与文明的相互关系问题，以及民族间（某种程度上是国际间）的关系问题。

后来我就这些问题发表了一部论文集——《两个拉脱维亚》。在里加，我就读的是第20俄语中小学，而拉脱维亚当前的执政者现在关闭了这所学校。

苏联的教育体制能够让中小学生得到丰富的知识，并对他们有很高的要求。比如说，七年级的时候我们毕业要考十二门科目，这对一些懒惰的学生来说是种煎熬；而那些想学习的学生却能在这里获得丰富的知识。学校主要教学原则是要让我们了解事实：事件、地点、时间等；另一条教育原则为让学生懂得思考、分析、推理，这条原则能一辈子受用，甚至在朋友之间也时常会进行极具哲学性的争辩和讨论。苏联时期的中学教育为我的知识奠定了基础，使我在经历命运中的大小事时都觉得有坚实的依靠，所以我时常怀着感恩之心回想自己的中学时期。

中学毕业后我来到莫斯科读书，并开始独立自由地生活。要想生活自立，就必须进入一所奖学金比较高的大学就读。因此我参观了许多学院：煤炭学院、能源学院的锅炉制造系、钢铁学院的黑色冶金系，还有当时位于莫斯科大学旁边的地质学院，等等。当时我看到一则公告，上面说莫斯科大学经济系首次招收东方学科的学生，专门研究中国问题。我于是决定去莫斯科大学的经济系就读。这是一个非常合理的“偶然”：在中学期间我便写过关于中国历史和地理的甄试论文，在军官之家听过关于中国的演讲。1949 年是个属于中国的年度，这个国家所发生的一件件大事都举世瞩目。

成为苏联最高学府的学生是一个莫大的荣耀，因为这所学校具有深厚的学术潜力，拥有两百年的文化传统。在当时的 18 位诺贝尔奖得奖者中就有 11 位俄罗斯籍学者是莫斯科大学的毕业生和教授，苏联科学院三分之一的院士也是莫斯科大学的毕业生，这些都并非偶然。

在经济系的学习为我打下了非常坚实的知识基础。除了政治经济学、马克思列宁主义和哲学课之外，我们还熟读基本规划理论，学习了工业经济学和农业经济学、理论和经济统计、经济地理、法律、经济思想史和国民经济发展史以及外语，此外还在工厂和集体农场学习与生产实习。

当然，这一时期的经济教育主要是论证国有制的权威性，是为了服务行政命令体制与经济利益，客观地说，这种经济体系中占主要地位的是一种耗费型和资源浪费型的经营模式。我们对不同经济发展类型与模式的运作原则、市场机制、个体及总体经济等一系列问题都还没有太深的了解。

总之，经济系的特点在于帮助喜欢思考的学生培养理论分析的方法，能将社会体系视作一个完整的有机体，能够厘清各种体系间相互依赖性和差异因素，努力洞察现象的本质，寻找其内在逻辑。

当然，现在的大学生能够获得更多的现代化知识和实用工作技能，但是他们是否更有能力理解整个社会体系呢？

在此，我想强调一下在科学研究，尤其是中国研究中方法论基础的重要性。这在经济研究领域尤其重要。也许，我说这些为时尚早，但事实上，方法论是一种原则性问题，因为许多俄国的中国学家著作的通病就是让科学方法染上政治色彩。众所周知，苏联和俄罗斯一些研究中国经济的学者的许多著作中至今还缺乏明确的方法论，他们通常是凭“灵感”描述现象与事物、进行多方面的分析。他们在个别作品中流露出新凯恩斯主义思想，另一些则是主流派风格，还有一些显露出新自由主义思想。而通常不概括与有系统地解释俄罗斯和中国社会运动的规律。如今情况变得更复杂了：自由开放的口号使作者不再受到束缚，可以大胆陈述自己的观点。原则上这是一个好现象。然而，有时这种做法却贬低了方法论、系统思维、历史逻辑和社会准则。作者们常常摆出“我想怎么样就怎么样”的姿态，他们带有一种无性别差异的相对主义立场：所有争辩双方都是正确的、没有任何真理、所有观点皆平等之类，等等。这样就失去了客观的评价，对真理的追寻也变得越来越弱，取而代之的常常是一些反常的“广告性”出版物。

在这方面我很幸运，莫斯科大学经济系的本科和研究生教学，以及我在中国留学期间的教学核心都是理论性较强的政治经济学。

如今的俄罗斯官员们不仅反对马克思主义科学，而且将政治经济学也排除在国家教育标准之外。这种对政治经济学的排斥是可以理解的，因为政治经济学至少会使人们评价当代社会两个异常尖锐的根本性问题——财产和社会分化。政治经济学的位置被经济学占据，马克思列宁主义的众多书籍也被外来的个体及总体经济学取代。

必须说明的是，社会经济活动的发展及理论研究证明了经济学具有某种双重性。以经济学角度来看经济现象的本质已经不止一个世纪了，这些都是政治经济学的任务。与此同时，特别是在20世纪，又出现了一个新的研究方向，那就是实用功能的分析，这个任务则属于经济学。这两个分支本应一起构成经济学理论的内容，但如今俄罗斯的情况却是教学大纲都以经济学为基础，而大多数教材都以美国为准。

在探索西方经济思想、构建市场思维、研究总体和个体经济学基础理论的情况下（了解这些知识是非常重要而且必要），在希望“市场会让一切井然有序”的环境中，垂青经济学是可以理解的。然而，让经济学垄断整个经济理论的领域却对学科的发展和实际经济活动产生极大的负面影响，在解决一系列经济理论问题时掣肘了其他观点的出现。经济学的方法论一般不会透过现象的本质来特别研究经济准则，它仅限于对外在经济形式及其函数关系进行相应的分析，但却不分析以下的基本问题：经济理论的各种类别及准则，货币、价格、资本、利润、社会生产、地租、国家垄断生产、金融资本等本质。这样一来分析俄罗斯和中国改革的理论基础实际上缩小了，尤其是在所有制和社会范畴上。诺贝尔奖得主阿莱（Maurice Allais，Морис Алле）指出，经济学正在“向完全人为和脱离生活的数学模式发展，其中数学形式主义占主要地位，这实际上是一种极大的倒退”。

我想强调一下，我花费如此篇幅来争论是有其原则上的重要性，因为方法论是科学的根本，科学当然也包括中国学。

当然，政治经济学不能停滞不前，这绝对不是单纯重复大卫·李嘉图、约翰·凯恩斯、卡尔·马克思等理论基础假设，若要使政治经济学的发展迈出新的一步，则必须以政治经济学留下的经典为基础，参考当代后凯恩斯主义、制度主义、新李嘉图学说、新马克思主义获得的成就。至少，在三大基本现象——经济过程的全球化、绝大多数国家（包括原来的社会主义国家）转向混合经济、后工业化社会的形成——从根本上改变当今世界面貌的同时，科学界也出现了进行新一轮本质探索和总结的必要，进而须要表述和分析的新方法。而经济学是无法全面分析和总结这些基本现象的。关于这些问题可参见我于 2005 年到 2008 年间出版的经济类论文集。

* * *

在莫斯科大学的特殊条件下诞生了第一批东方学研究者——研究中国的大学生。当时教学大纲还未成形：第一本教材《外国经济》在 1962 年问世；如上文所说，我们学习了所有的专业课程，此外还有东方历史、中国国民经济发展史、汉语和英语，还有一些国别类的专题课程。那时候还没有外国经济组，直到 1953 年才成立。

负责教授东方史和中国史的是尤里耶夫（М. Ф. Юрьев）和尼基福罗夫（В. Н. Никифоров），两人都毕业于莫大历史系，都曾上前线打过仗，同时完成了副博士论文和博士论文的答辩，且两人在同一年去世。在我们求学的那几年，他们还是优秀的年轻学者，热爱科学，这让我们对中国充满了的想象。一年级的汉语课是由两位学界泰斗教授的：一位是莫斯科大学中国哲学系系主任波兹涅耶娃（Л. Д. Позднеева），她学识渊博，来自汉学世家，她上课就仿佛是在讲述一个优美的故事，会让你觉得汉语和汉字就是一种艺术品；另一位是语言学副博士罗加乔夫（А. П. Рогачев），他是古汉语翻译大师，他让我们坚信不懂古汉语就很难了解中国。到了高年级之后，我们就没再有系统地学习汉语。

中国经济课程是经济学博士马斯连尼科夫（В. А. Масленников）教授教的，他从1915年起就成为布尔什维克党党员，在滨海区参加过为苏维埃夺取政权的战争，具有丰富的政治与学术工作经验，在莫斯科的许多大学任过教。1957—1958年我们曾一同去北京出差，建立了良好的关系。

我的毕业论文导师是甘申（Г. А. Ганшин），他是莫斯科国际关系学院东方学系的系主任，他年轻又富有活力，学问渊博。他发表过几十篇学术论文，他编的教材还被汉语系采用。在我副博士论文答辩时，甘申担任了我的学位考试委员，我们还曾一起在苏联驻中国大使馆、苏共中央、俄罗斯科学院远东所工作过。

当时非常重视年级学术论文的撰写。老师们让我们养成钻研第一手资料和独立分析的习惯，他们是创造性思维的榜样。一年级时我写了论文《旧中国的手工业生产》；二年级写了《新中国成立前的经济》；三年级写了《1945—1949年间美国在中国的经济扩张》，凭借这篇论文我获得了荣誉证书和最佳学士学术论文奖的第一份奖金；四年级和五年级我一直在准备毕业论文，题为《公共部门在中国经济发展过程中的作用》。因为我在莫斯科大学的多次考试中都取得了“优等”的好成绩，所以在四、五年级时都获得了“斯大林奖学金”，这在当时对大学生来说是最高荣誉。

在中华人民共和国成立之前，中国学在俄罗斯就是一门综合学科，是东方学的主要部分，具有深厚坚实的历史根基，并在世界汉学界占有当之无愧的领先地位。新中国成立初期，苏联中国学界对这个友好邻邦表现出浓厚的研究兴趣。然而，这一时期的苏联中国学界在研究当代中国的过程中，大致上都倾向遵循中国立场、转述中共理念和中国政府态度。而且，这一时期的研究还带有独特的政治色彩（“一切为中俄友谊”）和意识形态上的局限性（“到处是相同的社会主义”）。

* * *

莫大经济系毕业之后，我考入本系硕士班的外国经济组，专业是“中国经济”。我生命中一个新的阶段开始了，事实上它几乎占据了我的一生，用中国人的话说：我开始了一段“用两条腿走路”的时期。此后，我一直一边从事实践活动，一边进行关于中国的科学研究。在我获得博士学位之后，即被选为莫斯科大学苏联列宁共产主义青年团委员会（两万名共青团员）的第二任书记。这是国家党组织的干部职位。我的劳动生涯就此展开，我的劳动手册上也有了第一次记录。半个世纪过去了，如今手册上已经有五十多个记录了。还在中学时，我就是共青团组织的书记，在莫大是经济系苏联列宁共青团委员会的书记，是共青团大学生营（一千人）的领导，这是历史上第一个来到处女地劳动的大学生营。

共青团工作在莫斯科大学政治化最鲜明的院系之一顺利展开，后来随着学生们知识水平的提高和组织文化的进一步推动，共青团委员会又培养了一批新的专业政治工作者。国内疾风骤雨般的社会政治局势对此也起了推动作用。斯大林的逝世使苏联产生了很大波动，苏共二十大又衍生出许多不同和相互矛盾的政治倾向，赫鲁晓夫的“新制度”一方面为新事物开辟了道路，另一方面又时常透露出冒险主义、意识混乱，有时反而加深了已存在问题的复杂性。

在这些情况影响下，政治活动、科学研究、社会工作这“三大支柱”的结合成了我劳动生活的典型特点，而这三大支柱支撑的就是我的“祖国”。

这样一来我的生活便在一种异常的，有时严重脱离中国学轨道，但又一直趋向中国研究的状态下存在。我曾担任过共青团干部、莫斯科大学政治经济学老师、苏联驻中国的外交官、苏联和俄罗斯驻菲律宾和缅甸的大使、苏共中央各部门的主要工作人员、俄罗斯联邦最高委员会对外联络司领导、银行的经济专家和俄罗斯科学院远东所的研究员。

也许应该羡慕那些身在象牙塔默默进行科学研究的学者们，羡慕那些年复一年在教室里听着学生们翻动书本的教授们，羡慕那些不用绞尽脑汁思索经济现象存在本质及合理性，却骄傲自满的实践者们。不过我更喜欢的是用

“两条腿走路”的人，同时在科学和实践活动中寻找自我。在这方面成功的大有人在，如创建了世界经济学科中一个全新方向的英国政治家约翰·凯恩斯；德国经济部长、联邦首相和提出社会市场经济学理念的学者之一的路德维希·艾哈德；还有改革家王安石、“国父”孙中山，以及许多旧中国和新中国的政治领袖。我们的列宁也是这样的人物，还有苏联国家计划委员会主席沃兹涅先斯基（Н. Вознесенский）院士、政府部长和总理普里马科夫（Е. Примаков）院士。还有一些中国学家，比如：季塔连科院士、通讯院士贾丕才（М. Капица）和斯拉德科夫斯基（М. Сладковский）、俄罗斯自然科学院院士雅科夫列夫（А. Яковлев）、库利克（Б. Кулик）等人。

在莫斯科大学攻读硕士的几年间（1954—1956 年），我基本上还从事一些社会工作，但我还是顺利通过了关于经济理论和中国国民经济问题的六门考试（如今只需参加三门考试即可），并为经济系的学生开授一系列关于中国经济的课程。我的两位中国同学帮我解读了许多中文资料，他们是朱培新（前中国邮电部部长朱学范的儿子）和苗宗权（后来成为东北一所大学的政治经济学老师）。

如果我没有去中国，那么将很难想象我的中国研究生涯会如何。苏共中央决定要在中国的大学里培养中国研究者，这是一个非常及时的决定，能够解决我们在中国问题专家培养上的三个不足：（1）脱离中国现实，过于强调一些普遍规律却忽视了该国的特点；（2）对中国人的思维习惯了解不够；（3）不谙中文。1957 年 2 月一支庞大的年轻队伍乘坐“莫斯科—北京”国际列车前往中国留学。

* * *

到中国后，我们受到了热情友好的款待，一切都安排得井然有序。我们被安置在北京大学的宿舍里，大家一起高唱《斯大林和毛泽东在听我们》。当时的中国文化部部长还为我们举办了隆重的欢迎宴会。

我们开始在北京大学专门教外国人汉语的系里学习。我和五名曾粗浅学习过汉语的研究生，带着准备学位论文的主要目的，在这里组成了一个特殊的班级，并在五个月内学完了一年的课程。

我们是在中苏友好时期来到中国的。两国在双边关系领域和国际舞台上积极合作。1957 年 11 月毛泽东说:"我们与苏联同呼吸、共命运。"苏联则担负起援助中国的艰巨任务,其中包括建设及改造上百个企业和工程,这些为后来中国众多新工业部门的诞生奠定了基础。当时有一万名苏联专家在中国工作,中国的国防因而提升。中国领导人曾经说过:"苏联模式是我国改革的终极目标。"

然而,几股涓涓细流却渐渐冲毁了中苏之间的友好关系。水流的闸门是双方同时开启的。斯大林的逝世、苏共二十大、赫鲁晓夫的政治理论令中国领导人感到忧心。中国共产党的许多领导人认为,应该用中国自己的方式和方法快速提升中国的国力。中共中央在 1952 年制定的总路线内容为:社会主义改革应当逐步进行,但这条路线后来失败了。1954 年至 1956 年的快速改革(这很大程度上是因为 20 世纪 30 年代斯大林在苏联也是这样做的)带来了形式上的生产社会化,而实际上却导致了主要经济领域的国有化,降低了人们对劳动的意愿,建立了用行政命令方式管理国民经济的基础。

我去中国是为了收集论文资料并写成初稿。题目在莫斯科就已经定好了——中国资产阶级的社会主义改造。在莫斯科大学时就有一个想法一直困扰着我:为什么社会主义只能根据苏联模式来实行呢?看看所有的树木和人,难道有两棵完全一样的枝条或两个完全一样的人吗?当然,社会制度问题要复杂得多。消灭资本主义所有制的必要性绝对不容置疑,但是难道不能用不同的方式吗?

在论文的第十章《苏联小百科》中我曾写过,消灭资本主义经济可以有很多种方式:(1)无偿没收(苏联的方式);(2)没收资产阶级财产时支付部分资金;(3)通过国家资本主义和赎买的方式进行改革(中国的方式);(4)利用国家企业和资本主义企业之间的竞争。这里并没有什么新的发现,思想接近于列宁所理解的新经济政策,但在莫斯科大学学术讨论时我因为第 2 点和第 4 点而遭到批评。中国的改革经验是最珍贵的,把被改革的民族资产阶级的资本纳入新的社会体制是社会经济进程的一个本质特点。这很有意思。

我在北京大学学习的那段时间里中国的政治舞台上展开了轰轰烈烈的革命活动。各种各样的"运动"、群众性的政治思想运动是那个时期中国社会生活的主要特点，美国中国学家史蒂芬·格林布拉特（Stephen Greenblatt）曾经计算出，在1949年至1965年中国发生了63次政治思想运动。

1956年中国领导人宣布了“百花齐放，百家争鸣”的方针。这句古汉语中的名言应当能够推动创作自由、思想自由，让各种社会主义的思想变得更有竞争力。

* * *

在北京大学之后，我以进修生的身份转到人民大学政治经济学组。人民大学是一所特殊的高等学府。它本质上是中国培养文科人才的重要教研中心，从这里出来的有中国共产党的历史学家、经济学家、律师、哲学家、记者。这里很多学生都具有政治工作的经验，且师资充足。人大的特色还在于它与社会实践有着有机的联系，与中央和各省市政府部门关系密切，还会定期邀请一些国家部门和党政机关的领导及社会活动家到校演讲。

我的论文指导老师是政治经济学组组长苏星（原名王振寰）教授。他年轻时便走上了革命斗争的道路，在1948年新中国成立之前便加入了中国共产党。苏星教授个性积极，精力充沛，做事认真并深思熟虑。我们后来成了朋友，我经常去他家作客，一起度过许多中国节日。

苏星教授始终坚持“中国化的马克思主义”，认为不能将苏联经验全盘引进中国，而是选择性引进，并冷静评估中国的情况。他还强调过，没有中国共产党是不行的。

我离开中国时和苏星已成为亲密的同事。我们一直保持通信，但后来的中苏决裂切断了我们的联系。两国关系的悲剧性转变也影响到了我们的命运。后来重新见面，也是最后一次见面，是在2002年的北京。四十多年后，我到他家拜访，对往事的回忆涌上心头，我们都克制住激动的情绪。中国人是不习惯“倾诉衷肠”的。苏星告诉我，他依然是人大的教授，这些年一直担任杂志《前线》和中共中央杂志《红旗》的副主编，还曾做过《求是》杂志的主编。在“文化大革命”期间他没工作，后来当选了全国政协常务委员，还曾担任中央党校的副校长很长一段时间。他向我展示了几本关于“中国特色的社会主义”、中国经济改革、国民经济发展史的重要书籍。临别时，他送给我一个具有古代艺术风格的石砚（中国作家、画家和书法家们钟爱的“文房四宝”——笔、墨、纸、砚——之一），说道：“你的画（我送给他一幅琥珀贴画）向我讲述了俄罗斯，而我的砚则是中国的灵魂。”

我也与当时政治经济组的一位年轻老师刘友勤建立了友好互信的关系（在当时那种情况下是难能可贵的）。他精通俄语和英语，陪我到过中国很多地方，在一些重要会见中，他也参与了若干难题的讨论。后来我得知，刘友勤被下放到农村待了很多年。

留学期间我获得了研究中国的机会，同数百名中国同事见面交谈。除了北京，我还去过上海，还有天津、广州、武汉及其他城市。我去过数十家轻重工厂、工业和贸易管理局，还有许多公司、银行、财政和行政机关。我在中国买了很多书，后来我将其中的一部分捐给了莫斯科的中国学图书馆。除了这些书，我还获得了大量的一手资料，包括许多城市和省份的统计报告、数百家企业的总体资料、各部门手册还有各地方和国家机关的卷宗，其中包括中国工商总局（中国负责资本主义经济改革的主要部门）的资料。

我曾经与中国的许多著名学者、经济学家与国家机关、大学及学术部门的领导、社会活动家、工业及贸易领域的干部进行过交谈，这些谈话都具有重要意义。我感谢这些中国同行们的理解和帮助，感谢他们的敬业精神，感谢他们对我的关怀。

与北京大学校长马寅初教授的谈话具有极重要的意义。他是中国科学和政治领域的重要人物，毕业于美国哥伦比亚大学，曾是中央人民政治委员会的成员、全国人民代表大会常务委员。参与这次谈话的还有经济系系主任陈岱孙（在美国获得博士学位）、政治经济学组组长樊弘（于伦敦获得硕士学位，这所高等学校曾由经济学泰斗之一约翰·凯恩斯领导过）。这些教授都有很高的理论水平和宽广的学术视野。

我说打算研究中国民族资本主义改革的问题，马寅初说：“这是一个当前亟待解决的问题。也许，经济与人口的成长比例问题对中国具有长远的战略意义。”马寅初是最优秀的人口问题专家，他说，违反社会结构的人口择优增长会带来贫困，会阻碍储蓄的累积，而解决问题的出路就是限制这种增长。在马校长的马克思主义言语背后可以看出他对马尔萨斯主义的尊重。当时中国已经开始推行限制人口增长的政策。他说："您的问题充满了矛盾，在经济中最重要的是均衡。和谐是发展的源泉，而矛盾是偶然的、危险的。"众所周知，在"大跃进"时期曾有过这样的口号："人多就是力量"、"矛盾是进步的动力!"马寅初也遭到了针对"右倾分子"的批判，他还遭受了"文化大革命"的迫害，直到1979年才恢复名誉。1993年政治形势转变之后，中国开始重新限制人口出生率，并呼吁"和谐"，马寅初逝世后被授予国家勋章。一个学者的学术命运及生活被瞬间所发生的政治斗争口号扭曲和丑化，这样的例子并不鲜见。

我还曾与前人民大学校长吴玉章交谈过。他是功勋卓著的革命主力，曾参与辛亥革命与南昌起义，1925年加入中国共产党，自1938年起成为中共中央委员，曾在苏联、法国工作过，参加过国民党第七次代表大会，在新中国成立前担任过延安共产主义大学的校长。吴玉章通常以正式的党章为基础明确阐述自己的想法。我清楚记得他的建议："不考虑中国的特色就无法理解中国的一切；我们是一个特殊的国家，也是特殊的民族。在莫斯科可以研究一些普遍规律，而在北京则应该研究我们跟别人有什么不同。"

我与几位著名的中国学者和经济学家、中国工商管理总局副局长管大同和千家驹以及私营企业局局长薛暮桥都有业务关系。我跟薛暮桥一起探讨过他所著的《中国国民经济的社会主义改造》一书，并于1960年撰写并发表此书的书评。1980年薛暮桥出版了学术专著《中国社会主义经济问题研究》，对国家状况基本上作了实事求是的评价，表示支持邓小平的改革方针。1958年我还出版了对钱华等人著作的评论《1949年至1956年间中国私人工业和贸易的变化》。

与刘国光的交谈也对理解中国国情有着不小的帮助。他在莫斯科国民经济学院取得了副博士学位，回国后，他负责领导中国社会科学院经济研究所北京地区的工作，后来成为中国社会科学院副院长，曾被选为中共中央委员会候补委员和全国人民代表大会常务委员会委员，是中国研究马克思主义政治经济学的元老。与他交谈之后，我于1958年在中国社会科学院杂志《经济问题》上发表了题为《中国的经济学者在研究什么》的文章。此外刘国光还是俄罗斯科学院的荣誉院士。

* * *

我在人民大学留学期间，中国发生了高喊“三面红旗”口号的群众运动，也发生了国家最重要的事件——大跃进和人民公社。从地图上看，北京被河北省包围，我和一些中国学生去过不少附近的县城，如定县、隆尧县、安国县、徐水县——毛泽东曾视察过这些县。这里曾经成立过模范公社。

莫大经济系的学生尤里·亚列缅科（Юрий Яременко）跟随一队进修生来到中国人民大学学习。他后来成为院士，是苏联最有才华的经济学者之一。我们曾一起去过徐水县，在那里的所见所闻后来都记录在一篇文章中。另外我们还写了一篇题为《当代中国的商品生产》的论文，但是这两篇文章都被莫斯科的杂志社拒登，因为当时中苏之间的矛盾已出现了。我还参加了北京郊区十三陵水库建筑工程的大跃进项目。项目设计花了二十天，而建设花了五个月时间。当时预计这个大规模的项目能将该工程变成“地球上的天堂”。

大跃进的中心内容为“全国人民大炼钢铁”。我在拉脱维亚的一本杂志上发表了《中国人民正在为钢铁奋战》一文。当时劳动大军的主要任务是建造原始的家用高炉、“炼铁炉”、开采和运输铁矿、煤矿，等等。那年秋天中国境内共计有六十万个铸铁炉，这些用黏土制成的矮墩子耗费了大量的劳动力、原料和燃料。人民大学并没有脱离这波大局势。当北京宣布“炼钢日”开始的时候，七十万名市民“投入到这场冶金之战”，其中就包括人民大学的师生。我用木制的小推车把煤推到“炼钢炉”旁边，这些炉子是用黏土制成的，里面没有耐火材料和金属，只用金属丝做导线，所以成本只有几块钱。需要的只是大量的人力劳动。这种高一米半至两米的炉子能撑一两天的时间，然后就会倒塌。炼钢工作以队为单位在午夜时分开始。一开始大家还热情高涨，快到天黑的时候双腿就颤颤巍巍的，最后只炼出几块铁饼来。

1970 年我和波塔平科（后来任苏联驻新加坡和马来西亚的大使）一起以维亚茨基（Вяцкий）的笔名出版了一本书，书中严谨地分析了中国大跃进及人民公社时期经济政策的基本特点，并得出几个理论性总结。我不想耗费力气去回想书中所进行的那些政治经济学评价。显然，这本书是时代的产物，带有那个时代两国关系所特有的论战痕迹。然而，这本书的主要结论与“大跃进”和人民公社的特征是一致的，这种特征在毛泽东逝世后的中共中央文献中有所记载——这些结论总体上是有意义的。

若要快速发展国家、实施赶超战略、克服落后与贫穷，则必须考虑客观经济规律的要求、清晰分析国家的具体条件与特色。这一领域的革命需付出偌大的代价。列宁曾说：“这时候我们不能跳着走。”成为强国的渴望，再加上民族主义情绪，就可能会发展成唯意志论、经济专断及冒险主义。这在俄罗斯和中国尤为危险，因为在这两个国家里对贫困的感受通常还伴随着一种为伟大祖国而骄傲的情感。在大跃进的那段日子里，我不止一次听到这样漂亮的口号：“要把中国从东亚病夫变成世界强龙!”我开始明白，在这背后隐藏着一种坚定的政治梦想，半个多世纪以来，中国都一直在以各种方式意图实现这个梦想，而且将会在未来实现这个种梦想。“三面红旗”就以漫画的形式展现了这种政治梦想。

当时中国的国内局势也影响到苏联研究生的状况。我被建议放弃之前定下的论文题目，改为研究城市的人民公社，但我没有同意。在例行的论文数据讨论上，我被建议删掉论文中的理论部分，“不要迷恋”于批判性分析，在一些有争议的问题上将自己的观点换成对中国专家的相关讨论的综述。我论文中有不少地方遭到了批评。人民大学取消了论文答辩、学位授予（硕士、博士）和职称评定（副教授、教授）。莫斯科方面决定召回所有在中国留学的研究生回国进行论文答辩。

我开始准备起程回国。

人民大学校长向我们颁发了在中国留学的证明。

苏星给我写了评语：“沙巴林同志在过去的一年零八个月努力进行研究工作，并取得了一定的成绩。（1）从研究问题的方法论来看，他从中国的现实出发，收集了相当多的资料并进行了整理分析。我们认为，这种研究方法是正确的。只要方法正确，就能在研究中取得成绩。（2）沙巴林同志所写的论文展示了他能够用马克思列宁主义的理论来分析中国经济问题，以及他能够提出自身的观点。（3）在大多数情况下阐述研究过程中发现的问题是一种正确的研究方法。沙巴林同志把全部力量都贡献给了学术。”

返回莫斯科后，1959—1961年我在莫大自然科学院（力学数学系、化学系、生物土壤系）教授政治经济学。论文已经写完了，就等答辩了，并且发表了五篇文章。但是没有一个学术委员会愿意为我安排答辩。当时中苏关系的恶化致使一些社会科学界的代表都有过分谨慎和自我审查的毛病。

1959年9月中苏在中印边境冲突的问题上出现分歧；1960年4月中国刊登了一些反对苏共中央意识形态的文章；1960年赫鲁晓夫又给了苏联的东方学研究沉重的一击：苏联科学院中国研究所被关闭，《苏联中国学》杂志和东方学教学研究所也被关闭了。1960年6月从中国撤走了大批苏联专家，那年夏天苏联和中国分别停止了杂志《中苏友谊》和《友谊》的发行。这种情况下学者们怎么可能讨论关于中国的论文呢？无论怎么操作，都不可能带来好处。而“高等学校”出版社不愿意忍受这种局面，在强压下推出了我已经准备好出版的书稿《中国的国家资本主义》。这是我的处女作，它是在强压下诞生的。

1960年11月在莫斯科召开的国际无产主义者和工人阶级政党大会上，苏联共产党和中国共产党正式达成了共识。12月6日《真理报》刊登了双方声明的全文。双方关系似乎修好，科学界也为之振奋。1961年1月中旬，在苏联科学院亚洲国家研究所学术委员会经济小组的会议上，我进行了经济学副博士学位的论文答辩。莫大外国经济组组长、经济学博士查明教授以学术主席的身份发言。他曾在中国任教，写过关于中国农业改革的书。我前面提到过的经济学博士斯拉德科夫斯基（М. И. Сладковский）和甘盛教授是我的论文考试委员。我的论文总体上是从当时中国共产党的实际立场出发，参考大量中文数据，其中大部分内容在苏联科学界是首次亮相。理论分析的重点放在了如何评价社会主义建设和列宁学说针对中国的普遍合理性上。但是从本质上来说，论文展示了中国对改革理论和实践的历史贡献，并考虑到国家特色的必要性。我在论文中赞赏过渡型经营模式，赞成对民族资产阶级进行“赎买”，探讨了民族资产阶级在中国的作用和地位。这些问题也是答辩过程中争论的主题。

答辩后不久，有人就提议让我到苏联外交部工作，派往苏联驻中国大使馆。

* * *

我于1961年10月来到北京，此时的中国正处在困难时期。危机已经显现出来，并在1960—1961年愈演愈烈。1962年春天，我陪同苏联大使契尔沃年科到中国东北地区考察：长春—哈尔滨—沈阳—大连—旅顺。这一地区的形势令人感到压抑，就像中国人常说的那样，在玫瑰花丛中只能找到刺针。

对我来说，1961年至1967年在苏联驻中国大使馆的工作是相当多样、复杂和紧张的。我认为，只有落脚在当时中国的两个基本进程上才是合理的："调整"政策和"文化大革命"。况且，这两个进程中的诸多事件对我的中国研究都有重大意义。

在我看来，"调整"措施代表了各种趋势交错在一起的矛盾画面。第一，他们启动了旨在解决紧急需求的特别措施，缓和了一些严重的危机；第二，采取措施使国家回到社会主义发展的轨道中，也就是回到苏联模式的道路上；第三，创造条件再次向前迈进、快速增强中国实力的唯意志论尝试；第四，寻找不同于别国和"三面红旗"的发展道路，寻找符合中国国情和有利国家健康发展的道路，而迈出合理、现实的步伐。

事实上，"新民主主义经济"和后来80年代经济改革政策的元素已经开始出现。正是在"调整"时期，1962年7月，邓小平提出了改革的一个主要思路："不管白猫还是黑猫，能抓老鼠的就是好猫。"在这句旧中国谚语的背后其实隐含了战略上的原则问题：混合经济（所有制度和经营形式都是好的）的趋同（无论是社会主义还是资本主义都是好的）和形成。当时我对此还没有清楚的概念。

"调整"方针的结果是国家形势开始正常化，但是这些结果不能说明国民经济的功能机制和经济发展水平恢复正常了。

第一，在"靠自身力量"和"自给自足"的口号背后，中国的对外经济关系发生了变化，开始转向西方工业发达国家以及与苏联开展经济合作的日本，这种转变是中国政府开始面向西方的原因之一。"调整"的经验说明了：没有苏联的帮助也能行。

第二，针对国内经济军事化和进行备战的局势，对国民经济进行了旨在加快军事实力发展和核武制造的结构性调整。中国政府开始自己研制核武，并且坚信没有苏联的帮助也一样能成功。1964 年 10 月中国第一颗原子弹试爆成功，1965 年 5 月完成第二次试爆。

第三，对国家社会生活进行军事化改变。当时中国共产党的政治理论都建立在以下的基础上："全国向解放军学习""各个经济行业都要研究军队的方法""全党从事军事"。

第四，中苏关系急遽恶化。尽管流传着一种说法说这是一场意识形态的争论，但实际上两国矛盾的焦点与意识形态无关，而在于两国关系。只是表面上看来是一场意识形态战争。

20 世纪 50 年代中苏合作的基础很少是建立在意识形态宣言上的，而更多的是建立在双方国家的实际利益上，这种利益在一开始是一致的，后来却出现了分歧。

在解除中苏新型防御武器协议时这种分歧就显现出来了。具体表现就是：苏联拒绝向中国提供核武样品、边境问题加剧并出现冲突，以及发生珍宝岛事件，等等。然而，如果不是双方已潜藏的那些矛盾，这条导火线也就不会啪啪作响。

"文化大革命"发生在国家刚从大跃进造成的灾难中恢复之际，当时社会秩序刚刚稳定，人民生活刚刚有所好转。1966 年本来是新的五年计划，即第三个五年计划的开始年。这时却出现了非常尖锐的问题。

1966 年 10 月，我去了南京和苏州，这是我作为苏联外交官"文革"前的最后一次中国之旅，当时已经到处都是狂热的红卫兵。当时在北京严格限制与中国人的接触，但不同的是，我在南京和苏州与他们进行了十几次座谈，参观了一系列企业单位。触目所及都在宣传毛泽东的伟大，以及号召与"现代修正主义"斗争、做好战争的准备，这种宣传和号召就像是两个形影不离的兄弟一样被拴在一起，让人认不出当时的中国，这也是一个教训，揭示了中国一些不寻常的现实特点。

无论是在"文革"的大形势下，还是在我不止一次地陷入困境时，我对中国和这个国家的人民都没有产生过丝毫敌意，而是驱使我更深入地研究中国，并引出了一系列问题。我曾试着在自己所写的《生活》（莫斯科，2008）

一书中对其中一部分问题作出解答。但我还是想再次请教一下中国同行和学者们：在这样一个有着古老文化、人民内心充满自尊的国家，在这样一个有着勤劳、礼让、崇祖、敬老的民族，“文革”的污泥浊水是怎么能够四处横流的？而拥有独立精神生活的中学生与大学生、未来的知识分子为什么甘愿充当打砸抢的先锋呢？为什么这么容易就能把广大的中国人号召起来反对苏联呢？

是怎样成功号召成千上万的人民进行“大跃进”和人民公社的盲动？是诱惑性的口号？思想的灌输？政治刊物？还是善于利用劳动大军这一历史传统影响了水利工程、大坝和沟渠的建设？

这里，对毛泽东的个人崇拜、麻痹性宣传、接踵而至的“思想”运动和紧张的社会气氛等都毫无疑问起了极其重要的作用。也许，有一部分年轻人相信他们是在坚持社会主义，所以听从了“铲除资本主义拥护者”的号召。

还有一个原因，也许这对我来说是很难解释清楚的，那就是中国人的心理特征。中国民族心理学专家、圣彼得堡大学教授斯佩什涅夫（Н. А. Спешнев）（在中国出生，精通汉语）写过这样一段话：“是什么让一群怀着狂热爱国主义情绪的人们露着歇斯底里般的扭曲面容去肆意嘲弄或者杀死自己的‘战利品’？这不得不说是一种独特的心理特点。”

可能有很多理由，但是真的需要洗刷掉历史记忆吗？1986 年，也就是“文化大革命”后的二十年，中国杰出的作家巴金说道：“任何人都不应忘记这个血的教训。”

邓小平在 1989 年对戈尔巴乔夫说过一句很著名的话：在条件成熟的时候，应当“结束过去，开辟未来”。这句话第一次是 1969 年柯西金对周恩来说的。现在，中俄关系已达到了一个新高度并在顺利发展，高层领导的往来总体上也是为了两国及两国人民的利益，没必要再去触碰已经痊愈的历史伤口。从政治策略上来看，制定中俄协同发展的积极战略是正确的，但是现在和将来的发展必须要吸取历史的教训。

1961—1967 年，我完成了初级外交官和中国研究的高等教育。当时的使馆在某种程度上就是一个中国政治研究中心，所以我的许多同事——加连诺维奇（Ю. М. Галенович）、克里夫佐夫（Кривцов，音译）、库利克（Б.

Кулик)、拉赫马宁、斯拉德科夫斯基、季塔连科等都拿到了博士学位也就不足为奇了。在使馆工作的还有副博士勃列日涅夫（Брежнев）、甘申、梅夏采夫（Н. Н. Месяцев）和苏达里科夫（Н. Г. Судариков）。当时的大使契尔沃年科（С. В. Червоненко）也是副博士。我在使馆中很多关系亲密的同事都把自己的命运跟中国连在一起，作为学者的他们在如此复杂的形势下致力于研究这个国家，了解这个国家存在的问题，尊重这个国家的人民和历史文化，协助两国关系的修复。

在这个中国研究团体中几乎每天都有紧张的讨论，同事们既是学生又是老师。在使馆工作期间我又写了一本关于中国的书，都已经准备好样书了，但是莫斯科当局认为，在中苏关系如此紧张的情况下“不适合宣传中国的经验”。这是我被封杀的第二本书。

我在中国学习、工作、生活了八年，看上去时间不短，但是要想全面了解这个国家，把所学的知识变成严谨的学术性的东西，并完全了解和抓住“中国精神”（这中国精神就像是庞大无边无际又深不见底的海洋），区区八年时间是不够的。在这个国家当然有全人类发展的共同规律，但是也有“本身”自古以来客观事物之间相互依存的联系，在一种令人惊异的特殊条件下形成了一个特殊的世界。这里不得不提到人大校长吴玉章先生的一句话：“不考虑中国的特色就无法理解中国的一切；我们是一个特殊的国家，也是特殊的民族。在莫斯科可以研究一些普遍规律，而在北京则应该研究我们跟别人有什么不同。”

中国不仅有权选择自己的发展道路，而且从历史上来说也应该走这样的道路。1956 年 9 月，即“七大”召开 11 年后，中国共产党召开了第八次代表大会，俄罗斯的政治家和学者对这次大会给予了非常高的评价。的确，这次大会在会议宣言中声明停止进行竞赛式的社会改革，强调应该进行渐进式改革；反对个人崇拜；通过了经过深思熟虑的国家发展规划；并号召全党消除主观主义和官僚主义，加强“同苏联之间永恒牢不可破的兄弟情谊”。但中共八大还是犯了一个在我看来是重大的战略错误，它过早宣告了社会主义在中国的胜利并教条地接受了苏联的发展模式。中共八大决议宣称：“中国已经建立起社会主义制度。”而事实上，新民主主义革命和社会建设等思想才更符合中国的历史条件、具体的经济情况和为国家革新而进行政治斗争的传统。这是我在中国所作出的其中一项结论，我曾发表了一系列与此有关的作品。

这个思想是孙中山先生首先提出来的（1924年），随后，毛泽东在1939年至1949年期间在这一基础上发表了《中国革命和中国共产党》、《论新民主主义》等作品，并于1945年4月在中共七大上作为政策纲领被确定下来。根据这一思想，为建成富强的中国，需要历经一个很长的历史过程，先建立一个全民联合、向社会主义过渡的阶级社会，并且强调“任何赞同这个目标的人都可以”参加中国共产党领导下的统一战线，这里指的是几个“革命阶级”的联盟，包括爱国民族资产阶级。毛泽东指出，新民主主义共和国既不是资产阶级的，也不是苏联模式的社会主义共和国，也不是无产阶级专政，而是“第三种形式”。新民主主义学说主张多种经济体长期并存。如此一来，在有利的国际环境下，我认为就可以建立一种更有效的生产方式—混合经济—奠定基础。国家只是国民经济的“最高指挥部门”，掌管重大资本；在自愿的基础上发展合作社；地主的土地转归农民所有；保留私有财产和“富农”经济；在国家的控制下发展民资资产阶级的资本主义企业。新民主主义纲领在新中国成立后的前三年确实得以成功实施，其萌芽在“调整”时期得以明显成长。新民主主义纲领的经济方面类似于列宁的新经济政策，但在更大程度上还是与中国现在所进行的改革纲领比较吻合，其基本原则在“大跃进”和“文化大革命”的灰烬中得以恢复并转化为改革开放的思想。邓小平被认为是现代改革的总设计师，事实也是如此，但是实际上他是在新的形势下重复了很多毛泽东新民主主义论的基本原理。

现在谈一下另一个重要结论：真正的中国学家应该致力了解并掌握“中国精神”，或者哪怕只是中国人的基本心理特征，否则就不可能成为一个了解中国的专家、学者。这里我要详细说一下，因为民族心理虽然是一个模糊的概念，但在人们以至国家活动中却是一个非常重要的因素。民族性格能反映出该历史阶段生活条件的总和、先辈们的精神道德和世俗经验、为国家独立和自由斗争的经验、自然和气候特点、社会经济生活条件、社会精英以及其他民族的文化、哲学和美学影响。要想了解能够实际决定社会风气、各个民族生活方式的典型和固定心理特征，以及了解作为人类共同性自我鉴定和形成基础的心理特征，都不简单，尤其重要的是历史条件和其他生活条件，具体如世代相传约定俗成的社会规律、思维方式、习惯、道德和行为准则、心理类型等。虽然很难，但是需要去了解。

在中国学习工作的这些年让我非常留恋这个国家。19世纪初期俄国学者、历史学家、语言学家及古文献学家季姆科夫斯基（Н. И. Тимковский）写过这样一句话："命运用罕见的让人难以忘记的各种事件来点缀生活：我见过中国。"对我来说，中国已成为我生命中很重要的一部分，在去过菲律宾和缅甸之后更增强了我对东方的好感。在我第一次接触东方国家时，我就对之深感兴趣，举凡其与众不同的文化、更接近宇宙原理的世界观、令人难忘的同自然界和农村的深刻联系、传统以及生命和精神的延续性。我去过三十多个国家，每个国家都非常独特、非常有意思，但是没有任何一个国家像东方国家，像中国这样触动我的内心，让我思考过去和未来，它独有的情调让我为之倾倒。

在中文课上我们已经开始真正理解汉字的意义，从某种程度上说，汉字思维是独特中华文明的一部分。中国当代文学家的代表人物之王蒙强调："汉字是中国人的生命中枢，是我们的灵魂，我们的'根基'。"汉字除了其表面意思外，有时还具有明显的哲学意义，它就像思想的反映，还包含了美学形象。中国很多伟大的书法家透过汉字来表达思想，创作微型油画，为隐藏的情感和思想创造一个富表达力的布景。在中国，专业的书法艺术不会无缘无故被拿来跟绘画进行比较。汉字在中国起了非常大的社会作用，它把中国人团结在一起，是国家打击分离主义的文化武器。汉语中有南北方言之分，以及赣、闽、湘和其他方言。北京人听不太懂上海话和广东话。1958年，当我第一次去广州时，还找了一位翻译把当地话翻译成普通话。汉字还把整个中华民族团结在一起，把历史上各朝代的中国人联系在一起。汉字就是一部宏伟的文字史、几千年的文学作品。在全球化下，汉字对中国的精英们来说具有特殊意义，它可以作为一种独特的文化工具用来加强民族同一性，用来与反对中华文明的势力做斗争，还可以抵御西方国家庸俗的流行文化和下层社会"艺术"的侵袭。

我怀着异常惊讶的心情欣赏了北京的宫殿建筑，如颐和园、故宫、北海公园——这都是中国和中国精神的经典和象征。我到过中国东南西北各个地方，几乎在每个地方都能见到建筑类型和艺术风格互不相同但又非常相近的各种宫殿、塔、楼阁、园林、寺庙、石狮、石龟等。对一个思想自由的外国人来说，这可能意味着几千年的守旧及单调，但对中国人来说——这意味着国家的统一、传统的伟大、对文物的一致感受与形成统一世界观的根源。归根结底，这象征着民族的统一。与此同时，颐和园、故宫、北海公园也是外国人对中国的侵略遗迹。1900 年八国联军（英、法、德、美、奥匈帝国、意大利、日本和俄罗斯）以镇压义和团为借口占领了北京，在城内烧杀抢夺，洗劫了颐和园、北海公园，并严重毁坏了故宫。因此，中国人的灵魂深处长期郁积了对外国人的仇恨。这些从现在中国历史课本关于北京宫殿的描述中就能看到。“文革”前我参观过全国艺术展，去过著名艺术家齐白石和徐悲鸿的博物馆。中国的经典画作与欧洲和俄罗斯截然不同，对画的理解也完全不同。我们在看一幅画的时候往往从中去寻找好的心情，去“欣赏”和寻找一种合理的内容。而我在中国的同事告诉我，中国人从画中不只寻找一种心情，而且还寻找宇宙精神、令人感悟的元素，从各种象征符号中去感受那些没有充分表达出来的东西，去感受儒家或者道教、佛教的思想。我还观赏了真正的京剧演出，如“美猴王”、舞蹈“大熊星座和小熊星座”、哑剧“三岔口”、经典曲目“大闹天宫”、“空城计”，等等。中国经典戏剧是奠定国家雄厚文化基础的元素之一，而且对我来说它又一次证明了中国是另一种文明，是另一个世界，它不会那么快被全球化和世界大同的趋势所淹没，它将长久地屹立于自己的历史和传统文化中。

了解中国文化和历史传统中的宗教和祭祀内容，对我来说具有极大意义。在中国生活的那些年里，我去过很多孔庙、道家和佛家的庙宇和圣地，曾与许多僧人交谈过。最近一次是在 2003 年，这次去的是一处宏伟的道教寺庙，它坐落在一座山上，完全是两千多年前被雕刻出来的。我逐渐形成了一种印象：在这方面中国真的是一个特殊的国家。中国传统宗教文化的最典型特征就是混合式的——不同种类的宗教和祭祀体系混合在一个单色的有机宗教体系中，而彼此之间却不相融合。儒、释、道三教合一，而占主要地位的是儒家思想。

我并没有深入研究那些伟大宗教和学说交织在一起的历史、哲学、社会等重要方面，而只是对某几个问题进行探讨，但这几个问题还是展现了这个国家的特色。所以，在很多寺庙中可以看到不同信仰的结合、不同宗教和信仰的“交叉传授”、众“神”之间的宽容共存。可以说这是宗教活动中的某种混乱，但在这后面却有一种明确的思想：尽可能让更多的教民掌握宗教仪式，并把他们联系在一起，首先都是中国人，而不是根据各个宗教和教派把他们分开。我认为，类似这样的“混杂”其实是一种实用和理性——怎么有利怎么做，而不是追求宗教狂热，这样避免了中国人自己之间的对抗。

古典诗歌研究者艾德琳（Аделина）和巴斯马诺夫（Басманов）曾送给我几本他们的译作，他们对屈原、白居易、陶渊明和李白的诗特别感兴趣。中国古诗与众不同的地方首先不是它的异国情调，而是其强大细腻的意象，它要求读者跟诗人共同创作，使读者产生共鸣，联想并延伸其哲学思想和美好的情感——“诗句虽结束了，但思想是无限的”。我读过中国四大名著《红楼梦》《三国演义》《水浒传》和《西游记》，中国的知识分子都非常了解这些作品。要想理解剧中人物之间复杂的相互关系，就必须好好地了解中国的历史细节、日常生活、民族心理、礼仪规范。所以，把这些著作翻译成俄文确实是一项繁重且枯燥的工作。中国 20 世纪的作家，如鲁迅、老舍等人的作品则通俗易懂得多，“文革”之后一段时期的作品也非常有意思。中国发生的许多重要政治运动都是围绕着对古代戏曲和小说的讨论发生的，而这些对外国人来说是非常陌生和奇怪的，所以了解历史文学在中国具有特殊的意义。

跟中国不同领域、年龄和文化水平的人见面、聊天给我留下了非常深刻的印象，这个过程中展现了很多生动的微型形象，他们构成了整个国家生活画面的一部分，能够让人产生对中国人心理的一种想象。他们对公民本质的自我理解尤其让我印象深刻，这种自我理解的基础不从属于任何社会制度或政治体制，也不以全人类、全世界的价值为基础，而是建立在一种更牢固的基础上——对伟大的中国、对这拥有几千年悠久历史的国家的从属感，还有对这个国家的历史、文化、文明的从属感。我认为，中国人的爱国情怀所具有的首先不是社会（阶级）基础，而是文明基础。这种爱国情感更深厚，不受突发事件的影响，如果透过深厚的汉字思维、奇异的方式、外在现象和习俗，就不只会发现全人类的价值，还会发现中国人引以为傲的民族独特性，这让他们成为大中国中特殊的民族。中国人心理中对传统的尊重和强烈的历史记忆都具有特殊的意义。这在社会生活中、在家庭关系和对外国人的态度中都有所体现。

在20世纪70年代，中共中央政治局委员林伯渠的女儿林利曾教过我汉语。她在莫斯科生活了很久，拥有苏联国籍，但内心还保留了中国精神。在一次讲授中国风俗的课上，她不无自豪地说："我并非出身贵族之家，父亲来自一个农村教师家庭，但我们了解自己家族近400年到450年的历史。"几乎每个中国家庭都拥有的祭坛保存了这种记忆。在这种祭坛中供奉着一些神灵的画像，和父系祖先的牌位。这些牌位记录了几个世纪以来的家谱。林利强调："了解家族历史、缅怀先人是中国人民族心理和历史记忆的一个基础。"

中国自古以来就有"百家姓"（老百姓）的说法，并且有千百万个名字。如果姓王的遇到姓王的，姓张的碰到姓张的，他们可能会猜测，他们属于两个族系，其起源早已淹没在世世代代的洪流中，但实际上他们仍是同族人。中国人知道，虽然他们每个人都有自己的名字，但是却属于固定的族系，这个族系可能已经存在了几百年。这难道不是历史自豪感和统一情感的基础吗？

根据保存在山东曲阜的中国伟大思想家孔子的子孙名录，他约有50万个男性后代，已经延续了80代，其家谱横跨了两千五百年！

2006年去中国的时候，陪同我们的是中国社会科学院副院长、当代中国研究所所长朱佳木先生，我们参观了位于江西省靖安县县中心（建于公元前）的一个书院，在"圣人殿"中，墙上的大理石碑上刻着很多古代学者和社会活动家的肖像，同行的中国人在12世纪杰出的思想家、哲学家和文学家朱熹的肖像前停下了脚步，向他微微鞠躬，他们对朱熹给予了充分的尊重。而且，朱佳木也是这位古代哲学家的第25代直系后裔，几个世纪之后两个朱姓人在这里相互凝望着对方。

当然，只是根据传统也不可能快速地向前发展，因为传统还包含着一些保守的成分。孔子教导说，温故而知新。这样说来，传统并不是束缚，而是生活稳定的基础之一，不是先人坟墓上灰烬的守护者，而是生命之火的支持者。中国人非常清楚，当今世界正在进行一场大规模的文明、国家、跨国公司、宗教和民族之间的争斗。而威胁到俄罗斯和中国的首先就是西方文明，这种文明以权力和武力观念为基础，却打着民主、市场、个人自由的口号，而且崇尚唯理性主义、知识为目的服务。同西方文明的竞争中应该要现代化，要掌握一切新事物，敢于面对及克服当今的危险。

中国文化和精神特点很重要的一个组成部分就是，老百姓坚持自己的民族基础，不洋化自己，相反却对西方传进的事物进行实用、合理的中国化和民族化。一千年来，中国的很多民族都已融合在一起。自古以来对异己事物的中国化、消化和吸收的政策、惯例、思想和观念都是中国中心主义的表现。20世纪初期西方现代主义的自由思想和社会主义民粹思想经过改良和中国化都融入了孙中山的政治学说中，马列主义也是经过中国化后才适合中国国情的。中华文明是一种自给自足的文明，经过几千年的传播展现了自己顽强的生命力，对外来的东西进行消化吸收，充实自己的同时也保留了自身的“特点”。我认为，若不尊重、不了解中华民族这些重要的心理特点，就无法成为一个真正的中国学家，就无法了解中国。这一课只有在中国才能学到，坐在莫斯科的图书馆里是学不到的。

一个有着几千年历史、大片疆土并作为古代文明发源地的伟大国家，它深厚的历史文化基础不光造就了中国人的民族自豪感、历史优越感和自信心，还塑造了中国“特点”；而且催生了中国人恢复国家昔日辉煌的强烈愿望，特别是在19世纪末至20世纪初遭受帝国主义国家几十年的殖民压迫之后，唤起了国民对中华“崛起”的期待，并希望国家去捞取地缘政治资本以成为世界强国。这三点归根结底就是中国民族心理特点的主要组成部分，也是人们世界观的基础。

1967年底，从中国回来之后，我被任命为苏共中央同社会主义国家共产党和工人党联络部（简称“苏共中央联络部”）中国处的顾问，研究这个国家的问题。

苏共中央联络部是国家、政治经济、思想和组织等路线以及其他国家对外活动路线汇总的中心，是一个协调利益制定部门之上国家路线的工作机构。确实，同中国的关系带有非常强烈的意识形态色彩，中国共产党和苏联共产党一样都是执政党，两党都通过社会主义和马克思主义维护国家利益，但似乎还没有美国利用民主思想维护国家利益那么强烈。这就要求我们首先要确定问题或现象的政治本质，而不是它们在马列主义中的地位。实际上我们在苏共中央联络部不做党的工作，而是同其他部门一起制定对中苏关系进行评价和建议的原则。

幸运之神又一次眷顾了我，我们这个团体非常和谐，工作能力很强，我们互相帮助，做了很多工作。这是一个有创造性且求知欲强的团体，我说过，这是一个高效率的中国研究中心，其工作成果非常有价值，工作的目的不是为了“严厉地批评谁”，而是要触及一些急迫的实际问题。重要的是，我认为我们所做的一切都是为了国家的利益。我可以举很多例子来证明曾经有很多优秀的知识分子在苏共中央联络部工作过，或许可以列举一些一起工作过多年的中国学家，虽然枯燥，但却更有说服力并容易了解。

苏共中央外事部门（包括我们部、同资本主义国家和发展中国家共产党联络部、信息部和国外人才部）共有 17 个中国问题专家，所有专家都有在不同部门工作的经验，都在中国工作或学习过，而且懂汉语。其中有 4 个博士和 7 个副博士。苏联解体前后，这个团队中共有 6 人在 9 个国家任过苏联和俄罗斯驻外大使、两人任过外交部高级参赞、两人任过俄罗斯联邦外交部副部长——即杰尼索夫（А. И. Денисов）和拉佐夫（Лазов）（两个都是副博士），最后都成了俄罗斯科学院院士。他们大部分因为年龄关系已经远离了政治工作，转而成为学术院所的领头人。我的同事的研究范围包含了从古代中国哲学到当今全球化问题，到目前为止他们已经出了 60 多本专著，还有大量的小册子和几百篇论文。

中苏关系恶化期间对中国的研究不多，甚至会让人觉得这是一段中国研究停滞的时期。我们都知道，俄罗斯中国研究就像中国对苏联的研究一样，在很长一段时期内、很大程度上都是两国政治对立的一项任务，这里很明显的一个特点是：研究中国最主要的力量实际上不是苏联科学院，而是苏共中央联络部。在中苏决裂这个独特而又复杂的环境下，苏联的中国研究虽然有时片面且矛盾，但却蓬勃发展。而我认为最重要的是，中国研究的目的都是为了在未来与我们伟大的邻居中国合作。

在这段时期成立了几个中国研究小组，虽然之间实际上没有明显的区别，但还是可以从中看出有一个带头的专家组，这个小组的专家在某种程度上都能够影响苏联的国家政策，他们不仅为苏共中央提供系统化的信息，而且为领导国家提供策略和建议。这个小组里有齐赫文斯基、拉赫马宁（О. Б. Рахманин）、贾丕才（М. Капица）、季塔连科、库利克（Б. Кулик）等。“他们拥有的巨大影响力不仅是因为有很多人身居党政部门和教学机构的要职，还由于他们深厚的学术实力。”一位研究苏联中国学的美国学者如是说。

另一个小组由斯拉德科夫斯基领导的苏联科学院远东所的同志组成，他们根据自身优势主要研究苏联对中国的政治路线。这里基本集结了具实践经验的活跃学者。

我跟很多人一起工作过，也都很熟。在那个复杂时期我与德高望重的苏联中国学家阿斯塔菲耶夫（Г. В. Астафьев）共事，那次合作留下了美好的回忆。我与阿基莫夫（Акимов）、科尔库诺夫（Керкунов）、科诺瓦洛夫（Е. А. Коновалов）、波塔波夫（Потапов）在几个编辑委员会一起工作过，出版了一系列关于中国经济的重要书籍，我还与古多什尼科夫（Л. М. Гудошников）博士、索罗金（В. Ф. Сорокин）博士和马年热夫（Маненжев）博士一起在欧洲中国学家协会的大会上工作过。苏联科学院东方所以及杰柳辛（Л. Делюсин）、格尔布拉斯（В. Гельбрас）、梅列科谢特（А. Меликсетов）和其他没有直接中苏政治关系实务经验的著名中国学家都主张对中国的研究要有一定的自主权。东方所主要致力于研究中国历史和文化问题，举办了一些题为“中国传统、国家和社会”的学术会议。在东方所工作的有著名学者瓦西里耶夫（Л. Васильев）、博克夏宁（А. Бокщанин）、涅波姆宁（О. Непомнин）、艾德林（Л. Эйдлин）以及几个懂古汉语的杰出专家。在奥沙宁（И. М. Ошанин）教授的带领下编写了五卷本《汉俄大辞典》。

东方所的列宁格勒室也有一个中国研究小组，他们主要根据收集到的中国文学作品（佛教文化、文学和敦煌莫高窟文献的手稿古迹，藏族手稿和木刻，唐古特文和契丹文遗迹），研究古代和中世纪的历史、哲学和语文学。

莫大亚非学院、莫斯科国际关系学院、莫斯科的几个研究所、圣彼得堡大学东方系［谢列布里亚科夫（Е. Серебряков）和斯佩什涅夫（Н. Спешнев）教授］和符拉迪沃斯托克（海参崴）、哈巴罗夫斯克（Хабаровск）（伯力）以及其他城市的研究所和学术中心都努力培养研究中国问题的专家。苏共中央联络部的领导特别渴望吸引更多学术力量，来建立更扎实的中国学知识基础，也确实有人曾幻想把所有中国学家编入一个纵队，以保证政治立场的单一性，避免出现在中国问题上的思想混乱。为此召开了“全苏中国学家大会”和其他大型会议，在这些会议上，苏联科学院副院长费多谢耶夫、拉赫马宁、贾丕才、斯拉德科夫斯基从党政角度出发阐明了对中国研究的要求。准备出版和发表的中国问题书籍与文章（有时言论空洞且毫无意义）都要送到苏共中央各部“审查”。所以不得不经常阅读大量的材料，准备发言，弄清一些学术问题的核心。这项工作虽然琐碎，但是很有意思。那些学者、知识分子通常都是些与众不同、眼界开阔的人，同他们往来让我增长了不少见识。

中央机关中具有学历和职称的工作人员都不计报酬为各编辑委员会、学术委员会等机构工作，成为这些机构的委员，比如说，我就是苏联科学院远东所学术委员会、《远东问题》杂志编辑委员会、《中华人民共和国》年鉴编辑委员会的成员，也是全苏中国学家协会的理事及主席之一，我还加入了苏联科学院海外远东问题委员会和苏联科学院“友好国家的社会主义建设经验总结”问题探讨委员会。

我想要特别强调以下几个方面：说到在激烈论战时期的刊物，应该考虑到在这段时期反映中苏决裂的作品中并没有“反华言论”，没有贬低中国与其伟大人民的言论，更没有反对中苏关系正常化的言论。可以说，在那最严峻的时刻，正是苏共中央联络部否决了那些狂热的新闻工作者想把中国逐出社会主义阵营的企图——这里所说的不是学术上的事，而是政治战略。如果我们抨击中国不是社会主义国家，就无异于在两国关系正常化的道路上设了一道障碍。我没有理想化那些刊物，但在里面讨论了唯意志论、主观主义、大国思想、专政手段等，这些批评有90%吻合改革开放后中国对那些事件的官方评价，也与中国的社会舆论一致。我想提醒一下，出版物的数量明显增多了，特别是关于各个领域问题的书籍，学术工作者的数量也增加了一倍。这种批评和分析态度让人们能够看到中国国情的深处，并唤醒中国社会生活中以前不被人了解和熟悉的层面。据我统计，根据苏共中央联络部建议通过的中央决议多达十五项，旨在加强中国研究的硬件基础，拓宽和加深学术研究，培养人才。

为了有系统地研究现代中国的重大问题和中苏关系亟待解决的问题，1966 年成立了苏联科学院远东所。同时开始发行《远东问题》杂志，从 1972 年起每季发行两万零五百份。大部分研究国际课题的学术院所都成立了研究中国问题的小组：在莫斯科大学东方语言学院的基础上成立了亚非学院，高等院校和苏联科学院研究中国的学术机构也扩大招收研究生，每年增加到 50 人，并接受国外中国学家来苏联进修。伊尔库茨克国立大学、喀山国立大学、哈萨克国立大学、基辅国立大学、雅库茨克国立大学都重新成立了汉语系。远东的中国研究中心也恢复了工作，滨海区也调整了对中国学家的培养工作。此外还组织出版了一系列科学简报，其中也涉及中国的科技问题。重新成立的苏联科学院海外远东问题学术委员会也着手开始工作。

此外，还首次同国外中国学界合作举办了一些重大活动，例如，1976 年，讨论远东现实问题和中国当代问题的国际科学委员会成立运作，与会者有来自各国中国学中心的学者，包括苏联、保加利亚、匈牙利、民主德国、蒙古、波兰、捷克斯洛伐克和古巴。该委员会举办了许多学术会议，促使成员之间共同研究。从 1967 年开始，上述国家研究中国问题的党务工作者和中国学家开始在国际中国学体系内合作。苏联的中国学中心以及这些中心的中国学家开始积极参加西方国家的学术会议，远东所在 1976 年以团体会员的身份加入“欧洲汉学家协会”，苏联学者也进入了协会的领导机构和其他工作机构。

这样一来，20 世纪 50 年代末由于苏联关闭中国学研究所、削弱对中国学人才的培养、减少关于中国文学作品的出版而导致中国研究的严峻形势得以缓解，研究水平顺利提高。如果 20 世纪 60—70 年代没有采取加强中国研究的措施，苏联中国研究未必能够经得住 20 世纪 90 年代“民主”风暴的打击。

但当时苏联中国学的发展还有很多问题没有解决，在组织及物质水平上落后西方国家，我们的中国研究也不及中国对苏联的研究，后者在 80 年代中期就已经有超过 40 个专门的苏联研究中心，有 50 所大学设有俄语和苏联学专业（这还不包括其他机构的苏联学研究小组），以及十多个研究苏联问题的全国性协会，还有很多正在筹备中。而90年代苏联的中国研究则又遇到了一个新的打击。

* * *

1971年底我被任命为苏共中央联络部的经济问题顾问。顾问团的首要任务是分析和总结苏联与其他社会主义国家经济合作的主要趋势。20世纪70年代，最迫切的国际问题之一是所谓的“国际经济新秩序”。这是指地球上三分之二的发展中国家提出的一系列思想和措施，以及为了维护这些国家的利益而彻底改变国际经济环境的想法和措施。发展中国家的这些建议涉及彻底改革原材料产品贸易体系（发展中国家出口占80%）、消除成品出口的障碍、保障货币流通和金融援助、取消债务、传播技术，等等。

每次发展中国家参加的大型国际会议都为了“国际经济新秩序”的问题展开政治争吵。我被委托负责处理社会主义国家与发展中国家之间的经济联系问题。表面上看，中国问题对我来说已经是次要的了。但是，属于第三世界的中国积极参与“国际经济新秩序”，所以我必须得“两条腿走路”：一方面研究经互会成员国与发展中国家的关系问题，另一方面研究他们与中国的关系问题。

“国际经济新秩序”问题吸引了欧洲政治界、科学界、社会界的广泛关注。其中包括“罗马俱乐部”、“哈马舍尔德基金会”、世界银行及其他国际组织都在研究这个问题。经互会国家也被吸引到建立“国际经济新秩序”的轨道上来，因此我在研究相关材料时，主要是找出这些国家的共同立场。在莫斯科、华沙、柏林、布拉格的对外贸易部长会议和国际学术论坛上，我寻找各国对“国际经济新秩序”问题的相同立场，规划经互会国家对外经济领域的共同活动。社会主义国家的学者们准备了一份题为《经互会成员国在改变国际经济关系问题上的立场》（“星星”项目）的报告。我作为苏联专家团的成员在华沙工作，与我一起工作的还有后来的院士О.Т.博戈莫洛夫（О.Т. Богомолов）和Н.П.什梅廖夫（Н.П. Шемелёв）。我们努力使苏联、经互会及其成员国加入世界经济的大家庭中。

应该说，苏共中央外事部门经常派经济、社会、科学等代表团到国外考察，代表们经常能拿到学者、社会活动家、经济学家等身份的护照。我参加过数十个类似的代表团，多数代表团都是考察中国问题和中苏关系的。比如，1969年我跟随苏联代表团到柏林参加世界和平大会。很多国家都在开展拥护和平的运动，这对世界生活产生了影响。当时的柏林聚集了来自101个国家、56个国际组织和320个国家组织的1100名代表。当时捍卫和平与支持裁军的群众运动团结了各种如散沙般的反战政治力量，但是他们的活动是受共产党和工人政党赞助的。首先是苏联共产党，这种活动带有反帝国主义的性质，比如：抨击美国在朝鲜、越南和古巴的武装干涉行为。中国代表团没有参加这次大会。当时有一位著名的加拿大神职人员在自己的演说中谈到了中国问题，他就是神学博士詹姆斯·恩迪科特（James Endicott）。他曾是世界和平理事会的成员，曾因“维护世界和平”获得斯大林勋章。恩迪科特曾讲述中国的伟大，他认为那些企图孤立中国的人是“目光短浅”的，他是在暗示苏联和美国。我跟恩迪科特见过面。他在中国传教二十多年，熟知这个国家和它的语言、文化。我们曾谈到中苏关系，后来转而谈到中国文化的全球化问题。恩迪科特高度评价中国文化的持久性、生命力，并得出结论：若想让整个世界不被中国文化淹没，那就得把西方思想灌输到中国精英的头脑中，而能做到这一点的不是靠传教士，也不是马克思主义者，而是西方的科技。

我参加过几十次国际会议、研讨会、座谈会和各种各样的国际学术会议，随同学术代表团和党代表团访问过保加利亚、匈牙利、民主德国、波兰、蒙古、古巴、越南、捷克斯洛伐克，等等。我还以苏联代表团成员的身份参加了四次欧洲汉学大会，分别在意大利、瑞士、英国、联邦德国。我参加过最大的国际会议大概是1976年在肯尼亚首都奈洛比举行的第四次联合国贸易及发展会议，当时我以苏联代表团成员的身份参加。共约3000名代表参加这次会议，有来自139个国家、28个政府组织、14个非政府组织以及联合国其他机构。有157名代表在大会上发言，会议讨论的议题还在五个正式谈判小组、各个代表团和调停委员会同时展开。这是一次规模庞大的谈判。这个有着多国语言、乱哄哄的场面持续震荡五月的奈洛比。激昂地讨论了整整一个月，到最后讨论到昼夜不停的程度。政治争论共分三方：发展中国家—西方发达国家—社会主义国家。中国没有加入任何一方。

我以社会主义国家小组组长的身份在会议上发言，这个小组应当准备一份关于所有社会主义国家共同立场的文件。最终，苏联、白俄罗斯、乌克兰、保加利亚、匈牙利、民主德国、古巴、蒙古、波兰、捷克斯洛伐克等国的代表共同起草了《社会主义国家在联合国贸发会议上的共同声明》，在这份声明中各国首次就国际经贸关系的重要问题阐述了自己的原则立场，这份声明也被确定为联合国贸发会议的 TД 211 号正式文件。第四次联合国贸发会议表明，世界经济问题越来越呈现出不同国家集团之间日益尖锐的政治斗争。苏联和中国并不能完全迎接这一挑战。两国在对待发展中国家的共同方针基本上都要为“冷战”的任务让步，所以很少考虑各自的特色和对西方有利的政治转折；而且在我们的观念中还存在强烈的“革命精神”和轻视经济发展的思想，并未意识到增强国家在国际市场上经济地位的必要性。相对薄弱的苏联和中国经济，加上两国较少参与世界经济流通，都削弱了其政治代表团的威信，也限制了对世界力量划分产生实际影响的可能性。

* * *

在社会主义国家对外经济联系问题顾问小组的工作期间，我没有停止对中国的研究，1971 年发表了我的专题论文《中国民族资本的改造问题》（435 页），1974 年以“瓦宁”为笔名发表了第二篇专题论文《中国的国家资本主义》，同时发表了针对此书的五篇评论文章，还出版了《中国资本家的收入和对民族资产阶级生产资料的赎买》等书。

与此同时我还要准备博士论文，联络部领导不赞成我的做法，对我一点也不照顾。一心同时二用确实是很困难的事。

1975 年我的博士论文《中国民族资本的改造（理论和实践问题）》完成了。联络部的同事们通常要在最高党校或者苏共中央所属的社会科学院进行论文答辩。但我想，如果能够在我的母校莫斯科大学拿到博士学位，那将会更有分量。我知道，莫斯科大学有很多学者对党务工作者的学术热情持怀疑态度，而且在社会学系也有不少教条主义者，所以我会面临两面夹击的处境。当时，我出版的书和发表的论文已经超过 70 印张（1100 多页），无论是当时还是现在都有足够资格进行博士论文答辩了，我的一些作品还在国外出版，被翻译成英语、法语、德语、西班牙语、阿拉伯语、波兰语、捷克语、保加利亚语、蒙古语等多种文字。

我在论文中使用了一些关于中国的特别数据（有80个表格），讨论了社会经济改造条件下生产国有化的普遍性和特殊问题，以及研究由此产生的向新社会过渡的方法论和理论原理，还分析了苏联、中国的研究人员和其他国家的学者对这些问题的态度，描述了再生产的各个阶段中过渡关系的社会经济类型和方式，从数量和质量上着重评论了对资产阶级财产的“赎买”，并首次确定了“赎买”的总量。

在研究具体经济进程的同时，论文还根据中国和其他国家的资料，论证了在某种程度上具有普遍学术意义的思想。

• 这是有关多种所有制形式和经营模式共存，以及各国经济体制向混合经济转变的客观必然性的论证。

• 这是关于在不损害社会和民族利益的情况下，国家必须从多方面调整经济进程，没有这种调整就无法发展市场经济的论述。同时强调要平衡和慎重对待国家在经济领域中的作用。

• 论文指出要研究人类长期社会运动的普遍规律性，并指出研究国家各发展阶段的特点、历史传统的独特性及社会经济、自然等条件和其他条件都具有特殊的意义。

• 论文论证了社会主义经济元素和资本主义经济元素结合的可能性、作为社会主义同盟军的中国国家资本主义的性质、和平主义者对民族资产阶级的态度及与其结成特殊联盟的因果关系和趋同思想。1982年我用“瓦宁”（Ванин）的笔名发表了论文集《民族资产阶级》，书中收录了一篇名为《中国的阶级和阶级结构》的文章（第200—271页）。

现在，民族资产阶级在中国多成分的经济中起着非常重要的作用，而企业活动成了中国现代经济史上最重要的现象之一，我的论文和著作中有很多原理仿佛获得了新生命。

1975年春天，我在莫斯科大学经济系外国经济组进行了论文答辩，这可能是莫斯科大学最现代化的一个教研组了，组内的老师非常了解这个世界比课本上写的更加多样与复杂。外国经济组组长是著名的德拉吉列夫（Длагилев）教授，论文答辩的正式评阅人有已经成为苏联科学院院士的斯拉德科夫斯基、普列汉诺夫国民经济学院的教授别利亚耶夫（Ю. К. Белияев）、社会主义国家问题专家和俄罗斯国家资本主义系列丛书的作者、莫大政治经济组组长尤费列夫（С. В. Юферев）博士。经过例行讨论之后，先是小型讨论，然后是大讨论（最“可怕”的是三十多个教授和博士一起讨论），最后系学术委员会决定授予我经济学博士学位。

* * *

1978 年我又回到了研究中国的道路上——领导苏共中央联络部关于中国研究的工作。过去几年我放下了关于中国问题的研究工作，所以这次我申请派我去北京，以便能够亲眼观察这个国家和感受那里发生的一切。这是苏共中央联络部的工作人员在“文革”后第一次去中国，当时党派之间已停止来往，我是以外交部高级参赞的身份陪同苏联大使来到中国。这次出差是参观游览，我看到的中国变化不大，但是却感受到了一种不寻常的政治气氛。中国这时刚刚经历了一段特殊的历史时期，1971 年中国共产党的第一副主席、国防部长、“文化大革命”的领导者之一林彪神秘死亡，他携家带眷从北京乘机秘密出逃，结果飞机在蒙古坠毁。林彪死后党和国家大权全部落到了“四人帮”手里，即中共中央副主席王洪文、国务院副总理张春桥、江青以及姚文元，四人都是中共中央政治局的委员。

1973 年召开了中共“十大”，这是毛泽东在世召开的最后一届党代会，大会主题是批评林彪和号召维持国家的稳定，会议肯定了中国的对外政策。1975 年对中华人民共和国宪法作了修改，目的是为了从法律上确立“文化大革命”的成果。1976 年初中国最著名的一位政治家、中华人民共和国国务院总理周恩来逝世，华国锋接替了他的位置。

1976 年春天，位于北京附近的唐山发生了大地震。1976 年 9 月 9 日毛泽东逝世，之后“四人帮”被逮捕，随后被开除党籍、撤销一切职务并关入监狱。

我看到了一个饱受惊扰的国家和不安的人民，上层社会的精英们不知所措地在一片政治思想混乱中找寻自己的位置。“现在的冲突、矛盾和问题比历史上任何一个时期都多”——《人民日报》这样写道。中国的报刊从一个极端走向另一个极端，但多数都是持批评态度。

当时出现了三个明确的派别：(1) 力求重新评价毛泽东的思想政治遗产，从民族宗旨的角度重新调整中国的社会结构，确立一条属于中国有效的新的国家富强之路；(2) 试图抛弃毛泽东“左”的错误，重新开始“大调整”时期的做法；(3) 努力坚持“毛泽东思想”的所有基本原理，利用国家的政治力量与阶级斗争加快国家建设。这三个派别都带有明显的中国民族特色与建设强大国家的倾向。

至于从反社会主义的公开资产阶级立场、从资产阶级民主主义和号召走西方道路并与之紧密结合的立场，批评“文化大革命”期间建立的制度；除此之外，也从科学共产主义和号召走苏联道路并与之结交的立场批评。这两种极端观点都是次要的思想政治斗争。1978 年通过了修改过的中华人民共和国宪法，恢复了以前的国家权力制度。

中国之旅的主要印象是，毛泽东去世后的中国社会陷入了深深的社会和思想政治危机中，国家领导层的各个派别都在从社会生活的各个领域积极寻求出路。关于这些我在《中国人自己怎么看待国家的悲剧》(1980) 一书中作了介绍。形势的复杂无法用单一意义和一个口号去定义，中国——要么前进，要么停滞——虽然暂时还走在以前的轨道上，但已经出现偏离或走向另一个方向的征兆。

1978 年 12 月召开了中国共产党第十一届三中全会，众所周知，这次会议标志着中国国家生活的重大转折。邓小平在报告中清楚描绘的改革原则与方法构筑了一个新的制度蓝图：恢复多种经济成分、启动小私有者经济和私营企业、缩小国家计划的范围、进行市场调节、吸引外国投资。由此出现了另一种社会主义的方式，不是苏联式的社会主义，而是“有中国特色的社会主义”。更准确点说，我认为这是一种混合式经济，在这种经济方式的基础上必然会形成一种新的社会结构。

邓小平提出的国家发展课题成了中国新时期政治路线的核心：(1) 改革。(2) 现代化——这是根本。(3) 前提是国家稳定。在此基础上初步形成了克服党内和国家危机、分歧的计划，为实施调整后的国家方针创造了条件，确立了对外路线。

1981 年 6 月的十一届六中全会为此道路上迈出了的重要一步，会议对一系列问题基本上都作了评价，苏联共产党也曾有过这样的评价，当时中国社会生活中的所有负面现象都遭到批评（“大跃进”、人民公社、“反右”、“文化大革命”等）。我们对一些问题的态度跟这次会议的评价是一致的，这些年来中共文件中首次在个别问题上对苏联有了积极评价。莫斯科官方紧跟着就肯定了中共中央这几次全会的决定，也肯定中国各方面的进程，简言之，就是肯定了对毛泽东思想的恢复。但是，就像我在中国之旅中所看到的那样，这并不是器官移植手术后那样的恢复法，而是去除了毛泽东思想中“左”的东西，停止“以阶级斗争为纲”，为经济发展清出道路，这实质上是“新民主主义理论”的创新，推行新的中国特色社会主义思想。然而苏联领导层还没有准备好接受中国的改革以及中国自己选择的道路和社会主义模式。所有一切都证明北京明显脱离了苏联的社会主义模式，正在“向右转”，苏联方面担心中国改革的影响会动摇苏联“现实社会主义”的基础。

* * *

1982 年 6 月我又一次作为苏联大使的客人访问中国，当时中苏关系仍然没有恢复。国家整体上正在发展，虽然有时会出现无序的状态，几乎每走一步都会出现新的事物。经济恢复，市场活跃，老百姓物质生活逐渐改善，城市恢复了私人商店和小工厂，兴建了为数尚不太多的西方式高层酒店，政治口号消失了，也看不见到处引用的毛泽东语录了。我向中国一家国际旅行社提出申请，想见一些曾在莫斯科和北京一起读书的老朋友。我本来以为这是不可能实现的，但两天之后却在人民大学和他们见了面，这些人都经历了“文化大革命”的迫害，后来又都恢复了名誉。刘友勤已经是教研组副组长，曾留学莫斯科大学经济系的苏红成了一家戏剧杂志的主编（据说她跟刘少奇一家走得很近），徐琼燮（Сюй Кёнше，音译）（我在莫斯科大学的同班同学）在中国国际广播电台做宣传工作，后来去了马列著作编译局，她的先生康裕耀（Кан Юяо，音译）曾在人民大学做翻译，后来成了俄罗斯文艺作品翻译的编辑顾问。

我们一起回忆过去，畅聊国家大事，感觉时间根本没有过 20 年。刘友勤已经不再研究苏联经济了，而是研究美国经济。他强调说：“失去了中国市场，苏联将无法与西方竞争了。中国永远不会与美国结盟，中国需要的是技术、资金和销售市场。而莫斯科只是向中国输出‘话语’，自从赫鲁晓夫召回援华专家后，中国就很难再相信苏联了。俄国有‘三驾马车’的说法，但我们只有一驾主要的马车——国家经济，我们套上两匹马去拉动经济：左边是私营企业、民族资本，右边是外国资本。我们的三驾马车将加速向中国特色的社会主义前进。”苏红则抱怨苏联没有弄清楚“文化大革命”，没有支持刘少奇和邓小平。她说：“你们现在断定中国在恢复毛主义，但中国人民却正在过着一种不一样的生活，我们呼吸得更自由了。中国人明白为什么‘文化大革命’被称为毛主义，但不明白为什么新的生活也被称作‘毛主义’。人们不再接受苏联的宣传了。”徐琼燮告诉我说，现在几乎都不出版毛泽东的著作了，康裕耀则展示了一份书单，上头是苏联和俄罗斯作家准备出版的书籍，有 20 本左右。中国成立了 20 个研究苏联问题的学术中心，需要大批俄语翻译。

回到莫斯科后，我把自己的见闻和感受报告给苏共中央政治局研究中国问题的各委员会。这些委员会都是针对国家生活的重要问题成立的，其成员通常都是研究或主管该领域问题的苏共中央政治局委员和秘书。参加这次会议的有政治局委员安德罗波夫（Ю. Андропов）（苏共中央委员会秘书）、葛罗米柯（А. Громыко）（外交部长）、乌斯季诺夫（Д. Устинов）（国防部长）、基里连科（А. Кириленко）（苏共中央委员会秘书），还有苏共中央委员会秘书齐米亚宁（М. Зимянин）和鲁萨科夫（К. Русаков），苏联国家安全委员会主席费多尔丘克（В. Федорчук），以及苏联科学院远东所所长斯拉德科夫斯基，苏联外交部远东司副司长贾丕才。这是我第一次在这些“照片”面前报告（坐在我前面这些人的相片都是挂在墙上的）。我报告的主题非常明确，在苏共二十三大（1981 年）上勃列日涅夫说：“中国的国内政治正在发生变化，其真正意义尚有待时间来揭示……”变化确实正在发生，这毫无争议，但性质是什么？将把中国带向哪里？关于这个问题有不同意见。我准备这个报告的原则就是：展示一个真实的画面，并用几句话进行评价。

……中国禁止粮食自由买卖长达25年，而现在农民可以顶着大太阳坐在市场卖一麻袋粮食…… 顺道去以前的一个地主婆家看看，她第一次获得公民权利，租用了一公顷果园……以前每辆自行车上都有一块写有毛主席语录的红牌子，现在水泥台上都是西方机械的广告……中国出版了全套的《列宁全集》。我还谈到了经济增长、“三匹马”、文化生活的活跃。最后得出这样一个结论：中国正在开始按自己的模式建设国家，不是苏联模式，不是美国模式，也不是过去的毛泽东模式，在这种模式下最重要的是经济建设。内部改变没有导致中苏关系的紧张，相反，却引起了对外政策的调整。报告过程中我还穿插了一些照片。

这段时期我常以莫斯科出版的一系列关于中国经济书籍的责任编辑和前言作者（笔名“瓦宁”）的身份演讲，这些书籍包括《中国：社会主义经济的发展》（1982年，458页）、两卷集《中华人民共和国经济》（1983年，上卷200页，下卷178页）、《中华人民共和国经济，统计资料》（1984年，176页）、《中国经济结构》（1984年，472页）。1984年10月中国共产党第十二届三中全会审议并通过了《中共中央关于经济体制改革的决定》。这项决定是有关城市经济和工业的积极改造。实际上，这项决定开启了改革的新阶段，巩固中国社会经济发展的长期战略，确定了“中国特色社会主义”的模式，也确定改革的战略路线：在“中国特色社会主义”初级阶段的框架下，在保证稳定的基础上，以改革开放的手段将中国建设成伟大富强的国家。

为了全面评价中共十二届三中全会的决定，苏共中央联络部委托主要的学术机构分析中国的形势，建议苏联应该作出什么样的反应和策略，以及怎样处理中苏关系。参加这项工作的有苏联科学院经济所、世界社会主义国家经济所、世界经济和国际关系所、远东所、国际劳工运动所、哲学所、社会科学信息所，以及马列所、苏共中央社会科学院，等等。以上单位所做的二十份报告基本上都是一样的，专家们认为，中国的改革与苏联经验是相对立的，虽然改革总体上符合中国的情况，但目前还不是下最后结论的时候。我详细介绍了1984年至1985年的几项改革进程，不只是因为它们与中国研究有关，主要是因为从没有人写过。我在《生活》（莫斯科，2008年）一书中对这一问题做了非常详细的描述。

为了全面评价中国的经验以提供苏联参考，为了通过中国的改革透视俄罗斯的经济，必须要想尽一切办法把中国重新审视中苏关系及其改革的特殊意义上报给苏联的领导层。我建议选派一个经济学小组前往中国，这些经济学家包括：苏联国家计划委员会所属的经济研究所副所长科斯塔科夫（В. Г. Костаков），我们曾经一起在莫斯科大学共青团工作，后来他成了研究所的所长；苏联科学院中央数理经济学研究所副所长、经济学博士、后来的院士亚列缅科（Ю. Яременко），我曾写过关于我们一起在基辅学习的文章；苏联科学院远东所研究员列梅加·柯洛廖夫，他曾担任苏联对外贸易部形势研究所研究员，我和他一起在北京使馆工作过。1984 年 11 月底到 12 月初，代表团访问了中国的五个省（自治区、直辖市）、六个大城市、五十个国家部门、企业和研究所，同三百位中国的实践家和学者举行了会谈。在此期间我也完成了自己的第三次中国之旅：北京—上海—杭州—厦门。

代表团在总结这次访问时写了一份详细的报告，肯定了中国的改革。很明显，1982 年我向苏共中央政治局各委员会汇报的“三匹马”已经把中国经济这驾马车拉出了泥沼。亚列缅科强调过，不能把中国在经济领域取得的成就仅仅归功于“市场改革”，除此之外，兼顾结构调整的投资政策、提高主要农产品的收购价、农业补贴的发放、贫穷生产队的免税、工资提高等措施都起了非常重要的作用。这对我们来说都是很重要的经验。我们对多元的混合经济理论和实践、“市场社会主义”模式、“社会主义和资本主义的趋同现象”有着根深蒂固的敌对态度，这妨碍了我们对改革的理解和接受。然而，当时世界经济的典型特点却正是许多不同政治经济体制的国家从以上方面改革经济机制。从中国改革经验中得出的一个主要结论绝不是“市场社会主义”，而是经济停滞的挑战——不能思想僵化，不要怕改革。我们本来可以有自己的改革道路：首先利用投资、行政和市场因素进行经济结构调整，利用军工设备制造高科技民用产品，为了促进集体农庄的发展进行财政重组。我们的形势曾比中国更有利，苏联相对优势更大：军工设备、学术潜力、资源等。

可惜苏联领导层尚未得出这些结论和其他一些结论，包括对苏联国内改革和中国改革也没有给出一个原则性的态度。

当时在苏联中央各部负责人的倡议下，通过了一个方案——设立一个庞大且似乎具权威的委员会，为苏共中央准备一份关于中国改革的特别报告。参与这个委员会工作的有苏联对外贸易部副部长格里申（В. В. Гришин），苏联科学院世界社会主义经济研究所所长博戈莫洛夫（О. Т. Богомолов），"经互会"国际经济问题研究所所长、苏联科学院通讯院士希理亚耶夫（Ю. С. Ширяев），苏联科学院通讯院士布尼奇（П. Г. Бунич），还有来自苏共中央各部的七位顾问、十几位博士、苏共中央马列主义研究所的一位处级负责人、苏共中央社会科学院的一位系主任、苏联科学院远东所副所长。

一般情况下，只有在准备苏共中央全会的材料时才会组成这样的团队。当时采用了众多部门和学术院所的 40 多份报告和资料，其中包括苏共中央社科院马列主义研究所、苏联国家计划委员会、国家科技委员会、苏联对外贸易部、国家价格协调委员会，还有苏联科学院的远东所、世界社会主义经济研究所、经济所、苏联驻北京大使馆、苏联各个访中代表团的报告。1985 年初，题为《中国经济体制改革的基本方向和可能结果》的报告大功告成。报告中涉及了所有问题：中国"脱离苏联经验证实过的社会主义建设规律"；肯定中国改革符合国家的条件、"利大于弊"；批评资产阶级理论；预言改革一方面会破坏中苏关系，另一方面也能改善中苏关系……报告的结论是：改革是不应当受到抨击的，这已经向前迈出了一大步。但是有两个主要的内容没有提到：第一，明确承认改革对中国来说是件好事；第二，苏联也是时候改革国内经济了。委员会中最"睿智"和有影响力的成员们都明白，苏联党和国家领导层不准备进行改革，因而也不想接受中国的经验。当时的苏联领导层根本不可能明白由粗放式发展过渡到集约型发展的必要性，也没有能力跨过门槛去改革国家、生产、管理、政治和意识形态理论。

此外，苏共领导层内部也越来越不稳定。柯西金已经不在了，季洪诺夫（Н. А. Тихонов）也正准备退休。1982 年 1 月苏斯洛夫去世，同年秋天勃列日涅夫去世，1983 年佩尔谢去世，1984 年乌斯季诺夫和安德罗波夫相继去世，不久契尔年科也与世长辞。老人政权崩溃了，国家陷入了深渊。没有一个人能为原则性的决策负起责任，其中包括中国问题。提交给政治局的报告无法进行讨论。我个人认为，假设（只是假设！）1984 年底到 1985 年初苏共中央政治局能全面讨论并通过决议的话，中苏关系正常化的实现就会早些，苏联的改革也将更有秩序，就不会出现“休克疗法”了。

1985 年 3 月戈尔巴乔夫开始执政。也许随着他的上台，与中国关系正常化的方针会变得更加肯定和持续。像中国领导人一样，戈尔巴乔夫向西方伸出了友善之手，否定了以前的外交路线，确定了“非意识形态化”的立场。在“改革”过程中萌生的许多政治方针与中国非常相似。这拉近了两国的距离。的确，中国领导人坚定了自己的立场，加强了中国共产党的领导和国家的统一，保障了社会的稳定，为建设富强国家高举社会主义旗帜。而我们的“改革者们”却拒绝社会主义，导致国家崩溃、社会混乱，使苏共及众多已取得的成就遭到毁灭性打击。

* * *

1986—1990 年，我从事的工作与中国不再有直接的日常联系：我先后任苏联驻菲律宾大使、俄罗斯联邦驻缅甸大使，主持俄罗斯联邦最高委员会议会间联系处，担任“和平”银行的首席经济顾问。对中国的了解在每一个工作岗位上都“帮助”了我，我的中国学专业大大帮助我解决那些远离中国的工作任务。

在菲律宾即是如此。一般认为，探险家麦哲伦于 1521 年在宗教的外衣下利用武力打开了菲律宾的大门。然而，在很久之前岛上就出现了中国，甚至印度和阿拉伯的商人和旅行者。中国人对当地居民的文化产生了很大的影响。至今中国使团和中国贸易的影响在菲律宾还清晰可见。正是由于得到了当地中国商人的赞助，马尼拉才举办了唯一的一次阿基诺总统杯足球循环赛。苏联代表队取得了冠军，当时的体育场上升起了苏联国旗。顺便说一句，科拉松·阿基诺是华人后裔。当她举办家族聚会庆祝自己成为菲律宾总统时，有 580 位来自中国、新加坡、泰国和美国的亲戚来到马尼拉，他们大多数都是中国人或有着中国血统的混血儿。我与菲律宾天主教教会的枢机主教辛海棉(Jaime Lachica Sin)之间的合作对调节苏菲关系意义重大。菲律宾是亚洲唯一的天主教国家，有 85%的人口信奉天主教，因此教会是推动社会和政治生活的有力杠杆。辛海棉是个中国人，十四岁的时候曾经住在上海。我们之间找到了共同语言。两国历史上首次有天主教教会的主教来参观苏联使馆，也是首次有苏联大使访问天主教教会红衣主教的府第。对我来说，苏联政府可以用一个有影响力的主教来传达意图给菲律宾首领，他完全有可能影响到菲律宾的政治。枢机主教还是阿基诺总统的私人神父，1987 年他曾访问苏联。在老一辈外交家回忆录文集第 18 卷（莫斯科，2007）中有关于我在菲律宾工作的概述。

1990 年至 1992 年在缅甸工作期间，我与中国大使程瑞声合作愉快。他精通缅甸语，能够翻译高级别的谈判。当时中苏关系正走向正常化，我们顺应时代潮流举办了一次双方使馆工作人员的聚会。中国是缅甸的主要合作伙伴，两国关系非常亲密。缅甸的地缘政治地位使它受到邻国印度和中国的密切关注。

从缅甸回国后我曾在俄罗斯科学院远东所工作过一段时间。那是个积极总结中国改革的时期。我主编了两本书：《中国经济改革的经验》（1993，88 页）和《中俄经济发展水平比较》（1993，178 页）。

1994 年至 2000 年期间我工作的“和平”银行参与了中俄政府间关于太空火箭技术合作的协议。俄罗斯协助中国航天员的飞行训练。双方签署了中俄政府载人航天领域合作协议、俄罗斯航天局与中国国防科工委载人航天合作总协定。在这一领域还有众多未解决的财政问题，其中包括双方货币支付的规划方案。中方倾向与个别企业直接结算，营造竞争环境。考虑到两国在航天领域，特别是载人航天领域的合作，我建议在中国银行开通一个与“和平”银行往来的账户。为此需要有合适的条件。“和平”银行拥有俄罗斯航天局的专门账户，在这方面具有一定经验：阿尔法国际太空站的财政项目以及“米尔航天飞机”相关的财政就是透过该银行实施的。最初在俄罗斯联邦外交部举行了一系列与该问题相关的会议，后来中国驻俄罗斯大使李凤林也召开了若干类似会议。李大使曾在莫斯科大学语言系学习，精通俄语，是个很有经验的外交官。2003 年我们在北京的中俄学术会议上重逢，讨论了中俄两国经济联系的效益。对此中方表现出高度的谨慎。中国政府不相信俄罗斯金融体系的稳定性，甚至不允许我们几家大银行在中国开设分行。谈判拖了很长时间。后来中国的预言成真了，1998 年的金融危机使多家俄罗斯银行倒闭。

2000 年我回到远东所担任研究员并主管学术出版部，我还当选为俄罗斯科学院远东问题研究所学术委员会委员和论文答辩委员会委员，我以前就和远东所密切合作过，在苏联时期远东所成立的时候我就是研究员并担任副所长。由于管理者付出的巨大努力，出资人的影响力，还有跨国计划，以及将苏联时期所造建筑物的部分广场出租，因此俄罗斯科学院远东所在“改革”的风暴中得以平稳运行。虽然改革期间工作人员差不多减少了一半，剩下学者的平均年龄也超过了六十岁，但这个团队仍积极工作。在基础性问题、中日韩发展经验以及亚太地区政治、经济和文明进程的研究，远东所在苏联科学院各研究所中处于领军地位。经过很长一段时间的中断后，我又重新开始访问中国。

2000 年，在随远东所副所长 P. 阿斯拉诺夫（P. Асланов）率领的代表团访问中国期间，我在中共中央党校作了题为“关于中国特色社会主义建设”的演讲，在中国社会科学院俄罗斯东欧中亚研究所作了题为“俄罗斯的经济政策和经济”的演讲，在北京和大连党校作了题为“中俄关系”的演讲。2002 年，我参加了在北京举行，并由中国人民对外友好协会和平与发展研究中心举办的国际学术会议，并作了题为“中俄美互动中的经济因素”的报告(报告于 2003 年以中文出版于会议资料里)。在 2003 年莫斯科第十四届主题为“中国：全球化的机遇与挑战”的国际学术大会全体会议上我作了同一题目的报告。我的研究兴趣开始转向中俄关系。我还担任了很多此类书籍的责任编辑，比如：季塔连科所著的《俄罗斯——合作中的安全》(莫斯科，2003 年，406 页)；《中俄关系：现状和前景》(莫斯科，2005 年，412 页)；《俄罗斯与中国——全球化下的合作》（莫斯科，2005 年，400 页）。我还是年鉴《中国：政治、经济、文化》编委会的成员。

2006 年 6 月中国之行的行程非常紧凑。第一站是北京，我在新书《中国—俄罗斯：2050》发表会上发言，并在中国社会科学院当代中国研究所和俄罗斯东欧中亚研究所联合举办的学术会议上发言；第二站是江西，后来从那里去了哈尔滨，参加中俄地区及边境合作问题的会议；之后重新回到北京，参加中国社会科学院和俄罗斯科学院学者的“中俄关系：过去、现在、未来”国际论坛。有十名俄罗斯科学院院士和通讯院士、来自中俄两国研究所的 24

名所长及几百名学者参加了这次论坛。我的中国同行们将各位发言者的报告，包括我的《俄罗斯与中国战略协作中的经济因素》，刊登在俄汉双语的会议论文集上。

时隔多年之后再次来到中国使我印象深刻。中国的面貌发生了极大变化，国家发展水平有了质的提高。北京、上海、哈尔滨、南昌、大连、青岛这些城市我都认不出来了。当初我离开中国的时候，这些城市的工业化才刚起步；而现在已经露出了现代化的痕迹。如今它们都发展成了大都市，被现代化工业园区、高速公路、银行、摩天大厦、大规模住宅区所环绕。中国的国内生产总值从1978年到2005年增长了11倍；人均国内生产总值增长了近6倍（从260美元到增长到1760美元）对外贸易额增长了68倍（从1978年的206亿美元到2005年的14220亿美元）。国家的黄金外汇储备跃居世界第一，另外，一些重要的工业及农产品生产也跃居世界第一位。

关于中国的发展有很多完整的数据。或许用一个资料就足以说明中国的变化：人均寿命在1949年时为35岁，如今男性达到70岁（俄罗斯是59岁），女性达到73岁。经济上取得的实质性成就也具有重大意义：新经济体制的产生、推动力的提高、经济效率的增长、社会经济和行业结构的改革。

中国25年改革的成绩成为实现国家富强的强大动力，是影响世界政治和国际关系的新元素，也是对俄罗斯的挑战。

俄罗斯的首要任务是摆脱经济危机的困境，在这一点上，良好的国际能源市场（石油、天然气）行情、国内需求的增长和社会政策的调整起了很大的帮助作用。但是直到2006年俄罗斯的国内生产总值才达到1991年的水平，而其平均消费水平，根据官方声明，才达到1990年的水平。

为什么中俄两国的改革结果会有如此惊人的差别呢？难道中国基本上没有改造苏联曾实行的经济类型？难道两个国家都没有“走向市场”（虽然这样讲很简化问题）？

需要指出的是，中国那些研究俄罗斯发展问题和苏联解体原因的学者对这些问题进行了非常充分全面的研究，并且对本国的经验作了科学式分析和总结。这里我只是简单介绍一下自己对两国改革的看法。我认为，造成这些差别的原因有几个方面，但归根到底是因为俄罗斯和中国社会经济面貌的本质不同。

一、中国改革的火车头是中国共产党。与苏联共产党不同的是，中国共产党掌控着国家主要改革的进程。中共中央的决议确定了改革的性质、速度和各阶段的改革内容，整合各种零散的措施，最终成功地改变了国家的经济体制和面貌。知名经济学家、世界银行行长詹姆斯·沃尔芬森（James Wolfensohn）指出："中国的成功归功于中国共产党对社会合理有效的领导。"

二、而俄罗斯在确定改革方针中起主要作用的是当局的政治学说。这在方法上有原则性差别，中国共产党关于改革的战略学说旨在加强现行的制度、党的权力和国家统一，保证把稳定和现代化作为国家的主要任务，保证生产力的发展。改革目标是：顺应国人的爱国主义和大国豪情，振兴国家，恢复中国昔日的强大。而且老百姓感觉到这样的改革改善了自己的境况，经济发展有了突破。

而俄罗斯"自由民主主义者"领导的战略路线旨在破坏现有的国家制度，搞垮苏联共产党和苏维埃，夺取政权，建立新的政治制度。陆续窃取国有资产、鼓励寡头和"官僚资本家"、支持各共和国的"首领"、使他们向西方让步，甚至损害国家的统一，通过这些方式加快建立社会基础。对民族利益的忽视不符合国民的大国情绪，从而导致了危机。大多数人民的生命利益受到了无情的打击，以致改革没有得到民众的支持。

三、结构调整也不是完全按照赶超发展的战略，而偏向利用相对优势的战略，所以这一点也有所不同。中国整体上善用自己的相对优势（低廉的劳动力、吸引大量外商，包括华侨的直接投资）来实现商品生产的多样化，并且成为了"世界工厂"，国内成立了上百万的地方企业和乡镇企业，以及几十万个组装工厂。虽然土地并没有转为私有财产，但是农村实行的家庭承包和对农村的财政支持保证了粮食产量的大幅增长。改革的第一步是要消除经济"短缺"现象。

而俄罗斯没能够有效利用自己的优势（自然资源和科技优势，包括军工业基础、科技人才、独一无二的地缘政治优势），陶醉在石油和天然气经济的泡沫中，成了西方的原料附庸。改革期间俄罗斯撤销了七万家工业企业，

3500 万公顷土地处于休耕状态，致使俄罗斯沦为粮食的奴隶。

四、原则上，中国的改革理念不是建立在一种巩固的理论之上，也不是建立在世界银行和国际货币基金组织的布局和规划上，而是建立在中国的实际情况和特点的基础上。这一理念最根本的特点是有效利用了该国经济形势的特殊优势。中国学者（林毅夫等人）强调：中国奇迹的创造源于坚持走向市场的观点，这一观点是“非常理想的”，更重要的是放弃赶超发展的战略而转向相对优势战略，利用国家现有的资源潜力和优势。

五、中国共产党走的是渐进式改革的路线。中国学者在谈到“休克疗法”时都不无讽刺地说：“俄罗斯人想像上帝用七天时间创造世界那样一下子实现市场化。”改革的演变类型具有深刻的经济和社会含义：它保证了合理的相互关系，保证了当时的改革速度、经济增长速度和社会稳定之间一种可以接受的均衡。重要的是，改革的物质基础不是对现有贫乏的资源进行重新分配，而是利用其正在增长的资源。

六、在描述最近几十年俄罗斯和中国改革的共同点时，一般会说，两国都是“向市场进行过渡”。这种观点其实过于简单了，虽然这是很重要的一点，但这只单方面反映了社会经济改革。就算“转型经济”这个还不确定的术语也不能说明整个改革的本质。“向市场过渡”这个广为流传的观点不仅在本身的社会经济内容方面受到限制，而且还经常伴随着这样一个口号“市场将检验一切!”这个口号理论上很肤浅，倒退回 19 世纪。现代资本主义社会的大企业集团和国家的调整破坏也补足了市场，纠正了“市场这只看不见的手”的行为。我跟俄罗斯的一些院士［亚列缅科、安奇什金（А. И. Анчишкин)、沙塔林（С. С. Шаталин）和什梅廖夫］交谈过，以各种方式谈了计划和市场相结合的必要性。

实际上，俄罗斯和中国都建立了一种共同模式的体制——混合经济。这种制度有机结合了国家的调整、发达的市场机制、这两者的共生、整体化的多种经济成分、许多可转换的经济成分以及各种经营方式，多种经济成分和各种经营方式不是短期的竞争，而是一种自然的相互作用。在这种制度下，它们成为经济再生产过程的不同部分。这样的定义基本上适用于一系列混合经济模式（德国、法国、中国、俄罗斯等），但是此定义无法说明俄罗斯和中国混合经济模式的根本差别。

俄罗斯强制推行资本主义，以至于慢慢迷恋上世界虚拟资本的游戏，与国际金融投机垄断资本主义搅和在一起（这种资本主义反映了全世界与俄罗斯金融财阀以及不法商人的利益，并引起了社会阶级纠纷）。俄罗斯财阀垄断的影响巨大，他们破坏竞争性的市场环境，企图控制国家及建立国家财阀垄断的买办资本主义，对混合经济相对和谐的发展和公民社会的建立造成主要威胁。国家没有制定长远战略，也没有长远的计划来支撑针对这一问题不一致的声明。社会经济发展的目标非常模糊，关于建设“舒适社会”的宣传和纲领性宣言也没有说清楚国家要建设一个怎样的社会。

而中国却有明确的目标和任务来建设新社会，也有国家未来长远发展的几个主要阶段和方式。中国正在建设“中国特色的社会主义”，关于社会主义的学说有很多，所以这一独特的思想政治学说也有存在的权利。实际上在这幕后隐藏了中国混合经济的特点和与俄罗斯的根本区别：高度集中的强大国家调节作用和国有资产的影响、中国共产党的领导作用、社会主义和资本主义元素的共生、现代社会和传统（中国）元素的结合。

2008 年至 2009 年的全球经济危机清楚显示了俄罗斯和中国混合经济模式的不同。中国正建立独特的“趋同”（也可以说是联合）经济制度，对社会主义和资本主义元素、私人和公共元素、传统和现代元素独特的趋同性进行历史性试验，进行多元经济试验，中国强调这种多元经济要实行“几百年”。这样我们就可以展望一下建立这种特殊社会经济结构的前景（一种类似于现代亚洲生产方式的经济）。显然，对中国来说这个前景不是一种假设性的东西。19 世纪马克思主义的奠基者（不只是他们）就已说过，特殊的“亚洲生产方式”会首先适用于中国，这绝非偶然。

*　*　*

在复杂的经济世界中没有绝对的成功，没有十全十美的成就，也没有不劳而获的成绩。经济成长需要代价，中国改革过程中有旧矛盾的拉扯与新矛盾的产生，这些都对国家的稳定产生威胁。一些社会问题尤其尖锐，如财产分层，城乡社会经济差距扩大，失业和半失业人口增多，沿海和内陆地区发展严重失衡，政治、社会、文化和科学生活皆商品化，经济犯罪和腐败问题严重，道德下降，等等。中国经济的进步与资源消耗是紧密结合在一起的，尤其是能源消耗、威胁人民生命的环境污染、对自然生态的破坏。对西方的科技和经济愈显依赖，中国一只脚已经迈向了隔开经济粗放型增长模式和集约型发展的那道门槛，但目前还没有跨过。不能完全排除会出现威胁国家持续发展的其他因素，例如：跃居世界第一的诱惑，加速达到西方富裕程度的诱惑也很危险。确实，中国已经吸取了苏联的教训，“推翻苏联共产党西方式生活方式”的幼稚想法加速了苏联的瓦解。

政治领域也有不少亟待解决的问题，提出政治改革的任务变得越来越迫切，目前还只是在党内进行渐进式的政治改革。

2002 年，我在北京和我以前的导师、中共中央党校副校长、中国著名的政治经济学家苏星最后一次见面时，他这样描述中国的状况和中国共产党的政策：“我们有两个主要任务，第一，经济，这里‘所有的猫都是好猫’；第二，意识形态，这里不适用‘猫的原则’，而应该有原则地灵活应对，要在社会主义理想的基础上保证国家的统一和稳定，同时不要害怕外国资本。在对外政策方面我们的战略是现代化建设和实现国家富强，以保障一个和平的环境，从自己的民族利益出发，我们准备与任何大伙伴国家（不只是俄罗斯）进行战略伙伴会谈，只要这符合我们的利益。国内的主要威胁——国家和党内会出现分裂，外部的主要威胁——西方强加给我们、随着外国资本一起进入国内的、对我国人民产生直接或间接影响的各种思想学说。我们作出这样的结论，其中也借鉴了俄罗斯的经验。”

* * *

一些政治学家提出这样的问题：中国的经济腾飞会不会崩溃呢？中国共产党会不会陷入苏共的境地呢？中国会不会重走苏联的老路呢？我想，这些事情不大可能会发生。在给林毅夫、蔡昉和李周所著的《中国奇迹：发展战略和经济改革》一书写的书评中阐述了我对这一问题和对中国经济改革其他问题的观点（该书评由北京大学中国经济研究中心译成了中文）。

首先，保证中国改革顺利进行、国家实力和经济潜力增长的主要因素还在继续发挥作用。已经形成的中国发展基本态势符合国家和世界经济发展的现代进步规律，符合中国人民振兴祖国的意愿。

强大的文明因素在维护国家统一和社会稳定、聚合各种不同利益以及反对分离主义等方面发挥着独特的作用。我曾不止一次说过，中国是一种古老文明的载体，是一个汉族占绝大多数的大国。这不是多个共和国的联合。中国人心理中很早就奠定了大统一的思想，中华文明有非常持久的自我发展潜力和把所有外部事物“中国化”的经验。国内外有害的影响有可能会在中国这一块巨石上产生裂痕，但是文明之箍将阻挡这一现象的发生。

最后，当今的中共领导人已经意识到，党和国家面临社会矛盾加剧的危险，面临经济发展到更复杂阶段的挑战，面临一些社会政治管理问题恶化的危险。中国政府已经采取一些重大措施对国家政策作出战略改变。取代过去针对国内生产总值增长的做法（这一任务基本上继续保留），把重点放在建设“和谐社会”上，这也成为保障“人民利益”的基础。在这些思想背后隐藏的是渴望能削弱、消除正在增长的矛盾，首先是缓和社会紧张气氛，尤其是农村。事实上现在正在进行加强对农村的财政支持（“城市应该给农村还债”）、保障居民社会需要、整顿收入分配的急剧转变。制订了一个广泛的规划，其基本原则已经编入了国家关于走集约创新型经济发展道路、采用最新技术、效率和资源节约型发展道路等各项规划。采取措施完善现行的政治制度，首先从解决社会经济难题入手，加强经济政治活动的法律基础，包括宣布自己是“所有中国人民和整个中华民族的党”的活动。因此，虽然面临很多可能的困难，虽然可能会发生周期性的震荡，但是我仍然认为，中国将会继续增强国家的综合实力，2008 年至 2009 年的经济危机也证明了这一点。

除了前面提到的主要因素外，还有其他一些条件：高储蓄率，可从低附加价值行业到高附加价值行业转移的人力资源储备，“新手优势”（即以相对低的成本使用世界科技进步的成果），加深改革过程相关的工业潜力，以及源自大国优势的各种因素，等等。根据一些中国学者的估计，以及引用国际货币基金组织、世界银行、兰德公司以及一些学者（麦迪逊、萨默斯）的相关结论，到 2020 年前后，中国经济在生产总量上将会跃居到世界第一位。根据这些学者的观点，如果只是将现有的潜力充分释放，那么到21世纪中期中国的国内生产总值将超过美国成为世界第一，“中国的强国梦将成真”。但是我认为，在经济质量和民众生活质量上，在国民经济最先进领域的质量上、在人均收入水平和结构上，中国经济未必能够达到或超过美国和其他几个后工业化国家的水平。一些经济学家［梭罗（Соло）、亨德森（Хендерсон）、伊诺泽姆采夫（В. Л. Иноземцев）等］认为上述乐观评价有很强的空想色彩是不无道理的。

* * *

中国的发展和俄罗斯的改革对中俄关系会有怎样的影响呢？关于这个问题有很多种观点，有些甚至完全对立，有些是很抽象，也有些是根据当下需要而说的观点，但这些观点都很政治化。另外，我也发表了几部作品阐述自己对这个问题的看法。在俄罗斯科学院远东所工作期间，我担任学术和责任编辑，出版了几本关于中国问题、中俄关系和亚太地区东方局势的珍贵书籍：季塔连科的《远东的地缘政治意义》（莫斯科，1998年，624页），康德拉绍娃的《中国探寻自己的道路》（莫斯科，2006年，320页）和《中国农业问题》（莫斯科，2009年，304页），穆罗姆采娃（З. А. Муромцева）的《中国：新型工业化道路》（莫斯科，2009年，264页），贝格尔（Я. Б. Бергер）的《中国的经济战略》（莫斯科，2009年，560页），等等。

与此同时我还完成了一篇总结性和政论性的学术论文，2008年该书一下出了两个版本：《生活·随笔·思索》（莫斯科，2008年，592页）和《关于时间和自己》（2008年，616页）。

这部作品讲述了一个中国学家的成长，介绍了俄罗斯中国研究发展情况、我在苏共中央联络部、俄罗斯最高委员会以及在缅甸和菲律宾的工作，阐述了苏联解体的原因和俄罗斯的重大问题，也描述了一系列国家的文化、文明和科学创造问题，但主要内容还是关于中国，分析了中国的发展经验和中俄关系，评价了中国的社会制度。书中对各个领域问题的广泛描述得到了出版界热烈的响应，因为此书的出版，在各种学术和政治刊物上发表了二十多篇不同的作品、八篇书评，举行了三场发表会，该书也在俄罗斯国家图书馆、外交部和远东所图书馆展览。我也因为该书获得许多赞美。

俄罗斯国内对中俄关系的评价，尤其是官方声明中，大多数都是乐观积极的，这是有重要根据的，俄罗斯和中国的政治关系到了一个新的水平，两国往来的原则在《中俄睦邻友好合作条约》（2001 年）和其他共同声明和协议中都以法律形式确定下来。边界问题得以解决，建立了多层次、积极运行的合作机制。考虑到双方关系的性质和全球化，俄罗斯和中国充分论证了有发展前景的相互关系模式，即平等互信的战略协作伙伴关系。这种关系建立在两国的根本利益和长远利益的客观共同点上，以及在此基础上的行动一致性。基本利益是指和平发展、两国的振兴、保护领土和主权完整、在合作基础上对安全问题的共同态度、希望建立多极世界。众所周知的两国经济互补性和相邻的地理位置也是有利条件。

然而，战略伙伴这种模式也不是魔法，它实际上是以民族利益的结合为基础的，决定自由选举和各方策略也属于这种民族利益。这是一种不稳定的民族利益结合，不是结盟，也不是对抗，一些中国学者称之为是一种“权益婚姻”不无道理。总之，大国关系就是既竞争又和平合作的结合，完全和谐的合作是不存在的，而完全的对抗是没有前途的。同时，这种战略伙伴模式存在于几十个国家，包括俄罗斯、中国、美国都有这种合作模式。放眼望去，到处都是战略伙伴关系……所以，应该要看清事实，譬如说几个主要的经济因素。尤其经济因素是决定因素之一，在整个社会关系体系中起决定作用。

中国比俄罗斯发展得更快、更全面，其经济越来越多元化。2008 年至 2009 年的全球经济危机凸显了这一点。俄罗斯的落后导致两国实力对比发生了根本的变化，如果说 1989 年俄罗斯的国内生产总值是中国的三倍的话，那么现在情况则刚好相反：中国的国内生产总值已经是俄罗斯的三倍，别忘了，俄罗斯和中国的人口数量比是 1∶9，外贸额比是 1∶4。两国在世界经济中的地位发生了根本性的变化。

虽然经济关系在中俄关系中扮演着重要的角色，但它在中美关系中起的作用却重要得多，在很大程度上甚至能决定两国政治决议的性质。中国的实际经济利益和同美国的相互依赖关系决定了两国建立战略伙伴关系的需求比中俄关系更强烈。中国学者指出，中美经济关系在21世纪比中国和其他国家的经济关系将更具有互补性，且有更多的互利合作。这有降低俄罗斯在中国政治地位的危险，俄罗斯将滑落到“战略伙伴”的边缘。俄罗斯有成为中国原料附庸的趋势，中国希望用生活日用品、机械产品、家用电器和电子产品换取俄罗斯的石油、天然气、木材和其他原料。俄罗斯的商品通路结构正在恶化，汽车和机械设备在俄罗斯对外出口中的份额从20%已经降到了最低，而在中国对外出口份额中的比重却已经上升到了20%。

俄罗斯和中国的战略伙伴关系、多层的政治关系都是建立在不稳定的经济基础上，双方在经济关系上虽然也坚持互利的原则，但总体上很自然地都把自己的民族利益摆第一，都追求实现自己的商业目的，都是为了自己民族的健全发展。商业利益有时会模糊战略方面的关系，在市场经济条件下，无论是友好口号，还是领导人的个人关系都无法取代更加实用的经济利益。中俄两国在经济方面没有清楚制定一个协调一致的战略合作方案，没有建立明确的协作关系。众所周知，中俄在2005年签署了《关于21世纪国际秩序的联合声明》。还没到签订《21世纪经济领域战略协作共同方案》的时候吗?显然，准备这样的文件要在投融资、完善经济结构、经济关系模式等一系列难题上作深入研究和采取一些原则性决策，这比制定政治声明更复杂。在保持现状的情况下，俄罗斯作为中国的新伙伴，正在分析中国的结构，历史提出了一个非常尖锐的问题：要继续使俄罗斯经济适应中国经济，或者兼顾相互利益的情况下从根本上改变经济战略，尤其是工业和投资政策。俄罗斯远东发展问题、中俄相邻地区的协作发展和中国的“人口扩张”问题都与两国经济关系密切相关。在这些问题上两国的学者都不能不考虑俄方的实际感受。

俄罗斯的天才科学家罗曼诺索夫在18世纪中期就曾说过：“西伯利亚将会使俄罗斯强大!”因此他特别重视俄罗斯人口增长问题，把人口问题视为“整个国家富强”最重要的条件，他的著作《关于俄罗斯人口的保持与增长》就说明了这一点。在俄罗斯这样一个地广人稀的国家，考虑到其所有特点，人口增长、开发西伯利亚和远东地区既是一个客观全面的历史任务，我认为也是一种民族思想。

1984 年，我沿中苏边界东段到过一些地区，阿穆尔州、滨海边疆区，以及布拉戈维申斯克（海兰泡）、哈巴罗夫斯克（伯力）、符拉迪沃斯托克（海参崴）等城市，会见了一些党政领导人、边防军人和学者。在远东的一些会见和谈话让我知道，让当地居民感到不安的首先是贫穷：经济落后、远东地区大片土地上荒无人烟。苏联解体后，这里所产生的一切问题早在几十年前就已经显现出来了。

我在 1993 年与波尔佳科夫（В. Портяков）合著的《中俄经济发展水平比较》一书中写道："中俄两国实力对比的变化首先将体现在远东地区"，我们在书中强调："如果不把全国性目标和需求结合起来，而是引导欧俄部分加入欧洲的一体化，亚洲部分融入亚太地区迅速发展的经济体系，那么'俄罗斯经济发展不平衡'难道就不会出现吗?"因此，俄罗斯经济长远发展的战略思想作为一个最重要的元素，非常有必要把远东地区国民经济的全面快速整合纳入俄罗斯总体经济结构。应该在这里贯穿主线"联合"，要与亚太地区其他国家开展合作，包括中国，积极补充并促进形成俄罗斯牢固统一的国民经济综合体。然而，没有与中国密切互利的合作，远东地区的发展问题很难快速解决并达到预期的效果，与中国合作是解决这些问题的关键因素之一。我认为，战略伙伴关系首要的问题应该是共同研究并签订《关于发展俄罗斯远东地区和中国东北地区两国相互协作的国家协议》，双方国家的专家学者应该为协议的制定作出实质的贡献。

当代俄罗斯的中国学大致上倾向于深入研究中国问题并为中俄睦邻友好关系的发展寻找互惠道路，这是主流。俄罗斯学者的许多著作都具有重要价值且广为人知，五卷本大百科《中国精神文化大典》（莫斯科，2006—2009 年）就是其中之一。两国的专家学者已经建立了密切的合作关系，共同举办学术会议及研讨会等。但遗憾的是，目前很少有两国学者共同编著有关重大问题的著作。与此同时，俄罗斯有关中国的出版物出现了一个极端，一些政治家（多数是一些不懂中文也没有中国相关工作经验的人）在自己的文章中强调中国的"危险性"和对俄罗斯的"威胁"，强调中国对俄罗斯历史上的不满和两国不可调和的矛盾。同时他们会提出一些实际问题，并对其进行夸大和扭曲，赋予其政治和意识形态色彩。在这种情况下，我认为俄罗斯的学者不妨抛开现存的问题，细致、客观且全面地深究两国发展中的优势和弱势、两国关系中的积极面和消极面，不要带有政治怀疑和意识形态的偏见，而是本着乐观现实的态度，考虑到两国的现实和历史利益去推动两个大国——全球化条件下的两个邻国——的共同发展。

中俄上述地区的共同发展存在一个问题，就是关于吸引中国劳动力和中国“人口扩张”的人为可能性，这个问题有时会成为一些投机性讨论的主题。我认为，这里存在一个充满矛盾的实际问题：一方面，没有外国尤其是中国的劳动力，西伯利亚和远东地区的快速发展未必能够实现；另一方面，外国劳动力无序尤其是非法涌入该地区也势必会带来危害。实际上，问题主要不在于俄罗斯境内有多少中国人，问题在于两国政府对俄罗斯借用外国劳动力这一迫切问题没有找到共同的策略方法。在这个问题上，除了要有明确的法律法规外，必须要结合外国资金和外国劳动力一起引进，并且首先派他们去建设计划内的基础设施项目和工农业项目，同时必须提前考虑人口失衡带来的可能后果。

中国和俄罗斯只有在制定长期政策的基础上，共同采取国家战略性措施时，才能应对世界经济不断的挑战和解决两国关系时出现的问题。

中国和俄罗斯的文明和社会文化都带有全人类价值的明显特征，但是对于根本传统、国家特色、现代改革特性、历史的“恩怨”、自然和历史特点（中国的人口过剩和俄罗斯大片未开发的领土）等都不能视而不见，所有这些都不会减弱双方对利益的追求。俄罗斯和中国要想实现没有波折的共同发展和没有争议的合作是不容易的。我认为中俄两国有必要采取措施以保障其共同利益和卓有成效的合作，为此我开始关注两国合作中一些潜在的不利因素。两国关系的历史遗产作为一种巨大的正面资源和痛苦记忆保留了下来，但是我们不能总是活在回忆中，要想往前走就不能总是回头看。通过分析中俄关系之间共同的利益和区别、挑战和分歧可以得出这样的结论：在目前的国际形势下，俄罗斯还没有其他跟自己如此相像的伙伴，在追求实现自己目的的同时，能够促进俄罗斯的发展，加强俄罗斯的国际地位。中俄两国在各自发展和安全问题上有很多根本利益是相同的、类似的或者是重合的。东方比西方更能够决定俄罗斯命运，俄罗斯民族思想——依靠人口增长开发广袤的土地——

在东方才能得以体现，这里首先要依靠的就是对西伯利亚和远东地区的开发，而西方恰恰反对这一点。

最近几年可能非常关键：俄罗斯和中国要就继续扩大往来，加强互利合作，特别是在经济领域，摒弃倾西方的想法；要警惕在美国的压力下，双方视对方为威胁，孤立对方的处境。

两国的专家学者应该尽力克服双方合作发展道路上潜在的困难和风险，为两国的繁荣昌盛，探寻消除分歧的途径。

斯·阿·戈尔布诺娃访谈录

访谈对象：斯韦特兰娜·阿列克谢耶芙娜·戈尔布诺娃

俄文姓名：Светлана Алексеевна Горбунова

现任职务：俄罗斯科学院远东研究所科学信息与档案数据中心主任

学术专长：中国宗教问题

访 问 者：米亚斯尼科娃

校　　对：吴非

翻　　译：胡逢瑛

时　　间：2012年2月13日

地　　点：俄罗斯科学院远东研究所

问：您好，斯韦特兰娜·阿列克谢耶芙娜

答：您好！

问：在俄罗斯，东方学经常是家传的继承事业——这不是秘密。您的情况是否也是这样呢？

答：您知道的，这可以说是，或者不是。我是战后的第四年出生于莫斯科（1941年至1945年的卫国战争），我的父亲，阿列克谢·帕夫洛维奇·戈尔布诺夫（Алексей Павлович Горбунов），当时在前线，他经常向我讲述战争的事情，战争之前他对日本产生了兴趣并且学习了日语。我记得打从我小的时候，我就得到日本的瓷佛作为玩具玩耍，还有日俄与俄日辞典，还有爸爸讲的日本故事。当时我妈妈是研究伊朗的专家。战后她会讲述关于这个东方国家的事情。在家里我总会感受到东方的气氛。小时候我对中国产生的深刻强烈的印象是去找姑姑。她是苏联派去中国的地质学家。在中国时，许多小玩意儿像是绒布鹦鹉娃娃都能引起我极大的喜悦，当然，还有这个国家令人惊奇的故事。

问：我想确认一下，您父亲是研究日本问题吗？这是个人的爱好吗？

答：不，这并不是他个人的爱好，他是专业研究日本的战争史。战后进行了论文的答辩，但已经不是关于日本问题了。战前他曾经计划要去日本工作。

问：他成行了吗？

答：没有成行，战争爆发了，要去前线作战。

问：结果您顺利去了日本吗？

答：没有去成。我的命运是和中国联系在一起。

问：您从最初的中国印象到某种程度上具有认知研究的中间有多长时间？

答：这甚至不是兴趣，只是童年的一种印象和外来的一种好奇感受。

问：有无播下种子？

答：有的，不过这也是过了许多年以后了，我进入了以罗曼诺索夫为名的莫斯科国立大学历史系，在古代历史教研室。我在那里开始从事印度研究，原始的印度教研究，我的毕业论文是关于古印度的历史文献探讨。我也学习梵文。毕业之后要安排研究古印度的工作非常困难。

问：您没想研究当代印度吗？

答：想过，通过爸爸与中国学家们的关系，这是战前就有的联系。后来我去了远东研究所，不得不开始研究当代中国问题。

问：那总体而言，您有意识进入历史系吗？

答：完全有这样的意识，那正是我想读书的地方，尽管中学读的是数学学校，但至少还是选择了历史。

问：没有一次后悔吗？

答：没有。

问：您没有想过去亚非学院吗？

答：没有，不过来自亚非学院的教授有：博克夏宁（А. А. Бокщанин）教授和尤里耶夫（М. Ф. Юрьев）教授，与他们终究还是建立了非常良好的关系——既是专业上的，也是友谊方面的。

问：也就是，您毕业时并不会中文？

答：不会。我是进入了远东研究所之后，在副博士班开始学习中文的。我在历史部门与格鲁宁（В. И. Глунин）一起工作。他是一位令人感到惊奇的人，也是一位非常有才能和负责的学者。他在 2004 年去世了。格鲁宁对于 20 世纪中国历史的文献研究奠定了非常好的基础，培养的几名学生也在我们所里工作。他的著作非常有名，我认为也是世界知名的。他是《中国近代史》计划的主持人，20 世纪 80 年代出版了两卷的著作。

问：您还记得那些在学校时代影响深远的人吗？

答：在远东研究所还是莫斯科大学？

问：首先是在莫斯科大学，然后就是在副博士班，也是您开始进入到研究的世界。

答：在大学，首先是我的指导教授维格辛（А. А. Вигасин）。他是有名的印度学研究者。他用梵文传授我们阅读文献的技巧，他教我们评价历史学的研究方法。那时教研室主任是阿夫季耶夫（Авдиев）。他是位长者，也是有声望的学者，与学生经常见面并且给予指导意见。

问：您是以研究什么主题进入研究所的？

答：如同我说过了，我的研究始于历史部分，我研究了中国史——从辛亥革命到现在。我们研究小组研究 20 世纪的前半叶，我的题目是《中国共产党在工人运动中的政策：1924—1927 年》。上海时期发生的事件有很重要的地位。结果我去了上海之后，喜欢上这座城市，我也很幸运首先访问这座我已经知道的地方。

问：我们都知道，比起研究其他国家的专家，中国学家会中文是相当重要的。投入中国研究工作之际要同时学习中文是非常艰辛的事情，学习中文并不简单。这必须要投入相当大的精力和热忱，精神上也要非常集中，还要有强烈的愿望外，您认为还有什么呢？此外，还有谁教过您呢？

答：研究生部主任马特柯夫（Матков）教过我们，然后还有王丹芝教过我们中文，他在我们学院工作，他教我们阅读和翻译中文报纸与历史文献，这部分我们特别下功夫，不过口语能力我们几乎是零。

问：您可以谈谈教学方法吗？有何正面和负面的地方？至少，在我们看来，您可以回顾和评价……

答：听力训练的课程还是比较原始的。主要重点还是在书写的部分。幸运地，1988年我去了上海复旦大学，我花了一年时间学习中文，在那里打下了口语的基础。

问：这是您第一次去中国吗？

答：是的，因为所有我的年轻研究岁月都在改革开放以前的年代。

问：的确不太走运。因为您研究的对象无法接触，也无法取得第一手数据。但是我知道您从不同的来源已经对中国有一些认识了。孩童时代的印象，然后是那么丰富多彩的经历，后来从事了研究工作。您到中国之后，与现实合拍吗？

答：我们从莫斯科到北京路程有八个昼夜，环绕贝加尔湖之后，我们从外贝加尔湖进入了中国的第一站——满洲里，我挺震惊的。

问：第一印象。什么使您惊讶？

答：使我惊奇的是节日的气氛，鲜艳的色彩和丰富的音乐。对比外贝加尔湖——苏联境内的最后一站却是灰蒙蒙的，这种对比非常强烈。

问：这是一般的日常时间，这可能是中国的新年？

答：不是，就是平常的日子。时间接近傍晚。当我们经过了许多车站之后，就被人数的众多震惊了。我们到了上海之后，这座城市让我也感觉印象深刻。1988年已经开始了建设，现在已经是完全不同面貌的城市了，当然还是很令人感到惊奇。

问：您在上海一年，是实习吗？

答：是的，在上海复旦大学实习，我在历史系，与中国学者咨询与学习。最重要的是——这是中文的课程，每一周有五次课，每次约有五至六个小时，晚上就去图书馆，搜集了许多中国近代史的资料。

问：您与中国学生交朋友吗？

答：有，认识了许多学生，不过朋友当中仍然以教师居多。有两位我们至今仍保持很好的联系。袁雪清（Юань Сюэцин，音译）和朱荣（Чжу

Жун，音译）——就是我的中文老师，他们教我书面翻译和文法。

问：口语有进步吗？

答：有的，经过两三个月的学习之后，我已经可以交流了，都算正常，访问的最后阶段我已经可以很流利地交谈了。

问：您从事20世纪20年代的研究有多久？

答：不是很久。苏联解体之后我们的所长季塔连科决定建立研究宗教小组，我征求他的同意去了该组。他觉得惊讶，而我向他解释了自己的行为。我就此开始了这项研究。我的博士论文题目是关于20世纪中国的宗教史，关于辛亥革命之后开始建立的中国佛教组织，现在中国的佛教协会开始整合不同方向的派别。

问：可以说是运用了早期积累的历史知识？

答：是的，在研究20世纪20年代的问题之前，我必须要深入到早期佛教的研究当中，为了了解中国佛教土壤上发展和适应佛教的整个过程，大约在公元前一个世纪。我对佛教的形成，还有中国僧侣的生活都有兴趣。重要的是解释唐宋时期政权和僧侣之间的互动关系模式，基本上在政权更迭过程中没有改变。辛亥革命之后有了新的佛教发展。中国佛教试图使自己成为世界宗教的继承者，改革者的活动可以说明希望建立自己特殊与纯净的宗教组织。在中国，这样的组织成为佛教的团体，发展成为佛教的协会。

问：与此相关引发了问题。您开始研究20世纪90年代的佛教问题，在2000年也完成了博士的答辩。或许在20世纪90年代更容易进入中国。您有足够的自由活动。不容隐讳的是，20世纪90年代的俄罗斯，所有的事情都变得相当困难。在哪些地方您觉得困难，哪些地方您觉得容易，一个人从事研究，而没有任何好处的允诺……

答：我周边没有人对我研究的问题感兴趣。我可以自己决定研究的方向，这个计划，也没有间断过，从另一个角度而言，资料文献越来越不好搜集了，不管是欧洲的、还是中文的。当然最大的困难仍是科学院没有足够的研究经费支持我们的出访，我接下来是在1995年时去了中国，去了上海，去上海社会科学院宗教研究所，在那里我和中国宗教学者们形成了良好的情谊与关系。

问：您如何摆脱困境？需要找研究经费或是没有太大问题？

答：资金上有些积累，因此，不能说有太大问题。在中文图书馆内有足够充分的书籍和数据与主题相关。这些年来我们和欧洲关系密切，而且我个人与欧洲的汉学协会也保持联系，我们开始到欧洲开会，在那里同行可以相互交流，这样的接触非常重要。

问：您参加这些会议？就我所知，他们一年举办至少两次会议，您能回忆这些会议最精彩的一次讨论吗？这些讨论对近20年来佛教的兴趣有了很大的提升。或许出现了许多不同的想法……

答：1998年爱丁堡会议的报告几乎涵盖了中国佛教的各个阶段，但关于现代佛教的报告很少，我回答了许多问题。我的报告是关于上海佛教寺院的发展与这个阶段改革的产生，以及自由宗教活动的恢复。

问：在改革与开放的政策下，中国寺院与宗教的生活恢复了。不过，您是否认为这与商业构成有关，或更确切地说，是与发展观光旅游业有关。您认为这对中国寺院恢复有多大程度的影响？

答：在某些地方，旅游无疑地在恢复寺院过程中扮演了重要的角色，但不是所有寺院都是开放给观光客的。有些寺院仅有一年中的二至三个月是开放给观光客的。在很大程度上，流入的观光客仅仅对城市当中的寺院感到有兴趣，因为寺院没有其他收入来源。而农村的寺院本来就拥有土地，土地恢复之后就可以自己工作，从农产品当中获取收入。此外，提供火葬场和骨灰坛放置也可以获得资金。术语“寺养寺”（寺院自给自足）出现在2000年，成为寺院自力更生的口号。有些寺庙得到足够的资金可以专心推广佛教活动。

问：您需要参加学术的讨论或是辩论，提供自己的观点给您的评论者吗？

答：很可惜或是很幸运，没有。

问：就我所知，您的经历不只是参加会议，也在筹备会议？例如“中国、中国文明与世界——历史·现代·前景”。您已经是好几届的筹备委员。请谈谈关于这项工作的特别经验。

答：这是国际学术研讨会，聚集了俄罗斯和许多国外的学者，大多数来自于中国。最近几年会议的主要目的在于联系俄罗斯的中国学家。特别是来自于西伯利亚、远东的学者。2011年10月的会议，俄罗斯远东地区的年轻学者很积极参加会议。

问： 基本目标——这是与青年学者的工作？

答： 是的，为了聚集他们在一起，给他们机会发表论文，交换研究的问题，讨论研究的方向，就在莫斯科与欧洲学者可以见面交流。

问： 与俄罗斯的青年学者交流，或许我们可以形成中国学的学术界概况的印象。

答： 可以说，对于现代中国研究的兴趣展现的青年学者多来自于新西伯利亚、赤塔、海参崴、伯力，尽管在我看来，他们部分人的基础还是薄弱些。但是他们的中文能力非常好，非常积极使用中文的原文数据作为参考文献。但是他们不知道苏联中国学家累积的丰富史料。主要在20世纪60—70年代，80年代撰写的中国学研究的著作。例如，经济学家经常引用穆格鲁津（A. C. Мугрузин）（2000年逝世）的著作，以我的观点来看，他是远东科学院最杰出的经济学家。他是一位非凡的人，有自己原始的做法。他与很多人情况相同，无法前往中国，但是他的研究成果与评价相当的客观与准确。

问： 您认为这样学术基础的薄弱与什么有关联？缺乏特别的兴趣，或在20世纪60年代存在“早已被人遗忘、缺乏老师和资金”？

答： 首先，应该是传承的弱化。有断层出现，缺乏新的学术学派。过去的学派影响仍然存在于莫斯科和圣彼得堡。知名的学者已经过世，经费不足也产生了建构新学派基础的不利影响。

问： 关于代沟问题，您认为网络是否可以取代与活生生的学者或大师（东方式的）和老师们之间的交流？

答： 当然也可以自我挖掘而达到目的，在书籍或是网络上。不过，对于绝大多数的初学者而言，老师的启蒙或是在广大的意义上来讲，可以在最初阶段鼓励研究者的学术兴趣。

问： 您何时完成副博士论文？对您来说指导教授很重要吧？

答： 这有巨大关键性的含义。格鲁宁（В. И. Глунин）对于自己指导教授的工作非常严谨和要求甚高。与他谈话，包括与这些教授们谈话，具有非常大的意义，像是梅利克谢托夫（А. В. Меликсетов）、尤里耶夫（М. Ф. Юрьев），也在我们单位工作。

问： 这个代沟与研究水平的下降会造成什么样的后果？如何挽救这样的损失？可以说，这是不是不仅关乎俄罗斯研究中国的问题，而且也关系到两国之间的关系？

答： 就我个人的观点，现在绝大多数的著作主要在于应用方面，不在基础上，这会越来越显著。这与许多教授都已经离开人世有关，还有许多人已经到了晚年了。取代他们者甚少。中国学当然会继续发展，因为我们注定与中国为邻居。发展这个趋势的条件我想强调我们有六册的百科全书《中国精神文化大典》的重要性，它具有基础和应用的价值——这是未来世代的中国学家不可或缺的工具。

问： 关于这点我想问您，向您这样的博士请教。您目前有研究生吗？您想和谁一同工作，或是您如何挑选您未来继续一起研究的人选？

我与第一位研究生处得不太顺利，她对待工作不太认真。如果学术研究不认真，就会毫无所获。而与第二位研究生阿尔门·阿列克桑扬（Армен Алексанян）相处完全不同前者。他毕业于东正教圣吉洪神学院，进入远东研究所也非偶然的，是经过神父季奥尼西·波兹德涅夫（Дионисий Поздняев）的推荐，他曾是莫斯科东正教驻香港的使节。阿尔门·阿列克桑扬对中国的古代史有兴趣。2009年他成功地完成论文《摩尼教在中国文化扎根的过程》（Процесс инкультурации манихейства в Китае）的答辩。研究成果非常令人感兴趣，这个人很好学，可以说是自学成材。掌握了若干古代语言，包括东方和西方的语言。他中文能力很好，完全是独立学会的。在他撰写副博士论文期间，我们经常见面，经常相互交流。我的另一名研究生柳波芙·阿福尼娜（Любовь Афонина）研究较为当代的主题——关于中国宗教领域的政策。我对她很满意，她中文能力很好，我竭力帮助她打下研究的基础。

问： 您试图遵循指导教授给您铺的那条道路吗？您想要与研究生紧密地进行研究工作？

答： 对，我和他们非常紧密地工作。我尽力敦促他们的准备过程和研究报告的撰写。

问： 您不久之前还领导了远东研究所科学信息和档案数据中心（Центр научной информации и документации ИДВ РАН）。这对您来说是研究活动的新土壤。应该是需要花很多的时间掌握所有的一切。您如何分配自己的时间呢？您如何找出时间，并且还要与研究生紧密地工作？

答：当下我们更多利用网络交流。对于发送给他们的资料我进行评注。有时候也直接见面。至于新的工作，这需要耗费很大的精力，最近的几个月都在从事这个领域的工作。

问：不可避免地存在这样的问题。我们可以谈论很多关于学术兴趣、专注能力、奉献精神。但是财政支持在科学研究世界中却是非常重要的，有些基础研究完全与利润没有关联，俄罗斯拨款给中国研究有两个用意：第一，就是中国研究的科研工作；第二，发展中国学。是不是年轻的研究者也需要投资？

答：依我看来，在这样的方向上工作是重要的，比如采访以及生活的交流，因为随着时间的流逝，人也会走的，有哪些消息，有意思的事实，不可避免在消逝当中。搜集这样的资料建立自己的文献学基础，数据库给中国研究的后学者——关于什么人，什么时候，在哪些方向上工作过。这些都是无价的数据，正好也包含在采访当中。

问：中国学者对于俄罗斯中国学兴趣大吗？

答：近五年兴趣很大。很大程度是对于革命前和苏联中国学展现出的兴趣。在我看来，中国人对我们十至十五年之内写的东西了解很多。

问：在最近，这样的兴趣低落与什么有关呢？

答：这不是兴趣的削弱，应该是我们自己的匮乏，在这个主题上缺乏丰富的史学研究著作。

问：您是怎么认为的，什么可以刺激这个兴趣？

答：只有撰写关于现代俄罗斯中国学的相关著作。

问：可以写著作，如果没有联系，很难有所发展。

答：如果有相关著作，可以作为推动俄罗斯中国学家深入研究中国的贡献。

问：依您的观点，在俄罗斯，哪些中心发展中国学较为成功？您提到了，有许多青年学者从西伯利亚和远东来参加您举办的学术研讨会。或许您也认识从圣彼得堡来的学者，您是否可以评价他们准备的水平和研究兴趣的水平？如果可以的话，评价一下您与国内各地区之间的诸多关系？

答：假如说的是古典的中国学，我首推的是圣彼得堡大学——东方学系，还有东方研究院的中国部，在那里主要的研究投入近代以前的研究，而现代中国整体的研究是远东研究所。

问：不仅仅是提高学术兴趣，还有如何促进系统与基础的发展？如何帮助远东形成自己的学派，并推动它们的发展？

答：首先要有经费，其次发展网络科技，考虑空间将我们分离，正因为如此才能积累我们的知识。

问：您如何看待未来两国之间的关系，为此需要相互理解与具备说共同语言的人才，不只是翻译人员，还要有了解东方文化的人才？

答：我在短期内无法看见所谓的突破。我想未来还会观察到某种停滞。目前仍保持现存的水平，在此基础上发展俄罗斯的中国学进入新的水平……

问：您对于中国的发展预测为何？它的前景呢？

答：坦白说，从没有想过这样的预测问题。可以说与自己研究领域相关的前景。在宗教领域的改革阶段不是最坏的状态，乐见有进一步的发展会更好。这需要在宗教领域保持一定的稳定。

问：在中国，宗教作为稳定的因素对于全中国的稳定与社会生活的影响有多大？

答：很难说，这就是中国社会主要的稳定要素，但不容小觑这样的意义。信众展现出对于社会特定部分的影响在于社会风气。不论是平静与平等地善待宗教的特殊性，或是使这个领域的情况恶化，都取决于国家政权与执政者的态度。

问：谢谢您提供这么有意思的谈话。

答：感谢您有意思的提问。期盼我们的谈话是成果丰硕的。

问：谢谢。

斯·安·谢罗娃(谢雪兰)访谈录

访谈对象：斯韦特兰娜·安德烈耶芙娜·谢罗娃（谢雪兰）
俄文姓名：Светлана Андреевна Серова
现任职务：俄罗斯科学院远东研究所研究员
学术专长：中国戏剧
访 问 者：受访者自述
誊　　稿：Korotkov
翻　　译：林育民
时　　间：2010 年 7 月 23 日
地　　点：莫斯科

我是斯韦特兰娜·安德烈耶芙娜·谢罗娃（Светлана Андреевна Серова），1933 年 1 月 29 日出生于莫斯科。因为我生长在一个充满爱与和睦气氛的家庭中，所以我度过了一段美好的童年时光。我的双亲十分重视我的教育。我妈妈名叫玛丽亚·阿列克谢耶夫娜（Мария Алексеевна）。她原本姓库利科娃（Куликова），直到嫁给我父亲后才改姓谢罗娃（Серова）。我们全家从沃罗涅日（Воронеж）近郊搬到莫斯科来，我正巧出生。我的爷爷是阿列克谢·费多特维奇（Алексей Федотович）。当我一岁的时候，他就过世了。此后，我的奶奶就搬过来和我们一起住。奶奶无微不至地呵护我，并帮忙处理一些简单的家务。我妈妈的家庭较为特别。我的外公曾打过第一次世界大战，并在德军的战俘营中待了很长的一段时间。当他被释放回俄罗斯时，他便致力于“改善”自己家庭的环境——因此，我的妈妈和舅舅都受到了良好的教育。我的外公鼓励他们尝试运动和音乐等才艺。因此，在我出生之前，我妈妈就已经和舅舅一起在家中组织了一个家庭乐团。由于这样，当时有不少的年轻人，会到我妈妈的家中聚会。我妈妈有很好的音乐天赋，并在一名音乐教授那边学习演奏钢琴。而我的舅舅，则是学拉小提琴。他们的朋友们时常到我妈妈家里来举办音乐晚会。另外，他们也会一起出门骑车，或是滑雪。总而言之，他们就是那群在第一次世界大战与内战结束后，人们于良好生活条件下努力生养的小孩。我的外公在伊斯梅洛渥公园经营租船站，而我的外婆——彼拉盖雅·阿历克谢耶芙娜，则是名家庭主妇。当我出生之后，她就如同我第二个妈妈般地照顾我，终其一生都陪伴在我的身边。彼拉盖雅外婆在我生命中的重要性，可以从我一件童年趣事中说起：当我五岁进到音乐学校就读时，大人们问我：“谁是你最重要的人?”而我回答：“是我的外婆。”为此，我的父母还被旁人数落了一阵：“你们家的小孩怎么这样没有教养！她怎么会不知道，对我们来说最重要的人，是斯大林呀!”不过，家人是很了解我的，因此也不怪我。现在，我的外公、外婆、母亲与舅舅、舅妈、表哥、表妹都合祀在同一座教堂中。

我的父亲——安德烈·瓦西里耶维奇是一名孤儿。他从小就展露了他的音乐天分，唱得一口漂亮的男中音。此后，他便在歌剧里演出，并熟记了所有经典曲目。我到现在都还清楚地记得，他在家里是怎样高歌的。当我还小时，就已经常听到他一首一首地唱着歌剧“恶魔”中的咏叹调。他总是能优美地朗诵普希金、莱蒙托夫的作品。我的父亲梦想着能继续发展他的歌剧事业，所以便拜了他剧院中有名的泰伊洛夫先生为师。待他认识我母亲后，他未来的人生规划才有了截然不同的转变。婚后，我的父亲将重心全放在家里。他甚至称我的外婆为“妈妈”。因此，我妈妈成功地说服我父亲往中国研究领域的发展。

中国研究和我们家的关系是这样的：我妈妈以前在图书馆里服务。当时，她还没考进远东研究所，正在准备研究生的入学考试。那时，正巧有许多远东研究所的学生往来于图书馆中，因此对我母亲而言，“东方”这两个字，听起来就像一曲美妙的音乐，是某种不可思议东西的代表。所以，当我的父母结婚后，母亲便悄悄地运用她女性的温柔，劝我的父亲从她认为不稳定的歌剧演艺事业，转往东方学的领域。而当我学会走路之前，我就已经在他一本本汉语课本和字典间爬来爬去了。那时，中国研究就像是有魔力似地，深深地吸引了我的注意力。当我还小的时候，我就觉得自己学会的那些汉字，各个都美得像幅画。当我试着要“追寻”父亲的脚步时，他反而像我母亲抱怨道：“玛丽亚，我不是跟你说过很多次，叫你不要让斯韦特兰娜靠近我的那些课本吗?”但正因为我的双亲，我得以在一个充满对东方、歌剧与书本喜爱的环境中成长。当我再大一点，爸妈便送我去学音乐，然后不时地带我去听歌剧。因此，不论是俄罗斯传统或是苏联的剧目，我都知道得一清二楚。如果我的父母忙的话，则会请别人带我跟外婆去剧院。所以，我们两个就成了十分热衷的戏迷。

当我的父亲从研究所毕业后，他就不知在什么时候，当上了中国学教授。之后，从 1935 年到 1937 年，我们全家就随着他一起被派到塔什干去，陪他进行中国国情的研究。在第二次世界大战爆发之前，我们全家已经回到了莫斯科。那个时候，我还没有听过自己的父亲是如何讲课的。不过，之后我读中学的时候，我的父亲一公开授课，便带着我去参加。他讲的中文，真是无可挑剔——不论是他的发音，还是那有如音乐般悦耳的中文朗读声。他讲课时从不看稿，所有的一切都早已装在脑海中了。于是，父亲这种“迷人”的风采，让我感到着迷。因此，从那个时候起，不论是参加研讨会，还是要上台讲课，我都不习惯照稿来念。对我来说，稿子会限制、打扰我的思绪，使其不能自由地奔驰——虽然那在上了年纪之后，是需要更高的注意力才能做到的。总之，当时听到父亲讲课时，我心里不由得对他升起一股敬意。

第二次世界大战前夕，我父亲准备调到上海的领事馆工作。但是，原本计划好的事情，在 1941 年 6 月 22 日那天取消了。所以，在战争期间，我的父亲是在苏军总政治部服务。同时，他也协助解放中国的部队。这是我的父亲生平第一次亲自和中国接触。这里我仍然得补充一点：当他在学中文时，他也跟着中国教师们练习。在这群中文教师里头，有一位“陈顾问”。当我从研究所毕业，准备就业时，陈顾问把我叫了过去，问道：“请问安德烈·瓦西里耶维奇·谢罗夫，是您的什么人呢?”我回答：“那是我父亲。”“哦！那可是我最得意的学生呀!”陈顾问如此说。我父亲也曾说过，以前当他们班到克里米亚度假时，陈顾问也陪他们去，并在那边帮他们上中文课。后来，我也和陈顾问一块在伊利亚·米哈依洛维奇奥沙宁（Ошанин）教授那边，从事汉俄字典的编辑工作。工作时，陈顾问总是非常严格、不苟言笑，因此每次我都得提心吊胆地向他请教一些事情。

我父母在我 11 岁时离婚。从那时候起，我都和妈妈、外婆一起住。我偶尔会与父亲见面。父亲现在已经有另外一个新的家庭了。

我毕业后并没有对自己今后的去向感到茫然。我直接进了远东研究所就读。在面试上，主考官警告我，远东研究所不太收女学生。这是因为，在那个时期，苏联非常需要能外派到海外的翻译人员。因此，那时主考官们都会用这样的句子来吓唬报考的女学生们：“你们到底知不知道，毕业后会被派去做些什么?”听到这句，我回答说自己不清楚。“我们要把你派到奥特柏勒[①]（Отпор）去。”主考官如此说。我根本就听不懂，主考官说的话是什么意思，所以便索性回答：“去奥特柏勒那里，就去呀!”于是，我以高分通过了甄试。后来，在远东研究所就读的六年内，我不仅成为最杰出的研究生，还在毕业时收到了代表优秀学生的红色文凭。

话说我进到研究所以后，我并不觉得研究生的生活和我在中学时有什么不同。我每天都练习中文，包括写作、翻译、记颂汉字与会话。当时民间的录音设备还不普及，因此研究所就发给我们一人一张录好了上课内容的黑胶唱片。回家后，我们要靠它来复习中文。每次我在家念中文时，要是外婆听到发音和俄文中不雅文词类似的字，往往都会被吓着。接着，她会对我说：“我的乖孙女，你到底在学些什么呀?”不过，这就是当年我们学中文的方式。研究所把我们的中文能力培养得很好，教授们甚至还教我们中文速写。直到现在，我都还保留着以前我上速写课时的手稿。当然，

① 奥特柏勒（Отпор）为俄罗斯远东地方的偏远小村，靠近赤塔（Чита）。

就总体来说，我们对中文速写并不是很在行，但我们每个人都在学习的过程中确实感受到了中文那音乐般优美的旋律。此外，我们也上了各式各样关于中国的课——中国史、远东史、中国哲学史与中国文学，等等。就这样，我们过了三年的学习时光。

我和同班一位要好的女同学在夏天时一起去南方度假。我们的友谊已经维持了一甲子，她甚至快变成我的亲戚了。那时，我们两个人都收到优厚的奖学金，所以在整个暑假中，我们的生活都不成问题。然而，在假期中，我们突然接获电报，上头写着："研究所被关，速回，有麻烦。"于是我们便赶紧回到莫斯科。当然，研究所是被关闭了。我们不禁想问："之后要怎么样？我们的命运又将会是如何呢？"我们于 1951 年进入远东研究所就读。当时，中文组的一年级新生共有 150 人。不过，到 1957 年毕业的时候，中文组的学生就只剩下 27 人。研究所遭到关闭一事，使很多人——包括许多优秀学生在内——的命运，产生了变化。我因为表现杰出的关系，还留在中文研究的圈子中；至于当时大多数被遣散的同学，则是转去了莫斯科别的高等院校就读——有人去了医学院，有人去了莫斯科大学的其他科系。总之，在政府的保证下，我们能直接插进任何一所大学的三年级就读，然后开始学习新的必修科目，学习新的专业知识。我们有位优秀的女同学，在被遣散后去念了医学院，并在毕业后被派到中国去实习。当她回来时，已经成了中医方面的专家。后来，她跟一位同样去中国实习的年轻小伙子结了婚。之后，她的丈夫成了一名酿酒师，然后被派到了克里米亚产葡萄酒的马山德拉。她在那边的疗养院担任主治医师。有一次，我们一群同学还去克里米亚找她。

事后我被调到了国际关系研究所。国际关系研究所的名声十分响亮——特别是当时，有不少"所内自己人的小孩"在那里上课。对学生来说，能从国际关系研究所毕业，就等于踏上了一条得以从事外交工作的康庄大道。总而言之，国际关系研究所里中文部的男生，最后大多成了外交官。待学生升上四年级后，我们就开始修一系列有关国际关系的课，例如国际关系理论、国际外交、外交史，等等。但就总体而言，我对那些科目并不感兴趣。我毕业论文的主题是"共产党解放区之经济"。当时我的指导教授是甘申——他是一名饱读中国区域经济学的学者。此外，索罗金教授（В. Ф. Сорокин）也帮我们上中国文学；然而，我们并没有花很多时间在那上面。之后，学中文的课就渐渐变少了。不过，拜头一年扎实训练所赐，我们的中文能力完全没有退步。当然，我们也得额外去上英文课。对于中国研究者来说，英文能力也是必需的。但说真的，中文对我来说，可是驾轻就熟。在我眼中，汉字就如同俄文一样熟悉。由于在新的研究所里，我们必须照规矩补完新的专业课程，因此我们就在所里多待了三年。所以，我总共在研究所读了六年。

在读研究所的最后一年，我们纷纷被派去所外实习。因此，我就被派到了远东研究所的字典编辑部里去。在两个月的实习期间内，我有了重新投入中文怀抱的机会。当然，我实习时也是在奥沙宁教授那里服务的。

等我从国际关系研究所毕业后，当局把我派去担任中国核物理专家的中文翻译。据说，那名专家是先从美国回中国，接着才在我们学者的邀请下来到苏联。核物理专家的夫人是一名洋溢着美式气息，但却生长于保守教育的亲切中国女士。至于核物理专家，则是很积极地与学术圈的代表们交谈。因此，我就这样认识了许多国内厉害的学者。但总体来讲，我大部分的时间都陪在核物理学家的老婆身边。我和她常常去大剧院听音乐会。之后，我们就渐渐成了知心好友。而当我与这对中国核物理专家夫妻道别后，我又被派到其他地方工作。

我又回到了远东研究所的奥沙宁教授那里工作。对我来说，奥沙宁教授的教法，是很适合所有刚起步的中国研究者的。至于在字典的编纂工作方面——首先，我渐渐掌握到中文的语感；其次，由阿列克谢耶娃（В. М. Алексеева）所整理的草稿，是我们工作的基础。我们核对了许多原始数据，扩增了字典里所收录的词目。不过，大家仍不信任年轻、没有经验的我能胜任这件担负着重大责任的工作。对我来说，若是工作上有问题的话，我都会去请教伊利亚·米哈依洛维奇（奥沙宁）教授。伊利亚·米哈依洛维奇教授是贵族后裔，受过很优良的教育，因此每次当我在上班时遇到他，并向他问好时，他都会亲吻我的手作为回礼。对我来讲，那真是太不可思议了！我在远东研究所里工作了三年。现在，我也成为身列大汉俄字典的作者之一了！这是件很令我骄傲的事。后来，政府颁给了我们编的大汉俄字典一个大奖。

那可是苏联头一遭颁给中国研究者的国家奖项呢!

伊利亚·米哈依洛维奇教授仔细见过我几次面后，决定将我培训成一名语言学家，并同时要求我翻译一篇结构语言学的厚重文章。那篇文章真是难得让人要抓狂了！当时，结构主义在学界中非常盛行。因为要习惯文章里面的专业中文用语，我第一次翻的文章十分生硬。我想，伊利亚·米哈依洛维奇教授之所给我这篇文章，是想测试我的能耐到什么地步——换句话讲，就是直接把我丢下水去，看我是会溺死，还是会自己游了起来。就这样折腾了几个月，我终于译完了那篇文章，并把它交给了教授。奥沙宁教授——收到我的稿件，先是吃惊得说不出话来，再来就是赶紧把它投付期刊发表。当文章刊出来后，他把它转寄给我，并要我去找康拉德教授。“快点把这篇文章送给康拉德教授看，好让他认识一下你这位年轻有为的新学者。”奥沙宁先生在信中如此叮咛。于是，我便前去拜访了当时住在列宁大道的康拉德教授。康拉德教授是有教养的知识分子；若不看身高的话，他长得还算英俊。教授盛情地接待了我，之后便好好地读完了我的文章，并称赞我在语言学研究上所做的努力。在这件事之后，伊利亚·米哈依洛维奇教授建议我攻读博士班；然而，在这个时候，我已经清楚地知道语言学并不是我想要的东西。我想要的，是戏剧研究。因此，为了能考取戏剧研究的博士班，我还特地写了一篇有关戏剧的专题报告。此外，我也常去伊利亚·米哈依洛维奇教授那边，试着与他沟通。“您大可把我劈成两半，或是用什么其他的方式来惩罚我，但总之，我是不会离开中文这块领域的。”我说。“此话当真?”伊利亚·米哈依洛维奇教授问道。“真的，我不会离开中文这个圈子一步。”我回答。“那你有什么打算?”教授接着问。“我要研究中国戏剧。”我说。“中国戏剧研究?”他讶异地答道。“好吧！你就放手去吧！愿上帝保佑你顺利。”过了一阵子，伊利亚·米哈依洛维奇教授便邀请我到他家做客，并从他的中文藏书中选了一本不错的戏剧入门读本给我。我回到家后，便整天抱着那本书不放。后来，国家科学院的院士——李福清先生想在自己的研究中引用一些那本书里的资料，但最后他还是打消了这个念头——虽然他还是给了那本书很高的评价。

我考博士班的经验也十分有趣。那时，远东研究所的博士班只提供一个录取名额，但包括我在内，却有两个人要考。另外一名与我竞争的考生是一名博士班主任的儿子，因此当时有很多人劝我不要和他打对台。然而，我还是决定奋力一搏。博士班甄选的考试结果出来后，主任的儿子平均考了三级分，而我的平均却是五级分。所以，最后系所那边特别开了一个位置给我，于是我们两个人都能上博士班了。但之后一旦碰上考试，那位教授的儿子就会像蒸发似地溜得不见踪影。后来，我也没在中国研究的圈子中见过他了。因此，最后就只剩下我一个人留在班上了。在博士班二年级时，系所希望我能去教中文课。他们问："您有意愿吗?""当然，十分乐意。"我答道。我的指导教授是外交部高等评选组工作的周孙园（Чжоу Сунюань）先生。在当时资源有限的情况下，周先生不仅是名戏剧爱好者，更是这方面的专家。在遇到了周先生之后，我真正的博士班生涯才就此展开。我和周先生一起读中文数据，弄懂里面所写的东西，厘清所有的细节。对我来说，这是我第一次在戏剧研究上，处理这么多烦琐的数据。

我一升上博士班三年级，就被编进了要去中国留学的班级中。当时，我想自己一定会在日后常常想起格鲁宁教授（В. И. Глунин）大力推荐我的那些话："就把她派去中国留学吧！要是没有亲眼见到中国戏剧，她可是什么也做不出来的。"于是，我便开始作好起程前往中国留学的准备了。周教授送给了我那本他曾参与翻译的专著——《梅兰芳舞台生涯四十年》，并在上面签了名："挚爱的谢罗娃同志，预祝你事事成功，勤奋不殆。"同时，他也问我："你为什么要去中国留学呢?""因为我打算写一篇《中国戏剧变迁》的论文。"要知道近期"文化大革命"发生后，中国戏剧的革命才刚开始。我当时认为，"文化大革命"是以戏剧的解构为起点的，因此如果我去中国的话，不仅能以观众的角度审视传统戏剧的重要性，还能评估艺术形式的作用，更可以了解政治因素对戏剧发展的影响。博士班那边已经同意我写这个主题了。听到这儿，周教授更进一步地问道："那你之前读过戏剧史之类的东西吗?""还没有。但博士班还是同意我研究这个主题了。""小姐，你是刚开始研究这个主题耶！你有没有想过，自己的基础在哪里？你到底有没有想过，戏剧研究这个领域，是像海洋一样宽广。因此，读戏剧史作为基础是很必要的。"听到周教授这番劝告后，我反复思考了许久。那时我们同一批去中国留学的人很多，总共有 13 名学生。当我们抵达后，中国政府就根据我们科目不同，派我们到相关的院校去。“您想去哪里实习呢?”派发学生的人如此问我。我说：“请把我派到戏剧学院。”因此，我顺利地被派到戏剧学院了。我住的地方离戏剧学院相当远，因此每天我去上课都很不容易。我们这一批留学生被分派到不同的宿舍。我的宿舍离北京大学不远，坐落于一个专设给外国留学生居住的安静区域。我们的宿舍区内有很多阿尔巴尼亚留学生。他们除了来中国学中文外，也学了不少其他的专业技术。回国以后，他们不是成为飞行员，就是成为工程师。大体来讲，他们是群不错的小伙子。此外，宿舍里也有很多古巴留学生。古巴留学生才是真正让我们宁静的宿舍生活变得热闹的人。每当他们下课回来，就会开始演奏起桑巴乐，跳起舞来——于是，直到傍晚，宿舍里都洋溢着音乐、舞蹈的喧闹气氛。宿舍里也有一些保加利亚留学生。我在那边和一位名为索菲亚（София）的保加利亚女留学生成了好友。她先是在中国读完了中学，然后又考上了北京大学，读到四年级后，爆发了“文化大革命”，情况陷于全面失控，政府就让外国留学生们回国。后来，索菲亚从莫斯科大学毕业。到现在，她都还是我的知心好友；我也常常去保加利亚拜访她。她很杰出，对于中国语言有着深厚的研究。最后，索菲亚在莫斯科大学完成了博士论文的答辩，并任教于保加利亚首都的索菲亚大学，从事中文的教学与翻译工作。

在北京留学期间，我时常到戏剧学院听课。我听的第一堂课，可说是快把我给逼上极限了！我们的教授先是要我读一篇有关早期中国戏剧史的文章，但我完全不懂自己念的是什么，因此拿它一点办法也没有。就只能呆呆地听着，让自己的思绪汇集成一条湍急的中文词语河流。在课堂的尾声，教授问我有没有问题。然而，在听都听不懂的情况下，叫我如何发问呀?“没有问题，谢谢您。”于是我这样答道。“噢，那好吧！那你多久会来我们这边上一次课?”教授听完，接着问道。我说：“嗯，一星期一次吧。”那时，我想这礼拜，最好先让自己放松一下。到了下星期，我已经渐渐习惯上课的步调了。从此，我终于能遨游在中文的大海中。除了正课以外，北京那边的院校也帮我们这些外国学生开设了一些中文的语言学习课程。不过，对我来说，这些课程的内容可说是驾轻就熟。而回到中国戏剧史的课堂上，等我上到第三、第四堂课的时候，我已经能弄懂教授在谈些什么，并可以大胆地在班上提出一些问题了。从此之后，我学习中国戏剧史的路程，才步上了正轨。那个时候，戏剧学院确实给了我很大的帮助。我几乎逛遍了所有戏剧学校，亲眼目睹了新一代演员们的成长。此外，戏剧学院方面也让我进了戏剧图书馆，还准许我借资料回家阅读。因此，我对中国戏剧的认识，渐渐地开阔起来。当然，另一方面，我也几乎过着每天晚上都急着往戏院里跑的日子。我们班上的同学看到这，不由得问我："喂，是什么东西能让你这么快乐地与观众们坐在一起呀？你在那儿，又明白了些什么吗？"对我来说，我就是喜欢剧院！我乐于沉浸于剧场的气氛中，乐于流连在老剧院的建筑，以及那只属于它的观众间！看戏的人们接二连三地坐下来，啜一口茶，嗑几粒瓜子；偶尔，从哪个地方响起了一阵笑语，又从哪个地方发生了什么……在戏院中，流溢着自己的生命力！我被请到高高的包厢里坐着，以便我能环顾剧场的全景。另外，更幸运的是，我还亲眼见到了那些演戏的老师们！

然而，过些时日之后，此番光景不再复见——因为1966年的"文化大革命"来了！在"文化大革命"期间，老剧院逐渐凋零，新的中国戏剧日趋兴起。我也曾看过几部这种"新中国剧"。以前在老剧院里上演的传统戏曲，总是能吸引到一批忠实的观众。他们来到剧院，只为了一睹自己心目中演员的风采。当时，全场的目光都集中在台上的某位演员上，剧场里所有人的心，都被他的一举一动给牵引着。那种萦绕在剧场中的气味、氛围，与有着传统中华风味的音乐，对我来说，都有种像家一般的熟悉感。老剧院的一切已深深地印在我的脑海中，成了我永远珍藏的回忆。感谢剧院、书本和课堂，现在我终于勉强能试着说出自己对中国戏剧的见解了。

我对北京市郊的印象也很深刻。每天傍晚，我都会一个人出门，到几个离宿舍最近的小村子边上散步。傍晚的灯火、晚餐的香味、乡村生活的喧哗，顺着长满垂柳的条条水渠流溢。我就这样慢慢走着，沉醉在如此的气氛中，并意识到——这里正是孕育出中国传统戏曲的地方呀！这淳朴的一切，就像沉石下生长的青草，蔓发着无比的生命力，自自然然地支持着中国戏剧这块巨石。想到这，淙淙的流水声，自耳畔响起，又让我不禁陶醉于其中了。这对一名研究中国戏曲的人来说，可说是最幸福的一件事呀！对我而言，戏剧是一国人民热情之所在，是一国人民历史的非官方陈述。因此，难怪“文化大革命”时，政府要禁绝传统戏剧了。但另一方面，戏剧也是“文化大革命”的起源。在“文化大革命”期间，传统戏剧被官方的样板戏取而代之。在那些样板戏中，我发现把红卫兵的东西编了进去。我曾经看过一次这类的样板戏：当时，整场的位子都空荡荡的，只坐了几位带着“绿色大檐帽”的军官。那时政府试着利用民众对戏剧的热爱植入“文化大革命”的意识形态，但却适得其反。

另一方面来说，苏联也对戏剧发展的自由多加限制。因此，当时尤里·留比莫夫被赶出戏院，也是不无道理的。在我成为研究戏剧的专家后，曾在留比莫夫那里工作过一年。那时，他正在准备演出德国戏剧家布莱希特版本的《图兰朵》。当时，我和参与改编的剧作家阿尔弗雷德·舒尼特克 、弗拉基米尔·维索茨基有所接触。那时，维索茨基还为这部歌剧谱曲呢！在苏联，布莱希特版本的《图兰朵》，并不是十分有名。后来，《图兰朵》成了留比莫夫最后一部指导的歌剧之一。在当局的压力下，留比莫夫把《图兰朵》改得更“现代化”，就如同那些须符合官方意识形态的“文化大革命”戏剧一样。而在改编的过程中，我的工作在于修正舞台动作，让它们看起不会那样地“尴尬”。此外，那时维索茨基也在我心目中留下了深刻的印象。我不仅参加了他许多场音乐会，也同时踏上了他人生的转折点——某场演唱会上，退到后台的维索茨基临时需要医疗协助，因此我便将当时带在身边的中国医生介绍了过去，让他治疗维索茨基。于是，演唱会又能继续下去了。在那段时期，要是我需要到剧院去和留比莫夫及维索茨基工作，我觉得自己是那种较为随兴，不是随时紧盯着业务的人。但是，维索茨基可不是这样！他可是一名专心、严谨的艺术家。当维索茨基调好吉他的弦，他便恭敬寡言地走到台上表演。他对于音乐，是多么的认真呀！这一切，都深深地让我感到佩服。我们三人就这样一起安排舞台调度，一起讨论剧中音乐与诗词的桥段。我也参加了留比莫夫的戏剧实验室，并跟他一块坐在导演椅上，感受大师那种参与艺术创作的感觉。

从中国回来后，我有了新的任务——距博士班毕业的期限只剩下一年了。回到莫斯科后，我先去远东研究所的博士生会议上报告论文写作的新进度，并说服人们通过我新提出的论文题目。如果我没办到，那么我就不可能成为研究中国戏剧的专家了。后来，我成功地说服了所里的老师们。或许，这是出于我的语言很具有说服力；或许是因为审查我提案的都是心地善良的人，因此才肯通过我更换论文题目的请求。现在，离博士论文答辩的期限，只剩下一年了，而我也不很确定，自己能不能来得及把作品交出来。后来，所里答应帮我一把，让我延期一年毕业。这样算来，我读了六年的硕士班、四年的博士班。换句话说，我一共花了十年的时间，才成为某方面的专家。

我从博士班毕业，通过论文答辩后，出版了我第一本专著——《北京戏曲》。这本书于20世纪70年代面市，里头不但收录了各个京剧大师的资料，也整理了每种京剧的起源。这时，我更加确定，自己是如何沉醉在京剧的世界里了。到现在，我已经有五十年的时间投入戏剧的研究之中。从1957年开始，我就一直待在远东研究所工作，直到今天。我想，所里再也没有人待的时间比我更长了。出版了那本有关北京戏曲的专著后，我已经了解到自己未来的学术创作目标是什么了。简单来讲，直到20世纪40年代，我们俄罗斯人还只是把中国戏曲视为某种富有异国情调的表演之一；换句话说，我们既看不懂，听不明白；又不太能接受，不太想去欣赏。当然，唯一例外的，是在“白银时代”中国戏曲确实对致力于俄罗斯戏剧革新的艺术家们产生了影响。那时，阿列克谢耶夫（В. М. Алексеев）、索罗金（В. Ф. Сорокин）、盖达（И. В. Гайда）等俄罗斯学者对中国的研究，可以说是学术界的一个大突破。亚历克榭夫打下了中国研究的基础。在他的著作——《诗词里的诗人》中，亚历克榭夫通过整理文献，提出了以下的见解：所有的中国文化，就好比一本大书。书里面从头贯穿到尾的是中国哲学。中国哲学不仅影响了中国人的审美观、戏曲和诗词，甚至也进入了中医之中。在中国，不论在哪个领域，都存在着一套完整的文化标记。在中国文化里最为重要的莫过于戏曲——但也是对欧洲人来说，最难以了解的。因此，我将自己日后的目标设定为延续前人对中国戏剧的研究，并对中国戏剧中共同的文化传统进行探讨。至于我对自己的第二项期许，则是希望自己能将中国戏曲的地位提升到和世界上其他重要表演艺术等同的地位。所以，我后来的学术生涯，都致力于达成这两大目标。

1979 年，我出版了第二本专著。这部作品是以中国学者的论文集——《镜中的豁达灵魂》（*Зеркало просветленного духа*）及其评论为主，是第一本将中国学者的戏剧研究译介到欧洲的专著。书中，中国学者认为，唯一贯穿传统中国戏剧文化，并给演员、戏曲大师带来灵感的，是佛家与道家的思想。通常来说，从事传统中国戏曲表演的演员，时常并不乐于对外公开自己学习的经历。这些演员从小就跟着自己的师傅，以口传身授的方式学习，因此并没有一套写在纸上的戏剧理论得以公开地流传下来。换言之，中国戏曲的传承，完全就是一套口耳相授的鲜活传统。因此，若老师辞世，则传统戏曲的延续就会中断。因此，《镜中的豁达灵魂》这本深究中国戏曲表演精髓的专著，可说是个例外。后来，有人建议我以这本专著，作为我科学院院士的审查论文递交上去。可是，我那时仍旧觉得，光这样还是不够的。

现在，我想谈点有关“文化大革命”的事。回国后，苏联政府邀请我到广播委员会，并要我主持一系列有关中国传统戏剧的广播节目。他们是以这样的理由来说服我的——现在中国的观众已被剥夺了和传统中国戏曲接触的机会，因此我们筹备这套节目最主要的目的，在于提供他们有关中国传统戏曲与表演大师的知识，以防最后这些东西消失在时光的洪流中。因此，我很乐意参与这个计划，并花了许多年的工夫向听众们讲授有关中国传统戏曲的一切。此外，这也是我第一次接触到广播科技的工作。当录音室的门一关，坐在里头的我，感觉就好像远远地与整个世界隔开一样。我单独面对着自己那群看不见的听众，并以中文讲述主题，然后再用俄文读相关的文章[①]。我那时谈了许多中国传统戏曲的历史，还有戏剧大师们的创作；此外，我也讲到了中国的传统节日，并补充了它们的时间，以及这些庆典与戏曲和大师作品中场景的关联。我十分享受主持这个节目的乐趣。另外，我也认为自己正在从事一件很崇高的事——把中国传统戏曲的文化延续下去。在那个许多事

① 原文使用了 микшироваться 一字，在播出时，其实是应该有经过编辑混音后的效果。

物都陷入低迷的年代，我很高兴自己能有这样一个主题，可以敞开心胸地和观众交流。

如果我没弄错的话，在1982年，中国举办了第一场国际戏剧研讨会。全世界各地研究中国戏曲的专家都纷纷赶来，参加了这场盛宴。当然，研讨会也邀请了我，因此我也到场出席了。那时，我在场上以中文发表了我的研讨会论文。我想，那大概是我一生中最难忘的一刻了。会议中，学者们在讨论时要同时用英文与中文交谈，所以对有段时间没有碰英文的我来说，着实非常疲惫。但是，在研讨会上，我可以感受到，在“文化大革命”之后，大家是多么想把中国戏曲拯救回来。这次研讨会让我结交了不少同领域的专家，也扩展了对中国戏曲研究的眼界。后来，我在研讨会上发表的论文，也顺利地在中国获得出版。论文出版过后，我接二连三地受邀到苏联与海外的学术单位去演讲。然而，在这个时候，我的家里面有人生了病，因此我也不能抛下他不管——于是，我的家庭生活相对来说辛苦了许多。

我出版的下一本专著是《中国戏剧与传统中国社会》。这本书从中国文化臻至鼎盛的明代开始，谈起了中国戏曲繁美的发展。明朝是着有着众多杰出的戏曲家与文学家的年代。当然，那时中国也有它的问题——如意识形态的部分。后来我以这本专著通过了院士资格的申请。当时许多人认为，我是以这本倾心之力写成的专著，来挑战院士资格答辩的——但他们错了。我的心力只占了这本书的一半，剩下的另一半，则是要感谢来自各方的鼎力相助。

20世纪90年代对俄罗斯来说，是个充满波折的时代。我想，当一切都陷入动荡之时，没有什么人还有精力去研究什么。不论是我，还是身边的所有人，都只专心于求得生活的温饱。但幸运的是，这时我仍有机会完成我一个长时间的梦想——那就是写一本我在心中构思了许久的书。这本书是关于20世纪初期俄罗斯白银时代戏剧的发展，以及其与东方传统间的关系。当时因为没有人愿意出资让我出版这本书，因此我就将它视为自己的一个研究计划，动笔写了下去。之前，我想自己应该是没有机会去处理这样一个主题的——因为对学界而言，那并不是个很热门的东西。而对我来说，又是一段我人生中最幸福的时光之一。我又能夜以继日地阅读有关戏剧的专著。童年的记忆，似乎又栩栩如生地映在我的眼前——我爸爸正在苏联导演泰罗夫（Таиров）那里实习；而我的奶奶，则带着我上剧院去。然而，比起回忆，我想在这本书中更中意的，是我想尽力证明中国戏曲对全球各地表演艺术的影响。要知道，中国戏曲可是全球表演艺术中的瑰宝，就如同王冠上的珍珠一般。在欧洲，不论是在剧院演出了自己风格大师——德国的布莱希特、苏联的布鲁、梅耶霍德、泰罗夫，还是诗人——如苏联的诗人——阿赫玛托娃，以及巡回欧洲表演的佳吉列夫派演员等，一系列被视为创作精英的艺术家、作曲家们，无不如朝圣般向往着东方文化。然而，这群艺术家们面对东方文化，可不是只聚焦在某些他们自己感兴趣的小东西上；相对的，他们试着更深入地去了解东方文化背后所蕴涵的传统与哲学思维。因此，我将这本描述了白银时代俄国文艺界和东方文化交流的专著，视为自己的得意之作。

2005 年，我出版了另一本专著——《中国戏剧——世界之美》。当现代科学于 20 世纪的初期崛起，欧洲与世界性的各种政治灾难接踵而至，许多旧有的刻板思维、传统的世界观，赫然在眼前崩解了。然而在如此变局之下，中国文化与中国戏剧却能让我们完整地观看到中国人心目中世界的图景，以及那背后源远流长的传统文化。中国戏剧保留了文化中最有价值的部分，并让它在其他地方发扬光大。2001 年，俄罗斯举办了第一届国际戏曲竞赛，我也参加了和这个活动有关的一系列研讨会与讲座。当时，我向研讨会提交的论文，与中国戏曲传统文化有关。在国际戏曲竞赛的会议上，我获得了和许多不同表演艺术工作者交流的机会，并欣赏了来自欧洲、日本，还有北京传统京戏班的演出。

近来，我花了点时间回顾了一下自己一生的研究经历，并注意到，其实自己一直没有触及戏剧艺术的真正源头——那就是宗教仪式。因此，我又接着投身于“宗教仪式与戏剧表演”这个领域的研究。不过，先前我没想到，这可是个取之不尽的深广研究主题啊！首先，这个研究必须处理一些关于宗教仪式的复杂问题；其次，这个研究的进行，非常仰赖近十年内现代人类学研究中很难得的突破。另一方面，宗教仪式也完全融入了传统的中国政治体系中，因此若从表面上看，常常会把两者混为一谈。现在，在中国甚至有了宗教是否存在的探讨。幸亏有了人类学的研究，我才能看透当代中国“有没有文化”“有没有宗教”“有没有传统戏剧”的迷惑。以上关于宗教仪式与中国戏剧的研究，会是我下一本专著的基础。

现在中国对于传统戏曲的兴趣在渐渐兴起，然而年轻一辈却又同时受到西方大众、普世艺术的影响。此外，在“文化大革命”中，传统文化遭到了灾难性的打击，变得支离破碎；现在，纵使经济与政治已经从“文化大革命”的破坏中复原，但文化与其他精神思维的领域，却还没有办法——虽然中国用尽了各种方法，想把那些在“文化大革命”中被淘汰的东西重新恢复到每个人的心里。

弗·雅·波尔佳科夫访谈录

访谈对象：弗拉基米尔·雅科夫列维奇·波尔佳科夫

俄文姓名：Владимир Яковлевич Портяков

现任职务：《东亚事务》杂志总编

学术专长：中国经济问题

访 问 者：K. Chirkov

誊　　稿：I. Kukavka

翻　　译：林育民

时　　间：2012 年 5 月 14 日

地　　点：莫斯科

问：请介绍一下您的背景。

答：我，弗拉基米尔·雅科夫列维奇·波尔佳科夫（Владимир Яковлевич Портяков），1947 年出生在俄罗斯的古老城市——诺夫哥罗德（Новгород）[①]。我的父亲雅科夫·伊万诺维奇·波尔佳科夫（Яков Иванович Портяков），1914 年出生于诺夫哥罗德州；我的母亲莉吉雅·帕夫洛夫娜·朱

① 诺夫哥罗德在位于莫斯科北方，在蒙古时代为俄罗斯接触西欧文化的窗口。后来莫斯科公国兴起，将诺夫哥罗德收入版图。

拉夫列娃（Лидия Павловна Журавлева）是1917年于同一个州出生的。2008年，我的母亲过世；父亲是很早以前去世的。至于我父亲的出身吗？我的父亲就像大部分俄罗斯人一样，是农家出身，然而他却非常喜欢读书、一点一滴地累积知识，最后排除万难，当上了那个时候中小学的语文及文学教师。接着，他便被召入军队。总的来说，他一生中最主要的辛苦时光，都和军队脱不了关系。之后，第二次世界大战爆发，我父亲到了反情报部门工作，1958年退伍。当时，我们一家人都住在罗斯托夫州，之后我们便回到了离故乡——诺夫哥罗德不远的地方，也就是我双亲出生的小城——博罗维奇（Боровичи）[①]。后来，我的父亲就在那里工作，经营一家俱乐部。大致上说，像我父亲那样的知识分子，实在是非常想念完高等教育院校中没念完的书。所以，在1958年到来的前夕，他便通过了国家考试，取得了列宁格勒州赫尔岑教育学院(Педагогический институт им. Герцена)[②] 的毕业证书。换句话说，他就是拿到了俄罗斯语文及文学的学位。在童年，我隐约记得，父亲整个夏天都一直在看书，准备考试，出发去考场，再从考场回来。我们家中有许多关于文学的书，而它们着实也对我产生了很大的影响。不论是俄罗斯文学史，还是外国文学史，这些书都在我的教育过程中，留下了实质的痕迹。至于我的母亲，则是中小学的地理教师。她似乎也因为战争的关系，没能读完高等教育。另一方面，我的妈妈也确确实实地影响到了我的兴趣。在我们家中，放有各种地图集与地图。我非常喜欢看那些东西，并在最后考上了莫斯科大学的地理系。我还有个同父异母的哥哥，但我只见过他一次，跟他也没有任何的交流。他毕业于列宁格勒高等海洋工程专科学校，之后便成为了贸易船队的水手。但就像我说的，我们之间并没有什么联系。

至于我本人，就像我在前面提到的，我出生于诺夫哥罗德市。1965年以金质奖的成绩，毕业于诺夫哥罗德州博罗维奇市的高中。在当时要得到这份荣耀，一定要格外在学业上下苦功，并靠一些外在环境的帮助才能办得到。同年，虽然我还有其他的选择，但我还是跑去考了莫斯科大学的地理系。我和中国相识，便是在我准备大学考试时开始的。我那时思考了一些未来的出

---

① 博罗维奇市同样位于诺夫哥罗德州。

② 赫尔岑教育学院现今改名为“赫尔岑师范大学”。

路，翻遍了手头上各种招生简章，最后找到了海外社会主义国家经济地理系。那个时候，选择、提交大学志愿的意义，比现在要大得多。现在学生们可以先选系，之后再选择自己的职业；而当年却是从你提交志愿的科系，来决定你未来做什么工作。我还记得，有人曾经这样问过我："你想读地理学中的哪个领域?""我想读外国地理。"我如此回答。"那您要读的是传统地理还是经济地理?""经济地理。"我答道。"是资本主义国家的经济地理，还是社会主义国家的?"我当时十分确信社会主义的美好未来，因此我便选择了社会主义国家的经济地理。我那时完全没有想到从事中国研究、学中文。在我脑海中，我只想到南斯拉夫、捷克，一点都没想到和中国有关的东西。

之后，事情反而朝另外一个方向发展了：我开始学习外文——英文。虽然我以不错的成绩通过了考试，但那时已经有很多专科学校的毕业生比我还要好。当时他们和我说，英文班较好的三个组，是依照程度来区分的：要到高级班上课，得先去中级班，才能升得上去。于是，在我刚开始学英文的第一个月，我碰上了这两大难题。不过，在那个时候，倒也通过了另一项决议，就是可以在我们的班上，另行设立中文的学习小组。当时有人来我们班上，说需要三名年轻人学中文。那时，他们甚至没有谈到招收女生的事情，然而他们却很积极地教我们中文。以当时的观念来说，认为学中文的男生，应该要多一点才是。至于那是出于什么理由，我并不知道。当他们说要找三个人去时，实际上并没有筛选的过程—换句话讲，是要找非常符合条件的候选人去—就是那些年长一点、服过兵役的人；另一方，也有非常不适合的人——即那些认为越早学中文越好的人。于是，我就和两个同学开始学起了中文。

因此，要是你们问我选中文的原因，我只能说，那并非出于我有意识的选择，完全是在特定时空条件下的结果。以这种情况来说，是有以下的优点，包括我和大家一样，都是从头开始学中文的，不存在有人本来就懂得比较多的问题等。这在某种程度上有益于大家在学习的过程中拿到好分数。当然，我在那时也不小心私下做了些错误的事，其中包括一件我有生以来最为严重的错误：我同学的英文讲得比我好，因此授课当局便建议我们，要不干脆把我们的英文课调成一周两次。他们的理由是这样：我们的英文程度似乎不好，所以我们该多用功一些。但在十七八岁的年代，总免不了有出去闲逛的憧憬。

换句话说，当我在大学时，一点都没把英文当回事，而日后我也因此感到惋惜。虽然在日后，我靠着某种方法，尝试去弥补这个遗憾，但就像存在某种法则一样，在年轻时没有弄懂的东西，是怎样也补偿不来的。而当时在那种思维下，我的英文就变得十分蹩脚。虽然我在阅读方面毫无障碍，但似乎就是有某种东西，很理所当然地，是我所错过的。

问：那您中文班读得如何呢？能谈一下教授、朋友、同班同学的名字等类似的事吗？教学的重点是什么？您又花了多少时间了解中国？或是，您是如何安排您的学习计划的？

答：我们班上的所有人都处于刚起步的阶段，尤其是在发音方面。有位知名的教授教了我们半个月——起码，我肯定他是学术圈的人。那位教授的名字是尼古拉·费奥多罗维奇·马特科夫（Николай Федорович Матков）。他本身就是东方语言研究所的人。东方语言研究所现在改名为亚非学院了。我到现在也记不清，他到底有没有教完我们整个学期。那时，他们试着把我们都拉进东方语言研究所。凡是那边办什么活动，我们都会到那边去，听点语言发音学的课程。当年出于系所新建的缘故，我们在莫斯科大学的教学大楼没有能上课的地方，所以我们时常搭车到位于莫霍瓦亚的东方语言研究所大楼上课。

我记不清楚当时上课的细节了。但上课时间还记得。我们会上 8 小时或 10 小时的课。也就是说，我们比东方语言所的学生仅仅只少上 4 个或 5 个小时而已。但在这种安排下，上课时数已经具有一定的分量，足以让我们一步一步地从基础往前迈进。当我们定期出现在东方语言所时，我们不免听到有人说：“你们还是什么都不懂。”甚至，更难听的话“表演动物”都出来了。

我认为，我们是幸运的一群人。现在要我准确地回想起之前的事，是越来越困难了。或许是从第二学期开始，我们班上来了另外一位教授——维克多·谢尔盖耶维奇·马努辛（Виктор Сергеевич Манухин）。马努辛教授是一名非常有特色的老师。他并不是语言学家，而是位文学家，也就是在我们俄罗斯的中国研究圈中，那位赫赫有名、翻译了《金瓶梅》的大师。说起《金瓶梅》的译作，那可是他毕生的心血。他在很年轻的时候——也就是他 46 岁那年——就去世了。他这一辈子都没有结婚，曾经跟着苏联的专家们去中国工作过一段时间，主要负责担任翻译。但这些都比不上最重要的一件事：当时我们常常被中文给吓跑，尤其是在刚开始学的时候，但他却能有条理地制定学习进度给我们。他说，要是我们将来想去中国走一趟的话，那就好好地学；要是不想的话，那就大可不必。这样一来，我们在这里又能做到些什么呢？在这里，我们可以好好用功，因为这边不受到口语的影响：腔调是正统的；至于其他不正统的，则是不那么特别重要。换句话说，那是练兵式的教法，要求我们先学会正统的中文，其他的东西，则是能省则省。

当时，他也尽力用各种方式来讲中国文学。而就我的看法，好像我们在第二学期的时候，就已经开始读《人民日报》了。他是很守那套传统教学法的。至今我仍可以清楚地记得，当发下第一篇小文章时，我是如何顺着句子，用字典查出一个一个汉字来。那本字典在阅读上还十分不方便。应该是奥沙宁先生出的字典，里头也不是能找到全部的东西，但那也算是个别具特色的。我大概在里头找到了些什么吧……之后，马努辛教授给我们 1928 年的老地理杂志。那大概是第三学期的课了。当时我们已经开始学着读繁体字的文章了。之后，仿佛过了很长的一段时间，我拿到了来自中国香港或是中国台湾的文章，但它一点都吓不倒我；换句话说，你脑中已经完全想不起来，简体字是长什么样子了。我很多简体字都忘了，但至少，我可以读全是用繁体字写成的文章。而当时，很多其他的人就只能读简体字①。这得归功于马努辛老师的教学法。其中，它的优点在于学习中文的过程中，关键不仅仅在于中文老师身上——我们在上课时还教了中国的大量短篇小说。

至于我生活的概况，大体上说，1965 年到 1970 年的那段时间，我还在大学读书。直到“布拉格之春”爆发前，一切似乎都呈现着自由开明的方向发展，之前长久被禁的大量文学主体也一一浮现了出来，诸如普拉东诺夫②、左琴科③等。马努辛教授那时候要我们读一些他指定的书，要我们认识世界文学。或许可以这样说，是一些在俄罗斯被禁的世界文学著作。从语言学习的观点出发，他替我们的中文学习打下了基础。此外，因为我们的中文会话

① 此段原文较为混乱，以译意为主。

② 普拉东诺夫（Платонов）为沙皇时代反抗专制的农民英雄。

③ 左琴科（Зощенко），为苏联作家，生于 1895，卒于 1958 年。

班规模小，也在学习上带给我们不少优势。大致上来说，我们的会话课大多是由刘芳兰老师（Лю Фэньлань）教授，也时常有专攻中文会话的俄国实习教授的中国老婆来授课，偶尔可以在课堂上听到一些方言。这些老师中，包括了黄淑音（Хуан Шуин）、唐傲帅（Тань Аошуай）等。

问：那实际的会话的运用又是如何呢？

答：是的，刘芳兰和奥莉佳·林（Ольга Линь），还有他们的女儿，是之后才到我们班上的。包丘亚（Боцюя）应该也是晚一点才来的，因为他有着一口标准的中文。他们给了一些会话用的文章，但我不得不说，在数量上非常少。

问：或许一开始他们有着先不给你们太多教材的考虑？

答：事情是这样的：你们应该先清楚地想象一下当年的气氛——当时正是中苏关系跌到谷底的最糟年代，几乎没有人认为，去中国工作是一个很实际的想法。于是，中俄关系的一段空白时期就此到来了。当时在社会上甚至兴起了这样的一种态度，认为我们干嘛去学中文呢？有这个需要吗？我还记得，我和我的同班同学尼古拉·福尔曼诺夫（Николай Фурманов）在1967年一起报名参加了“中苏友谊社”，并去了位于城中心建筑街和新阿尔巴特街交接处的“友谊之家”。现在那边则是“俄罗斯联邦政府收容之家”了。当我们到那边时，他们简直吓坏了，劈头就问：“你们是从哪里来的？你们的教授是谁？”但当他们听到我们说，马努辛是我们的老师的时候，就改口说道：“对，这大概只有他，能够把学生派到这边来。”我们在那边除了读了曹桃芬——某位中国知名记者的东西，我们还帮了教授一个大忙。当时我们还没有复印机，因此马努辛教授把一张薄薄的卷烟纸摊开，在上面用汉字记下了三篇作为样板的文章。但对他来说，很明显，这似乎是为了让他不忘汉字的练习。不过，至少对我们来说，我们能靠教授抄下的东西工作了。毕竟书只有一本，因此我们还得轮流着看。直到现在，我家里还可以偶然找到一些当时抄的残片。结果，当大家说我们没办法成功时，我们却单靠汉字就弄懂了一切。对我来说，比起许多亚非研究所的毕业生，我更相信汉字的功用。

另外，谈论现代议题的文章同样也能靠汉字的阅读来理解，就如同我们的生活证明的，一切都会恰到好处。那时和我一起上课的有尼古拉·瓦西里耶维奇·福尔曼诺夫（Николай Васильевич Фурманов）及谢尔盖·弗拉基米罗维奇·斯捷潘诺夫（Сергей Владимирович Степанов）。之后，我也跟他们一起在世界社会主义经济体系研究所（Институт экономики мировой социалистической системы）工作。不过可惜的是，那个研究所现在已经关闭了。福勒曼诺夫与斯捷潘诺夫在莫斯科大学毕业后，出于他们都结了婚的关系，当局便派他们到新加坡进行海外实习。至于我，由于我没有结婚，因此相关单位就不推荐我出国。当时，我心里还很不好受的。在40年后的2011年，我才终于访问了新加坡，而且也正因为是他们俩曾经待过的南洋大学的关系。福勒曼诺夫之后还考上了远东研究所的博士班——那件事就像不久前才发生过的一样——之后他便通过了论文答辩，并当了好几年教授的秘书。然而，他和斯拉德科夫斯基教授（М. И. Сладковский）间有点关系，在这个情况下，他有了去中国工作的机会。但是斯拉德可夫斯基教授却说道："不行，我需要你留在这里……"于是福勒曼诺夫便辞掉了工作。他那时在负责处理中国关系的印刷委员会工作，之后也离开了，很久都不碰相关的东西。

另一方面，西尔盖·弗拉基米尔维奇·斯捷潘诺夫，他已经因为肢体伤残的关系，于20世纪90年代中期的某个时候退休了。之后，因病于2002年过世。总之，他也是在中国研究领域中工作过的人。另外，我们也不是没有在地理系开设过中国研究组。在我们之前，就有过相关的小组，只不过并非每年都有。在我们开设之后，就每年都有了。有些人现在正在该小组工作。伊格尔·乌沙可夫（Игорь Ушаков）、马莎·亚历山德罗夫娜（Маша Александрова）也都是从那里出来的，因此读地理的出路还算广泛。我们和中国的高等教育院校有直接的联系，我们的人也常常去那边实习。我们这边也有从这个小组中训练出来的教授。总体而言，中国研究和中文学习就这样展开，并变得更为有系统及标准了。

问： 哪些中国问题使您最感兴趣？您研究的主题是什么？论文是什么？

答： 我之前说过，我在海外社会主义国家经济地理系上课，因此大体上说，是有关社会主义国家的共通课程，但我们没有关于中国或其他社会主义国家的专题课程，只有捷克的课程。在这种情况下，如何从老师所教的东西中认识中国呢？首先，在那个时候有个非常出名的人——弗谢沃洛德·亚历山德罗维奇·阿努琴（Всеволод Александрович Анучин）。他在当年曾发起了一场很大的学术争辩，讨论是否存在统一的地理学。这场地理学论战的起因，是来自经济地理和传统地理间的争议。他大概是从军队方面退休的人，在他的那个时代，曾经参加过对抗伪满关东军的行动，并写了一本描述伪满洲国的书。这大概是他仅有和中国相关的一部作品吧！阿努琴教授是一位对人生计划十分感兴趣的人。他在我读三年级时，负责指导我的学年研究报告。不久之前，几乎是完全意外地，我在翻找自己的论文时，找到了那份作业的目录。如果你们有兴趣的话，我可以把它给你们看看。我的研究主题总是非常务实的。它的题目就叫作“从历史地理的角度描述中国领土范围之形成”。也就是说，我想探讨的是，为什么中国存在于它现在的领土上。

我的研究从二年级开始。那时已经有扎伊契可夫（Зайчиков）所写的《中国传统地形地理》（*Физическая география Китая*）一书，因此就须先把它的书摘出来。于是，我便亲自用纤细的笔触写完了50页的书摘。作为指导老师的阿努琴教授说：“对，很好！谢谢。”我则问了：“那您看了吗？”“对，对，我全都翻过一遍了，但里头所有的东西，基本上只告诉我一件事，那就是你把这本书给读完了。而要是你不是现在就把它读完了的话，你大概也不会有时间读完它。”那是一门在自学上有着严格要求的课，但我因此对中国的地貌有了实际的认识，包括山脉、河流及其他。而四年级，就是该处理毕业论文的时候了。我总共花了五年才毕业。依我所见，那与中国跟苏联的国际经济关系有关，题目是“中国对外经济政策在结构及地理上的特性”。这个题目和领导系所的团队变更有关。在那之前，我们的系是由伊凡·哈里东诺夫维奇·奥夫基年科带领。他是不是中国研究者，我自己并不清楚。奥夫基年科有可能是，因为他开设了关于蒙古、越南的相关课程。又或许是，他和许多花了太多时间在中文上的中国研究者一样，最后把目标转移到其他的领域，因此他才开设了有关亚洲国家的课。但在1968年，系所的领导团队换了。当时最流行的研究主题是“社会主义经济整合”。而在系所方面，则是由其中一位这个领域中顶尖的理论家与实践家——奥列格·季莫菲耶维奇·博格莫洛夫

（Олег Тимофеевич Богомолов）带领。巴格莫洛夫当时也在俄共的中央执行委员会工作，负责与社会主义国家联系，之后才来领导我们的世界社会主义经济体系研究所。他开始邀请其他的专家来我们这里。从外贸部全苏联市场经济研究所邀请到了亚历山大·亚历山德罗维奇·涅特鲁索夫（Александр Александрович Нетрусов）。老实说，尼特禄瑟夫来了之后，我一度把我的重心放在外部经济的关系上。

尼特禄瑟夫教授大约四十出头，但很可惜的是，他得了非常严重的病。他身患血癌，并在我拿到文凭时去世了。此外，也有一个被我视为竞争对手的人，同样也是从苏联市场经济研究所来的，那就是米拉基米尔·安德烈耶维奇·萨温（Владимир Андреевич Савин）。萨温研究中国问题，并成了我的指导教授。换句话讲，他既是我的老师，又是我的对手。我倒想对这件事多说一些：涅特鲁索夫教授只在一小圈子的人当中有名，因此在他还活着那段时间中，他写完了一本独一无二、在苏联出版史上第二本有关对华贸易的书。至于第一本，则是卡比林斯基于1959年写成的《中华人民共和国的内外经济关系》。另外，书中并非仅描写了中国对外的经济关系，也有全体经济的资料；但涅特鲁索夫教授的作品，则是对中国的外部经济下了非常大的苦功。可惜的是，涅特鲁索夫的书仅供“专业领域使用”，即从事相同领域研究的专家们都知道这本书，但他却从来没有公开出版过，因此随着时间的流逝，人们都忘了它的存在。总言之，那是本独一无二的学术著作，里面详细、分毫不差地描写了中国的贸易史，以及中国在20世纪50—60年代中各种不同形式的对外经济关系。当我进行学期研究和毕业论文写作时，花了一定的时间在涅特鲁索夫教授的书上：一来书的数据可以广泛地被用在许多地方；二来上面当然都有附有引文来源。从那个时候开始，阅读涅特鲁索夫教授的作品，就培养了我对中国对外经济关系的兴趣。在我的人生中，还有另一段与涅特鲁索夫教授有关：他邀请了我们及地理系中从事中国研究的学生，在毕业前去苏联市场经济研究所实习。除此之外，他不仅仅请我们去，还付了一笔奖学金给我们。也就是说，我们有了去那边领取薪水的工作机会。

因此，我的职业生涯可以说是从1969年的苏联市场经济研究所开始的。

这个研究所到今天为止还存在，但很自然地，名字不含苏联，而是“俄罗斯联邦市场经济研究所”了。在政府更换之后，市场经济研究所的形态也发生了一些变化：研究所需要一些对外贸了如指掌的专家，才得以生存。因此，我们的研究所不像其他公立的研究单位一样，从当时的混乱中撑了过来，并维持到今天。我不清楚，现在还有谁留在那儿了，但在40年前，那边可是有着非常有趣的中国研究同事。当时的亚洲社会主义国家部——也就是后来我们去的地方——有着各式各样的职务，以及对生命有着形形色色观点的人。之后，又有许多人去其他部门工作了。我记得有安纳托里·彼得罗维奇·基里扬诺夫——他是名从非洲出差回来的学者，之后才被转到远东研究所去，担任斯拉德科夫斯基教授的助理。基里扬诺夫先生的老婆则负责带领整个苏联外贸部中的亚洲社会国家组。维克多·谢苗诺维奇·米隆诺夫当时也在研究所工作，之后也成了社会科学学术信息研究所的顶尖专家。在他的肩膀上，担负着编辑与摘写《中国研究》期刊的重大责任。话说《中国研究》期刊，是本在20年的光阴中，提供各方对中国有兴趣的人士可信且真实资料的杂志。印象中，它是1973年出版，并于20世纪90年代中期结束的。我不太清楚，现在这本期刊还存不存在了。在那个时候，我写了很多东西到那本期刊上发表。总而言之，在研究所有许多有趣的人物。当然，对我来说，那边最重要的是可以领到薪水。虽然不多，但那也是一笔难得的奖学金。

其次，在苏联市场经济研究所，我也见到了一系列我从来都没有想到过的出版品，例如中国台湾的、中国香港的中、英文刊物。直到现在，我还记得当时有本由香港出版，叫做《中国新闻评析》的小专刊。这本专刊里面，有对于中国国内政治、政治情势的深入分析。此外，在苏联市场经济研究所中还有另一项优点，那就是可以实际地进行工作。那边的实务工作共分两类，一是做专刊新闻稿的编辑工作，就如同一般传统业界中做的一样；二是处理较为严肃的文章，其中大部分是关于中国内外经济关系的半年稿与年稿。直到现在我都还记得，为什么那些大佬们都认得我，并要我写一篇有关中国农业发展的文章。但我不能就此评断，这份经验十分成功；当然，具有更为广泛的知识背景，则是必需的——我不能仅囿于半年内所能看过的数据。不过，在研究所，我至少获得了第一份具有实务、分析、翻译等性质的工作经验。

当我在大学的学业接近尾声时，因为我不是莫斯科人的关系，在进修上遇到了困难。好在我们系所的主任奥列格·季莫菲维奇·博格莫洛夫教授在那个时候当上了世界社会主义经济体系研究所的所长，因此便指名要我到那边去读博士班。在我的一生中，我时常在不同的专业领域中穿梭，但也因为这样，使得我的知识更为融会贯通。博格莫洛夫教授提了一个既和地理没有关系，又与经济只有一点联结，且大部分都是和国际政治有关的研究题目给我。那个题目就叫做："中国领导阶层对海外社会主义国家的政治与经济概念。"这个入学考试主题对我来说，有着非常大的技术性困难；换句话说，我得靠"社会主义国家间的国际关系"领域的专业，才有可能成功。在夏天结束前我该把所有的书看完，并要处理那段时间的生活问题—因为在住宿方面，我有了麻烦。但不知怎么地，我克服了这些难关。此外，因为当时博士班收的学生少、竞争很大，因此我必须每科都拿到五级分[①]的高分来应付它。不过，总而言之，我都搞定这些事了。

至于在博士班，我其实过着很随性的生活，当然和指导教授共事时除外——为了确定共同的研究方向，我的指导教授安排了一系列和知名中国学家的会面。其中我印象特别深刻的，就是我们去拜访列夫·彼得罗维奇·杰柳辛（Лев Петрович Делюсин）的那次。当会面结束之后，我们才恍然大悟，要如何带领社会科学学术信息研究所的方法。他建议我尽可能把目标锁定在中文的数据来源上，而非英文的。他说："尽管现在可能找到的中文数据很少，至少那是你找到了它们，而不是它们来找到了你——这是第一个重点；第二，这样一来最大的保证就是，除了你以外，没有任何人看过或读过这些资料了。"也就是说，当我和第一手数据的来源越近，我的方向就会越清楚……

因此，在博士班就读的期间，我读了非常多的书。中国研究的训练本来就与传统方式不同，再加上我毕业论文的主题——社会主义国家和中国的关系，需要大规模地阅读各种西方的文献。其中，不结盟运动特别吸引我，并让我因此开始阅读有关南斯拉夫和不结盟运动的书籍。总之，我成功通过博士候选人的考试，但此后的两年，我却一点儿东西也没写出来。当时，社会情况

① 俄罗斯的学期成绩以五级分的形式来公布：三分为及格、五分为优秀。

变得更为开放；换句话说，不需要每年举办博士生评鉴。就像某个人所说的：“博士班——那是最后一个可以花三年时间过着像人生活的机会。”我的博士班生活基本上和学习知识的课程、在图书馆中阅读各种不同有趣的文章等脱不了关系；不过，我在研究计划上的进度，却举步维艰。但我还是相当幸运的。世界社会主义经济体系研究所享有派遣人员前往社会主义国家使馆与商业代表处的特权，而刚好我又是他们心目中派去中国商业代表处的第一人选。因此，在我就读博士班三年级——1973 年 2 月 3 日——我起程前往了中国。

问：那这是您第一趟旅行吗？

答：对，总而言之，在那个年代，包括中国研究者在内，前往中国的人大都是学术界出身的人。也就是说，我前往中国完全是个很特别的例外。我在这趟旅程中最大的优点，就在于我还很年轻，处于什么都能吸收的状态，而且所知的东西又都是最新的。因此，我在商务代表处担任起经济学者的工作，并专攻经济学。当然，一开始我的工作基本上是翻译、简报等。之后，我很快明白，自己的中文会话能力特别差；口语理解能力也不好。不过，因为当时那里没有电视，我就开始主动地收听广播，尤其是早上七点的“早间新闻”。当我开始成功地把中文的书写、阅读及发音联结起来时，我发现自己在中文的理解能力上取得了大幅的进步。我想自己败在口语上的原因，在于我的音感不是很好，而且我和中国人谈话的机会也不多—这是对我的挑战。我们在商务代表处中有教中文的老师，我们花时间练习中文、讨论某些话题，以及聊天。这些对我来说都非常有帮助。因此，不论如何，我都开始大量地学习中文和中国经济的东西。这种情况，倒是和我晚年的生活有几分神似。在毕业论文、学术研究写作方面，我并没有出版那几年我的习作。但学术研究的情况确实变好了许多。

问：是找到很多资料了吗？

答：对，很多，但唯一的问题是没有人能够指导我处理它。举例来说，我几乎是处于自学的状态，因为同时兼任研究所论文指导老师并没有帮到那个地步，虽然他应该多少关心一下我的研究状况。不过，至少在这种情况下，我还是有些优势的。接下来，我会全部讲清楚：例如，以科技的眼光出发撰写的论文，在当时并不是完全正确的研究途径。老实说，我记不太清楚自己在苏联时有没有领到薪水，不过中国的商务代表处确实支付了一笔。总之，苏联的人都将争取到前往海外工作的机会视为第一要务，因为外派的薪资比在国内高。然而，在薪水支付的方面，我们这边倒是有点特别：在20世纪70年代，我们的薪水是以人民币支付的，但我们却能将部分薪水兑换成国家礼券。国家礼券可以在名为“小白桦”（Березка）的特别商店中购买服饰；到了1975年底，“小白桦”又开设了食品贩卖专店，但我们却不能用“蓝色礼券”（синий сертификат）购买里面的东西，而是要用另外一种更高级的“无边礼券”（бесполосный）。由于中国当时被视为贫困国家，因此我们有权获得将薪水的20%转换成“无边礼券”的优惠。第三种国家礼券则是给发展中国家的劳工使用。这些就是当时所谓的钱了！而我到现在依然清楚地记得，1975年我回来时，在小乔治亚街（Малой Грузинской）上开了一家食品专卖店，我常常去那里买多西。当时来自意大利的“琴赞诺”（Чинзано）苦艾酒特别流行，几乎每个人都在喝它呢……

问：那在业务责任方面呢?

答：我们会定期撰写半年及年度中国内外经济关系简报。我的主题是农业经济，因此政府的额外补助对我来说是需要的。完全没有人想从事这个领域的研究，也没有人了解它的状况。此外，也没办法找到统计资料，因此也没人知道该从什么地方下手。但却因为这样，我收到了第一份有关国家预算的报告。当时似乎弄出了某些数据，也就是中国在“文化大革命”后第一波对欧洲国家的出口统计，以及在中国有多少外国企业等。

至于我的资料来源呢?因为我是个喜爱阅读的人，所以我常常去书店逛逛，因我还记得，自己会不时带回一些书，像是《民族农业成功的25年》（25 Ллет Успехов Народного Хозяйства）。那本书于1974年出版，其中首先收录了许多不同年份的资料，但没有人翻译它，也没有地方出售。在中苏和解期间，中国方面首先开始发行的期刊为《航空机械》。我还记得，当时我翻译了其中的一篇文章——《改良型图—154战机的悲剧》（Крах Советского Ревизионистского ТУ—154）。那时还有《中国南方晨报》（*South China Morning Post*）、《人民日报》，以及《红旗》等刊物。当时新华社扮演了非常重要的角色——它是够可靠、够分量的传媒。每个人都读新华社的东西，并从中抄录些什么。

此外，另一件事帮了我大忙，我找到了由中国香港出版的《中国经济》一书的广告。我对商务代表处的副处长弗拉基米尔·亚历山德罗维奇·科罗廖夫（В. А. Королёв）说："这本书应该很有趣，里面或许有些东西。"于是，他便通过一些熟人订到了那本书，并把它寄给我。文章同样是用传统的繁体字写成的，不过当时还是我头一次在人生中除了我之外，知道还有人在使用它。由于1959年以后中国没有公布国家预算的真实数据，但书中所收录的，很清楚地接近那时中国的真相情况，因此它对我及其他的同事们非常管用。在那个时候，尤里·亚历山德罗维奇·阿尔汉格尔斯基（Юрий Александрович Архангельский）负责管理我们的代表处。他是名富有研究国际贸易经验的专家。在他来我们这里之前，他在罗马尼亚的商业代表处服务。总之，他来了之后，我们这边的气氛还算不错。

中国商业代表处的生活有个特点，那就是我们大部分的时间都在使馆区活动，特别是我们自己苏联的使馆。至于去城里之类的事，则是禁止的，因此无论如何都是不可能的。我们那里一个星期有两班开往王府井的公交车，因为工作的缘故，通常我们只赶得及搭上其中一班。我并不记得所有在商业代表处工作的同事。因为可以搭车到北京近郊的关系，所以大家常常去颐和园、天坛和其他能到的地方，如明十三陵和水库。我甚至在我待在代表处的最后一段时间内，利用机会去了万里长城，不过也就仅仅那么一次，是1975年的时候。在中国的那段日子和现在比起来，有着它不一样的气氛，不一样的生活体验；而当时对我们来说，最主要的娱乐，要算是去访问不同的餐馆——那里的餐厅要价十分便宜。而商业代表处另外还做了些什么事呢？1974年，我们和商业处出口部的主任——弗拉基米尔·瓦西里耶维奇·科纳辛（Владимир Васильевич Конахин）去了广东的市场考察。那可说是件大事啊！对我而言，那也是最珍贵的一段记忆——我们几乎在火车上待了整整两天。虽然在广州的时候，并没有如我们预期的一样，顺利地完成既定的目标，但我们也在那里做了短暂的访问，约莫是两天多一点时间。不过，这也够我们顺利地到处走走、看看了。话说在南方的城市中，洋溢着一股如此热情的气氛，和北京完全是天壤之别啊！当时我也试着趁这个机会，尝试帮我的毕业论文搜集资料，不过老实说，在这方面我并不是很成功。1975年，我回到了莫斯科。我大学和研究所的老同学谢尔盖·弗拉基米罗维奇·斯捷潘诺夫及他的夫人接替了我在商业代表处的位置，而我又重新进了一次博士班，并像我在世界社会主义经济体系研究所进行研究的年轻同事一样，拿到了学位并开始工作。

1977年底，为了以“国际关系与海外政策”的专业申请史学研究奖学金，我参加了相关的论文答辩。也就是说，我是从地理系毕业，并于前往中国的商业代表处工作的期间，额外接触了经济学，但这次在我的论文答辩中，我却是以国际关系的论述作为主题——因为我在世界社会主义经济体系研究所的第一年里，修了国际关系的课。不过，1978年底，我又再次回到北京工作，但这次则是去大使馆。我在苏联驻北京的大使馆担任二等秘书，之后又升为一等秘书，专门负责中国经济业务。那是段非常有趣的时光，因为正巧碰上了中国的改革年代。我是1978年10月1日抵达北京的，换句话说，我是在中国国庆节那天到的。到11月底时，我已经踏上了游览全中国的旅途，而且还是去一些苏联人从来都没有去过的地方，例如四川的成都、重庆以及云南的昆明等。我到现在还清楚地记得，我们与当地的生产队及企业进行了交谈。当我在四川时，我感觉到这里似乎正进行着某种特别事件。此外，我也很成功地在后来出版了纪念这次旅行的报告——虽然发行的数量不多，就好像根本没有出版过一样。在报告中，诸如现代化、开放性的海外经济政策、改革等字眼，其实都已经出现了。我不单单花三年半的时间研究这些问题，而且还时常自己想出新的主题。该怎么说呢？大概是因为研究的东西越来越复杂的关系吧！

不过，这样的一种模式也影响了我很多年的学术研究。我开始研究中国的经济问题，但或许可以这样更精确地说——是在研究中国的经济政策。在那几年内，能够说世界社会主义经济体系研究所正处于转型阶段。我们有苏联改革政策的支持者。当然，他们和研究所里的人处得不是很愉快，因为当局试着打压这些改革人物，特别是1983年之后的安德罗波夫（Андропов）、契尔年科（Черненко）时代。不过，这里我想再说明一点，就是在那段我们积极地研究、描述中国改革开放的时候，远东研究所还没有过什么建树，但却时常地对外宣称，中国并没有发生什么改革。苏共中央执行委员会的支部对拉赫马宁（Рахманин）有很大的影响力。当局试着不去用正面的态度评价中国的改革开放，而是用苏联偏颇的眼光看待它。当然，他们一方面也悄悄地推动着中苏关系的正常化——这是不容置疑的。不过，即便如此，中苏人民间的差异性还是存在，因此有某些事件就爆发了，某些东西就出现了。1984 年，第一本《中国 2000》（Китай 2000）的系列丛书获得出版，书名似乎正好叫作《中国经济体制改革》（Реформа Экономической Системы в Китае）。我为这本书写了评论，而那大概是在《远东问题》（Проблемы Дальнего Востока）这本期刊中，头一次正面论及中国改革开放的议题。

之后的 1985 年，我和谢尔盖·斯捷潘诺夫写出了一篇货真价实、有关中国农业发展的文章。此外，它造成了一些很明显的冲击：那时 BBC 回应了我们的文章。当时我还在诺夫哥罗德州的家中，然后就有人和我说道："快听！你绝对想不到的！就连 BBC 都在讲你的东西。""没什么，只不过我们写了篇文章罢了。"不论如何，这一系列的事情，就从 1982 年开始，持续到了 1989 年初。那个时候，我担任世界社会主义经济体系研究所中国研究部的主任，因此我除了出差到苏联驻华使馆外，也能很顺利地访问中国。1982 年 4 月我回国后，于 1985—1986 年又在海外待了一年，并在苏联大使伊里亚·谢尔盖耶维奇·谢尔巴科夫（Илья Сергеевич Щербаков）那边作客了好几个月。

当中国改革开放后的发展已经非常显著时，我额外前往中国旅行的机会就变得更多了。当我再次去中国工作时，也很顺利地去了一些地方，包括我第一次访问的济南、南京、常州、上海、杭州等地；而在我第二次时，则到了南昌、长沙、上海等地。我很清楚地记得，我结识从事家庭联产承包制的人们，并度过一段有趣的时光。1985—1986 年，中国已出现了名副其实的消费性交易市场。一切都好，变得富有活力。例如我们在洛阳时，我兴致十足地和导游问道："请问你们对改革开放的看法如何？"他说："以前我几乎都看不到香蕉，但现在可没有这个问题了！因为可以从南方自由地把香蕉运来。虽然价格是贵了点，但我们还是能买得起。现在的问题是在于没有钱，而不是货送不到。"当时我们注意到了有粮票、布票、工业券等东西；换句话讲，就是用来买面包、布和工业产品的凭证。总之，在 20 世纪 80

年代中期，某种充满生命力、精力焕发的感觉，已经实际上展现出来。1988年5月我和全苏联社会代表团去了一次中国。我们访问了北京、天津。那里有不同的人，不过也是非常好客。正好那个时候是物价明显高涨的时期，因此人们的反应就不同了。已经有人开始注意到，改革开放是怎样触及他们自己生活的。

问：学术界方面呢？有什么共同的活动吗？

答：在中国刚开始改革开放时，思想上的改变是非常大的。我或许可以这么说，20世纪70年代和80年代是一条分界线，是对中国十分惊人的时期——当时中国发展非常快，同时也大量掌握了来自全球的知识。因此，我开始有了阅读中国文学的习惯，并积极地买书回来看。因为我了解道，这些东西在图书馆是找不着的。有些书非常有用。我很清楚地记得，1970年我头一次在书店中看到了《经济学动态》期刊以及其他能够广泛用在很多方面的东西。之后，那些书在工作上帮了我很大的忙，例如《世界史研究动态》。不过，那是本不对外发行的期刊。其中，由邓力群所写的一本书帮了很大的忙。这里我想说的是，那是一个能够在中国有效率工作的时代。随后，通过第一手资料的出版，知识界的发展在中国获得了正式的保障。我不仅阅读中文刊物，同时也用自己的钱订购了《经济学周报》等期刊。20世纪80年代我回到了世界社会主义经济体系研究所。在我当年的同事之中，出了不少有名的学者——奥托·拉齐斯（Отто Лацис）、莉莉雅·舍夫佐娃（Лилия Шевцова）、奇普科（Ципко）、克良姆金（Клямкин）、米格拉尼扬（Мигранян）等都是。研究所有一股知识创造力十足的气氛。以学术委员会的会议来说，就好像是场学术讨论的庆典。当然，以前从来没有过像当时那种感觉的时候。在这层意义说，研究所的特殊性带来了它的影响力。这点是十分令人欣慰的；而就学术的眼光来说，这也是十分有益的发展。

问：那大家是怎么样在学术圈内研究的呢？社会活动又怎么说？

答：如同您知道的，我们一生都在从事社会活动；而每个人在其中的差异，只在于自己热不热衷于参与。因此，有时候就会出现支持不同选择的宣传人士。当我在读博士班时，有段时间我正好在某个工厂里教有关经济学的课。之后我才明白，是区党委的经济学会推举了我，才让我通过审查。总而言之，那是段很忙碌的时间，但依我之见，那却在我的心里没有留下太多特别的印象。我唯一记得的是，当我还在使馆的时候，在我面前坐着来自党委会的成员们。他们和一个直属代表团签订了名为“作家”(Писатель)的备忘录。

问：您是怎样认识中国的呢？是有计划还是没有计划的？是很快就喜欢上中国了？

答：我想，认识中国的这件事，是在有足够的规划下进行的。这是因为实际上我没有和中国脱离过关系——在我每天行事计划以外的所有时间里，我几乎都在关心中国发展动态。从1987年开始，我们有了订购中国报纸和期刊的机会，于是我自己便订了一堆的各类杂志。这其实花费很低，因此在夏天，我花了许多时间阅读一大沓的中文刊物。我想，在今天，我当然会做其他的安排了。因为这么讲：阅读这件事在那时是有益的—或许从知识获取过程的角度来看，它带给了我很大的好处；但若从物质利益、总体结果的方面来看，这并没有。因此，在这边我想说的是，对，我和中国的认识更准确地说，是在有计划的情形下进行的。此外，另外一点我想谈的是，当我以使馆贵宾的身份到中国旅行时，中国和苏联的学者才刚开始有了实质上的接触。所以，在1986年初，我就踏遍了中国各地的社会科学院，并和中国的学者进行了许多对话，得到了极大的关注。1987年刚开始时——也就是一年后——我认识了一位从世经政研究所来的中国人王秦村(Ван Цзиньцунь，音译)。那是在第三次中国经济学者代表团来苏联的时候，当时他是代表团的成员，而我是负责接待他的人。于是我们去了格鲁吉亚首都——第比利斯、乌克兰的基辅与我们的列宁格勒。我们后来便互相成了朋友——当我积极地研究经济学时，他都会买书给我。那个时候，要弄到《经济学年报》是非常困难的一件事。而我的话，也会照他的要求，搜集一些刊物给他。大概有五年左右的时间，我们保持着很紧密的联络。后来他也到苏联进行九或十个月的实习。我们之间的往来对我很有帮助。当时我事实上有了全部最新、最有趣的经济学专著。当然，这也让我们间的合作更为牢固：也就是说，我们俩都自己看书，但他看中文的数据来源，而我，当然是来负责判定数据的准确性。换句话说，我非常注重出版的内容；别人的引用次数；是学者自己的发现，还是借助了他人的点子。

接着，就讲到了我职业生涯告一段落的部分。我在世界社会主义经济体系研究所工作到 1989 年初，之后戈尔巴乔夫时代的当局邀请我到苏共的中央执行委员会工作。从 1989 年 3 月到苏联解体为止，我都在苏共中央执行委员会的部门中任职。这里我想说的是，原本充满活力的生活到那个时候为止完全消失了——在我生命中，那是一段十分平静的日子。说真的，虽然那个时候我碰到了健康上的问题，但情况还算不错——我去了中央执行委员会后，便有机会到较好的医院就诊。医院里的医生及肺科专家常来帮我看病，而这正是我们在现实生活中所没有的。对我来说，这就像大家所讲的，简直和童话一样。我在中央执行委员会担任中国顾问。那边总是一下叫我去做做这个、弄弄那个、写些什么东西，但还是有很多能商量的空间；纵使有不得不做的事，但也挺少出现的。当苏共解散了之后，我在一段很短的时间内，回到了世界社会主义经济体系研究所。当时，它已经易名为“国际政经研究所”了。之后，米哈依尔·季塔连科想找个人来代替经济领域的副主任——安纳托利·巴甫洛维奇·莫罗佐夫（Анатолий Павлович Морозов），便打电话给我。于是，从 1992 年 4 月 1 日起——换句话说，实际上经过了 20 年不长的一段休息时间后，我又回到了研究所。在这里我带领过不同的研究中心。到 1999 年为止，我负责领导中国社会经济研究中心；1999 年我进行了经济学中有关全球经济领域博士论文的答辩。或许可以这样说，所有我学的东西，全都融会在那篇博士论文中了：我从最基本的开始，描述了 20 世纪 70 年代末至 90 年代中期中国社会经济的建立与特色。大概能够这样讲，这时候学术及生活在某些程度上融合在一起了。之后，罗商寿先生（И. А. Рогачев）又叫我到俄罗斯的驻华使馆工作，因此我从 1999 年开始，又在中国待了 3 年半的时间，并在大使馆中担任中国内政小组的负责人。2003 年，我在“非典”爆发的前几天便回到了俄罗斯，我就在莫斯科的远东研究所中的政治研究小组工作了三个月。之后从 2004 年到 2008 年，我接管了中俄关系发展中心，然后从 2005 年开始，负责担任《远东问题》（Проблемы Дальнего Востока）期刊的总编辑。那时我也正巧很紧凑地研究中俄间的关系。

至于现在的情形，则是演变成这样：一方面，就好比你不得不拖着旧包袱；另一方面，则是在研究如此广泛问题的情况下，所导致的专业性下降。现在我试着将自己的研究主题——“中国在世界政治与经济中的角色”视为最主要的探讨项目，但在这几年内，中国的内政却吸引了我更多的注意力——因为俄罗斯在这方面的研究十分少；此外，我自己对这项议题的兴趣也是一种动力。换句话说，我在某种层面上回到了博士班时研究的主题上。各类新闻媒体在访谈中时常问我各式各样的问题，例如持续发展的中俄关系、中国的政治局势、中国经济、中国的现代化进程等。这其中当然有优点及缺点——当你离开一个领域时，就表示那已经不是那么有趣的议题了。因此，最后的情况就变成：我花了25年研究中国经济，但实际上却对于我们自己国家内部的问题没有引发相同的兴趣。而当俄罗斯开始对中国经济感兴趣时，很多人才开始问起相关的问题。但老实说，那个时候我已经对这个议题没什么兴趣了。

问：那您自己在中国研究的历程上有何转变呢？

答：我会这么说：影响的因素很多——旅游的可能性、研讨会的主题，甚至还有什么其他会影响的东西。但我就和那群为数不多，不靠观察表面来预测中国发展的人一样，能够从内部的因素来衡量中国。我长期追踪中国和世界的互动关系，例如怎样的话题与议题完全是新出现的。我去年意外地重新研究了深圳、“改革先锋”经济特区等议题；而我现在正思考的，则是否应该继续这些问题的探讨。我在研究中国时是很有规划的。有很多因素左右了我研究的兴趣。在研究的过程中，有许多被我称为“弃牌”的主题——因为我在观察过后，觉得或许没有把它写出来的必要。有些主题则是牵涉到和个人义务有关的道德因素；也就是说，我要是在《经济学周报》上看到了某些东西，觉得有把它写出来的必要的话，就会把它给弄出来。不过，这边还是要请大家注意一点，着实存在着不同会影响到我研究的情况。

问：随着您对中国认识程度的增加，您对中国的评价改变了多少呢？

答：以我之见，我对中国的评价当然有了改变；而其中，对于中国越来越熟悉的因素，扮演了一定的角色。但也有一系列其他的因素，间接地影响到了我对当今中国政治和经济走向的评价。对中国的研究非常大幅地改变了我自己对于社会发展的看法，甚至到了完全持不同观点的地步——那也是一种影响。中国自身的改变，也是一种影响。此外，在我的眼中，不论是中国还是中国人都剧烈地改变了。我依然清楚地记得 1974 年，因为实习的关系，去中国拜访了当时的苏联大使拉佐夫（Разов）。当我们在外头散步时，便问了中国人："琉璃厂在哪边？"路人先是跳了开来，大伙都怕得不敢跟外国人说话。之后，我们好像听到了声音，说我们没有问什么和间谍活动有关的东西。之后，人们才愿意帮我们指路。但现在则是完全相反——在王府井大街闲逛时，中国女孩许多不明原因就用英文和外国人搭讪。不过，现在我也不需要什么帮助了。我已经没有很强烈的意愿去认识新的人，去面对空泛的对话了。我有一些自己可以主动去拜访，然后能愉快地聊天的朋友。而这就已经足够了。

问：那您对苏联及当代俄罗斯培训中国研究人员的水平有什么看法？

答：我很难对此下评论，因为所有的事情都改变了。在当代的俄罗斯，有更多的机会练习中文会话，去接触比往日更为清晰的中国形象。这就是为什么要有海外实习的原因。但我现在不太清楚，它占的比例有多少，但有很多实习的机会不是来自于领衔的莫斯科高等院校，而是来自于一般省市的大学。在远东，几乎所有的人都去过中国了。另外，去中国的俄罗斯人除了准备求学的外，去那边旅行的人也占了很多。

问：今天谁想成为中国研究者呢？

答：现在的中国在一定程度上来说，是一种时尚。以我之见，在现在的情况下，不论是走务实的研究路线，还是认为在中国的相关机构工作能够赚到钱，都是一种动力。也有那种具有很强烈意愿的学生，也有一群受到东方吸引、很特别的一群人——我称他们为怪人。中国、儒家文化、太极拳等东西对他们来说一点都不奇怪；比起一般人，他们在这辈子中更能习惯这些东西。例如马利亚温（Малявин）、马斯洛夫（Маслов）似乎就不是属于俄罗斯这个世界的人。然而，这也没什么好说的，人们都有着韧性和敏锐的一面。至于现在谁想成为中国研究者？或许是在这里没有容身之地的人，或许是另一群不同的人。总之，有各种不同的环境与背景。我觉得以现在来说，大概中文的竞赛比以前多了。我很清楚地明白，以前，当在分配可供高等院校教学的语言时，甚至在莫斯科国际关系学院的地理系中还起过一些风波：那时当人们想自动地走进中文世界时——纵然那仅有少数的几个——那句“你跟我就是不合”的老话，时常会响起。也就是说，只有那些搞不定英文和法文的人，才会被送到中文的领域来。现在中国研究可是置于最重要的一方，甚至学中文的人还常常多于学日文的——换句话说，某些精英的元素甚至已经出现了。

奥·鲍·拉赫马宁访谈录

访谈对象：奥列格·鲍里索维奇·拉赫马宁

俄文姓名：Олег Борисович Рахманин

现任职务：俄罗斯科学院远东研究所研究员

学术专长：中俄关系

访 问 者：Vladimir Ganshin

翻　　译：廉晓敏

时　　间：2010 年 7 月 27 日

地　　点：莫斯科

学者简介

奥列格·鲍里索维奇·拉赫马宁 1924 年 10 月 7 日生于莫斯科州德米特罗夫市一个职员家庭，是俄罗斯著名的中国学家、社会活动家、历史学博士、教授、特别全权大使。

1939 年奥列格·拉赫马宁结束了莫斯科一所中学的学习后，成为莫斯科第一专门炮兵学校的学员，之后在托姆斯克第一炮兵学校学习。1943 年被派往前线，成为第八近卫空降师炮兵营侦察队长、中尉，参加了库尔斯克会战。

1943 年 9 月拉赫马宁在一次战斗中受重伤入院，1944 年 2 月出院。鉴于医疗委员会对他身体状况的认定，他再次上前线的请求被拒绝。

1945 年底复员后，21 岁的拉赫马宁凭借党的介绍信被派往苏联外交部。经过学习和外交实践后，1946—1949 年先后任职于苏联驻中国长春和哈尔滨的总领事馆。此后，他的人生和多方面的活动与中国连在了一起。

1949 年回到莫斯科后，拉赫马宁在苏联外交部中央机关工作了两年，1951 年又被派往中国，在专门的汉语学校学习了两年，作为校外考生毕业于北京的人民大学国际关系史专业。直到 1958 年，奥·鲍·拉赫马宁先后任苏联驻中国大使馆二等和一等秘书。凭着出色的汉语知识不止一次参加了中苏双方高级会谈，其中包括与毛泽东、刘少奇、周恩来、邓小平以及其他中国领导人的会谈。

1958—1960 年，拉赫马宁就读于苏联外交部的高等外交学校（现外交学院），后来在苏联驻华大使馆任三年参赞。1968—1986 年，拉赫马宁在苏共中央委员会工作，历任中央委员会的国际交流处顾问、第一副处长。同时，他没有停止学术上的追求，1975 年通过了博士答辩。

20 世纪 70—80 年代，拉赫马宁重新在外交舞台上活跃起来。1975 年 7 月，他被选为俄罗斯苏维埃联邦社会主义共和国最高苏维埃外事委员会主席。1984 年，出任苏联最高苏维埃联盟院外事委员会副主席。1985 年，被苏联最高苏维埃主席团授予特别全权大使官阶。

身处苏联外交界的领导位置，奥·鲍·拉赫马宁致力于发掘苏中关系史上的空白，促进本国中国学的发展。正是在他的努力下，开展了对下列档案的研究，包括共产国际关于中国的档案，克格勃关于苏联官员和军人在中国活动的档案，以及其后在苏联受到镇压的档案。奥·鲍·拉赫马宁还是苏联汉学家协会的发起人之一，并进入协会的领导层。

在科研方面，拉赫马宁出版了一系列专著、大量的小册子，并在杂志和报纸上撰文。他的研究主要集中在 1945 年后的苏中关系史，反映了这一时期两党、两国间关系的重要方面。他为整个研究带来大量新资料，成为国内外中国学家的重要文献。他的著作被翻译成多种文字。

20 世纪 60—80 年代期间，奥·鲍·拉赫马宁以奥·鲍·鲍里索夫

(О. Б. Борисов)、奥·弗拉基米罗夫(О. Владимиров)、奥·伊万诺夫(О. Иванов)为笔名发表文章。在这些文章中，他主要关注了中国内部发展问题。在《70 年代中国的内外政策》、《毛泽东政治生涯的篇章》等书中，他分析了中国的意识形态斗争，中国内外政策中毛泽东理论的内容和实际反应。在奥·鲍·拉赫马宁的著作中，可以体会到他对中国人民真诚的尊重，对这个古老文明的尊重和对新中国建设所取得成就的尊重。例如，在他的《中国活页》一书中，他讲述了与中国著名作家、演员和作曲家会面的情景，谈到了中国的民族传统、风俗和节日。

奥·鲍·拉赫马宁曾任苏中友好协会中央管理委员会副主席，这个协会即使在两国关系最困难的时期也积极发挥作用，而这很大程度上正是由于他的努力。他还曾是苏联亚非团结委员会主席团成员。现在，奥·鲍·拉赫马宁是俄中友好、和平与发展委员会荣誉成员。1987 年 3 月起，拉赫马宁成为苏联国防部军事史学院的研究人员，随后又成为该学院的首席研究员和学术委员会成员。他的研究兴趣集中在中国的现实问题，包括军事、政治方面的，以及地缘政治和安全问题。他直接参与了《第二次世界大战 1939—1945》一书第十一卷的编写和出版工作。他的著述还涉及下列问题，包括苏联武装力量在远东取得的胜利，亚太地区二战的进程，中东铁路冲突，中国的军事建设和中国军队改革。

作为一位历史学家、国际关系学家，奥·鲍·拉赫马宁的学术论著超过一百篇(部)。因教科书《苏联的对外政策》，他被授予苏联国家奖。拉赫马宁的一些著作在美国、日本、中国和欧洲一些国家出版。2002 年，他的重要著作《20 世纪苏俄对华关系史》面世。

奥·鲍·拉赫马宁被授予列宁勋章、十月革命勋章、劳动红旗勋章(两次)、一等卫国战争勋章、人民友谊勋章、两枚勇敢者奖章、保卫莫斯科奖章，还接受过一些国外的荣誉。由于奥·鲍·拉赫马宁在科学方面的贡献，他被授予卡皮查银质奖章。

拉赫马宁现在依然活跃在自己的科研和社会活动中。他是俄罗斯自然科学院的院士、国际信息科学院院士、外交学和国际关系问题学院院士、俄罗斯记者联盟成员，并因为在国际出版方面的贡献受到该组织的奖励。他过去的大部分研究都与中国问题有关，即使在今天，他依然继续着对这个东方友邻的国家、社会、政治问题的研究。

(以下为拉赫马宁的自述)

一 关于参加卫国战争的回忆

在莫斯科的街垒地铁站，一个18岁左右的年轻人走过来问我，大爷，能借个火吗？我答道：库尔斯克战役后我就不抽烟了。然后，令我万分惊奇，他问：什么是“库尔斯克战役”？

我不由回想起了那段英雄但残酷的时光。我从托姆斯克（Томск）第一炮兵学校毕业时也是18岁。尽管多次要求尽快上前线，但我还是跟其他年轻的炮兵尉官一起被调往总指挥部后备处。后来才明白，我们的培训是为1943年的库尔斯克战役准备的。我们去前线途径了沃罗涅日（Воронеж）、老奥什科尔（Старый Оскол）。很多时候是步行前进，非常苦，消耗非常大，大热天背着全副装备前行。我们18岁时靠对明天的信仰活着，把可能很快死去的念头赶得远远的，尽管在大后方时就通过德军的轰炸意识到前线的危险。队伍里并不沉闷：虽然还不是久经沙场，但年轻激昂的战友们没忘记开玩笑。那些25—30岁的战友，他们的表现比较像上了年纪的，待我们也像父亲般，通常我们叫他们老头、老爹。在去往火线的路上，我们的战友情越来越强烈。里面没有人要滑头，如果出现了，也不会待得长久。

1943年7月5日凌晨，我方开始了炮击。这是向敌人的一次猛攻。当时的场景很壮观：黎明，荒原，火海。喀秋莎的炮声尤其让人记忆深刻，每每喷出火焰都带着特别的轰隆声。据被捕的战俘讲，炮击造成了混乱，带来心理上的失控。然后突然静了下来，随之而来是难熬的等待。接下来会怎样？德国人在这之后会攻过来吗？实施希特勒堡垒计划的战争机器，在炮弹和尘土中前进。堡垒计划的设计者相信，一切都会被这个铁甲战斗群消灭掉。因为希特勒在这次进攻计划里投入了精锐的王牌师，包括骷髅师、大德意志师、帝国师，等等。希特勒的部队在战斗中使用了当时先进的虎式、豹式坦克和费迪南式战车，德军对该计划的重视可见一斑。

7月5日到12日期间，所有这些都在向我们的第一道防线猛攻。我不想掩饰当时的恐惧，但也很奇怪，真的，恐惧只持续了一个昼夜。最后意识里越来越多的是汹涌的怒火，强烈地想要守住这见鬼的危险防线。而开着虎式坦克和费迪南式战车的希特勒部队，则像机器人一样不停地、狂热地向前冲，击溃反坦克的炮火，填平防御战壕，与我方进行肉搏。很难相信这是人可以承受的。在前沿驻扎的步兵、炮兵无法阻止这些轰隆的怪物，只能阻断步兵，任战车从自己头顶驶过。但是德军的进攻一波接一波。在前沿阵地防守的士兵们在这可怕的一周里唯一能做的，就是英勇地死去。增援无法穿过坦克围墙而接近。战友们，包括那些校友们纷纷牺牲。对他们的记忆是永恒的。

1943 年 7 月 12 日，双方的装甲坦克群，共计一千两百辆坦克，正面相遇了。战斗夜以继日。在隆隆战火和滚滚烟尘中根本分不清黑夜白天。火焰烟尘冲天，整个地平线都被淹没了。太阳显得那样无力，根本无法照亮这不幸的大地和殊死战斗的人们。很少有人可以在这场残酷的战斗中活下来。活下来的德国人不少都已失去理智。直到傍晚才出现转机。德军遭受巨大损失，在战斗中陷入困境。

1943 年 8 月 5 日为纪念库尔斯克战役胜利，在莫斯科第一次从 120 门大炮里齐发了 12 响礼炮。8 月 23 日拿下哈尔科夫。库尔斯克战役以我方的胜利而告终。

关于那些日子的回忆一次又一次的涌起。像很多人一样，在战斗前夕，我交了入党申请书：如果我牺牲了，请求追认我为党员。战争是最残酷的。当时我胳膊负伤，但还是试着把指挥官 H. 米赫涅维奇（H. Михеневич）团长从激战中拖出来。离医疗点有两公里。他失去了意识，我拖着他的军大衣。我不知道他后来被送到哪，因为我自己后来也失去了意识，醒来时已躺在卡车上了。用右手碰了碰了自己的左手，感觉它像死了一样。截肢——脑中闪过这个念头。对他们来说截掉比治疗来得简单，想起一个不止一次进医院的少校的话。

又碰了下左臂。掐了一下。又用力掐了一下。什么也感觉不到。他们肯定会截了，心想。

还远吗？我问少尉。

就到了，再忍一下，他同情地回答道。

听着，朋友！拿着我的手枪，保护我。

你怕什么？他惊讶地问。我们可是在后方。

医生。别让他们锯我的手。他们把我麻醉了就会锯……

你就开枪。我还不到 19 岁呢。没有手……你明白的……

好吧！少尉同意地点点头。要是有什么，就吓唬一下他们。

手术后我一醒来，首先就碰了碰左手。它还在。也许是医生决定留下它，也许是那个少尉吓唬了他们。但我已无从得知。伤员很快被运上火车，送往远离前线的地方。

列车向东行进。

很快，列车抵达库尔斯克的莫斯科车站。就这样结束了我的库尔斯克战役，我偶遇的瓦希里完全不知道的库尔斯克战役……

二 关于中苏关系

在苏中关系史中，在中国革命命运中，斯大林和毛泽东之间的关系需要专家格外关注，研究 1949 年 10 月 1 日中国人民革命胜利前夕这一问题的所有细节。基于两个原因，我认为全面触及这一复杂问题是适宜的。首先，现在公开了早前有关这一问题的文件，包括会谈、谈判记录，联共（布）和中共中央领导人的电报。20 世纪 40 年代双方的态度在国际因素的影响下发生的变化——1945 年在西方和东方的胜利，冷战的开始与加剧，殖民、半殖民体系的崩溃，包括中国。这些都需要对涉及的情况、档案进行研究。其次，半个世纪前及后来我有幸参与到一些事件中，由于 1945 年在东方的胜利，这些事件急剧地改变了中国的状况，在俄中两国几个世纪关系史上占有特别的地位。遗憾的是，现在越来越少谈及国际因素对一些国家战后发展的影响，也包括中国。

60 多年前我的命运发生了转折：我脱去了 1941—1945 年间穿着战斗过的军装，投身外交事业，参与到苏联外交部对华工作中。有三年的时间与满洲里相连，这些我在自己的书《苏联与满洲里革命根据地》（笔名奥·鲍里索夫，O. Борисов）中谈到过，在其他作品中也谈过。那个时期的事件在米·

约·斯拉德科夫斯基（М. И. Сладковский）的作品中有详细的记述，他是1966年远东所第一任所长和创立者之一。其中，关于他在中国长期工作的大量资料，包括1945—1948年间在满洲里工作的情况，收录在他的《认识中国和中国人》一书中。在哈尔滨工作期间，我同他一起多次参加了与中共中央东北局和当地政府领导的会谈，包括林彪、陈云等。20世纪40—60年代，在苏联驻中国大使馆任秘书、参赞期间，我亲历了苏中关系间尖锐的政治事件。

结束了在北京专门的汉语学校和中国人民大学的学习后，我经常被拉去参加两国领导人会谈。我参加过赫鲁晓夫、勃列日涅夫、安德罗波夫、柯西金、米高扬、伏洛希罗夫、苏斯洛夫、葛罗米柯同毛泽东、刘少奇、周恩来、邓小平的会谈。场合各不相同：有多日的双边会谈、秘密谈判，比如匈牙利事件期间（1956年10月刘少奇和中共其他领导人在莫斯科与苏共中央政治局会面）。1957年十月革命四十周年庆祝期间，在演讲、会面时为毛泽东和中共代表团成员翻译。当时卢日尼基体育场开始投入使用，首次举行了盛大会议。1956—1958年参加了苏联代表同毛泽东的会谈，其中包括大使和苏联在中国的代办，斯·瓦·契尔沃年科（С. В. Червоненко）、彼·安·阿布拉希莫夫（П. А. Абрасимов）、谢·菲·安东诺夫（С. Ф. Антонов）。1964年11月我参加了苏中代表团在莫斯科的正式双边谈判。苏方代表有列·伊·勃列日涅夫、阿·尼·柯西金、尤·弗·安德罗波夫，中方代表有周恩来、贺龙等。会谈在1964年10月尼·谢·赫鲁晓夫下台后举行。

“文革”期间苏中关系紧张时期，我也不得不发表一些尖锐的言论，批评“文革”的设计师和他的追随者。当然在苏共和中共间尖锐的意识形态斗争中难免会有偏见，对此只能表示遗憾。

我与中国文化界名人的会面留下很多记忆。1960年至1963年，我在苏联驻华使馆中任文化与社会联络参赞。关于这些年的会面和事件我写进《中国活页》一书中。我说这些不是为了夸耀自己与中国相关的过去，而是为了表明就苏中关系史中一些重要事件、一些中共领导人，我有一定的资格谈一些自己的见解。况且，那个时代活着的见证者剩下的不多了。顺便说一下，很多跟毛泽东、刘少奇、周恩来、邓小平的会谈一般没有记录下来。

关于毛泽东。毛泽东毫无疑问是一位历史性的人物，不仅是国家中也是世界上非凡的、重要的人物。他的功过在20世纪70年代末80年代初中共中央文件中有公正的评价。毛泽东是多面的，能够使人们产生民族之父、关注本民族和整个人类未来的深刻思想家的极其良好的印象。有鉴于中国大国的地位和作用，国外有不少关于他的出版物，众说纷纭。不得不指出，毛泽东是领导人民的高手，很清楚他们的特点、传统的纪律性和顺从性，也就是他所说的一页白纸，可以在上面书写任何漂亮的文字。不可否认毛泽东为达成设定的目标所表现出的逻辑性和顽强性。在中国传统哲学和外交精神指导下，他用一整套战略战术纲要和手段支撑与国内外政治对手的斗争。他始终维护他的领袖权威。他的这些特点可以在任何一次与他的会面中都能感受到——在正式的招待会中，在随意的家庭场合。他是苏联大使的常客。

我第一次见到毛泽东是1953年3月在苏联大使馆，因为约·维·斯大林逝世。先是中国政府总理周恩来到使馆会见亚·谢·帕纽什金（潘友新）大使，后者很快被瓦·瓦·库兹涅佐夫（В. В. Кузнецов）取代。两人都大哭起来。平复之后开始会谈，交换信息。潘友新和周恩来自20世纪三四十年代就熟识。之后毛泽东在中共中央政治局所有成员的陪同下到来。他尽量表现得克制，不流露感情，但不成功。显然毛泽东被所发生的事件切实地震动了。他眼中含泪，而其他有几位哭出声来。在大使馆（当时在东交民巷）的白色大厅里斯大林的肖像旁更换了荣誉岗哨，摆满了中国党和国家的活动家、社会组织、北京市民、其他城市市民送上的花圈。我坦白地说，看到大使馆的斯大林像旁夜以继日地走过成百上千几乎是号啕大哭的中国人，即使对心智正常的人来说站在荣誉哨岗那里也是难以忍受的。

另一些遇到毛泽东的场合是在后斯大林时期，涉及苏中间加强团结的重大事件：尼·谢·赫鲁晓夫、尼·亚·布尔加宁（Н. А. Булганин）来到北京参加1954年10月中华人民共和国五周年庆典，苏联最高苏维埃主席团主席克·叶·伏罗希洛夫于1957年5月访华，毛泽东率代表团于1957年11月访问莫斯科。

从1949年到1976年去世，毛泽东住在中南海。在这个建筑群里有中央全会的会议厅，政治局，书记处，有中共中央和政府最重要的机构。在这里工作生活着毛泽东、刘少奇、周恩来、朱德、邓小平，等等。我曾多次去过这些地方，去过毛泽东和中共其他领导人的寓所。

记得最后一次见到毛泽东是 1963 年 2 月 23 日。我们被告知中共中央主席感冒了，将在卧室接见苏联大使和随行人员。经过警卫，穿过传统的大门和内院，我们进到房子里毛泽东的书房。朴素的居所，大量的书籍非常引人注意。穿过书房跨过卧室的门槛，我们看到了毛泽东。意外的反差让我们吃惊：光线微弱的房间中间一张高大的床，毛泽东半躺在床上。周围恭敬地坐着刘少奇、周恩来、邓小平和翻译。

1963 年苏共跟中共及其领导人的关系已经是恶劣的了。关于分歧产生的记述很多。这其中毛泽东个人对赫鲁晓夫的深深厌恶起了一定的作用。毛泽东曾经的翻译李越然在 1989 年解放军出版社出版的《新中国领袖》一书中写到，毛泽东对赫鲁晓夫的评价相当尖刻轻视，特别是在苏共二十大后，中共和苏共间出现分歧。他在书中举了一些例子。李越然写到：当年只是一员中将的赫鲁晓夫，在第二次世界大战史中名不见经传，现在自吹他比苏军最高统帅斯大林还高明，而且是在指挥过千万次大小战役的毛泽东面前显示他个人的军事才能，确实很不得体。他在书中特别指出，毛泽东抛出一句：赫鲁晓夫同志，我的饭已经吃完了，你的西南战线还没打完呢。

1963 年 2 月 23 日拜访毛泽东的目的是向中共中央转交苏共中央的信件。信中建议停止尖锐化的论战，为苏中关系的正常化尽一切可能的努力。毛泽东读了信的译文，反应很激烈，说论战不会死人，我们将继续论战，如果需要，就论战一万年，因为搞论战天塌不下来，河水照样流，草木照常生长，女人一样生孩子，而鱼照样在水中游。主席说他不能看小的汉字，专门给他印刷成大的字体；他让我们相信，仿佛他已经不再管政治局的会议，也不看所有重要的文件。现在党是他们在管，毛泽东说，指着卧室里坐在他床边的中共领导们。

后来，上述毛泽东的口头评论成为中共中央给莫斯科回信的基础。中共中央主席还有一个特点。他非常了解自己身边的人，对他们的潜能，政治、才智潜力有深刻的认识。1957 年 11 月毛泽东途经伊尔库茨克前往莫斯科参加十月革命四十周年庆典和共产党与工人党第一次大会时，在伊尔库茨克与苏共中央书记彼·尼·波斯佩洛夫（П. Н. Поспелов）会谈中，毛泽东强调了中共中央政治局成员邓小平的远大前途。毛泽东说，别看他个子小，你们国家还不怎么知道他，以后你们会知道他的。我列举这些例子和细节，是为了证明那些对毛泽东这个真正伟大人物的一些简单、歪曲的勾勒是站不住脚的，他深深影响了中国的近现代史和1949年革命的成功。

毛泽东和约·维·斯大林之间的关系是一个非常复杂和多面的问题，考虑到两位领导人在两个国家命运中所起的重要作用。报刊中关于斯大林和毛泽东之间相互厌恶描述有些接近真相，有些是牵强附会。这里想谈一下公开的一些档案。

第一组问题涉及1945年至1949年联共（布）和中共领导层、斯大林和毛泽东间的相互关系，也就是从1945年击溃军国主义日本到1949年新中国成立。第二组是关于毛泽东观点演变的观感，关于他与莫斯科、斯大林关系中的战术战略。最近列多夫斯基（А. М. Ледовский）公开的一些文件，记录了约·维·斯大林与蒋介石之子蒋经国之间的谈话（1945年12月至1946年1月），1949年6月至8月与刘少奇之间的谈话，1949年12月至1950年2月与毛泽东之间的谈话，1952年8月至9月与周恩来之间的谈话，这些谈话记录显示，20世纪30年代期间、卫国战争期间和击溃关东军后最初几年期间存在于两个领导人间的互不信任，在中国内战过程中，随着莫斯科对共产党和国民党态度的转变开始退居次位。比如，1949年毛泽东是如何评价苏联领导人，不是在公开场合（类似1949年12月他在莫斯科大剧院的发言），而是在秘密会谈时，这些会谈的记录之前是作为党的秘密档案保存的。

在给苏共中央关于1949年2月与毛泽东在西柏坡会谈的工作报告中，阿·伊·米高扬写到：毛泽东放低自己作为党的领导和理论家的地位和作用。他说，他只是斯大林的学生，他不认为自己的理论工作有特别意义，因为他没有给马克思主义带来什么新东西，等等。毛泽东宣称，作为党的领导，他不能把自己与马克思、恩格斯、列宁和斯大林相提并论。毛泽东强调，列宁、斯大林的学说是中国革命理论胜利的基础，斯大林不仅是苏联人民的导师，也是中国人民和世界人民的导师。在1949年2月5日发自西柏坡的电报中米高扬称，在一次会谈中毛泽东说，在研究中国革命问题时，他是以斯大林同志 1927 年的一些见解为基础，以他后来关于中国革命性质的著作为基础。

还有一点值得提及，即毛泽东、刘少奇（1949 年初及后来）和周恩来坚持希望苏联领导层，斯大林本人就几乎中国革命的所有问题给他们建议、指示。而根据斯大林死后披露的情况看，这一情况发生的时代背景，却是毛泽东认为自共产国际以来及其后莫斯科的意见不权威、不正确，是阻碍中国革命的。中国领导人坚持在中国成立联共（布）中央代表处，请求来自莫斯科的领导指示。

1949 年 6 月至 8 月间，中共中央书记刘少奇率中共中央代表团访问莫斯科，期间在 1949 年 6 月 4 日代表团提交联共（布）中央政治局的报告中说道，如果中共和联共（布）在某些问题上有分歧，那么中共在表明自己的观点后，将服从并坚决执行联共（布）的决定。在中方这份文件的空白处，斯大林坚决地写了“不!”以此表示克里姆林高层对此原则的反对。

1949 年 6 月在莫斯科联共（布）政治局与以刘少奇为首的中共代表团会谈时，类似的问题又被提起。斯大林当时说：中国代表团宣称，中国共产党将会服从苏联共产党的决定。这在我们看来是奇怪的。一个国家的政党服从于另一个国家的政党，这是从来没有过的。两个政党都应当对自己的人民负责，就某些问题相互协商，互相帮助，在出现困难时联合紧密团结起来——这是正确的。今天这次你们参加的政治局会议是我们两党相互联系的一种形式。应该这样做。

这次谈话的参加者，莫斯科在中共中央的代表伊·瓦·科瓦廖夫（И. В. Ковалёв）速记下了斯大林的一些话：我们非常感谢你们的尊重，但是不可能接受把我们说出的一些想法作为指示。可以把它们视为兄弟般的建议。而且这不只是说说，也要这么做。我们可以给你们建议，但不是指示，因为我们对中国的情况了解不够，在事情的细节方面无法与你们相比，但主要是我们不能下指令，因为中国的事情应该完全由你们决定。我们不能替你们决定。接下来还有：约·维·斯大林接着说，你们要明白，你们所处位置的重要性还在于，你们被赋予的使命具有前所未有的历史性意义，这绝不是奉承。这只是说明你们的责任和历史使命是多么重大。我们两党之间需要交换意见，但我们的意见决不能被作为指示。其他国家的共产党可以拒绝我们的建议。

而我们当然也可以不同意其他国家共产党的建议。

看来，中国的历史学家和我国的中国学家还需要确认一下中国同志在这一时期的真实立场。研究毛泽东、中共领导层在苏共二十大（1956 年 2 月）后对斯大林作用评价的态度，值得特别关注。这一问题上有两点。

首先，毛泽东和他的战友，部分党的干部，或多或少，不接受莫斯科对斯大林否定的评价。在我参加过的那些毛泽东作为党的领导与苏联代表的最初谈话中，他马上表示应该三七开（斯大林有三分过，七分功）。北京是这样展开宣传的。中共中央对苏共二十大上批判斯大林个人崇拜的第一个反应是在《人民日报》上发表的社论文章《关于无产阶级专政的历史经验》。其中文章指出，约·维·斯大林创造性的应用和发展了马克思列宁主义，在保护列宁的遗产、与列宁主义的敌人斗争中，如托洛茨基分子、季诺维耶夫分子和其他资产阶级代理等，他表达了人民的意志，是马克思列宁主义名副其实的、杰出的斗士。

七个月后，1956 年 12 月 29 日（波匈事件后），《人民日报》又发表了一篇社论《再论无产阶级专政的历史经验》为斯大林辩护，这篇文章措辞更加激烈严厉。这两篇文章是中共中央政治局扩大会议关于苏联对斯大林的批判和二十大决议问题的总结。1958 年 3 月在成都的会议上毛泽东说：赫鲁晓夫一下子破除了斯大林崇拜。在中国党内大部分对此是不同意的。我们应该尊重马克思、恩格斯、列宁和斯大林。如果真理掌握在他们手中，那为什么不尊重呢?

在斯大林的评价问题上与中方展开的争论，开始于 1956 年，并在 60 年代所谓的大辩论期间一直持续。期间北京一直为斯大林辩护。

1957 年 11 月 19 日毛泽东在克里姆林宫与安·安·葛罗米柯会谈时称，总的来说，我们认为斯大林的功过大致是三七开。也许历史学家会另外评价斯大林的功过。有可能是一分过。我们与你们的分歧，主要是这个问题提出的最初没有正确地确定斯大林的功与过。就这个问题毛泽东接着说道，这个问题涉及的不只是斯大林个人，而是整个苏共，全体苏联人民，因为在斯大林生前，30 年的时间里完成了革命、社会主义建设，取得了卫国战争胜利。这些功绩与苏联人民、苏共、苏共中央以及斯大林相关。

1963年7月苏共和中共代表团在莫斯科会面的材料还没有公开，双方代表团分别由米·安·苏斯洛夫（М. А. Суслов）和邓小平率领。作为在列宁山举行的这些会面的参与者，我知道邓小平关于斯大林作用评价问题的一些表述。在1963年7月8日的代表团会议上，邓小平说：我们过去和现在一直认为，就战争与和平、和平共处及和平过渡等问题，苏共二十大提出的观点与马克思列宁主义背道而驰。有两个问题特别严重：所谓的和平过渡问题和以所谓的反对个人崇拜为借口对斯大林全盘否定的问题。苏共二十大以来的事实表明，对斯大林不分青红皂白地全盘否定是苏共党内领导同志迈出的重大一步，目的在于为修正一系列马列主义问题铺路。邓小平接着说：1956年4月毛泽东在与米高扬会谈时，以及后来与苏联大使会谈时已就斯大林问题表态。他强调，认为斯大林的功过是一半一半是不正确的，不管怎么样，斯大林总还是功大于过的。应该这样评价，七分是功，三分是过。应该具体分析，全面评价。邓小平指出，就这个问题，毛泽东在1956年10月23日、1956年11月30日与苏联大使的会面中都表过态。当时他说：你们彻底放弃了斯大林这把剑，抛弃了这把剑。结果敌人会利用它来消灭我们。这就好像搬起石头砸自己的脚。斯大林领导时期的主要方针路线是正确的，对待自己同志不应该像对待敌人一样。1963年时邓小平就是这样说的。

两年后的1965年4月，毛泽东在北京与阿·尼·柯西金会谈中称：我要抨击苏共的二十大和二十一大。我不同意这两次大会的路线，不同意有什么个人崇拜。1966年中共中央在给苏方的最后一封信中（此后两党关系出现了决裂），要求停止苏共二十大和二十一大后以及苏共中央10月全会（1964年）后的修正主义和分裂主义错误（全会后尼·谢·赫鲁晓夫被撤换）；保证不再犯这样的错误。

其次，发现毛泽东在对待斯大林错误上另外一种有选择性立场的那些研究者，他们也是对的。1956年3月31日在与苏联大使的一次会谈中，那是在苏共二十大后，有一点引人注意，即毛泽东把批判斯大林的重点放在分析莫斯科在中国问题上的错误方面。而且这一点在毛泽东与阿·伊·米高扬、安·安·葛罗米柯、巴·菲·尤金和其他人的历次会谈中不断重复。中共领导人非常详细地讲述了关于党内斗争、中共的莫斯科集团及其给中国革命带来的危害。

1957 年 11 月 19 日，那次我在场，毛泽东说，斯大林认为，他（毛泽东）虽然是个共产党员，但有着民族主义的倾向，担心民族主义在中国的重现会造成危险的后果。斯大林怀疑我们，给我们打了问号（与此同时，毛泽东当然没有说为什么有这个问号）。我认为，应该辩证地看待与毛泽东会谈中的一些方面。二十大（1956 年）后毛泽东向不同的会谈对象说，共产国际、联共（布）不明白在中国发生的事情，不了解中国的现实和特点，因此会给中共不正确的建议和意见。诸如此类的言论和引文在历史文献中很多，尤其是政论中。却很少给予解释。但事情看起来要复杂得多。比如，革命的急躁促使中共领导人在 1945 年就想尽快夺取全国政权。然而以当时中国革命所处的阶段，唯一正确的道路是以政治外交为手段的斗争加军事力量的积蓄。一些文章中说得对，即指责苏联 1945 年后对中共的帮助不够，以及认为莫斯科阻碍中国革命的发展是不正确的。按照持这些论点作者的逻辑，如果不是苏联的阻碍，共产党能够早些取得国内战争的胜利。对当时联共（布）和中共间、斯大林和毛泽东间相互关系的此种认识，在西方和一些俄罗斯的政治学家、中国学家中流行，这种看法很逢迎，没有基于第一手历史文献研究的支撑。实际上在困难的国内战争期间，特别是 1945—1946 年，中国的同志们被建议使用政治手段斗争（参加 1945 年在重庆与国民党的谈判，等等），之后（1948—1949 年）建议转而采取决定性的行动。如果在国内外条件不利的情况下进行国内战争，会带来不必要的牺牲，这实际上会把处于收官阶段的中国解放战争置于灾难边缘。

后来，中共的领导层不得不相信，在 1945—1946 年开始国内战争对共产党是多么不利的军事政治条件，当时在满洲里工作的我见证了这些。1945 年 10 月至 11 月毛泽东请求推迟驻扎在满洲里（东北）红军的撤出。1945 年 11 月 20 日毛泽东写给中共中央特派员彭真的电报中说：请我们的朋友，尽他们的可能拖延国民党军队进入满洲里。毛泽东对 1945 年至 1949 年苏联给中国民族解放战争提供帮助的感谢之词自不必说。最近公开的档案也证明了这一点。他说，1948 年时，也就是中国革命胜利前夕，没想到革命会很快结束。我没想到中国革命的胜利会这么快发生。1949 年 10 月革命胜利前的几个月，毛泽东在西柏坡对米高扬说，还需要一到两年，我们才能完全掌握中国的政治和经济，在此之前国内战争不会结束。

在前面提到的 1956 年 3 月 31 日与苏联大使的会谈中，中共领导人详细谈到了对共产国际的看法。作为多次听到毛泽东就这一问题发表看法的人，我可以确定地说，他每次都会强调列宁在世时共产国际发挥的杰出作用（第一阶段），但对共产国际第二个阶段的活动严加批判，用他的话说，就是当像格·叶·季诺维耶夫（Г. Е. Тиновьев）、尼·伊·布哈林（Н. И. Бухарин）之类的活动家进入到领导层后。毛泽东说：第二个阶段，最长的一个阶段，给中国革命带来最严重的破坏。而且遗憾的是，正是这一时期共产国际主要是关注东方。毛泽东对格·米·季米特洛夫（Г. М. Тимитров）的共产国际执行委员会的工作表示满意。

不知为什么毛泽东抛出一句，就他和斯大林的相互关系问题可以写一个大部头的书。那时，在宣传中、在正式的声明中毛泽东一直把自己独特的立场与苏共的路线进行比较，维护斯大林。他们说，斯大林的画像在一些盛大活动时会被陈列在天安门广场。

关于旅顺港。20 世纪 50 年代，斯大林去世后，苏联在给中国施压，以期为苏联巩固这一海军基地。当时人们还不知道，40 年代末苏联就曾正式知会中国的领导人，其中包括斯大林本人，建议关闭在旅顺港的苏联基地。1949 年 2 月，也就是中华人民共和国成立前 8 个月，斯大林授权米高扬告知毛泽东，我们认为苏中关于旅顺港地区的条约是不平等条约，签订的目的在于阻止国民党与日本、美国勾结，反对苏联和中国的解放运动。1949 年 2 月 6 日米高扬向斯大林报告的密电中写到：我说，这个条约曾给中国的解放运动带来相应的益处，但现在随着中国共产党人掌握政权，国内的情况在改变。因此，苏联政府决定废止这一不平等条约，一旦与日本达成和平就从旅顺港撤出自己的军队。但如果中国共产党认为立即撤军是适宜的，那么苏联准备这么做。

认为此条约是不平等条约的评价对毛泽东和政治局成员来说非常意外，他们明显显得很惊讶。之后米高扬汇报说，毛泽东和政治局成员几乎马上说，现在不应该把苏军从辽东撤出，并撤销在旅顺港的基地，因为这样我们只会帮美国。毛泽东对米高扬说，中国人民感谢苏联的这一条约。等我们强壮了“你们再离开中国”，我们再签署类似苏波条约的苏中互助条约。1949 年 2 月 4 日毛泽东在与米高扬的会谈中列举了下列理由：苏联来旅顺港是为了保护自己和中国不受日本法西斯之害，因为中国还太弱，还不能在没有苏联的情况下保护自己。苏联不是作为帝国主义力量来到中长铁路和旅顺港的，而是作为社会主义力量，是为了保护双方的利益。毛泽东强调，美帝国主义来中国是压迫的，而苏联在旅顺港有军事力量，是为了抗击日本法西斯。当中国强大了，可以自己防卫来自日本的威胁时，中国才不会需要苏联留在旅顺基地。

随后，1949 年 12 月至 1950 年 2 月在莫斯科与斯大林谈判中，毛泽东已是中华人民共和国主席的身份，他强调：中长铁路和旅顺港的现状符合中国的利益，因为只靠中国的力量不足以与帝国主义侵略成功地斗争。此外，中长铁路是中国培养铁路工业人才的学校。为了使毛泽东相信是时候在旅顺港问题上改变立场了，斯大林在 1949 年 12 月 16 日的会谈中说道：军队的离开不代表苏联拒绝帮助中国，如果这种说明是需要的。问题在于，我们，共产党人，认为在别国领土上驻军不合适，尤其是在友好国家领土上。如果苏联军队根据相互协商撤出旅顺港，那我们在国际关系中就胜利了。苏军如果撤出，是对中国共产党人处理与国内资产阶级关系的重大支持。所有人都看到，共产党人做到了蒋介石做不到的。

1950 年 1 月 22 日，两位领导人最终的会谈中双方又一次就苏中关系的广泛问题交换了意见（在莫斯科签署的文件众所周知）。关于旅顺港毛泽东在这次会谈中说：我们认为，关于旅顺港的协议在与日本签署和平条约前应保持有效，条约签署后协议失效，苏军将离开。但我们希望，我们可以在旅顺港进行军事合作，我们能够训练自己的海军舰队。20 世纪 50 年代中期前中方反对苏军撤出旅顺港（朝鲜战争，中国军队刚刚有现代化基础）。旅顺港在 1945—1949 年对中国革命的重要性，以及在朝鲜战争（1950—1953 年）中对世界和中国的重要性，过去和现在都为人所知。随着远东地区局势的缓和，1954 年莫斯科提议无偿将旅顺港的海军基地移交给中国，包括全部现代化的军事设备，以及城市和地区发达的经济。

关于划江而治。围绕莫斯科在 20 世纪 40 年代时关于中国民族解放战争、未来体制、1949 年 10 月 1 日后人民共和国政治的态度问题，国外和中国有各种传说。据信，例如，在中华人民共和国宣布成立前莫斯科对中国和中共持无所谓甚至怀疑态度，因为它认为中国在革命胜利后会走亲英和亲美道路。为证明这一点，援引了苏联政府对南京国民党政府的答复。1949 年 1 月南京国民党政府曾致信美国、英国、法国和苏联，建议斡旋与中共的和谈。中国的一些学者认为，苏联的答复给当时与蒋介石军队展开决定性战役的中共泼了一瓢冷水。

美国关于苏中关系史的书中提出的版本是，苏联建议中共领导人避免美国的干涉，在长江岸边停止攻势，与民族主义者达成协议，有可能的话甚至同意分割国家。这些问题中国的历史学家也有涉及。

谢·列·齐赫文斯基院士文章中公布的约·维·斯大林 1949 年 1 月与毛泽东的通信内容反驳了指责苏联领导层对中国革命无所谓和怀疑态度的揣测，也反驳了苏联当时反对人民解放军跨过黄河、解放全中国的说法。该文章表明，莫斯科对中共领导层的态度是尊重，以及希望与他们就中国革命发展重要关头的原则进行协商。

下面是上述通信中莫斯科的一些意见和设想。针对中国同志关于国民党请求苏联政府斡旋两党可能的和谈问题，苏联建议在此问题上采取更加细致的外交手段。1949 年 1 月 11 日斯大林发给毛泽东的电报中说道，中共同意和谈，就不能被指责为希望继续内战。同时，国民党成为破坏和谈的罪人。这样一来，国民党和美国的和平手腕将会破产，你们就可以继续进行解放战争。我们认为，如果是跟真诚的人们打交道，直接不掩饰答复是好的，但如果是跟政治骗子打交道，像南京那些人，那么直接不掩饰的答复会变得危险。在这封电报的结尾可以看出对待中共及其领导层的一贯风格，有时这种风格在其他场合也有所展现。请把我们的建议仅仅看作是建议，不要看做是要求，你们可以接受这些建议也可以拒绝。请相信，拒绝我们的建议不会影响我们的关系，我们还是你们的朋友，像一直以来那样。

1949 年 1 月 14 日毛泽东致信斯大林问：我很高兴收到您 1 月 11 日的补充电报。在基本方针（中断与国民党的全面谈判，继续将革命战争进行到底）

上我们与你们完全一致。关于 1949 年 7 月斯大林与中国代表团的会面。半个多世纪前，打败军国主义日本后到 1949 年 10 月 1 日新中国成立前，莫斯科与北京间的相互关系是最为复杂的，现在公开涉及这一时期的档案显得非常重要。当时一些关键的因素包括斯大林与毛泽东的通信，米高扬受联共（布）委托与毛泽东在西柏坡的会面，以及斯大林和刘少奇在莫斯科的会面。

前面提到过，1949 年夏天中共中央政治局派一个特别代表团前往莫斯科，该代表团由刘少奇率领，代表团成员包括政治局成员、解放满洲里的政治领导人高岗，中共中央成员、后来中国驻苏联首任大使王稼祥，毛泽东的妻子江青也参加了会谈。1949 年 7 月 11 日斯大林率联共（布）政治局在克里姆林宫会见了中国代表团。出席的人员包括：维·米·莫洛托夫、格·马·马林科夫、拉·巴·贝利亚（Л. Б. Берия）、阿·伊·米高扬、拉·莫·卡冈诺维奇（Л. М. Каганович）、尼·亚·布尔加宁（Н. А. Булганин）、尼·米·什维尔尼克（Н. М. Шверник），还有苏联元帅瓦·丹·索科洛夫斯基（В. Д. Соколовский）、海军元帅谢·格·戈尔什科夫（С. Г. Горшков）和伊·瓦·科瓦廖夫（И. В. Ковалёв）。因为刘少奇率领的中国代表团向斯大林和联共（布）中央详细提出了自己的问题，所以斯大林也详细回答了这些问题，其中包括关于中国的对外政策、关于中苏关系、关于国际形势，等等。关于中国共产党与国内资产阶级关系的问题，苏联领导人强调了下列一些方面：中共利用资产阶级的反美情绪，相对持续奉行与其合作的政策。这是正确的。使中国的资产阶级加入反帝阵营非常重要，为达到这一目的，需要奉行有利于资产阶级的政策。劳动力和资本间的矛盾是客观存在的。因此中国共产党人暂时不应该扩大劳动力和资本间的斗争。但是劳动者的斗争有可能给予国内资产阶级的合作造成困难。为了避免劳动者的斗争破坏这种合作，有必要使资产阶级和劳动者达成协议。

谈到 1945 年 8 月 14 日与蒋介石政府签署的苏中间协议的重要性，斯大林说：美国往日本派了很多军队，蒋介石与美国勾结，根据协议苏联在旅顺港部署军队，其一是为了限制美国和蒋介石军事力量的活动，其二是为了保护苏联，同时也保护中国革命的成果。

关于毛泽东的莫斯科之行斯大林说：中国政府组成后，两国建立外交关系后，毛泽东可以访问莫斯科，如果出于某些原因他不方便来，苏联可以派代表团前往中国。1949 年 12 月中华人民共和国主席毛泽东正式访问莫斯科。目前公开的档案打破了苏联对毛泽东、中共中央家长式态度的神话。此前（出于中共的利益）没有公开的材料和历史实践证明了这一点。

关于现在中国对毛泽东的一些评价。1993 年毛泽东诞辰一百周年时中国举行了盛大的活动，以及后来 1996 年毛泽东逝世 20 周年时，研究者的注意力集中在中共中央官方宣传中下列的一些观点上。1993 年 12 月 24 日（编者按：17 日）的《人民日报》在社论文章《毛泽东一生所做的两件大事》中写到：第一件大事是，领导党和人民，推翻了帝国主义、封建主义和官僚资本主义在中国的统治，完成了民主革命的任务。文章的很大一部分着重在第二件大事，其核心是大跃进、人民公社和“文化大革命”。在这一部分涉及了毛泽东的功与过（主要是重申了中共中央 20 世纪 80 年代初关于中共历史问题的决议观点）。社论中指出，二十年中，我国的社会主义建设走上曲折的道路，犯了许多错误。文章严肃地谈到了毛泽东的一些过错。但同时，这二十年最终被认为是国家伟大和重要的时期。毛泽东的错误被评价为一个伟人的失误。

评论家们把重点放在中共中央这个机构的下列观点上：毛泽东同志从来高度重视俄国的十月革命和苏联的存在对中国革命的影响，重视十月革命的经验和苏联社会主义建设的经验。但也强调，毛泽东从一开始就注重中国特色，因此与莫斯科和共产国际时不时发生冲突。在文章中承认，它们在思想和实践上曾给予中国共产党人以有益帮助。当时毛泽东看到苏联模式中有不少缺点和错误。主要是，对它的盲目复制会有把中国变成苏联卫星国的危险。毛泽东不希望如此，他给国家寻找自己的道路，但在这期间犯了不少错误。现在把中国没有落伍于现实社会主义看作是毛主席做的第二件大事。中共中央的《人民日报》称：也许还有人怀疑和苏联决裂是否完全正确和必要，但是经过了 1989 年到 1991 年从东欧到苏联的一系列剧烈的变化以后，恐怕再没有人能低估当时毛泽东在中苏问题上作出的决策。分析家们预测，纪念毛泽东诞辰一百周年活动中政治和意识形态的关注点归结起来说明了中共中央、毛泽东和邓小平是有远见的，邓小平在 20 世纪 60 年代上半期与苏共的大论战中处于斗争的锋芒中，是论述苏共及其领导人所犯错误的那些著名指导性文章的作者之一。

自那时起已过去了近四十年，不是所有人都记得北京是如何尖锐地谈论苏共的蜕变、它的以赫鲁晓夫为首的上层、苏联特权阶层的出现和巩固、把苏联社会资本主义化的赫鲁晓夫修正主义集团等问题。的确，在这些材料中过度的言辞反映了当时的论战，但现在看来，也包含了关于苏共堕落的危险、苏联社会主义解体的警告。中共中央写到，伟大的苏联人民为第一个社会主义国家苏联的成立抛洒自己的鲜血，赫鲁晓夫修正主义使这个国家面临前所未有的严重危险——资本主义的复辟。在中方的文章中引用了杜勒斯 1956 年 5 月 15 日在记者会上的话：有迹象表明在苏联内部有较大的自由主义力量；如果这股力量站稳了脚，它有可能在苏联引起根本变化。

关于档案的使用。正如前面提到的，目前国内外的研究者、中国学家开始频繁接触到之前苏共中央政治局和其他一些苏联时期党政机关的秘密档案。对历史学家来说，这是难得的机会。尤其是近年来出现了新的一些神话和传说，它们之所以会出现，是由于与中共、中国关系史中一些空白领域被掩盖了。作为苏中关系史中的一名老兵，我想提醒那些对这些陈年档案持主观立场的研究者，不管这些档案是什么密级，这里需要的立场是准确、客观和不受环境影响的。显然，所有人都明白，任何一个重量级的政治家都不会轻率地说一些没有权衡过的空话。他的态度、言论，甚至每一个词（如果是有文件证明的速记记录），都会留在历史上。实践表明，事实上任何一个历史人物（尤其是那些过世的）要么可以塑造成独一无二的英雄，要么可以塑造成暴徒。因此，档案（而不仅仅是那些会谈主要内容的记录、同时代人的印象或亲历记忆）的公布意义重大。以可靠全面的文件为基础的研究者们，在描述世界历史上的重要事件时应该严肃负责。在所担负责任的意义层面，历史学家等同于那些给复杂状况做诊断的技术高超的专业医生。在做出最终判决前，仔细研究文件和专家的分析很重要。为此需要累积全部的事实和文件，详细的和不详细的。基于这些或那些档案的历史材料就像精细的织物，如果试图按照预设的提纲或主观想象强塞入某些文件的文本，它就会被撕裂。而如果是想要尽快出版什么成果的话，这种情况更糟糕。不得不说这些，是因为根据已公布的一些档案，特别是它们的述评，已显现出所说类似现象的初步迹象。显然，档案的公布需要专业的述评，因为这些材料并不总是能够全面展现苏中关系中各个层面。但述评不应该是主观的。

还有一点说明。会谈记录，比如说大使们、外交官员与驻在国领导人的会谈记录，按惯例这些不是双方对话的速记稿，而是对外国代表言论主要内容的叙述。其实这就是给中央的信息的一个主要总结。详尽的述评和总结是另外通告的。外交部门的领导们从考虑他们这些立场的外交官那里得到的材料，不是出于规章，而是考虑了材料的价值和意义。当然，评价当时人们的工作不能只看一个标准，还要考虑职业特长和世界观。中国人民和世界其他国家的人民英雄般的斗争在1945年取得了渴望已久的胜利。我国人民为中华人民共和国在建设新生活中取得的巨大成就感到高兴。中国成为世界强国，并按照国家的百年（1949—2049）现代化计划继续着自己的发展。

三　关于中国活页

我第一次被派往中国是1964年前往满洲里解放区的苏联机构，我在那里待了三年多。当时，满洲里革命根据地是中国共产党人和国民党人激烈政治军事斗争的舞台，国民党人得到国际帝国主义的积极支持，尤其是来自美国的，我们的工作旨在在革命还无必胜的条件下加强中苏人民间的合作，在中国解放运动发展的决定性阶段对其提供帮助。遗憾的是，在那个年代，在复杂的内战背景下不允许学习这个国家的文化、丰富的精神遗产和历史。然而当时已经明白，一旦来过中国，接触过它有才干的、勤劳的人民，就很难与这个国家分离，忘记所经历的那些。

因此后来，在苏联和中国工作期间（近十五年），我尽量全面学习这个国家的语言、历史、文化、风俗习惯。从这个意义上讲，在北京的学习很有帮助：先是1951年至1953年在苏联驻北京大使馆的汉语进修学校，然后是在中国人民大学。20世纪50年代在苏联驻中国大使馆从事外交工作期间我还曾担任苏联对外文化协会驻中国的代表。随着该职位的取消，北京的苏联对外文化协会大楼整体移交给中苏友协首都分部，我在大使馆担任文化事务参赞。这个工作使我得以多次旅行，与中国文化界知名活动家交流，了解中国的生活：当时全面的合作处于上升态势，两国间和人民间的友谊大发展。这里记录的是关于某些文化名人的回忆，以及中国人民精神生活中的种种事件和传统。其中一部分摘自 20 世纪 50 年代我发表在苏联期刊上的一些稿件，还有些部分是基于当时与中国和苏联同志的谈话。

在去中国工作之前，如同所有到过这个神秘国度的人一样，我想详尽了解我国的中国研究历史，了解我们著名学者的著作。俄国传教团独一无二的藏书拓展了我的知识，这些藏书 20 世纪 50 年代末之前保存在北京，后来在我国外交官的努力下，一部分运回了苏联，丰富了苏联的图书馆藏。就此问题 20 世纪 50 年代曾与俄国传教团在中国的最后一位大主教维克多进行过谈判，为使这些珍贵的藏书回到祖国，我也尽我所能。与这位在中国生活了几十年、受过全面教育的人进行谈话，不仅有所收获而且很有趣。尽管他没有赘述前辈的科学成就，比如比丘林、卡法罗夫等人，但是他对国内的中国研究很了解，他的讲述让我更多地了解了关于中国的一些信息。

众所周知，俄国与中国的经常性往来始于 17 世纪，当时首批俄国使者访问了中国。自 18 世纪在北京出现了俄国传教团的机构后，俄国与中国的联系得到巩固。传教团不只满足在北京俄国民众的宗教需求，如著名的阿尔巴津堡人［阿穆尔河（中国称黑龙江）畔的哈萨克人］，同时传教团也培养知晓汉语、满语以及中国风俗习惯、文化的俄国翻译。传教团的成员促进了俄中关系发展，在俄国了解中国人民的生活和文化过程中扮演了重要角色。即使在今天，他们的著作仍具有学术价值。他们之中著名的人士包括伊拉里翁·拉索欣（И. Рассохин）、阿列克谢·列昂季耶夫（А. Л. Леонтиев）、阿列克谢·阿加福诺夫（А. Агафонов）、斯捷潘·利波夫采夫（С. Липовцев）、尼基塔·比丘林、彼得·卡法罗夫，等等。作为俄国中国学的创始人，尼基塔·比丘林（僧侣名为亚金夫，1777—1853）的贡献尤其巨大，1977 年在其诞辰两百周年之际，国内外都举办了广泛的纪念活动。

1808 年尼基塔·雅科夫列维奇·比丘林在北京领导着第九批俄国传教团。他在中国度过了 14 年，汉语流利，熟知中国的风俗习惯和历史文化。比丘林的研究兴趣主要在科学方面。他认为，传教团的任务与其说是传播基督教，不如说是拉近俄中两国人民。比丘林的著述促进了有关中国的知识在俄国的传播（《中国及它的人民、风俗习惯和教育》《记录北京》《今日西藏记录》《蒙古札记》等）。比丘林编写了最早的中俄词典（既有综合类也有专门类），收集了珍贵的中文文献和具有历史文化意义的材料。在俄国传播关于中国生活和文化知识的过程中，修士大司祭帕拉季（彼·伊·卡法罗夫，1817—1878）也扮演了重要的角色。在其众多的中国学著作中著名的汉俄词典占有特殊的地位，它的面世帮助了几代学生和专家学习汉语、了解和翻译中国文学。

第一个打定主意向我国介绍中国文学的人是瓦·巴·瓦西里耶夫（В. П. Васильев）院士（1818—1900）。瓦·巴·瓦西里耶夫属于俄国东方学中著名的喀山学派。瓦·巴·瓦西里耶夫在中国的俄国传教团公职 10 年（1840—1850），后来，在彼得堡大学的东方语系任教 45 年。瓦·巴·瓦西里耶夫是 19 世纪杰出的汉学家之一。他知识渊博，兴趣广泛：他掌握汉语、蒙古语、日语、朝鲜语、藏语、满语，还懂梵文和一些突厥语。对研究中国文学史的学者来说，瓦·巴·瓦西里耶夫在汉语语言学和中国文学方面的著作有特别的意义。1867 年瓦·巴·瓦西里耶夫写成了《汉字的书写体系》一书，1880 年完成了俄国最早的《中国文学史概论》，1884 年完成了《汉字分析》。

比丘林和瓦西里耶夫的传统被下一代汉学家所传承，他们是谢·米·格奥尔吉耶夫斯基（С. М. Георгиевский）、阿·约·伊万诺夫斯基（А. И. Ивановский）、巴·斯·波波夫（П. С. Попов）、伊·伊·扎哈罗夫（И. И. Захаров）等。俄国汉学家的学术遗产成为苏联时期研究中国历史、文学的基础，这一时期国内有关中国的研究向前迈出重大一步。瓦·米·阿列克谢耶夫（1881—1951）院士做出了成果卓著的工作，他是中国文学方面的专家，杰出的翻译家，在他一百周年诞辰之际苏联举行了盛大的纪念活动。在其 50 年的学术生涯中，瓦·米·阿列克谢耶夫为中国文学的研究做出了巨大贡献，就中国文学史问题的研究撰写了众多深入的研究著作。瓦·米·阿列克谢耶夫关于诗人李白、司空图，小说家蒲松龄创作的研究著作具有特别重要的意义。瓦·米·阿列克谢耶夫长期关注俄中文学的关系问题，相关著作有《高尔基在中国》《中国诗歌中的莱蒙托夫诗歌》《论普希金叶夫盖尼·奥涅金的最新中译》，等等。此外，瓦·米·阿列克谢耶夫还撰写了许多有关汉语、历史、民族学、艺术、戏剧等问题的著作。

在我们这个时代，年高德劭的苏联汉学家们谢·列·齐赫文斯基[①]、尼·特·费多连科（Н. Т. Федоренко）、米·约·斯拉德科夫斯基（М. И. Сладковский）、米·斯·卡皮查（М. С. Капица）[②] 接过了著名的前辈的接力棒。在这引人注意但也是困难重重的中国研究领域，年轻一代的学者正在成长。在这一领域，专门的教学科研机构做了很多工作。正如我们指出的，我国早有对中国研究的传统，但是在苏联，对中国文学的研究在1949年中国人民取得胜利后更广泛地展开。自那时起，我国相继出版了大量中国作家的作品，不管是古代的还是现代的。一些作家的创作被翻译成俄语出版，其中包括伟大的中国诗人屈原的作品，著名史学家司马迁的《史记》的前三卷，罗贯中的《三国演义》，施耐庵的《水浒》，还有陶渊明、杜甫、白居易的诗集，以及唐代诗歌集、小说集和《今古奇观》等。现代中国作家的作品被大量翻译成俄语：中国近现代文学的奠基人鲁迅（1881—1936）的作品，我国曾隆重纪念鲁迅诞辰一百周年，此外还有茅盾、老舍、丁玲、艾青、赵树理、周立波、萧三等众多作家的作品。

四 关于与中国作家的交往

由于我在中国工作的性质——苏联对外文化协会和苏联大使馆，我有机会经常见到中国的作家、演员和艺术家。今天，我非常愿意一次又一次地回忆起这些中国文化界的活动家，是他们向中国社会介绍了苏联的文学和艺术，回忆那些在20世纪四五十年代延续这一传统的人们。

（一）茅盾

我曾多次见到这位中国文学界的名人，与他交谈，他曾是中国文化部部长，在“文革”前夕被免职。茅盾（原名沈雁冰）于1896年出生在浙江桐乡青镇[③]。1919年五四运动期间投身新文学的斗争中，是文学研究会的创始人

① 汉语名：齐赫文。

② 汉语名：贾丕才。

③ 乌镇原以河为界分为乌、青两镇，后统称乌镇。——译者注

之一，从事《小说月报》的编辑工作，此外他还从事翻译和评论工作。早在20年代初，茅盾就参加到革命工作中，1930年他加入共产党人领导的左翼作家联盟。1927年至1928年，茅盾的《蚀》三部曲（《幻灭》《动摇》《追求》）面世，并立即在广大人民群众中引起强烈反响。作品对知识分子产生巨大影响。三部曲创作在1927年革命失败之后，蒋介石白色恐怖之初。当时弥漫在知识分子阶层的消极失望情绪影响了茅盾。在三部曲中真实具体的反映了革命斗争过程中资产阶级知识分子的矛盾和动摇。茅盾著名的长篇小说《子夜》创作于1931年10月至1932年12月之间。这部长篇小说以及小说《春蚕》《林家铺子》的大背景是20世纪30年代中国城市和农村的没落和衰败。这三本书内在是统一的。茅盾试图在这些作品中全面分析中国的社会。

1949年革命胜利后沈雁冰被任命为新中国文化部部长。自1953年起茅盾出任中国作家协会主席。他积极参与维护和平的世界性运动。“文革”前夕茅盾被免去文化部长一职，中国作协停止运作。作家的一系列作品遭到批评，作家本人则被冠以参加反苏活动的罪名。直到去世（1981）前不久，茅盾才重新有机会出版作品，担任被恢复的作协主席。过去，茅盾多次表现出对苏联和苏联人民的友谊和尊敬。在《欢迎我们的老大哥，向老大哥看齐》一文中他写到，自1919年反帝反封建的五四运动开始，中国为建设革命的文学和艺术而进行的斗争，受到苏联文学的启发影响。

茅盾强调，苏联文学为我们开了眼界。它培养了我国革命进步文学和艺术的活动家。它开阔了成千上万名年轻人代表和知识分子代表的视野，培养了他们。苏联文学是我们的老大哥，我们经常向它学习。它鼓舞了我们的勇气和信心，帮助我们完成面临的任务。向苏联文学和艺术看齐！

茅盾坚持不懈地研究苏联批判现实主义作家的作品，研究社会主义现实主义苏联大师的创作。茅盾成长为现实主义的作家，受到列·托尔斯泰、伊·屠格涅夫、安·契诃夫、马·高尔基等人的影响。他对列·托尔斯泰、亚·法捷耶夫、瓦·卡塔耶夫的评价很高。例如，作家曾说，《福马·高尔杰耶夫》唤醒了我对旧中国民族资产阶级地位的兴趣，产生了创作《子夜》的愿望。苏联文学使我们睁开了双眼。所有那些用作品和努力创造了和创造着中国近现代艺术的人们，是苏联文学帮助了他们的形成。

作家对苏联文学的发展有着极大的兴趣。茅盾尤其喜欢的一些作品有亚·绥拉菲莫维奇的《铁流》、亚·法捷耶夫的《毁灭》《青年近卫军》、阿·托尔斯泰的《面包》、米·肖洛霍夫的《静静的顿河》《被开垦的处女地》。

茅盾指出：中国人民革命的胜利和中华人民共和国的成立，为发展两国间文化关系创造了极其有利的条件……学习苏联是目前摆在整个民族面前的任务。在我们这里培养苏联人民所具有的高尚质量、他们的国际主义和爱国主义——这是中国人民现在的需要和热切愿望。苏联文学满足了这一要求。

茅盾强调：我们的人民从苏联作家的书中学习生活，斗争和胜利。苏联社会主义现实主义的文学是鼓舞中国作家的范例，我们两国文学间的友谊是对两国人民间伟大友谊的贡献，是对全世界和平事业的贡献。

在《祝贺成就》一文中，茅盾举例，中国的战士们如何克服重重困难，英勇地完成任务，背包里放着书籍《日日夜夜》《普通一兵——亚历山大·马特洛索夫》；茅盾写到，《钢铁是怎样炼成的》《青年近卫军》深受中国青年的喜爱，成为他们的精神食粮。苏联文学成为中国人民文化生活里不可分割的一部分。我们为苏联文学取得的成就感到高兴和骄傲。茅盾代表中国的作家说，并补充道：中国人民和中国的作家正在学习苏联创造性的劳动和胜利的宝贵经验。从今往后，我们中国的作家将和苏联作家携手用文学的武器为和平而奋斗，反对战争贩子。茅盾的作品自20世纪30年代起在我国出版。除了作家三卷本的作品集，他的长篇小说和中短篇小说也以俄语、乌克兰语和其他语言不止一次出版，在我国读者中获得好评。

（二）老舍

1979年苏联文学界和世界其他国家庆祝了老舍（舒舍予）诞辰八十周年，他是中国现代著名的小说家、戏剧家、评论家和诗人。在中国的“文革”前，他曾任中国作协副主席和北京文联主席、全国人民代表大会代表、中国政协常委会委员、中国民间文艺研究会副理事长。

1899年2月3日，老舍出生于北京。1918年师范学校毕业后就任小学校长。后来，他在天津的南开中学任教，1924年赴英国，在伦敦大学的东方学院担任中国语言和文学老师。在英国，老舍开始创作最初的作品——长篇小说《老张的哲学》《赵子曰》和《二马》，被刊登在《小说月报》上。作家在最开始就属于中国文学中的现实主义方向。

1930 年老舍回到中国，很快通过自身经历看清了国民党体制反人民的本质，这在他著名的讽刺小说《猫城记》（1933）里得到了天才的、艺术的体现，这部小说成为老舍进步世界观和民主化创作形成道路上的重要里程碑。在小说里作者精彩地揭露了统治阶级如何出卖背叛自己的国家。《猫城记》在 20 世纪 60 年代尤其引人注目——作家以非凡的洞察力在文中预言了“文革”的过度破坏。

1937 年老舍创作了现实主义长篇小说《骆驼祥子》。洋车夫祥子，确乎有点像一棵树，健壮、沉默，而又有生气，在小说中象征着劳动人民。小说《骆驼祥子》是劳动的颂歌，劳动者的颂歌。同时，老舍表现了在资本主义社会，在封建残余势力还很强大的社会，普通人无法通过努力获得相当的社会地位。老舍给主人公设置的悲剧结尾不是偶然的。受到打压被掏空的祥子看着无家可归的小狗，想起自己的命运，得出结论：不！什么也不想了！随便活着吧！得了！

1938 年 3 月，抗日战争期间，在汉口举行了中国作家代表大会，会上成立了中华全国文艺界抗敌协会。老舍成为理事，后被推选为协会主任。老舍用自己不知疲倦的劳动促进着协会有效地工作。老舍成功地把协会的组织工作与创作结合起来。1937 年至 1945 年，他创作了长篇小说《火葬》，完成了三部曲《四世同堂》的前两部，还撰写了很多杂文和一些戏剧，包括《面子问题》《国家至上》《残雾》，等等。老舍是在美国获知 1949 年中国革命胜利的消息的。他第一时间回到祖国，回到北京。1949 年后他创作了很多戏剧，其中最著名的有《方珍珠》（1950），关注的是旧中国最受压迫阶层之一——演员，《龙须沟》（1951）讲述了北京郊区居民的命运。在戏剧《女店员》（1959）、《全家福》（1959）中，戏剧家表现了为全社会福利而工作的人们之间的新关系。

在 1957 年创作的戏剧《茶馆》中，如《方珍珠》和《龙须沟》一样，老舍又一次展现了老北京的生活。1957 年和 1963 年北京人艺的演员们精彩演绎了该剧。老舍热爱中国的首都，非常了解老北京底层的日常生活和风俗。丰富的生活经验帮助他深入观察和真实地理解现实，而高超的写作技能、鲜明且独特的语言使他创作出一系列关于逝去时代的真实画卷。老舍称得上是多产和多层次的作家。在20世纪40—50年代他创作了很多戏剧、长短篇小说和相声。同时他认为，存在不同的体裁，但各种体裁间没有高低之分；文学中没有大小之分。老舍对中国发生的变化有着敏锐的观察。早在20世纪50年代，越来越多的官员表现出的专横和妄自尊大让他很忧心。老舍用优秀的戏剧《西望长安》对国家生活中的官僚主义倾向做出了响应。该剧在北京青年艺术剧院的演出获得了成功。老舍尖刻的讽刺作品揭露的那些弊病，后来在“文革”期间可以看到。

老舍是苏联真诚的朋友。他与我国的直接接触对此也有所促进。他几次访问苏联，参加了第二届和第三届苏联作家大会。1957年老舍作为中国代表团成员访问苏联，参加了伟大的十月社会主义革命胜利四十周年纪念活动。老舍写到，“苏联的今天就是我们的明天”这句话成了当时中国人民最爱的口号之一。它准确地反映了人民的意愿和以苏联为榜样走向社会主义的决心。

自十月社会主义革命起我们的目光就关注苏联。十月革命的光辉照亮了我们的心。

1958年11月6日出版的《光明日报》刊登了一首诗，名为《衷心祝愿》，他写道：

在这伟大的革命节日，
我们就像过自己的生日那么喜欢！
是呀，这是全世界劳动人民的共同生日，
是人类历史的新纪元！
腐朽的，肮脏的，都扫除干净，
新的历史，以革命的步伐，飞跃向前！
我不知道天堂在哪里，
我的确看见了地上的乐园，就是苏联！

中国有句话叫心心相通。这句话完全可以用来形容中苏友谊。老舍说，在中苏人民之间建立心心相通的关系中，苏联文学扮演了不小的角色。中国人民非常热爱苏联作家的文学作品。老舍曾为此在《文学报》上发文：十月革命后，先进的苏联文学成为中国文学的精神教科书。苏联小说和戏剧中的主人公成为我们的主人公。

去这位非常有趣的人家里做客，成为他太太、艺术家胡絜青的座上客是很大的幸福。老舍的寓所里收集了各种书籍、纪念品和花卉。20 世纪 50 年代时他的小女儿和他们住在北京，当时她还在上中学，其他的孩子自己住。其中一个儿子在列宁格勒学习过林业。老舍是非常好的一个谈话对象。跟他的多次会面，使我有机会了解这位伟大的爱国作家，留下一些印象。在跟他最后的某次见面中，老舍饶有兴趣地讲述了他在莫斯科参加作家大会时与苏联同行的会面，并用他特有的幽默感讲述了他多次的参会经历。老舍说，我从作者变成了“坐者”。老舍讲述自己的创作和文学是很有意思的。1957 年他这样说：

文艺作品是政治宣传真正的锐利武器。但是，它必须是真正的艺术作品，带着它固有的情感力量。文艺作品有自己的创作法则。如果用政治口号来代替它，那么，当然不会有人愿意读它。如果作家只注重作品的政治倾向而忽视艺术性，那样的作品自然会变成抽象的和形式主义的。但是勇气和创作是不可分割的。创作中缺乏原创性必然导致模仿，而模仿则不可避免会导致文学的衰落。然而粗暴的批评不会带来灵感，只是吹毛求疵。过去几年里我们的确有过健康的批评，但也同时有过指责。指责只会打压创作，不会鼓励……过去的一切已经成型，现在的种种还处于变动中。比如，我很了解自己的大哥，但不完全理解自己的孩子们。所以，我最好还是写一些关于自己哥哥的事情，而让年轻人去写关于我孩子们的事情。

我喜欢种花。我知道通过移植、杂交可以获得新的品种，但很难保证新获得的植物会是漂亮的。如果不幸出现一个形态不好的变种，不见得有谁会喜欢；在文化领域交流是必需的，但不能强加给别人任何一种单边的改革或是强迫的形式。只有用同样的耐心培育所有的花朵，才能让每朵花都盛开，完全展现它的美。我们珍视自己的文学传统（包括民族传统），我们同样也珍视世界文学宝库和现代作品。但丁、莎士比亚、塞万提斯、歌德、雨果、普希金、托尔斯泰、惠特曼、易卜生、泰戈尔、罗曼·罗兰、高尔基以及其他等等，都是我们的老师。这些文学巨匠的作品和各国现代作家的著作在我国被大量翻译，传播很广。比如，在北京的剧场里我们可以看到莎士比亚的《罗密欧与朱丽叶》、易卜生的《娜拉》、契诃夫的《瓦尼亚舅舅》、哥尔多尼的《一仆二主》、高尔基的《小市民》。作家就是这样谈论自己的创作态度和创作信念的。

参加完第三次苏联作家大会回来后，老舍在1959年6月16日的《光明日报》上撰文：每一次的苏联之行都带给我如在中国新年时的喜悦。关于苏联的这番肺腑之言，现在听起来像是这位中国伟大作家的遗嘱。

老舍在中国是最受读者喜爱和欢迎的作家之一，也是中华人民共和国作家中唯一获得人民艺术家称号的人。这位杰出艺术家的创作在全世界范围内都非常有名。在我国，除了单独出版了大量他的作品，还发行了两卷本的老舍作品集，其中收入了他最著名的作品，包括长篇小说《骆驼祥子》、戏剧《方珍珠》《龙须沟》以及多篇短文。1981年《现代散文大师》系列出版了大部头的老舍选集，收录了最新的未完成的长篇小说《正红旗下》，作家之死中断了这部作品的创作。老舍与各种迎合讨好格格不入，不会关心外部的一些想法，显然，“文革”对知识分子的迫害首先触及了文艺界的老一代，比如像老舍这样居于中国现代文化起源地位、在20世纪二三十年代用自己的创作奠定了新文化基础的作家。作为一个从未欺骗自己良心和人民的作家和公民，看到自己历经劫难的祖国陷入如此混乱，他是难过和痛苦的。

老舍是世界闻名的作家，但是“文革”期间他的作品在其祖国全面被禁。红卫兵打破了这位伟大艺术家的生活，毁坏了作家大量的收藏、丰富的私人藏书和他喜爱的花房，20世纪50年代在这个花房里我有幸不止一次与老舍先生畅谈。中国现代文化这位杰出代表悲剧性地离世。后来，北京的《文艺报》刊登了胡絜青的回忆文章，在文中她讲述了自己丈夫老舍的命运。当时迫害之风席卷北京，老舍是众多受迫害者之一。一开始他遭到暴打，试图让其发表带有政治色彩的声明。然而作家没有屈服于暴力。他愤怒地拒绝了这样的要求。老舍面对暴力所表现出的倔强激怒了折磨他的人：他们把老舍折磨到深夜。1966年8月24日在城中一个池塘里发现了老舍满是伤痕的尸体。旁边漂着作家的笔记本。现在，“四人帮”被认为是造成这位伟大文化活动家离世的元凶。

中国人民将会给自己这位杰出的、天才的、坚持原则的儿子，作家老舍同志应有的评价。这位充满魅力的人，艺术家，关于他杰出才智的记忆永不会在我记忆中磨灭。

（三）萧三

萧三（在苏联和国外以艾米·萧知名），诗人，翻译家，时评家，1896年生于湖南省一个教师家庭。年轻时他酷爱诗歌，在进步杂志《湘江评论》工作。在师范学院毕业后他当了三年教员。之后萧三为了寻找工作离开祖国，前往法国，在那里投身革命运动。1922 年他加入共产党，很快前往莫斯科，成为东方劳动者共产主义大学的学生。1924 年萧三回国后投身到党和文学工作中。1927 年，大革命失败后，萧三再一次来到苏联，这一次他待了十年多，做记者工作，创作诗歌、短篇小说、随笔。艾米·萧这个名字被苏联所熟知。他的诗集被译成俄文：《湘笛集》《血书》，等等。1939 年萧三回到中国。他向中国读者介绍苏联文学，翻译了普希金、马雅可夫斯基的作品，以及科尔涅丘克和古谢夫的戏剧。萧三还是杂志《大众文学》《中国导报》的主编，撰写了关于高尔基、鲁迅、瞿秋白、罗曼·罗兰和托尔斯泰的文章。中国革命胜利后，萧三积极参与到为和平而战的斗争中，被选为世界和平委员会委员。顺便提一下，萧三是毛泽东的同乡和同龄人。“文革”期间萧三坐过几年牢。

在北京，我和艾米·萧因为工作原因有了交往，主要是加强苏中友谊，发展文化联系，推动两国间的文学交流。我现在仍会回忆起与艾米·萧及其他家人的会面，回忆起与他工作的场景，去他家做客的场景。

（四）赵树理

与中国著名作家赵树理的交流我一直铭记在心。1955 年有一次会面是在靠近武汉的洞庭湖边，当时他在那里的别墅修养。他那张朴实的农民般的面庞会让人忘记面前是一位作家，声名远播国外。1905 年赵树理生于山西省一个中农家庭，后来破产了。抗日战争中，赵树理积极参与当地革命根据地地方机关的工作，后来为爱国主义倾向的报纸工作。他的第一部短篇小说《小二黑结婚》发表于 1943 年，在读者中引起热烈的反响。后来他又出版了小说

《李有才板话》《李家庄的变迁》。20 世纪 50 年代发表了长篇小说《三里湾》，讲述中国农村的合作化运动。

赵树理这样说：外国的读者经常让我讲讲自己的生活。我认为我的作品就是最好的答案，所以永远也不会写自己的生活。我坚信，作家离人民越近，他就会越深刻理解人民，会对劳动人民有更深的同情，会更多地汲取人民的创造营养。这种作家的作品才会贴近群众，被群众所理解。反过来，跟群众交流很少的作家，像水族馆的金鱼：水族馆再好，也比不上海洋；所以，这样的作家创作出的一切都逃不出他生存的水族馆的范围。至于说到我，我出生成长在农村，我不需要任何的创作旅行来增强与普通人的交流。抗日战争开始后，我们村在敌人后方，属于革命力量活跃的地区。尽管我们不得不与反动分子斗争，像《李家庄的变迁》中写的那样，但从与劳动人民交流这个角度看，比起那些常年生活在反动派统治区的人们，我还是处于一个相对便利的位置。这也是为什么我觉得我比其他作家更幸运。

完全有理由认为，赵树理的创作在中国现代文学史上占有值得尊敬的地位。他的作品得到了并将继续得到中国人民的喜爱，在全世界范围内，也包括我们国家，他的作品会被人们一直阅读。几年前披露出来，赵树理于 1970 年在“文革”中被折磨致死，因为他拒绝违背自己的信念和良心。现在，他的名字重新出现在中国的出版物中。

（五）曹靖华

曹靖华教授熟知苏俄文学，在我国出版发表了不少有关他的文章。在与曹靖华教授多次的会面中，他的博学涵养，以及对我国人民的热爱给我留下了深刻印象。20 世纪 50 年代曹靖华说过的一段话很能代表他的观点：

> 中国文学革命的先锋鲁迅和瞿秋白，受到伟大的党的鼓舞，不顾国民党反动派的血腥恐怖，像勇于自我牺牲的普罗米修斯，偷盗天火并教会民众使用方法，积极地宣传苏联文学，“推广成长于这片伟大丰饶黑土地的一切”，培养数百万的中国青年人，鼓舞青年人与国民党反动统治斗争，激励他们并给他们指明通往“应许之地”的道路。

年轻的中国革命文学的成长受到苏联文学的直接影响。然而，这种影响不只是培养了创作人才，还和青年的革命运动相关联。中国的青年大学生经常是因为对文学的热爱走上了革命道路。苏联的文学作品唤醒了他们，加强了他们的抗议之声，促使他们走向斗争之路。他们中很多人在过去的革命战斗中牺牲了。我认为，每一个来自人民的中国作家都受到苏联文学的熏陶。长篇小说《铁流》《毁灭》是那个年代在中国很有影响力的苏联文学作品。《铁流》中展现的革命风暴，鼓舞了中国的青年们，而《毁灭》向他们展现了革命现实的广阔画面。瞿秋白指出，这两部作品在中国的传播是重大事件，中国文学界对此表示热烈欢迎。

中国人民解放军队伍中识字的人里，几乎找不出没读过《日日夜夜》《铁流》《毁灭》《恰巴耶夫》等诸多苏联文学作品的。对战士和军官们来说，这些书不仅仅是珍贵的文学作品，也是学习马列主义关于战争问题的珍贵教科书。在艰苦的战斗中，这些作品的一些篇章和节录会以传单的形式发行，指导战士们完成各种战斗任务。就像常说的那样，此时已无须多言。

由于对苏联的态度和感情，曹靖华教授不可避免地受到红卫兵的迫害。

（六）戈宝权

每一个因为不同原因在不同时候到过中国的苏联人，应该都知道并记得这位苏联文学在中国的推广者，作家、翻译家和社会活动家。戈宝权关于普希金、陀思妥耶夫斯基、契诃夫、高尔基的著作，他翻译的俄国经典作家作品，在当时中国读者了解我们民族文化宝藏的过程中起到了特别的作用。他的夫人郑兴丽[①]毕业于莫斯科音乐学院（在戈宝权就职于中国驻苏联大使馆时），是中国著名的歌唱家。我与他家多年的友谊缘于文化交往方面共同工作的经历和在苏中友协的工作。20 世纪 60 年代戈宝权和他在中苏友协的同事们遭受到反苏人士的打击。这位著名的专家和学者以臆造出的理由被下放到农村改造。

现在，戈宝权以文学研究家的身份重新开始工作。希望他没有忘记自己人生中贡献给苏联、贡献给翻译俄国名著的岁月。

① 郑兴丽为戈宝权第一任妻子。——译者注

（七）艾青

1957年之前，因为苏联对外文化协会的事情我见过中国著名的诗人艾青。那时已经开始了对他的迫害，错误地把他划为右派。尼·特·费多连科（Н. Т. Федорленко）在自己的《中国笔记》一书中谈到了他，现在这本书像是关于很多在“文革”中受迫害的中国文化界活动家的挽歌。艾青的青年时期正好处于蒋介石反革命时期（20世纪20年代末30年代初），当时中国很多正义之士和爱国者抛洒鲜血，反抗旧世界。由于暗藏危险的思想，他被关进监狱三年，获释时抗日战争爆发了。正是这一时期诗人创作了爱国主义的、充满紧张感的诗作（《北方》《雪落在中国的土地上》等），这些诗作让他名扬中国，后来随着诗作被翻译成外文，他也被国外所熟知。二十多年前这位伟大的中国诗人被强迫沉默了。直到20世纪70年代末艾青的名字和诗作才重见天日。

五　关于邓小平

1997年2月19日新中国改革的设计师邓小平去世。他是20世纪中国杰出的领导人之一，其他领导人还有民主主义者孙逸仙，共产党人毛泽东、刘少奇、周恩来。不管是在中国国内还是国外都普遍认为，邓小平不仅是中国杰出的活动家，他也是20世纪杰出的世界级人物。在我国，认识邓小平本人、在最近40年代至50年代与他在各种历史转折点有交集的人士没剩下多少了。按照俄罗斯的传统，在纪念的日子里我在这里回忆一下私人的、未说的那些事。1989年5月16日，在经历了长久的中苏关系困难时期后，邓小平第一次在北京会见了我方代表。拉赫马宁呢？——他问。（20世纪50年代时毛泽东就是这样叫我的，邓小平和其他中国同志们也是这么叫我）有人回答他：拉赫马宁1986年退休了。

我第一次见到邓小平是1953年3月，约·维·斯大林去世那天。后来，1963年，在列宁山中共和苏共（米·苏斯洛夫、尤·安德罗波夫）代表团谈判时，邓小平严肃批评了尼·赫鲁晓夫对斯大林的揭露。他重复了毛泽东1956年10月23日就苏共二十大发表的意见：你们彻底放弃了斯大林这把剑，抛弃了这把剑。结果敌人会利用它来消灭我们。这就好像“搬起石头砸自己的脚”。

1957 年 4 月至 5 月苏联最高苏维埃主席团主席伏罗希洛夫正式访华。在中共和中国社会就苏共二十大展开了秘密辩论。作为对赫鲁晓夫的一种刺激，伏罗希洛夫作为苏联老近卫军的代表受到热情接待，赫鲁晓夫当时在中国的领导人中已经失去了威信。中国的领导人积极参加了苏联客人在中国境内的行程。1956 年至 1966 年邓小平任中共中央委员会总书记，和刘少奇一同领导书记处的工作，处理中共组织和党的事务。因为工作原因我需要与邓小平打交道，看到他是如何工作的，我对他的组织能力和勤劳十分赞叹。

1957 年秋天，毛泽东在莫斯科参加十月革命四十周年活动时，参加首届世界共产党代表大会的中共代表团二号人物被定为邓小平，对此我一点也不惊讶。在毛泽东与赫鲁晓夫和中央书记波斯佩洛夫的会谈中，我做翻译，当时他指着邓小平说：你们别看他个子小，你们国家现在对他知道的还很少，你们还会听到他名字的。邓小平在莫斯科期间可以看出，他是代表团的发动机，就意识形态、国际问题（战争与和平、和平共处、和平过渡等等）的尖锐辩论由他出面，这些问题在 20 世纪 50 年代末 60 年代初发展成两党间的公开辩论。中国领导层一些主要的文章作者就是邓小平。

在大论战时期我和邓小平处于不同的意识形态堡垒，当然，是不同的重量级。邓在谈判中总是很机智，坚决维护党的指示，在原则问题上不向对手让步。我见证了他是怎样一个无与伦比的善辩者。我也曾见过他平静时、审慎时和愤怒时，然而他总是表现出克制和对对手的尊重。

顺便说一下，经过几十年，现在再回想那个时期，中国的同志毫不留情地批评苏联的国内状况，批评苏共的消极变化和蜕化倾向，会产生这样的想法：难道他们是错的吗？说到私人的事情，会在心里想到一个带有责备的问题：你在自己的书里批评过邓小平。是的，在中共中央主席号召要进行一万年的论战中有过这样的事情。当然，在尖锐的意识形态斗争中免不了会有一些过火的事情，一些偏见，对此只能感到遗憾了。然而，在经过了二十年后依然记得我，显然他理解，那阵风暴的每个参与者都是完成自己分内的职责。

邓小平自己曾强调指出，一个人不可能说的每句话都是正确的，他不可能绝对的正确。具有远见和灵活的思维，这是邓小平的又一个特点，对历史及其个别事件的简单态度与这样的特点不可相提并论。围绕邓小平遗产的一些评说存在拔河的现象，这里想说一下这个问题。有些好心人试图把他描绘成一个实用主义的市场经济者，不停地重复黑猫白猫那句名言，说邓小平不拘于教条，等等。某些人则认为，似乎一方面，邓小平把中国带离了社会主义，另一方面，他们说中国威胁俄联邦的安全，不应把我们的军事政治关注放在西面，而应集中在东侧（阿登纳理论20世纪60年代黄祸的变种）。

这些讨论大部分都是多余的。国内外的学者们不想强调邓小平政治和生活中的主要部分，这在中国官方的悼词中提到了：他是伟大的马克思主义者，伟大的无产阶级革命家，久经考验的共产主义战士，建设有中国特色社会主义理论的创立者。几乎所有人都会提到黑猫白猫，但却避谈被写入中共党章和中国宪法的四项基本原则。而四项基本原则很明确地指出：坚持社会主义道路，坚持共产党的领导，坚持人民民主专政，坚持马列主义、毛泽东思想。对邓小平进行修描的试图是不严肃的。只需要读读他文集的第三卷：邓小平说，四个坚持不能丢。没有四个坚持，中国就乱了。

邓小平临终嘱咐战友和中国人民，在对外政策中要实现独立自主的方针。中国坚定地批判霸权主义和强权政治，拒绝任何干涉内政的企图。1996年、1997年的俄中联合声明中，俄罗斯联邦和中华人民共和国宣布决心发展平等信任的、面向21世纪的战略协作伙伴关系。双方对扩大和加强军事集团的企图表示关切，因为这种趋势有可能对某些国家的安全构成威胁，加剧地区和全球紧张局势。

1997年4月22日至26日中国国家主席、中共中央总书记江泽民访问俄罗斯，期间中国领导人再次阐明了对邓小平遗产的立场。4月23日在国家杜马发表讲演，谈到新中国取得的成就时，他说：

> 所有这些成就的取得，都是因为遵循了邓小平关于建设有中国特色社会主义的理论。这一理论是中国共产党和中国人民最宝贵的财富。邓小平同志虽然离开了我们，但是中国目前奉行的内政外交政策不会改变，也不可能改变。因为这一政策的制定符合国家的利益和人民的愿望。它与我们的现实环境相适应，它受到我国人民的坚决拥护。

这是中华人民共和国国家主席关于中国态度的一个有分量的声明。遗憾的是，江泽民的演讲稿在俄联邦的大众传媒没有得到应有的宣传，尽管说起来，他不只是向议会发表讲演，也是向我们的社会。

六 对俄中关系的思考

短视的政客、政治学者（在俄罗斯的）不愿看到全世界都在争夺中国——争夺它的市场，争先恐后地接近这个21世纪（亚太世纪）亚洲和世界的领导国家。

21世纪是人类发展史上一个重要的转折时期，地缘力量平衡有可能重新分配。在目前过渡时期（从20世纪向21世纪），东方、亚洲、中国的作用显著提升，世界眼看其变成全球秩序的力量中心，成为保持地缘政治平衡的因素。考虑到北京和华盛顿关系的复杂性，中国关注与我国建立稳固的建设性的关系。俄罗斯同样感受到来自西方的压力；北约的东扩路线，实质上也有中国因素。中国人和俄罗斯人在制定确立21世纪的本国学说时不能不考虑所有这些。

在建立俄中真正协作的道路上有不少客观的和主观的障碍。它们几乎所有都是显而易见的，这并不是说不对其进行仔细分析。列出下面一些：

两国经济潜力差距的扩大（不同的重量级）；

西方反动力量和俄国内买办集团强大的反华压力。

为争夺21世纪在亚太和全球的影响力，中国和美国间不可避免的冲突。由于俄联邦的地缘政治位置，以及类似布热津斯基（分割俄罗斯，使其置于外国托管）的计划，莫斯科不得不做出决定。与东方力量的战略协作将在21世纪扩大我国在某些与中国的（即使不是法律形式的）联盟中的利益，从而保护俄罗斯的主权和国家利益。

习近平对莫斯科的访问（2010年3月）表明，北京希望在评价俄中关系时将协作放在首位，而不是伙伴。中国人明白，这应该是评价俄罗斯与中国关系时一个更硬性的特质……

柳·伊·康德拉绍娃访谈录

访谈对象：柳德米拉·伊万诺芙娜·康德拉绍娃
俄文姓名：Людмила Ивановна Кондрашова
现任职务：俄罗斯科学院远东研究所
学术专长：中国工业经济
采 访 者：Svetlana Gorbunova
翻　　译：宋绍香
时　　间：2012 年 3 月 7 日
地　　点：莫斯科

问：您好！童年时，我们都想往成为某某家。我们童年的理想，有时非常准确地反映我们出生和成长的时代。您的童年和少年，适逢俄罗斯非常艰难的年代。请您告诉我，您和全家是怎样度过那个年代的？当时您向往什么？您的理想实现了吗？

答：出生于 20 世纪 30 年代的人，都亲眼目睹了战争，尽管不明白随后将会发生什么。但是，他们却明白主要的一条：还存在要进犯我们祖国的敌人，所以，所有的长辈要么去前线保卫祖国，要么在后方帮助支前工作。当战争爆发时，我已经是一个懂事的 8 岁的小姑娘，到秋天就该上小学一年级了。但是，这是我人生经历的唯一能牢记的一年，当时莫斯科的所有学校都关闭了。大概，欧洲地区的所有学校都处于这种状态。1942 年，我终于上了小学，但是，已经不是读一年级，而是很快就读了二年级，因为我已经学会了阅读和解题，虽然有许多最基本的知识还不懂，譬如，怎样正确地使用铅笔和钢笔。后来，在缺乏老师教导的情况下，我掌握了其他一些有益的技能：自学了钢琴，学会了裁缝和编织，学会了打字和印刷，而成年时期就已经基本掌握了计算机。我就是这样在困难生活中，逐渐成了一名痛苦的自修者。我的父亲供给家庭最必要的物品，我任何时候都不曾挨饿，甚至在严酷的战争年代，我总能吃上饭，穿上衣。但是，我很想探寻一下，能否给我买一架钢琴，聘一位教师？回答这一问题，当时我的父母，既没有时间，也没有余钱……我记得，战争第一年时，我们家住在缺乏供暖的房子里，房间里安了一个带烟囱的小铁炉子——烟囱直接捅进壁炉的通气管道。在战争年代的第一个冬天，在走廊的墙壁上，房门上，总覆盖着一层霜，我对此很感兴趣：在这白色的墙上，我可以涂写字母和数字。

后来，为我们建造的楼房暂时停工，有些住户无法安置，需要搬到其他楼房去住，弄得其他楼房拥挤不堪。原住户的主人们，只好很客气地忍受着我们的到来，这成了战争的另一种负担……我记得那充满各种飞机的莫斯科的天空；记得那用各种纸带交叉糊起来的玻璃窗子；记得那报警的呼啸之声，还有在我家地下室防空洞里的不眠之夜，收音机里传出的报道战争进程的列维坦之声。我听到的第一次战争报道，就是全体同套房邻居聚集在收音机旁收听的。当时我无论如何也不明白，为什么听着听着，所有的女人都突然号啕大哭了起来？从此，我知晓了前线发生的一切大事，知道了许多军官的名字；知道了瓦图京为什么是最可爱的人。所以，我在地图上挑选出了那个可以更名为瓦图京斯克的城市。

我的哥哥1922年出生，中学毕业后立刻奔赴前线。父亲也加入了民兵组织，但是不久由于健康状况不佳，被迫离开民兵组织，经过几个钟头在日光下的逗留，他喉咙里溢满了血。这时哥哥在前线也受了伤，由于天气过度严寒，哥哥得了多种疾病，但他仍然活了下来。于是，他仍旧留在部队服役，军事学院毕业之后，他晋升为校级军衔，但他没活到晋升将军军衔——离晋升少将还差二个月时，就离开了人世，年仅50岁。

我上小学时，学校里连写字的纸都没有，同学们在旧报纸的空白处用铅笔写字。当时我们既干瘦又苍白，吃点馅饼和小面包算是增加营养，我们吃起来都感觉很香甜。当时在学校里，我周围有一批女孩和成年妇女，这就给我提供了单独学习的机会。后来，将我从这种失去男人注意的枯燥生活中拯救出来的是戏剧小组——这个戏剧小组，是由隔壁男校的文学女教师柳鲍维·卡鲍组织的。那时她已将教学工作与写作活动结合起来，并且还独出心裁地组建了戏剧小组。我成了戏剧小组的第一批演员，但我并不打算报考戏剧学院，因为七年级时，我已经决定将来当一名外交家。那么，我脑海里怎么会出现这一念头？至今我也弄不清楚。当时我没有同周围任何人交谈过自己的理想。只有我三年级时的最好的女友玛丽娜·法明斯卡娅赞美过我这一想法，并跟我一起跑遍莫斯科的各家书店，去寻找《外交百科全书》。

问：那么，您又是怎样改变了个人的想法，从外交而迷上了中国研究的呢？

答：我中学学习成绩全是5分，所以毕业时获得了金质奖章。但是现在我才明白，当时我学的各门功课都是中学教学大纲特别规定的内容，关于国际关系的补充知识，中学里根本不需要。在最后十年级时，我已经选好了自己的学院：莫斯科东方学院（МИВ）中国分院。这是我自己选择的，我选择这一专业，没经过任何人提醒；关心我的父母由于受教育不多，他们的劝告对我无济于事。父亲只上了四年教会学校，母亲从来没上过学，不识字。事实上，这并没有阻碍她在革命年代成为米柳京斯基巷子中心电话站的电话小姐——我们的学校就坐落在米柳京斯基巷子，后来更名为玛律赫列夫斯基街，而现在又叫米柳京斯基街。母亲给我讲过，这个电话站，在革命时期原在红军手中，一度被白军夺去，后来，红军又夺了回来。那些人（白军）不仅胆大，而且是真正的奸商。

我从父亲身上继承了自学的天赋。他是一位非常机智、能干的人，所以他独立掌握了打字机技术专业。并且他还具有音乐天赋，能很好地弹着吉他为母亲歌唱轻声伴奏。母亲唱得很不错，所以客人们从不感到寂寞。

我所选择的东方学院，差不多是莫斯科唯一的高等学校，要进入这所学校，即使金奖获得者也必须通过外语考试，并通过座谈面试才行。我顺利地攻克了一道道难关，尽管我的工农出身也不无帮助。我的同班同学伊拉·塔姆，出身于知识分子家庭，对她家来说，德语几乎成了母语，却没有考取。因为面对如此复杂艰深的课文，所以她没有考上。由于这种意想不到的突然事件的发生，这个女孩的生活急剧地改变了自己的既定方向。

问：请告诉我，您为什么要选择这一专业？

答：我研究中国和中国语言的愿望，与两种情况有关：我对国际关系和1949年发生在中国的革命的爱好和关注不知从何而来。当我对中国还真正一无所知时，我就很快把自己对人类光明未来的全部希望寄托给了中国。当时，我们全体年轻的共青团员们，都是幻想全世界劳动人民团结起来，共建世界公正社会制度的浪漫主义者。我认为中国是一个繁荣昌盛的强大国家，它已经摆脱了经济落后的面貌，正在与苏联团结一致共同建设共产主义社会。这种关于社会公正和中俄两国人民的友谊（正如著名歌曲所唱：俄国人和中国人——永远是兄弟）的理想，在我过来的全部岁月中，我一直在坚守不移。如果说，我自己的国家给我奠定了坚实的基础的话，那么，中国则证实了我的全部期望是正确的。对于中国的研究，使我的生活充满了严肃的思考和鲜活的印记。的确，我没有成为外交家，但我丝毫都不遗憾。科学，并非一项没有兴趣的事业，它永远为思考提供精神食粮。任何职业中都有一个新旧交代的交合点，人总是要离开自己的岗位的。但是，这种令人忧郁的命运吓不倒真正的学者，他将永远处于探索之中，他总要抽出时间把自己的思想记录下来。中国给了我真诚的友谊。在这个国家我结识了那么多好人，进行了那么多次最有兴味的交谈！如果说我国的企业家有时会抱怨追逐个人利益的中国伙伴，达不成谅解的话，那么，在科学领域则可以毫无冲突地克服学术观点的分歧。

赫鲁晓夫害怕培养中国学家过多，他认为，会说俄语的中国人完全可以代替苏联的中国专家，所以，1954年他独断专行地做出了撤销东方学院的决定；这一决定使我对中国的这颗赤诚之心忧郁不堪。当时，我第一次，也是我人生的最后一次，感到了自己的无用，很想改行。

问：但是，您仍然成功地留在了这个专业……

答：我在东方学院读到三年级时，国家授予我们一个特权：可以不学某些课程而进入苏联的任何高校。现在我才明白，当时我应该转入莫斯科大学经济系。但是，我们汉语8班全体同学，出于感情团结和别无他途，便效法同级同学鲁宾·布尔拉茨基——该同学经过3次报考莫斯科大学地理系失败后，最后终于实现了自己的理想。这样，我与本班同学一起插班到地理系二年级就读，条件是已通过一年级各门功课考试。我们要学的课程不少：地质学、地貌学、大地测量学、土壤学、气候学等——所有自然科学课程，我们几乎都听不懂。起初，我打算放弃中国学而专攻气候学，但经过几个月的高等数学和物理学学习后，发现我在东方学院学习数年，对这些课程已经丧失了兴趣，于是，我决定回归家园，投奔了经济地理教研室，这里对我的中国知识和尚未学成的汉语大有裨益。

在这里学习十分有趣——这里有许多迷恋地球科学的教育家、一年一度的科学考察、生机勃然的文化生活。研究过中国的大学生受到了教授们的支持。程序员安乌钦是战争年代转战整个中国东北地区的首批苏联军人，他写出了一部回忆这段战争生活的优秀作品。他经常谈起这些故事，与我们共同分享他的战争回忆。有一个大教室就搬到了汉语办公室附近，该教室由奥弗季延科管理，他曾经发表过关于内蒙古的专题论文。由于做书法作业时，我们利用中国文献（文学），这也给我们提供某了些优惠条件。1957 年，我的第一篇学术论文《中国的水能资源》在《中学地理》杂志上发表了。该论文还配有一幅大地图，图文并茂，十分得体。

问：您何时如愿，不仅在地图上，而且亲眼看到了中国?

答：我在地理系读了三年，克服了最艰难的障碍——大地测量学考试，1957 年夏天，我参加了大地测量学毕业实习：测量大地，收集资料，并提交这份倒霉的尾巴。但是，在这次大地测量实习时，我似乎感到有点力所不及。此时，领导通知我从实习地直接到校长办公室，办公室告诉我：学校决定派我到中国北京大学继续深造，并于 9 月份成行。按照中苏互派留学生的规定，苏联赴华第一批大学生已经满额。

那天，我们衣冠楚楚，按原话说就是像阅兵一样集合起来，连穿的衣服和鞋子都代表了莫斯科大学独特的风格，学校派了专门领队，并提供一切出国费用。所以，当我们经过 8 天辛劳的旅途到达北京时，我们都蜂拥至北京车站站台上，当时我们的样子看起来就像一群白色的乌鸦——穿着当时流行的大衣，戴着时髦的帽子，走在穿着最朴素的中国人中间——他们通常穿着蓝色或黑色棉布上衣，自己剪裁的宽松的裤子和破旧的平底布鞋。他们惊奇地看着我们，但是，他们不只看我们的服装，而且观看我们那张他们所不习惯的白色皮肤的脸和具有独特的非中国神色的眼睛。甚至，当我们在中国人附近换衣服时，他们也没减少对我们这些人的关注，所以，在大街上，我们经常与富有好奇心的友善地对我们微笑的人走在一起。我们在这个幅员辽阔的国度里成了“外星人”，以至于很长时间我都感到自己文化的独特性，很难习惯于拥挤、中国饮食和音乐。当我们开始说汉语时，更加引起了过路人的注意。我们的交谈者怎么也听不懂我们的发音，不相信从我们的口中能冒出他们熟悉的单词。但是后来，当他们确信能够听懂我们的意思时，他们无比高兴。

问：请告诉我，北大给您形成了怎样的印象？这些年，它展现了怎样的面貌？

答：当苏联大学生开始在北京大学学习时，北大建校才50周年。北京大学创建于20世纪前夜，俨然展现出了一派中国建筑艺术风格。办公大楼、教学楼、宿舍楼——这一切都闪烁着金色的光芒，漂亮的大屋顶和圆柱体令人悦目。就连大学校园公园里的水塔，也是以中国宝塔的风格建造的，它的倒影掩映在长满莲花的未名湖中。大学校园四周围着围墙，这对有幸戴着校徽的全体师生的学习、工作和生活来说，都是十分必要的。进入大学校园要坚守衣帽整洁的传统风格，校门口还保存着两只巨大的石狮子。我至今还保存着白色字体的北京大学校徽（教师校徽是白底红字），它是出入学校的许可证。我们很热爱北大，喜欢沿着它的狭窄小路散步，喜欢以美丽的建筑为背景拍照。那时不允许汽车开进学校，夜晚的灯光是暗淡的。房间内设备极为简陋，甚至只在外国学生宿舍里才有暖气，教室里很冷，加之，中国大学生们机械地理解宿舍卫生章程，认为清新空气相对有益，所以经常打开通风的小天窗。我们都穿着棉大衣、戴着棉帽子坐在教室里听课，然而，仍是寒气刺骨。关节炎是青年人中最普遍的一种病症。我们也没能幸免。

问：那么您是怎样完成了学习任务？须知，您读的全部课程都是中文教材。

答：当时地理系主任是侯仁之教授。那时他才四十出头，但是，他已经是一位著名的历史地理专家。这门课程，对外国大学生来说，是一门很难的课程，因为它要求学生要具有古汉语知识和中国历史知识。侯仁之教授指导我们完成个人作业，他给我们讲解古文，希望我们回国后将它们译成俄文。但是，对于这么大的任务，我们感到似乎难以胜任。作为深入研究，我们着手翻译《中国古代地理》，但是，只有在中国专家的辅导帮助下，我们才胜利完成了任务。我希望我国的地质学家们能使用这一著作。

学校给我们列出的许多课程是根据我们在莫斯科大学的学习成绩安排的，所以，我们能很好地集中精力攻读中国课程：中国物理地理、经济地理、历史地理。北大往届毕业生，年轻教授胡兆良（Ху Чжаолян，音译）给我们教授经济地理课。我现在还保存着这门课的课堂笔记，现在我确信，这些讲课都具有极高的水平。经济地理教研室创建于1955年，当时我们是大学三年级学生，今天我们被列为该专业的第一批毕业生。2010年时第一届毕业生已毕业了50周年，我的同级同学们现在都已退休，大家都准备要庆祝这个对我们来说值得纪念的日子。侯仁之已成为世界著名的学者，尤其他的关于北京及其历史和地理的学术著作，获得了世界学术界极大的声誉。

问：您现在同他们保持着联系吗?

答：有一次我出差到中国时，出席了一次给他（侯教授）颁发某项国际奖的隆重的颁奖大会。会上他认出了我，非常高兴。我每次来北京都去拜会胡兆良教授。他把自己的著作赠给我，其中有《中国文化地理》这部书。当然，这部书很值得译成俄语。

这些年，我有一位最好的中国朋友——黄发成，他是我的辅导教师。起初，老师的讲课我听不明白，何况他们讲的也不是标准的北京话。课堂上我努力记汉语笔记，因为回答老师的问题不许通过译员。在这方面，我的辅导教师给了我很大帮助。他几乎每天晚上都到我们外国学生宿舍来，同我一起整理我的写得很潦草的笔记，讲解一切我没有听明白的词语和内容。渐渐地，我的汉语水平提高了，教授的口音已经不妨碍我听懂讲课的内容了。中国高校的考试通常采取笔试方式，对我们来说，也不例外。写毕业论文，也像所有课业一样，也得使用汉语写作。我的论文题目是《苏南经济地理述记》。这是沿着上海至北京铁路线的一条城市链，也包括苏州和无锡。

课后所有时间我都用来攻读汉语和阅读地理文献。有一次，老师要我讲授关于苏联地理科学概况的讲座。似乎，我能胜任。当时，我们的中国同学不得不参加许多会议，讨论党的方针政策，顺便也按会议召集者的意见，批判那些对党不十分忠诚的人。我的朋友黄发成纯属那种竭尽全力工作的人，因为他出身于地主家庭。尽管在这之前黄发成已经与自己的家庭断绝关系，但是，剥削阶级出身的烙印还没从他身上清除。人们并不留意这样的事实：他的母亲是地主的小老婆，事实上，她是家中的女仆，全家的重活都由她承担。

问：你们，作为外国学生，能够避免这杯苦酒吗？

答：当时很少吸收外国学生参加星期六义务劳动和星期日集体工作。但是，有一次，仍然决定要检验一下我们的共产主义觉悟，邀请我们参加北京附近的十三陵水库建设。如果说我们住在学校里，按中国的标准，那是住在温室里的话，那么，在十三陵待的那几天，我们就完全、充分地深入了中国的生活。我们吃的是掺上咸味蔓菁的黏米，夜宿在硬板床上，整日抬土筐。这样，我们从这条狭窄的缝隙中便窥探了中国人民的生活。

我在中国学习的那几年也不得不参与“大跃进”运动，当时中国领导人企图在三年内使国家生产总值赶超英国。这个吸引了数亿人参加的巨大的社会经济实验，博得了历史学家的极大关注。许多西方学者为其撰写了许多有趣的著作，而我国仅出版了科诺瓦洛夫（Коновалов）和亚列缅科（Яременко）撰写的两本小册子。Ю. В. 亚列缅科，原是苏联大学生来华学习的第一班的学生，他的关于中国大跃进的著作引起了特别的关注。事实上，尤拉（Юра）（亚列缅科）不是大学生，而是研究生。后来，他成为苏联科学院院士和经济预测研究所所长。但是，他很早就离开了人世，使我国的经济科学，使他的所有同仁和学生们，蒙受了极大损失。但是，他在朋友们的心目中，永远是一位忠于自己的事业、忠于祖国的真正杰出的学者，永远是一位富于同情心的人，对待任何人都是愉悦而和善的人。遗憾的是，他未能阻止苏联的大跃进方案——未能实现市场改革。

关于大跃进时期的中国状况，我接触的不只是关于北京大学的生活方面，尽管这里也发生过许多奇怪的事情。当时我不得不观察到的是，整个大学都担当起了与麻雀战斗的重任，大学生和教授们摇动着红旗大炼钢铁，犹如迫使一只瘦弱的小鸡飞上天，只弄得筋疲力尽，还没落地就晕死了。我保存了当时一些原始炼铁炉的照片。炉子里还在炼着铁。一些不明用途的肮脏铁锭，浪费了大量铁矿石和劳动力，甚至连家庭必备的铁器家具也都给搭进去了。代替过去农业合作社的人民公社是管理国家行政人员的基层行政单位。公社内废除了8小时工作制和宅前院后的自留地，实现了个人财产的完全社会化。不仅所有的农业生产工具加入了公社财产，而且属于农民个人所有的房子、余粮、干活的牲口和猪也加入了公社财产。农民，实际上变成了劳动大军的士兵，由行政干部决定去干任何活儿，包括兴修水利、修建道路、创办小型工业企业。社会化也触及到了生活领域。公社社员开始免费在公共食堂里吃饭，每个孩子都能进幼儿园受教育，老人们都被送往敬老院。为了提高粮食产量，喜欢运用深翻地密植播种的种植方法。要求合理地节约资金，将其集中使用在不必审查就可办理的基本建设上去。这是多么荒唐的幻想，虽然它很快就结束了，但却造成了资金的浪费、土壤失肥和粮食的减产。

从“大跃进”运动中，不仅给我们留下了痛苦的回忆，而且也给我们留下了许多新的建筑和更加宏伟的蓝图。我们是天安门广场上兴建人民大会堂和中国革命博物馆的见证人。中国工人建造楼房，没有塔型吊车，而是借助建筑木材搭起的架子，许多工人在上面跑着运送建筑材料。这些建筑至今还装扮着北京的主要广场，而它们的内部设施令人惊叹中国人民的构想和能力。到十三陵水库去可以看到许多古建筑遗迹，然而，我没去成：起初，中国官方人物不让去，他们明白我们会失望的；后来，形势不允许我们去。

我在长江治理委员会工作时，勉强了解到“大跃进”给未来设计的宏伟蓝图；北京的大学生——地理学家们被长江迷住了。关于我的长江旅行，关于在三峡地区建造世界上最大的水电站的设计蓝图，我撰写了一篇论文《长江的未来》，该论文发表于《周围世界》1959年10月号，临近中华人民共和国成立10周年之际。该刊还成功地发表了我自己的许多照片。

我尤其感兴趣的是这一事件的社会—哲学层面的问题：该事件试图使中国跳过社会主义阶段，直接转入共产主义社会制度。

问：“大跃进”的政策今后会间接地产生或时常会产生一些不愉快的后果。您怎样去涉足它呢?

答：从中国公开宣布大跃进时刻起，中苏两国人民的友谊就开始产生了一些故障。我国的专家不能接受这种做法；不同意违背一切技术规范。中国人，从自己方面出发，也不能顺从苏联专家企图使一切回到臭名昭著的规范上来。按照赫鲁晓夫的唯心主义的决定，召回在华苏联专家，这便使“大跃进”危机的出路大大复杂化了，自然使中国领导人感到心如刀绞。

中国人对自己老大哥行为的不满，在苏联大学生中广泛传播开来。当我领取毕业证后，便离开了北京，我的朋友黄发成没有给我送行，为此我非常抱屈。但是，正如很多很多年以后弄清的那样，学校领导不允许他去，以便表现出对苏联叛徒的谴责。“文化大革命”时，围攻苏联大使馆和迫害苏联人的消息传到我们那里，引起了很长时间的不愉快。你瞧，那时我第二次（也是最后一次）感到遗憾的是，我把自己的生活与中国联系在了一起。

我的朋友黄发成的经历可以作为被迫害的例证。大学毕业后，他被分配到内蒙古工作，在那里他体验了突然降到国家头上的“文化大革命”的一切苦难。在共同的困苦中，他在内蒙古度过了20年，没有可能从事自己所热爱的科学事业。改革开放初期，他回到了南方——自己的家乡广州，他彻底恢复了名誉，被委任以广东科学院党委书记的高位。这样，他的工作要求及其工作受到了尊重，证明了他始终忠于自己的国家。但是，他要从事历史地理研究的最大希望，仍然没有得到满足。我很长时间，几乎40年同他失去了联系，20世纪90年代末，我们又开始联系上，与他相会数次，并一致保持书信联系。我曾几次邀请他到俄罗斯来，但由于自己妻子与儿子的身体欠佳，他不敢长时间离开他们，一直未能成行。

问：从中国回国后，您的职业生涯如何？

答：回国之后，我被分到中国研究所工作，一年后，中国研究所改组，我被调到当时刚刚成立的苏联科学院世界社会主义制度经济研究所，在那里我工作了近40年，经历了学术晋升的所有阶段——从科学技术助手，到主要科学助理。该研究所研究生班毕业后，于1984年我进行并通过了副博士论文答辩，到年龄足够大时还进行和通过了博士论文答辩。起初，汉语部在研究所里是个大的部门，从20世纪80年代起，人们开始离开转到其他单位——如转到更适合中国研究专业的远东研究所，或转到外交部门工作，苏联解体后有的人干脆离开去经商了。

问：在中国“文化大革命”期间，中国学家的工作怎样?

答：归国后，在1965年，正值“文化大革命”前夕，我到过中国一趟，产生了将发生大事的感觉。后来，到中国的次数就少了。从被派往中国担任研究部的外事助理以来，我获得了许多鲜为人知的信息。但是，中国本身封锁外部世界，官方统计数据的处理工作几乎完全停止。在那里我们可以搞到些情报，但经常是计算数据，将其与外国学者的估价加以比较。一部分中国学家对其他学者的评价持有异议。每个研究所（世界社会主义制度经济研究所、远东研究所、工人运动研究所）都介绍自己专门的学校，扮演中国经济情况的独立仲裁人。我们的研究所（ИЭМСС）占据着中心地位，正如后来显示的那样，最接近于现实。

问：您似乎每次到中国，那里都发生一些重大的社会—政治事件和重大的经济事件。请您讲述一下，您对1989年春夏之交事件的印象。

答：1989年，我有机会到中国在北京师范大学实习了半年。这样，我在中国便赶上了春夏之交的事件，这个事件已经过去了20年，我不由自主地便联想到，这一事件同后期苏联国内发生的一系列隆隆作响的橙色革命可作对比。当时，观看的人似乎感到，大学生风潮不会危及共和国的存在。但是，这一事件的危险性，在苏联被验证，人们对后来执行的改革方针没有产生任何怀疑。两方面的利益——官方的利益和不满的大学生的利益——对外则是一致的。这就是国家的安定，改革的深化，政治制度的民主化。我还是不完全明白，为什么国家领导人长期不制止这种混乱局面，以致使事件发展到顶峰。显然，大学生们要求改革显露出了急躁情绪，因为他们缺乏中国历史知识，西方变种的民主制不适合于中国。可能，中国的官员，像其他社会主义国家的官员一样，也不是一贯正确的，但是须知，他们表现出来了实行改革的首创精神，他们使“四人帮”坐了监狱。

那时我，当然，体验到了对学生的强烈好感，感到自己就是他们的弟兄。但是现在，上了年纪的我，非常惊叹邓小平的果断，他承担起了一切责任，将稳定和改革放在高于一切的位置，然后，坚决支持继续推行市场改革。中国的政治改革，现在、将来都要进行，但是，它们不应动摇国家的统一，要坚决执行摆脱经济的落后性、提高人民福祉的方针政策。

北师大的领导安排我在国内旅游，他们相信，我具有汉语常识，不会走丢的。我首先到了广州，在那里访问了经济研究所。我还清楚地记得李克华教授，他同我交谈了好几个钟点（很遗憾，他已经去世）。黄发成也给我很大帮助，当时他已调至广东社科院工作，关于此事我一点都不知道，我们完全是同行，但是，我们的相遇不得不又等了整整10年。从广州出发，我乘公共汽车来到了厦门市。整整一昼夜，我都处在中国人的包围之中，我观察着他们日常生活中的一举一动。

问： 您后来回来的次数不多，从“文化大革命”结束到您来北京师范大学实习，这期间几乎过了30年。在这期间您从事的什么课题研究？您个人获得了什么成果？在这一时期，苏联的中国研究大体来说发展怎么样？

答： 1970年，我第二次结婚，嫁给了康德拉绍夫·佩特尔·季莫费耶维奇为妻，并且改了姓。很长一段时间，我仿佛成了两个人，给自己的著作署名时，忽而写一个姓，忽而又写另一个姓。有时感到很难为情，当我推荐自己以康德拉绍娃这一姓氏署名的著作时，人家会请我推荐自己的著作。

20世纪70年代和80年代，与我到拉丁美洲的生活联系在了一起：我先到古巴，后到了墨西哥，我的丈夫在那里做外交工作。这样，我来到了另一个大陆，结识了另一种文化。来到古巴后，我认识了一位有趣的女士——著名的中国外交家刘莎。按其外貌和情趣，她仿佛就是第二个我。后来查明，人们同样叫我们刘德米拉，因为它的简化字 Люся 的俄语读音，与刘莎的汉语读音基本相同。刘莎的命运与俄罗斯紧密地联结在一起。她的父亲，在旅居苏联期间坚持共产国际路线，是一位著名的中国革命者，那时，他就同斯摩棱斯克农村的一位普通俄国女子结了婚。我与刘莎几乎是同年出生。现在，我在斯摩棱斯克地区有一处小别墅，我只是在夏天最好的时机去那里住两三个星期，以便利用这个时间，写一点尚未列入我所研究计划的著作。

刘莎到古巴任公使参赞后，很快就开始同苏联外交家进行联系，表现出对他们的友好和很高的俄语水平。她长期代替缺席的大使工作。当她从我的丈夫那里了解到我是中国学家时，很快就表现出了要同我相识的愿望。这样，我就开始与她交往了，我们很快就发展成为真正的友谊。很长一段时间，刘莎都隐瞒着自己的苏联之根，但是。她同我分享了自己对莫斯科的回忆：在那里，她与自己的丈夫一起在国际关系学院学习，熟识了许多当时在苏联留学的中国大学生。她的家庭在“文化大革命”中惨遭迫害。刘莎勇敢地经受住了这一切考验，她培育了三个儿子，完成了辉煌的外交工作业绩。后来，我与她有时在中国相会，有时在莫斯科相会。正是那时，她告诉了我她的家庭情况，并请求了解一下她父亲的遭遇。事情在发生变化：起初，她的大儿子在美国大学毕业后留在了美国工作；后来，她的二儿子也到了美国哥哥那里；过了一段时间后，刘莎亲自与小儿子一起也来到了美国。她在美国到处寻找能给父亲治好病的医生，起初，她想找个俄国医生，后来找了个美国医生。她到美国后，我们的联系就中断了，我甚至都不知道，她是否回到了北京，退休后生活过得怎样。在那段相处的日子里，她同我共同享受着对未来的向往：她期盼着自己关于国际关系的博士论文的答辩。

我在古巴时就学会了西班牙语，已经达到了相当水平，阅读政治文献毫无问题，但是，要说西班牙语，至今我也不去冒险。在墨西哥时，佩特尔每天都给我带来一厚叠墨西哥报纸，我从它们中弄到了许多对他和自己很有趣味的信息。

世界社会主义制度经济研究所是培养苏联（后来是俄罗斯）中国研究干部的大熔炉。在这个部门工作的是些当代的重量级人物，诸如外交部第一副部长 А. И. 杰尼索夫（А. И. Денисов）、驻中国商务代表 С. 齐普拉科夫（С. Цыплаков）、俄罗斯科学院远东研究所副所长 В. Я. 波尔佳科夫（В. Я. Портяков）。这两个人都是科学院博士，还有一些人是候补博士。我过去的研究生娜塔莎·科尔涅伊丘克（Наташа Корнейчук）现在就工作在联合国大会的高级职位上。

当时的世界社会主义制度经济研究所所长 О. Т. 鲍戈莫洛夫（О. Т. Богомолов）院士把研究所办成了思想的策源地，为此，现在还有一些人在责备他。他和我们的共同过错在于，我们真正地渴望改革，但是，这样的改革，并不会毁掉苏联，而是使它更加巩固，给它赋予第二次生命。这不是我们的过错，而是我们的不幸，事件的进展在按好坏的程序表进行着。在本所工作过的那些著名的改革活动家，诸如新闻工作者拉齐斯、利西奇金等都是希望自己伟大国家的公民过上美好生活的真诚的共产党员。我们这些中国学家，被认为是过分的乐观主义者，总是以著名的怀疑主义对待中国的成绩，但是，对我国正面的预测仍然洗耳恭听。苏联和中国改革的比较，当时并不是太普及的事情，我们想走自己的路。很希望此事就要发生。

奥列格·季莫费耶维奇·鲍戈莫洛夫（Олег Тимофеевич Богомолов）到苏联共产党机关的研究所担任所长时，刚40岁出头，我们大多数人都比较年轻。他领导我们的那些年，一直是我们的学科带头人。我们认为他文化素养高，尊重同事，会安排生活并从中得到乐趣。每年在新年前夕，他都在所里举办白菜肉包子晚会，在晚会上，我们总以幽默的方式批评我们所里的领导、个别人物和我国的状况。发给我国社会制度的SOS信号，就是1970年从我们的幽默家口中传出去的，当时我们正在进行白菜肉包子晚会，祝贺新校长就任；我们把舞台装饰成了一只轮船的甲板，喜送校长新的航程，在这里还装饰了几个救生圈，上面题词SOS——制度。校长认为我们是开玩笑，但是，后来校长承认，当时他很担心反动分子出现在这个党务工作者盛大的晚会上。我们向同事释放的讽刺挖苦是善意的包容的，没有超出相互尊重人格的范围。有时，他们是非常敏锐的人。所以，1980年奥运会那年见面时，我们就给每个同事授予了各种体育项目冠军的称号。记得，我获得了跳远冠军的称号，我在考虑着每年飞越大洋到达拉丁美洲的情景，而阿列克桑德尔·德米特里耶维奇·涅基佩洛夫，当时他很年轻，且为复合型学者，因为他沿着学术晋升的阶梯提拔很快，他获得了跳高冠军的称号。与此相当，他现在是俄罗斯科学院副院长，我们一直把他看作所里的根苗。

我们所长的自由主义思想还表现在对待毕业于国际关系学院的中国侨民郭丹青（Го Даньцин，音译）的工作上。郭的命运也可以认为是独一无二的。他在苏联学习期间，认识了一位俄罗斯姑娘，他与她结婚之后便留在了苏联。他对待“文化大革命”的消极情绪，是完全有道理的，但是超出了政治可信赖的范围。所以，当苏联官方利用完那些他认识的具有反对派情绪的人弄来的信息后，仍然要他在24小时内离开苏联。所以，他被迫抛弃了自己的家庭和儿子回国。当他回到中国时，那里已经开展起“文化大革命”，所以就把他当作苏联间谍，投进了监狱，他在狱中蹲了8年。释放后，他当了大学教师，重新建立了家庭，恢复了与在俄罗斯的儿子的联系。但是，他的俄罗斯妻子年轻时就去世了，而他的学术升迁似乎也不那么顺利，怎么可能顺利呢！他来到了俄罗斯，他在中国时我一次也没有碰上他。最主要的是，他没有怨恨，他总是高兴地欢迎发生在中国的一切变化，他对政治科学保留着强烈的兴趣。

问：您在世界社会主义制度经济研究所工作这么多年，看来您在那里工作得很得意。您转到远东研究所工作与什么有关？这事怎么发生的？

答：在2000年，所里派我到越南去参加一个国际会议。在我们代表团成员中有一位远东研究所所长、复旦大学毕业生季塔连科。他建议我调到远东研究所工作（或现在，或任何时间）。我与远东研究所总是保持着密切的关系，我几乎参加了他们所有的会议，经常与我所尊重的学者交换学术观点。我亲自或通过著作认识了许多学者。我的调动有一个很重要的理由。我所热爱的研究所失去了自己的学术研究项目，看来，我不能就这样打发最后的时光。除此之外，我的兴趣范围是很宽广的，远东研究所，在这方面，没有比它更适合我的了。然而，采取这样最重要的决定，对我来说，也全然不是这么简单的事，在这种行为中，显露出了某种变节成分。

问：对您这位变节分子没有进行声讨吗？您还成功地保持着与过去同事们的关系吗？

答：我现在仍继续与O. T. 鲍戈莫洛夫（O. T. Богомолов）积极合作，他现在仍留在名誉所长的位子上；同时，我与国际政治与经济研究单位的工作者都有积极合作，因为这些单位都是在原来国际经济与政治研究所的基础上建立起来的，也包括现在的经济研究所全体成员。

问：您采取这样的决定，从不感到遗憾吗？

答：没有，我从来不为采取这样的决定而感到遗憾，即使我到了一个新的单位，我从来也不会感到自己是最得意的。因此，我能把自己全身心地献给学术工作，甚至，允许自己更换专业兴趣。所长对我挪动单位很支持，为此，我对他非常感激。

远东研究所从事国内形势研究和对东北亚——远不只中国的外事联络和研究。但是，它仍然首先是俄罗斯联邦著名的可靠的学术机构，它深入地研究中国社会的各个领域，包括其历史、经济、哲学和文化。它对形成实事求是的社会舆论，对发展俄中面向21世纪的平等、信任的战略伙伴关系，做出了重要贡献。研究所的工作人员都是具有高级专业知识的专家，精通汉语及其他东方语言和欧洲语言，不断关注地缘政治变化，经常访问他们所研究的国家，所以，能获得第一手信息数据。还有很重要的一点是，在这里，可以获得自己感兴趣的任何问题的意见，可以参与所里的各项措施，参加研究中心系统范围的各种学术会见活动。尽管几乎每年都缩减我们的经费开支，但所长总能想出办法，解决我们学者的国外出差和邀请外国学者的经费问题。本研究所在国外受到了应得的尊重，它与中国社会科学院签订了一系列学术合作协议。

关于学术观点的巨大分歧，可以认为这是学术机构的自然现象；本研究所里不存在中国的反对者，或者，甚至可以直言不讳地说，没有那种对中国不怀好意的人。本所的同事们将反对中国威胁论视为自己的任务，为加强中俄两国人民的友谊，努力去做一切可做的事。本所试图将自己的立场传达到高层人士和普通公民中去。倾听读者的意见，出书拥有了读者销路，每年有40部专著和论集问世。本所出版的杂志《远东问题》，被译成了英语。

问：在这种情况下，我们有必要承认，在当代俄罗斯中国研究领域中也不是都那么和谐的。您首先能找出哪些问题?

答：我们的政治领导要求我们多出书。干部的老化问题尤其令人担心。科技工作者的工资不高，吓跑了有创造性的年轻人，使科学后继问题更加复杂化。高级学术水平的中国学家的培养，需要多年的顽强拼搏和广泛的兴趣爱好。本所非常关注年轻学者的工作，开办了面试和函授的研究生班，它是收费入学的单位，许多中国学生都前来报名学习。我准备辅导约十位研究生进行候补博士论文答辩，这些学生中，其中有3位中国学生，2位越南学生。很不好的一点是，在研究班上课时，年轻人很少希望联系自己的学术前程。

问：您认为您个人对苏联和后期苏联中国学的贡献怎样?

答：涉及我个人对科学的贡献时，我想谈三个学术问题，即不管怎样，我出版的学术著作取得了辉煌成绩。首先，它是中国的经济学和统计学。我的著作的基本方向之一是不断地关注中国的经济形势。在20世纪60年代，我作为年轻的学者研究中国工业个别领域的状况，如黑色金属、化学工业

(化肥生产)、机器制造等。信息化给我带来了著名的美籍华人、中国学家吴运利（音译）的学术观点。

我收集起来的这些信息数据，是某些论述中国工业化所有问题的较大著述的基础。这些著作是在20世纪70年代末80年代中期出版的：《中国经济：可能性与现实性》(集体著作，我承担了全部课题的2/3，包括序言和结语)；我的个人专著有《中国的工业：比例相称与比例失调》、《中国工业体系形成的特征》。后者是在博士论文基础上写成的。它是以我娘家的姓莫洛德佐娃署名出版的。

我的经济研究的总结性著作，是专著《中国工业体系形成的特征(1949—1958)》，该书关注的重点是：中国第五、第六个五年计划时期的工业发展，首先是在表述中国总体经济潜能的工业中的工业化发展和工业结构改进的发展进程。该书仔细分析研究了这一时期，包括改革最初七年的中国经济，指出这一时期的特点是，工业发展的极不稳定性。

在新千年的前夜，我试图以自己的著作《工业化（中国）》(为庆祝中华人民共和国成立50周年而写的专著《中国走在现代化与改革的大道上》之一章)，来给中国的工业化做一个总结。

问：您写的许多著作都是关于中华人民共和国的社会—经济发展和经济改革的……

答：我写的论文《中国改革的陷阱》和小册子《中国在深化改革》，都探讨了20世纪80年代末和90年代初中国改革转型期的特性。在这一时期，中国更换了以下四种转向市场经济的概念：(1）计划经济为主，市场经济为辅(1979—1984)；(2）具有计划与市场双轨制的，有计划的市场经济（1984—1989)；(3）经过调整的有计划的市场经济（1989—1992)；(4）社会主义的市场经济观念（1992—1995)。可以认为，这些概念的暂时界定，就是改革第一个十年和第二个十年初期各个阶段的划分。

在俄罗斯科学院国际经济和政治研究所编的论文集《中国：转向市场经济的得与失》中，收入了我的题为《中国市场转换的变体》的论文。在这篇论文中，我强调了中国改革的动机性，强调了改革与调整时期交替轮换，并大力推广各种实验方法。后来，我又试图根据逐渐深化市场改革的方法，将中国经济改革划分出几个主要阶段。该论文集的第二部分，发表了著名俄罗斯学者在其圆桌会议上的发言，论及了俄罗斯与中国的改革对比问题。其中，我的论文是《社会主义市场经济理论阐释》。

在临近中国改革开放二十年时，正好我与O.T. 鲍戈莫洛夫院士合写的两篇论文发表了：一篇是《中国经济内幕的秘密》，另一篇是《中国脱去了老皮》。在这两篇论文中，我们将中国的经济改革划分为两个阶段。论文中，提高了对中国改革的许多特殊性问题的评价。

在拙著《从社会结构及其协同能力和现代化的理论观点谈历史进程的分期问题》中，参考中国历史数据，提高了对中国历史进程进行分期的一般理论水平。

问：最近，您在研究什么课题？我们知道，现在，您的兴趣范围大大扩展了，但是，您也没有中止对社会—经济领域的研究。可能，您想把著作或问题归一归类。

答：是的。不久前我出版了一本小册子，即纪念活动选题之一，题目是：《中华人民共和国经济改革三十年》。这是一篇在俄罗斯科学院经济研究所国际经济和政治研究部举办的学术会议上的发言稿，该研究部是在俄罗斯科学院国际经济和政治研究所的基础上成立的。在该报告中，著者深入探讨了改革者建立的共同目标、达到的效果和产生的问题。整个改革时期分为三个阶段。在最初的十年，计划与市场通过相互妥协（折中）的途径为主，也就是，地方上出现了行政干预与市场调控经济相结合的经济模式。接近20世纪80年代末，组成了建立在那种标准的多元论和合同—承包关系基础之上的，独具特色的二元论经济体制。在改革的第三个十年，邓小平去世和1998年亚洲金融危机后，在对待现代化的方向问题方面，中国出现了两种对立的派别：一派主张，最大限度让国内外资本共同参与发展中国经济；另一派则主张，为了调动经济增长的一切积极因素，遵守社会主义建设的共同法规，要实行有限制地吸收准入的外资。

问：还有哪些选题您感到尤其亲切？

答：我受的地理教育和多次到中国旅游，经常激起我对地域选题的兴趣。从我的第一篇论文在《中学地理》杂志发表开始，我就转向了各个方面的中国地域政治，我的候补博士论文，就是关于中国经济特区的论题。中国的经济改革为我的区域研究提供了新的构想；这种经济改革，在两种地区政策的不同变体，即自给自足经济与市场经济之间划了一条分界线。这两条道路必择其一，按其下列方向，进行深入研究：

• 改革前，最高统帅部做出了地方自给制的决定，在地方建立起了封闭式的工业体系，其方针是依靠本地生产，供应本地居民的所有必需品。随着市场改革的开始，提出了创建国内统一的自由（内部）市场的目标，这种市场具有各行各业的地区专门生产与销售的部门，与外地区经贸也有广泛联系。

• 改革前，平均配置生产原则占优势地位，企图达到像加速发展落后地区那样，还有赖于遏制比较发达地区的发展。伴随改革，必须承认经济发展不平衡的客观规律，于是提出了让一部分地区先富起来的口号，这就意味着，自觉地让一部分地区在一定程度上先进入市场，使居民生活超过其他地区先富起来。

• 改革前，在开展备战的形势下，特别重视最安全的，遥远的边疆地区，许多物质都发配到那里去，建设西南地区国防三线。改革改变了这些地区的吸引力，比较发达的沿海地区被认为是优先发展的地区。

• 在计划经济体制条件下，地方的经济权受到了限制。改革提出了权力集中与分散合理结合的问题，包括经济预算方面。

• 改革前，发展外事特权被认为完全是中央机关的权力，改革时期，某些地区取得了进入国外市场，并广泛利用国外市场的权利。

• 改革前，实行阻止城市化的政策。所以，国内移居在国家的严格控制之下。在改革时期，城市化进程大大加快，并开始制定有关城乡关系的新政策，在基层国家机关与经济密集区范围内施行。

• 在改革开始前，慢慢拉平了地区间的经济水平。支撑沿海地区的支点，催生了区域分析的发展，为此，国家制定了有关经济特区的地区经济发展纲要。

问：您发表了大量有关地区选题的论文，您是否要在论及这些问题的学术大会上发言？

答：我在俄罗斯科学院远东研究所及其研究中心的某些发言，涉及了地区政策的一些观点，譬如：《中华人民共和国的经济预算制度：财权集中与分散的相互关系》（2003）、《中国城市改革与国土资源配置变化》（2005）、《中华人民共和国：关于区域经济发展的新变化图表》（2006）、《关于创建城乡一体化的中国途径》（2008），2002 年，在莫斯科召开的国际汉学大会上，我做了题为《中国的地方政策与实行联邦问题》的报告。2007 年，在乌鲁木齐召开的关于中俄两国在能源和自然资源方面的区域合作大会上，我做了题为《在阿尔泰边界跨越边境合作的欧洲模式》的报告。

还有些小文章也论及了中国的某些地区——如武汉、上海、西部地区，尤其是新疆。近几年，我继续关注中国国土资源配置的变化，这在我的文章中都会看到，如《中国国土资源配置改革》，在同期刊物上，还发表了我庆祝中国改革三十周年的《祝词》。

我的最近的一篇关于地区问题选题的文章是《地区经济发展管理：中国经验》，这篇文章带有综合的特点。

问：据说，您现在又开始研究国资改革的问题，这是怎么回事？

答：由于注意到，社会科学很有意思，所里的领导也很爱好，我就从经济改革初期，开始研究中国国资的改革体制问题。还在 1980 年，我就发表了札记《关于中国国家资产的性质问题》，而后，又写了一篇非常客观的论文《中国工业中经济改革的基本方向》。

我在北京师范大学实习期间，听了很多课，进行过多次关于工业企业改革问题的咨询。我的一系列阐述各种工业企业的论文，就是我的实习成果，其中也包括与中国学者合作的论文。这些论文都发表在《管理理论与实践问题》杂志上。

1996—1997 年，我在选题会议上做了关于中国国企改革的发言，而在 1997 年，我在俄罗斯科学院国际经济与政治研究所完成了一部《中华人民共和国工业机构改革》论文集，其中编入了论文《中国：国营工业机构改革与转型》。

划分不同的资产形式问题，对中国国有化分散进程与具有中间阶段经济的一些国家的正常的私有化的区分问题，在我下面的两篇论文中都有涉猎：《中华人民共和国经济机构：私有化或现代化?》、《产权的自由化：中国的变化》。在其中的第一篇论文中，十分有趣地将中国机构改革的中国经验与许多俄罗斯权威学者的观点作了对照，其中，就包括曾任俄罗斯科学院国际经济与政治研究所所长，现任俄罗斯科学院副院长的 А. Д. 涅基佩洛夫（А. Д. Некипелов）的观点。

问：究竟在多大程度上，可将中国的改革同私有化等同视之?

答：这个问题，在我的文章《具有中国特色的私有化（资产形式的分类问题）》（载《文明对话中的中国》，俄罗斯科学院远东研究所纪念所长 М. Л. 季塔连科院士 70 诞辰论文集）中已经讨论过。这篇论文转载于《俄罗斯经济杂志》。我赞同那些中国理论家的观点，他们广征博引，明确地阐明了国营与混合资产的界限，他们没有在股份制资产与私营资本主义资产之间画等号。

我对《国家资产管理》这一课题，总是特别感兴趣，我的中国研究生刘传同（Лю Чуаньтун，音译）就选了这一课题。我们两人合写了两篇论文：《中国：管理国资的新途径》和《中华人民共和国国资管理制度的基本阶段》。

问：您是长期从事中华人民共和国社会—经济发展战略问题研究的学者，因此，您可能比任何人都更加感兴趣地提出如下问题，诸如中国的现代状况，中国经济发展的规律性以及发展前景等问题。

答：对中华人民共和国社会与经济发展战略的研究——这是所有中国学研究课题的最重要、最复杂的课题。关于这一课题的专门研究著作，目前在俄罗斯中国学界尚不多见，但是，任何一位，甚至从事更加具体的政治和经济问题研究的严肃的研究者，都不会停留在对一般发展方向、最终和中间目标以及衡量其成就的总体标准的分析层面。

改革开始之前，中华人民共和国的社会—经济发展战略问题一直触动着我，从其内部斗争中，可以看出，当时两个对立的派别都在坚持自己路线的正确性。

随着中国改革的开始，深入研究中国发展战略问题开始引起极大关注，国内外出版了大量的研究著作，其中包括中国著名学者的著作。这一时期我发表的一篇论文专门探讨了中华人民共和国经济管理的观念问题。在我的某些涉及战略性课题研究的著作中，分析了中国特色社会主义的理论内容及其改革的途径。我在北京师范大学实习时，撰写了论文《各种经济利益的整合问题》，发表于中国的《经济科学》杂志。2005 年，我参加了俄罗斯哲学研究所召开的学术大会，2006 年，我的大部头学术专著《中国在寻找自己的道路》出版了，该书试图系统地探讨通向现代经济改革的关键及其基本内容。论著中还涉猎了历史选择的一般的理论问题、从自然地理和历史发展特性观点出发的中国特色问题；单独地审视中华人民共和国成立后第一个和第二个 30 年的经济发展战略和进行的改革策略。该书的最后一章，阐释了中华人民共和国的社会—经济制度的鉴定同质问题。

为总结归纳上述分析，须指出如下几个关键问题：

• 要在中国历史中去探寻许多现代现象的根源，且不要也不能拒绝历史。中国面对的传统的东方文明，具有独特的精耕细作的农业经济和扎实的国家根源。这种经济的发展导致科学技术发展缓慢、耕种面积不足和过剩的人口压力。

这种经济的发展具有从衰微到兴旺再到停滞的周期性特征。每次巨大的周期变化，都源于国家作用的加强，国家逐渐向私营经济势力让步，随之，便产生了新的威胁和国家基础的新的加强和巩固。

• 解决导致中国落后于西方国家的小农经济方式，中国在 20 世纪开创了一个具有两条对立的发展道路的革命局面：一条是效法西方发达国家，走现代化的发展道路；一条是为过去的历史辩解，强调走传统的独立自主的发展道路。在开展资本主义与社会主义斗争的环境下，两种对立的势力，在社会—经济体系的各个领域，都充分地表现了出来。

• 我们认为，中国选择社会主义的发展道路，不仅因为马克思列宁主义思想的影响，而且还因为有第一个社会主义国家的榜样；它按照国家领导者号召的脚本，成功地实现了国家的工业化。资本主义，作为敌视中国的一种势力，对中国来说不仅是一种被奴役的威胁，而且还是破坏中国传统基础的危机。

但是在后革命阶段，由于国家政权基础的脆弱，加之军事专制制度的存在，社会主义被赋予了军事共产主义的面貌，于是出现了强加于国家的政治运动：大跃进和“文化大革命”。

毛泽东去世后，中国实行了改革开放的政策，废止了过去的计划经济制度和空想社会主义的实验。下列方针是其新的发展战略的基础：广泛地发展市场经济，大力宣传有计划的市场经济的社会主义，利用多种资产和经济方式，抛弃闭关自守的发展模式，发挥有利于吸引外资和利用世界市场的潜能。

在当代中国的许多经济报告中，总结了中国多年来的改革实践，准确地展现了中国发展战略的强国富民的战略思想，初步确定了五项基本发展目标：坚持政治与社会的安定，保证经济高速平稳发展，遵守社会公平原则，满足国民的基本要求，保护生态环境。初步实现了从优先发展粗放经济向优先发展集约经济过度的发展道路。

中国的经济改革，与坚持资本主义方针的其他具有过渡经济的国家不同，中国改革的目标看起来有点异样：是的，它不是苏联社会主义模式，而且，也不是充满残酷竞争和道德腐败的资本主义模式。它还保留着共产党及其领导制度，其本身对亚洲国家来说也并非独有的，往往被视为管理国家和防止经济落后于发达国家的保证。

中国在走自己的道路，它既区别于国家主义的，也不同于非自由主义的道路，其市场经济的主体及其劳资利益的捆绑关系，则区别于资本主义。中国名字破译出的金色中原的概念，是重要的、珍贵的中庸思想，它遵守应有的国际标准，平衡一切极端行为，坚持源于金色中原的和谐发展的理念，用最佳的手段调整人与自然、人与人以及社会成员之间、各族群之间的相互关系，以上这些理念，可以认为是当代中国的民族思想。现在为了宣传这种和谐发展的理念，中国向全世界展示了自己对待世界的基本理论和对待国际关系的准则。这种通向社会发展目标的哲学途径，由于不断加强自己的具体步伐，彻底动摇了中国威胁论信徒的立场。

在《中国在寻找新的道路》著述中，我提出了社会文明与社会结构相结合的历史分析新方法。历史的分期归根到底不在于分解出了某些相互变换的历史阶段，而在于提出了要进行深入的阶段分析，作为其基础，应掌握历史进程的主要转折点，第一步要按自然—社会路线进行分期；第二步要按历史进程的全球化路线进行分期；第三步，依据文明特点、阶段特征和发展状况划分历史阶段；直到第四步，才对每个个别地区或大的地区进行详细的历史分期。

在两个历史交叉点上的历史时代，具有一定的社会发展的稳定性。这种“发展”带有极大的惯性。这种“惯性”是天然“固有”的。请参见：

- 拙著《自然与人的对比关系》和《以三大生产之一为主的生产结构：第一产业（农业），第二产业（工业），第三产业（服务业包括信息产业）》。
- 本人编《作为确定财产形式和用工方法的生产方式或生产制度》。
- 拙著《财产和管理制度中的私营和国营成分的对比关系》。
- 拙著《市场（经济的）与行政（非经济的）管理方法的对比关系》。

在近年发表的著述中，我尤其珍爱论文《中国社会思想对国家和社会建设模式选择的影响》，该文载于《经济与社会环境：下意识地相互影响》论文集，该集由俄罗斯科学院国际经济与政治研究所前所长 O. T. 勃戈莫洛夫（O. T. Богомолов）院士编校。他召集作者集体，向他们提出了重要任务：填补阐释经济与政治、文化相互作用的重大课题，评价经济发展的非物质因素的作用。O. T. 勃戈莫洛夫在其为该集撰写的序言中，准确地阐释了摆在国家面前的超级任务：把崇高理想的信念还给俄罗斯人民，恢复他们为历史命运与伟大过去而骄傲的感情，唤起社会的精神与道德的力量。我很高兴自己处在与基里勒都主教、俄罗斯科学院 O. T. 博戈莫洛夫和 B. C. 斯捷平院士、C. Ю. 格拉齐耶夫（现为院士）和 Б. Н. 库兹克通讯院士以及 А. И. 沃尔科夫、Ю. А. 克拉欣、Г. С. 利西奇金、А. Н. 布鲁坚茨等博士在一起的写作集体中。我应邀加入这个著名学者的写作集体，我认为首先应归结为自己对中国及其经验具有极大的兴趣。

问：从经济到政治就一步之遥？

答：我从中国社会—经济发展模式和宏观经济调控特点中，着手研究中国内部政策问题。实际引起我兴趣的是，中国做出政治与经济决定的机械论、各种政治势力的较量、政治与经济改革的关系。我将中华人民共和国成立后的整个时期视为一个宏伟壮丽的改革时代，可以认为，第一个30年是探寻社会发展方向的时期，这一时期伴随着尖锐的政治斗争——有时是公开的，但大多是隐蔽的。我出席了2008年2月内政部召开的一次会议，会上我做了如下发言：粉碎林彪集团时，令人感兴趣的是担心“文化大革命”反复的实用主义派，他们加强了军事政权。1972—1973年，出现了支持新方针一派力量的团结局面，其中包括运用广泛给“文革”受害者恢复政治名誉的方法，开展党和国家机关的恢复工作。通过放弃令人讨厌的“文革”教条，国内形势达到了比较正常的状态，所以，中共中央才做出决定召开党的第十次代表大会（1973年8月）。如果说，粉碎“四人帮”可以认为是经济改革的序幕的话，那么，消灭林彪则是这个序幕的先声，极“左”分子地位的削弱，确定了未来事态的发展。

问：您关于探寻中国自己的民主模式的见解是什么？

答：中国政权的理想是不得削弱国家权力。中国大部分地区和居民要求加强国家权力，首先为了确保国家对外的安全和内部的稳定。西方派的民主机构，其中包括多党制和议会制，产生了戒备的心态。许多人确认，在中国这个巨大的人口密集地，由于教育和自律水平暂时还不高，其制度的专制性有其道理。确认这一民主思想的极端观点，在西方的文本中相当广泛地传播开来，以此反对传统思维，同时又干扰中国的现代化。问题在于，为防止制度破坏和国家分裂，要创建保存三条安全带的标准。这种标准就是，混合的经济体制和软化的权力主义，人民物质财富的增长和确保社会安定的上访制度。中国民主模式的建立，不是按人民政权的教条，或推翻人民政权，而是政权与人民联盟创建的，这就是说，政权服务于人民，而人民支持忠于自己的政权——这就是中国古代思想家墨子的公理：上者，天鬼有厚乎其为政长也，下者，万民有便利乎其为政长也。

在对外课题的选题中，我对有关全球化和欧洲的情节、中国与中亚诸国的关系特感兴趣。可以列举下列著作：《欧亚大陆——我们共同的家园》（关于亚洲国家的未来发展战略问题)、《全球化与社会发展的别无选择》、《中亚：国家协作与安全问题》(评论)、《中国与美国中部地区的共同之处》。论述俄、美、中关系的不长的论文《怎样使美—俄—中三角(关系)成为等边三角(关系)》刊载于《俄罗斯战略》杂志。

问：您写了大量的论文，都能容易发表吗？或者遇到过什么困难？如果是，那与什么有关？

答：困难，通常会有的。《中俄战略伙伴关系：是或否?》这篇论文，最初准备给卡尔涅加基金出版的 *Pro et Contra* 杂志，但是，编辑部拒绝发表，我并不伤心。在任何情况下，我都感到自己没错。我似乎感到，好像文章并没有回答自己提出的问题，他们在期待着我回答。不要回答坚定的是，大概，应该说否。但是，这回我的研究所搭救了我，它在自己的简报上拿出相当页码发表了这篇文章。这篇文章综述了俄罗斯学者的观点，他们完全给予了肯定的回答，但也存有一些细微的差别。这就是为什么会发生这样的情况，俄罗斯远东研究所的工作人员原来都是加强中俄友好关系的最勤恳的支持者。

问：您有什么论据会坚定地说是?

答：我的关于俄中关系的最后一次发言，我给它赋予了这样的题目：《俄中伙伴关系：新型的国际关系声明》。为了强调中国对俄罗斯的不可替代的作用，我阐释道，俄中既是最近的地理邻邦，又可在经济上取长补短，具有明显的互补性。中国的国际援助、扩大两国互惠的经贸往来与科技联系、与中国合作开发远东地区，这对俄罗斯极为重要；俄罗斯作为可靠的军事—政治后方，作为重要的原料产地和科学技术的支柱，对中国也很重要。任何冲突和纠纷都不能磨灭两国人民的相互情谊和两国领导人的相互信任。

俄中关系的特点是，两国彼此不是战略竞争对手，而是经济发展的互惠的伙伴。

两国人口和经济潜力的差异，经济综合体结构成分的不同，彼此又都无霸权的诉求，所以，两国之间在世界和地区市场上不存在竞争斗争。同时，两国都处于同一个大陆空间，有很大的经济互补性，这就为两国提供了一个很好的机遇，使原来的民族利益纠纷变成了共同发展的事业。当维护各自一方利益的追求变为双方协调一致的追求时，新型的国际关系就形成了。

必须充分认识到发展经济的任务与改善民生的一致性；与之相关的还要合理地利用现有的自然资源与人力资源，通过和谐一致的途径保存好生态环境，共同努力发展基础设施，以便调整好相互的平衡关系，利用好俄罗斯天然位置的一切优势。这些任务的完成要求加强两国领导人的联系，制定宏大的协作方案，并相互帮助共同实现。

问：您的兴趣从何时扩展到不只对中国边疆，甚至对整个中国大陆？请告诉我，您在拉丁美洲的生活经验给您提供了哪些东西，首先是在业务方面？

答：20世纪90年代中期，我没有中止在苏联国际经济研究所的工作，请假三四个月，到墨西哥我丈夫工作的地方去了。这样，我取得了结识这样一个美好国家的生活的机会。在墨西哥，我的西班牙语使我每天都浏览一大堆墨西哥报纸。在获取信息和亲眼目睹的基础上，同时也在向俄罗斯外交人员咨询，首先是向我丈夫咨询的基础上，我撰写了不少关于墨西哥的文章，这些文章都先后发表在俄罗斯科学院国际经济与政治研究所出版的各种期刊和出版物上。

我对墨西哥的兴趣持续时间不长。尽管，在公开出版的著作中，甚至在一次国际会议上，我都讲过自己的看法，但是，我不经常谈墨西哥经济，而讲中国的经济，为此，引起了听众的重视。

问：您瞧，我手里拿着一本书，我读一下题目：《老子道德经》，Л. И. 康德拉绍娃译，莫斯科，2005年出版。《道德经》已有不少俄语版本。为什么您要突然亲自做这件事？您想摆脱一直压抑着您的经济与政治两大难题，而要休息一下吗？

答：我转向老子，可以认为是偶然的，虽然世界上没有完全偶然的事。我的老朋友德米特里·弗拉基米罗维奇·库普里亚诺夫，在同我的一次谈话中，他谈到自己迷上了中国和印度哲学经典，并给了我几本书，其中就有《道德经》。拿在我手中的这几本经典哲学翻译著作，当时并没引起我多大的兴趣，因为我打算专攻汉语原典著作，并尝试自己的翻译能力。很快我便弄清楚了，经文是由有节奏的韵文构成，如果企图翻译好它，必须从翻译诗歌入手。摆在我面前的第二个任务，就是充分理解原典文本，毫无折扣地领会其古典性与异己性，尽量翻译成读者容易读懂和喜欢阅读的译著，也就是说，要用通俗的俄语进行诠释。我有意识地将原文中不加注释就读不懂的曲折文字进行了一定的删节。换句话说，既然专家们能够翻译其他历史文献或阅读不经翻译的原典经文，我就应该翻译一部使一般读者都能读懂的经典作品。

翻译成了我最喜欢做的功课，我将其视为一种纯粹的业余嗜好。我与老子的交往已长达整整一年，当我即将译完并与我的同行们共享愉悦之时，没有得到他们多大的赞许。他们似乎觉得，我干的并非自己的事。事实上，当我熟悉了原著后，我的某些不怀好意的人都表示道，我的翻译有时仍然不同于他们所接受的标准，并不列入认真讨论的课题。我很希望亲自说明，这诗，不是我的诗，而是老子的诗，我仅是对老子的一种诠释，文责自负。我竭尽全力去理解老子，并将其学说传播到广大的中国以外的读者之中。老子思想给我展现了许多超现代的东西，仿佛世界在2500年间没有发生任何变化。当然，译者在何种程度上能成为原著的合作者。我仅此这点是做到了：既不随意添加，也不刻意过细地对待原著。为了略加说明自己所从事的工作，在这里我们将读到已出版的第33章的译诗，当时出版者未征求我的意见，就发表在了一本文集的封底上："知人者智，自知者明。胜人者有力，自胜者强。知足者富。强行者有志。不失其所者久。死而不亡者寿。"

在最后综合分析老子的作品及其道与德的内容时，我对无为的内涵提出了自己的诠释观点，无为，在大多数情况下都译为不作为（недеяние）（为适应俄语常规，应用俄语术语 бездействие——无所作为）。也就是，不是作为完成某事的一个具体的劳动行为，而是行为的作用或影响，也就是使客体投入到主体的力场和能场的行为。为，这是迅猛的暴力、专横、压迫之力；而无为，则是非暴力、忍让，按当代术语表述，就是宽容……无为——这类似于当年要求人们的最重要的思想行为准则——康德的著名伦理箴言：莫害人！康德告诫道：要像对待自己的脸面那样对待人类；要像对待自己的脸面那样对待他人；任何时候都不能像对待对象那样对待人。

我从以下几个方面讲述了我对老子学说实质的理解：《道德经》的许多片断给我提供了解读原著的基础。最早的原作，可能是为国家执政者上奏的关于改革和整顿国家的呈文。如果说孔子学说及其正统概念是依靠各种组织形式（通过礼或法）实现的，那么，老子学说中，则把自我管理机构放到了一切管理制度的首要位置，管理人类社会。老子学说是一种非暴力模式（莫害人!），也就是，在弱国中，管理国家的任务是尽量少干涉事物发展的自然进程。然而，老子式自由又提出了个人道德的力量，即每个人都按照自己内心的制约机制去生活和工作；执政者只有为社会谋利益并开启人们智慧（人道）的，才是有道德的执政者。于是，老子按照人与自然的关系，选择了工艺基因文明（Техногенная цивилизация）（直译为技术文明，俄文网站定义为15至17世纪开始到20世纪结束的一种欧洲文明形态，文章中未找到关于“基因”的单字），而按照个人自由与权力作用的关系，他又二者必择其一地选择了传统文明与官僚国家。这种自由主义的构想，是在第一个千年的中期——人类社会大转折的时代提出来的，并一直延续至今，事实上已经表明，市场经济的发展是自由的，它转向了高科技文明，也就是，已经走上了很多世纪前欧洲就已开始的发展道路。

在这样的历史条件下，这种极端自由主义的模式与建立强大的集权帝国的趋向产生了认知分歧。然而，《道德经》的思想与资本主义社会的理想是不同的，它不承认通过竞争而取得发展的方针，并谴责指靠压迫他人而获得的财富。老子的理想，如果查一下当代经济学辞典便知，他的自由企业社会，与资本主义是不可等量齐观的。

因此，老子提出的关于道德完善的社会构想，与过去产生的两种文明是不同的。所以，带有乌托邦的特点。然而现在，当传统文明经受着现代化的危机时，而工艺基因文明（Техногенная цивилизация）虽然已失去其存在的可能性，但其思想潜能仍继续作用于全世界，当今在呼吁全球化的大背景下，像《道德经》这样的经典一定能帮助人类寻找一种正确处理人与自然和人与人之间相互关系的社会体制。

事实上，自古以来存在的一切历史哲学，都是以强行打造的经济和非经济的两种不同形式作支撑而存在的，所以，各个时期的历史分类，就是在人类摆脱各种形式的压迫而获得解放的程度基础上进行的。21世纪将与信息社会的建立联系在一起，这种社会否认上述社会制度的武力原则。当代新思维的设计者们特别强调信息关系中非暴力性的重要性，它不同于宇宙物体力学的力的相互作用性（《文集导读》，第221—223页）。

在俄罗科学院远东研究所举办的一次哲学学术会议上，我作了一个发言，试图将老子学说与当代新思维的探寻相提并论。

托尔斯泰，从最初的创作活动起，就把道德理想作为自己的哲学基础，使人不能不高度评价他的学说，在其学说中，他像老子那样，将令人信服的形而上的论证置于人必须遵守道德规范之下。世界的统一概念是生物和微生物，物质和精神；这是古代中国哲学的奠基思想（这与西方传统文化不同，在西方精神与物质是相互反驳的）——原来，离托尔斯泰是这么近。归根结底，列夫·托尔斯泰得出了这种结论：老子学说的实质与基督学说的实质是相同的。这就为我们提供了理由，通过对托尔斯泰和老子学说观点的比照，从而指出不同文化交往的契合点。

问：您离开严肃的、哲学的、政治的和经济学的思考而多次到达中国，并长时间旅居那里。您对您自己的国家——那个幅员辽阔、人口众多且多民族国家萌生过何种感念？

答：在自己的长期生活和学术往来中，我几乎踏遍了全中国。有些大城市，我去了不止一次。这就使我不仅认识了这个国家，而且还结识了许多学术界的朋友，进行多次有意义的交谈。我的中国印象远没有全部写入书中，但它们却全部铭记在我的心中。

我到中国去记忆最深的有两次。第一次在中国旅游，是1958年夏天，由北京大学为我们外国留学生组织的。在这批外国青年中，大多数是来自欧洲和苏联社会主义国家的学生，他们大部分都是第一次坐火车到中国古都西安市。我们乘坐在非常拥挤的车厢里，里面闷热得很，后来冲了个淋浴，观察到了中国旅伴们那可怕的忍耐力。他们大多坐在车厢通道地板上、车厢接合处，甚至车顶上。问题在于，由于赶上了黄河泛滥，列车在此停车数日。在西安我们不仅参观了美好的古迹，而且自己也成了一种日常生活的展品。在中国人眼中，我们被看作是稀奇古怪的人。终于，所有好奇的人都不约而同地聚集在一个大体育场里，请求我们表演说中国话。这是我人生第一次，也是最后一次，在这么多观众面前讲话。我们从西安乘飞机来到了成都，而后，沿着刚刚建成的铁路来到了重庆。

我们的旅游路线规定要攀登西藏边界的圣山——峨眉山。我们用4天时间，攀登到海拔3000多米，其中因下大雨，休息了一天。从山脚到山顶，全部铺设了石头砌成的阶梯，每一个阶梯都由许多峻峭的台阶组成。有些地方的山间小路紧靠着渗出水滴的悬崖。我们暂时安顿在山神庙里宿营，在那里我们经过艰苦的攀登后，也竟能想出点子组织舞会，在神圣的锣鼓声中跳舞。我们这种对中国圣地的不尊重使自己感到很难为情，但是，庙里的僧人对我们这种野蛮人（他们这样称欧洲人）的不礼貌行为也不太惊奇。很可能，他们也想看看来自白种人国度的外国人的热闹。

在重庆我们乘坐小汽轮船，从下游沿长江而上，直到它的最源头。我尤其记得渡过三峡时的情景。这地方真是全球独一无二的美景。在某些地方河床狭窄到仅100米，大量的江水企图勉强通过这道狭窄的峡口，造成了骇人的旋涡。此处江水犹如汹涌澎湃的沸腾的开水，威胁着小汽轮。据我们所知，就在这峡谷出口处，准备修建一座大型的水力发电站，每年发电约2亿千瓦。这是大跃进开始的那一年，几乎想很快就动工建造，并且还得缩短工期完成。

这些计划的实现，尽管迟到了几十年，但是最终都实现了。我仍旧活到了那美好的时刻，巨大的水坝终于拦住了长江。当我第二次到长江旅游时，我又看见了长江，此时正值三个峡谷被淹没的前夕。中国人绝不是空想的幻想家，他们总是会实现自己的理想，但愿不总是一个预定的日期。对于过往的4000年来说，几十年算不得什么，前面还有一个永不休止的未来！

我记忆特深的第二次旅游，也是与西藏高原联系在一起的。这一次不仅是与一座像峨眉山一样的山有关。像我们应邀到西藏来这样的礼物，是我们的学术伙伴、新疆维吾尔自治区科委的科技政策研究所的合作者奉献给我们的。黄永亮（Хуан Юньлян，音译）所长和《中亚》杂志主编聂树琳（Не Шулин，音译）亲自陪同我们。最早与该所建立起紧密关系的是苏联时期的世界社会主义制度经济研究所。我们与这些同行们举办了几次很有意义的学术会议，互换学术代表团，参观乌鲁木齐等新建城市。这一学术联盟一直延续到今天，我仿佛把它从世界社会主义制度经济研究所（国际经济与政治研究所）搬到了远东研究所。

我们从青海的格尔木沿着刚刚建成的铁路来到了拉萨，这条铁路从北向南横贯整个西藏高原。这一地段长达1142公里。几乎有一半的铁路路基坐落在冻得很结实的冻土地带，这就需要运用防止土壤溶化的新工艺。同时，还得与沙尘暴的进攻作斗争，并采取有力的措施，尽量减少铁路对附近植被的影响，为野生动物的迁徙提供专门的秘密通道。铁路建设是在极低的气温、极大的风沙和极度缺氧的艰难条件下进行的。工人们往往只好带着供氧面罩干活。

这条铁路铺设在世界屋脊之上，是按照下列的科学和技术成就建造的：漂亮的车厢里装有全密封的可视车外全景的窗子、可供补充氧气的温湿调节器，每节车厢里都安装了电视机。通过车窗看到的车外的景致，恰似放映一部独特的电影，画面的移动不是放映的，而是影院本身和观众一起在移动。眼前漂浮着从远处传来的具有世界最高山脉的西藏高原的白色的宁静，风儿舞动着雪花，透过雪花依稀可见不远处伸沿着一条公路，公路上稀稀啦啦跑着几辆公共汽车。没有看见人，只看到一群牦牛和野生羚羊、荒无人烟的小车站、浅蓝色的湖泊。在电子信号盘上，一个高于海拔数字闪亮了——这是一个最大的数字——5072 m，说明列车到了山的出口，它开始闪亮。

在拉萨，我们住在离布达拉宫不远的一家宾馆里。每逢早晨，布达拉宫周围都有手持祈祷转经轮的朝圣者队列通过；而每到晚上，布达拉宫在巨大聚光灯的照耀下通火明亮。宫殿里面，近几年来进行了根本的修缮，所有的佛家雕像被重新刷上金粉，墙壁清除了陈年积尘变得洁净如洗。香炉里的香散发着清心的香气；佛家的诵经传来祥和心静的声音，这一切都增强了与永恒相融合的印象。由于朝拜者和旅行者人数众多，只好一个跟着一个走，为了遵守指定的时间，所以来不及深度思考。

来到拉萨后，我们通过米拉山口南下来到了西藏的南部地区。在那里，我们参观了一些具有许多美丽湖泊的自然保护区，在路过一个村庄时，我们住了下来，请求房主给我们腾出一间屋。房子内部非常漂亮——鲜艳的房顶，美丽的壁画和精致装饰的门窗。室内的所有家具和屋梁都装饰了美丽的图案，沙发上铺着毛毯，室内点着火炉。这是一套典型的现代住宅，冰箱、电视机、洗衣机，它们与这套传统的家庭陈设搭配得非常协调一致。这家的主人非常和善，他们用牦牛油茶和大麦仁做的糌粑款待了我们这些客人。这样，我们就真正了解了这些地区的生活水平和中国的民族、宗教政策。

问：您能对中国近年发生的事提出预测，也能对几十年后提出预测吗？

答：为了回答中国未来的问题，我想提出这样一个命题："中国模式是否存在，其内容何在？"

现在，理论界在积极深入地研究这两种文明模式的概念——X模式（非市场关系）（редистрибутивные отношения）（直译为"再分配关系"）与Y模式（市场关系）。选择模式时，要弄清民族的历史—文化基因，换句话说，要弄清社会发展的高级文明密码。给两种基本模式标上X与Y符号的，最早是С. Г. 基尔季娜以继续研究这项工作的身份提出来的，这项工作当时是在苏联科学院新西伯利亚分院进行的。这种模式的选择途径，在许多方面，是与以历史科学所接纳的两种不同的社会发展道路——西方道路和东方道路遥相呼应的。这种区别本身是十分明显的，尽管许多人在潜意识的水平上感觉不出来。可以举个例子，记得普列汉诺夫曾认为，欧洲其他国家与俄罗斯之间的差别在于，其发展模式较之其发展水平，欧洲模式则发展更快一些。像是新词儿，在社会意识中逐渐被确立了下来。关于这一点，在某些报刊的命题中就已得到了证明，诸如"我们拒绝何种模式""不可战胜的模式"等。同时，还要强调指出，不要理解为在模式名义下的道路都是不会转向；也就是说，在建设过程中一定要否定主观因素的影响。历史是人创造的，但人是有一定精神文化的，历史也不是永远不变的，但是，它不能离开自己的核心。

直到19世纪末，中国（人）还按照小农经济模式，指望改朝换代而生活；中国的每个朝代大抵都要经历社会的发展时期、繁荣时期和衰败时期。国内两种社会行为模式之间一直在进行斗争：一种是持纯理性主义的激进派，他们渴求提高社会福利，主张进行彻底变革；另一种是持保守主义的保守派，他们忠于朝廷的社会制度，期盼社会安定，甚至愿意为此承担一定的物质损失。国家的政策口径时常改变（国营成分—私营成分——又是在国家控制下的国营成分）。为此，中国官僚企望巩固国家控制社会经济生活的传统；企望巩固统治广大国土的政权和保护皇权机构内当权要员的财产。朝代更迭后，新的朝廷通常先按照改良主义的程序，改进国家管理制度。但是，当朝廷进行了大规模的社会工程尝试后，过不了多久，国家管理层就又换上了自家人。在社会安定时期，忠于朝廷的官员们运用伦理道德统治着顺从而勤劳的农民。

在社会动荡时期，贪官污吏和农民叛乱者都成了反映这个时代的明镜。关于国家的作用及其一切经济政策的伦理道德，在儒家学说中含有明显的反企业因素，推崇对家庭和统治者承担的义务，谴责发财和求利思想，将公与私彻底对立起来：视公为正面的行为，视私为彻底否定的行为。

我将援引拙著《中国在寻找自己的道路》中的这一观点。

归根结底，历史分期不能简化为某些可相互替换的阶段的分割法，必须以对历史阶段的深入分析为前提，在此基础上应该把握历史进程的主要转折点；第一步，按自然—社会关系方面分期；第二步，按历史进程的全球化方面分期；第三步，给各个历史时期划分出不同阶段，标记上每个阶段的文明特点、结构特征和发展时期；只有到了第四步，才对每个个别地区或大地区进行细致的历史分期。

处于两个时期交叉点的历史阶段，具有社会发展的“稳定性”特点；这种“发展”带有极大的惯性。这种惯性是天然“固有”的。请参阅：

- 拙著：《自然与人的对比关系》和《以三大生产之一为主的生产结构：第一产业（农业）、第二产业（工业）、第三产业（服务业，包括信息产业）》；
- 本人编：《作为确定财产形式和用工方法的生产方式或生产制度》；
- 拙著：《资产和管理制度中的私营与国营成分的对比关系》；
- 拙著：《市场（经济的）与行政经济的管理方法的对比关系》（《中国在寻找自己的道路》，第 61 页）。

关于历史上存在两种社会类型的研究的进展，使学术界得出了这样的结论：马克思主义关于社会类型理论的论证存在自相矛盾的一面。由于添加了通向类型原典的途径，我们接受了两种不同的社会类型——西方和东方的奴隶制社会、西方和东方的封建社会。西方和东方的类型模式，具有共同的特征，也有不同的文明差异。这就是，过去对东方国家社会类型的学术探索，遇到了这么多的复杂难题。资本主义，这是符合市场经济规律的阶段。资本主义，作为一种经济体制，在东方存在了数百年，但是在小农经济环境中，是不能成长为一种独立的社会类型的。在非西方国家中，资本主义获得了巨大的推动力，但是，随着殖民主义者的入侵，它才被赋予了从属性。这种暴力式的资本主义的经济改造，是不彻底的，而且对原有民族的文明破坏严重。

马克思主义关于在共产主义与社会主义口号下改造社会的构想，目标是克服资本主义的根本弊端——个人财产和市场模式；达到最高的劳动生产率和恢复在公有基础上的真正的个人财产；原则上形成新的分配方法：先按劳分配，然后是按需分配。这种理论上的社会构想，得到了发展中的社会化生产的论据，并阐释了资本主义社会中被压迫阶级的社会理想。

然而，社会主义思想的命运是非常复杂的。它诞生于欧洲大地，原是马克思主义经典著作对资本主义发展潜力耗尽后的未来社会发展做出的一种预言，但是，它最早的实验效果，不是发生在资本主义发展的第一梯队国家，而是在资本主义不太发达的国家。社会主义革命在经济落后的国家的胜利，改变了经济建设的中心任务，迅速利用发动群众的方法，动员全民力量优先发展重量不重质的生产。这不能迅速克服传统社会成分的惰性，也得不到必需的外援（社会主义在一国单独取得胜利），新的政权还处于必然在某种程度上不适应现存生产关系的状态。换句话说，社会主义不是首先发生在市场经济范围内，而是发生在小农经济生产环境中，所以，它的任务必然是先继承。把社会主义的构想引入革命后的俄国环境中单独进行社会试验，试图建立现实的（即非空想的）社会主义社会。它与掠夺私有财产和商品生产的资本主义社会有着本质区别，完全消灭私有财产，它在综合生产高度发展的形势下不能胜任，只能为加速实现工业化的宗旨服务。拒绝市场也并非源自上述历史发展时期，而是说明为重工业中耗资大、利润低的部门集中使用现有资金的重要性。新的社会主义制度保护大多是国家招聘的雇佣劳工，保持使劳动者远离生产资金，也就是暂时还保持着剥削制度，但是它却竖起了未来先进社会的风向标，这就是对民众最好的支持。人民以争取个人生存的代价保障了自己国家的生存。未来的以苏联经验为指标的世界社会化证明了，社会主义体制在相对欠发展国家的建立可以认为是符合历史发展规律的。殖民主义体系被解放了的国家击败，就表明了两种现代化的可能性：走社会主义道路的现代化或走资本主义方向的现代化。社会主义的现代化已经以潜在的更高的发展速度、广泛地利用传统遗产和来自成功社会主义国家的物质和精神——传授经验的帮助，而变得十分诱人。

苏联的社会主义建设，是在完全不同的遗传基因型环境下进行的，而且动员的战略是加速工业化，结果大大挫伤了市场的发展趋势和社会的经济方向。下列一些非资本主义模式的任务列入了社会主义的法理：国有资产控制生产数据代替了私有资产控制生产数据；产品交换和计划分配关系代替了市场关系；具有明显平均主义成分的按劳分配，代替了具有很大资产差别的按生产要素分配。社会主义与资本主义的不同在于，社会主义的生产目的不是提高利润，而是增强国家的经济实力，发展现实的具有美好发展前景的生产行业——它们认为未来社会能最大地满足每个人的物质和精神文化的需求。社会主义的伦理道德，不是民主原则和捍卫抽象的人权，而是建设消灭人剥削人，消灭剥削阶级的社会；它坚守社会的公平，谴责不劳而获的生活方式、享乐主义和消费行为。社会主义学说排斥宗教思想，但却借用了宗教的传统理想——善，并在此基础上建立起自己的无神论思想体系。

这种历史发展道路不同于马克思的预见，当时社会主义革命不是发生在发达的资本主义国家，而是发生在经济相对落后的个别国家，具有另一种文化——文明特色，许多历史学家认为这是一个重大的历史事件，是条死路或是刚刚起跑。1917 年的俄国革命，被认为并不是一个偶然现象，施以各种阴谋诡计的社会发展，其垮台是必然的，可由大多数人及其继承者的良心来评判。

问：以您之见，中国的经济改革有些什么特点？

答：中国改革政策的制定者自觉、勇敢地走到了与陈旧的传统道德彻底决裂的地步，支持市场经济、对外开放、逐渐推进社会生活的民主化。尽管中国在自己的经济改革战略中没有直接仿效国际货币基金组织和其他国际组织的做法，不是华盛顿协商一致的崇拜者，但是，就许多参数来看，中国的改革与前社会主义国家改革的总趋势是相吻合的。其经济民主化的方针表现为：(1) 赋予集体、个体企业以自由经营权，而后使私营企业完全合法化；(2) 扩大经济的独立自主性，将国营企业改为股份制企业，变为自主经营的产品生产者；(3) 广泛发展市场关系，放开价格；(4) 吸引外国伙伴到中国投资办企业，中国提供税收等优惠待遇。虽然没有急于进行政治体制改革，但是，中国领导人决不否认社会生活民主化的必要性，并有意识地去感知外国经验和西方的各种精神生活。与此同时，中国改革开放的开创者们坚决拒绝经济完全自由化并给私营资本提供优先权的休克疗法。因为中国不是改革道路及其探索性的发明家，中国只是摸着石头过河，表现出了在保持国家领导作用下进行经济改革的灵活性与谨慎性的榜样。中国善待一切，既没有抛弃社会主义的雄辩术，也没有伤害共产党政治和经济的决定作用。改革具有在建设中国特色社会主义口号指引下的持久而谨慎前进的特性。

中国 20 年的改革奠定了雄厚的经济基础，但在新千年的边缘上却遇到了一系列严重问题。其原因是：(1) 存在沉重的历史遗留问题，要解决这些问题 20 年时间太少（人口众多、农业人口过剩、失业率增长）。(2) 改革步调不一致，未同步完成（农业落后、国企改革艰难、财经制度改革速度缓慢，等等)。(3) 所选发展道路的问题，即市场经济内在的弊端问题。由于追求经济增长和经济利润，大大改变了社会环境，出现轻视环保的状态。让一部分人先富起来的口号，导致了财富增长不均衡和地区发展比例失调。经济增长中求量不求质的劣性造成了燃料和原材料供应的极大超支。显露出了巨大的经济开支与公开的外向型经济政策。中国经济的出口方向过分地依赖于世界市场行情，提高了国内对原材料和燃料的需求，增强了对其进口的依赖性。

提高经济效益与社会公平挂钩的问题具有重大的社会意义。这需要一定的劳资法规做支撑，确保工人质量和缩小收入差距，达到公平合理，保障社会安定。人们追求富足生活的欲望，显然超越了满足它的可能，于是贪污犯罪率在增长。大量的刑事犯罪、经济犯罪、违反职业道德和生产不合格产品等事实，都证实了中国社会存在道德危机。为了追求经济增长和现代化发展速度，中国准许放慢提高人民生活水平和发展社会环境的速度，结果牺牲了自己的自然环境，丢失了自己的许多传统，首先是家庭和道德传统；同时，也造成了社会的贫富两极分化。为了调动经济增长的一切积极因素，在保持社会主义理想和有限制地对资本主义让步的原则下，以市场经济为社会发展目标的市场经济的捍卫者，坚决反对努力推行中国混合经济的支持者，混合论者主张在国内和对外经济各个领域都大大地给资本主义让步，这就更加激起了他们反对协调与科学发展的新方针，提出了保持国家对经济的调控作用，提高人民的生活水平，缩小地区间的差距和贫富不均，注意保护自然环境。混合经济模式被补充进了道德准则，包括集体制原则和遵守社会公平原则，这标志着中国经济改革，从暂时的取消思想性转向了恢复社会主义思想体系的道路。

近年来的一些政治会议决议证明，中国开始接近中国历史与中国经济改革史的分水岭。大量的事实和数据都说明，中国准备采取坚决措施，纠正工作中的失误，恢复政治机构的传统形式和儒家道德规范。中国发展社会主义混合经济的方针，在世界经济危机蔓延的条件下，得到了极大的反响，全世界看得出，中国加强国家作用战胜经济危机，纠正经济全球化的冒进做法，提出改革国际金融机构，放弃经济的完全私有化和自由化。中国反制危机的政策采取了类似1998年亚洲经济危机时的一些做法：(1) 加强国家作用和国家规划，巩固共产党的领导作用，加强爱国主义和集体主义的思想宣传工作；(2) 矫正货币、银行系统的改革，调整与私营经济的关系，注意民族特色和探索国营与民营经济伙伴关系的最有利的条件；(3) 在缩小贫富差距的前提下扩大内需，有助于自抑对社会的不满情绪；(4) 有节制地实行放松的货币政策，降低企业贷款的税率和减少国际银行业务；(5) 增加投资，首先是对基础设施规划的投资，以提高有限的需求和就业率；(6) 减少企业的税务负担，降低国民的所得税率。保持经济必要的高速增长，同样能降低国际油价，中国政府坚决保持人民币的低汇率，尽管美国给予了极大压力。

考虑到所有综合性因素，西方大多数政治家指出了中国走出世界经济危机的可能性，经济危机虽然给中国带来极小的经济损失，但却提高了它在世界的声望。有这样一种推测，中国能够将经济危机变为一种科技大跃进，比尔·盖茨就曾推出这种想法。在最近的10—15年，中国获得了发展自己的良机，从一个新科技跟随型国家变成了一个新科技领导型国家，提高了自己在国际科技合作中的威望。

经济危机在世界许多国家日渐深化，不可避免地对世界市场经济体制产生极大冲击，在这种情况下，新的中国模式在全世界提高了自己的威信，中国人也感觉到自己作为这种新模式的首创者，成了亚洲地区乃至亚洲之外国家发展经济的榜样。现在更加迫切的任务是，从理论上弄清其实质的意义，要用最明了的语言不仅描述中国模式，而且要将中国经验转播到世界各地。

新的中国模式的内容，往往使人将中国与市场调控的资本主义联系在一起，但是它与作为另一种商品关系主体性的资本主义是不同的，它保持了国家的重要的调控作用，采取了这样一些有力措施，如确认公共资产形式的统治地位，多支付劳动工资，防止收入差距过大，保持中国共产党领导下的政治制度的权威性。我认为，要恰如其分地说明，作为社会主义变体混合经济的中国特色社会主义，具有符合马克思主义原典理论和组织原则的特性。

中国市场的社会主义带有许多过渡性特点，它遭到了来自"左"、右两方面的交叉批评。来自右的批评认为，首先，改革是不彻底的，处于无序状态；他们断定，这种模式是长久不了的，它会阻止中国转入文明的市场经济。来自左的批评坚信，市场的社会主义将会使中国再现资本主义所固有的许多不幸，也就是：收入和福利的不平等；破坏生态环境；社会的商业化和追求不断增长的个人欲望；宏观经济的不稳定性，包括失业和通货膨胀；不能创造社会财富。现实生活展示出，市场经济的发展不可避免地建立起这样的事物秩序，其特点是纯理性主义、竞争、不平等，即具有贪婪和为生存而斗争的一切属性的金钱万能。

如果世界各种社会经济制度在中国混合经济制度的框架中结合起来，它会成为一个足够稳定的经济模式，归根结底，它能形成一个自由主义和社会主义的综合体，当然，这种结合，并不意味着各种社会经济和思想体系的机械的结合，而是原则上要创造一种有价值的新体系，其任务是个性的自我实现和协调个性之间的关系。社会公正与经济效益的结合具有极其重要的意义，因为前者是后者的条件。这就需要制定明确的劳动工资法规，确保合格的劳力和适当地从重量轻质的低效生产转向高效率的集约式发展，缩小收入差距，达到合理状态，维护社会安定和创造条件充分发挥创造性、改革型人才的潜能。

下列发展模式，能够准确地表达出未来社会最有希望的发展前景：未来的社会，将不是代替资本主义和社会主义特点的大杂烩社会，而是既非纯粹资本主义社会、也区别于改革前社会主义社会的社会，尽管它们各自保持着各自的血缘关系。当前的任务是，通过放弃仿制的现代化，转向本土的现代化的道路，来解决现代性与传统的关系问题。如果说第一种现代化模式是建立在完全排斥现有传统之上的，那么，第二种模式则是源自国家必须保持固有的发展，因而必须装进某些传统因子。在这种情况下，进行现代化建设的国家必须协调这两种平行的理论，在感受来自更加发达国家的冲动的同时，继续沿着自己的道路走下去，以自己的速度、自己的途径，来回答时代的召唤。